산업재해보상보험법과
고용산재보험료징수법

이경은

박영사

머리말

2022. 6. 10. 산업재해보상법 개정으로 산업재해보상보험법 적용범위가 확대됨에 따라 배송기사 등 특수형태근로종사자, 온라인플랫폼 종사자 등도 산업재해보상보험의 적용을 받게 되었고, 2023. 10.을 기준으로 우리나라의 산재보험 가입자 수는 2,200만 명을 돌파하였다고 한다.

변호사로 일하면서 산업재해보상보험법이 적용되는 사안은 많았지만, 산업재해보상보험법과 고용보험 및 산업재해보상보험의 보험료징수에 관한 법률(이하 "보험료징수법")에 관한 책이 많지 않았고, 최신서적은 더욱 없어서 아쉬움을 느껴 왔다. 이에 용기를 내어 산업재해보상보험법과 보험료징수법의 내용과 판례를 정리한 이 책을 출판하게 되었다.

이 책은 제1장 산업재해보상보험법과 제2장 고용보험 및 산업재해보상보험의 보험료징수 등에 관한 법률로 구성되어 있다. 제1장은 산업재해보상보험제도, 산업재해보상보험법의 목적과 정의, 산업재해보상보험법의 적용범위, 산업재해보상보험 및 예방심의위원회, 산업재해보상보험제도의 운영과 근로복지공단, 업무상 재해, 산재보험급여, 다른 보상·배상과의 관계, 보험급여청구권과 부당이득, 수급권의 보호, 노무제공자에 대한 산업재해보상보험의 특례, 근로복지사업, 산업재해보상보험 및 예방기금, 심사청구 및 재심사청구, 보칙으로 구성되어 있으며, 산재보험법령의 내용과 대법원 주요 판례의 내용을 기술하였다. 제3절 '산업재해보상보험법의 적용범위'에서 산재보험법 제121조부터 제126조까지의 각종 특례규정을 함께 설명하고, 제7절 '보험급여'에서 산재보험법 제91조의2부터 제91조의14까지의 특례규정을 함께 설명한 것 외에는 가급적 산업재해보상보험법의 규정의 순서에 따라 기술하고자 하였다.

제2장 고용보험 및 산업재해보상보험의 보험료징수 등에 관한 법률 부분은 보험료징수법 총칙, 보험관계의 성립과 소멸, 보험료와 보험료율, 보험료의 납부와 징수, 보험사무대행기관, 보칙, 특례 규정의 순서로 보험료징수법령의 내용을 설명하고 대법원 판례를 관련 부분에 정리하였다. 제2장 역시 보험료징수법의 규정 순서에 따라 기술하고자 하였다.

여러모로 부족한 책을 세상에 내놓으려니 부끄러움이 앞선다. 산업재해보상보험법과 보험료징수법 관련 업무를 하시는 법조인과 실무가들, 산업재해보상보험법과 보험료징수법을 공부하시는 분들에게 작게나마 도움이 되기를 바란다.

　항상 좋은 길로 인도하시는 하나님께 감사드린다. 언제나 아내에 대한 응원과 지지를 아끼지 않는 남편에게도 감사를 보낸다. 노동법을 가르쳐주신 존경하는 한양대학교의 강성태 교수님, 박수근 교수님께 감사드린다. 좋은 변호사의 모범을 보여주신 법무법인 세종의 홍세렬 변호사님께 감사드린다. 마지막으로 부족한 책을 출판할 기회를 주신 박영사 임재무 전무님, 김민규 대리님, 섬세하고 꼼꼼하게 교정과 편집을 도와주신 이수연 대리님께 감사드린다.

2025년 1월

이경은

일러두기

1. 법령약어

산업재해보상보험법 → 산재보험법 또는 법

산업재해보상보험법 시행령 → 법 시행령

산업재해보상보험법 시행규칙 → 법 시행규칙

고용보험 및 산업재해보상보험의 보험료징수 등에 관한 법률 → 보험료징수법

2. 판례 인용례

아래와 같이 기재하고 출처는 표시하지 아니한다.

대법원 판결 인용 시 → 대법원 2024. 1. 25. 선고 2020두54869 판결

하급심판결 인용 시 → 서울고등법원 2017. 9. 14. 선고 2017누47269 판결

차례

제1장
산업재해보상보험법

제10절 노무제공자에 대한 산업재해보상보험 특례 ································· 153

제2장
고용보험 및 산업재해보상보험의 보험료징수 등에 관한 법률

제5절 보험사무대행기관

제1장

산업재해보상보험법

제1장
산업재해보상보험법

산업재해보상보험제도

1. 업무상 재해에 대응하기 위한 제도의 마련

산업혁명 이후 생산방식이 기계화·자동화됨에 따라 근로자가 일하다가 사고를 당하거나 질병을 얻는 업무상 재해가 많이 늘어나게 되었다. 노동자단체와 시민들의 요구에 따라 근로자의 업무상 재해를 예방하고, 재해를 입은 근로자가 치료를 받고, 생활에 도움을 얻을 수 있도록 하는 제도가 마련되었고, 보장의 범위가 점차 확대되었다.

우리나라에서는 1953년 제정된 근로기준법 제6장에서 안전과 보건에 관한 조항을 규정하였던 것이 업무상 재해에 관한 첫 법령이다. 이후 1963. 11. 5. 산업재해보상보험법이 제정되었고, 1981. 12. 31. 산업안전보건법이 제정되었다.

대한민국 헌법 제34조 제2항은 "국가는 사회보장·사회복지의 증진에 노력할 의무를 진다"라고 선언하고 있고, 제34조 제6항은 "국가는 재해를 예방하고 그 위험으로부터 국민을 보호하기 위하여 노력하여야 한다"라고 선언하고 있다. 위 헌법 조항에 기초하여 업무상 재해를 예방하고 업무상 재해의 위험으로부터 국민을 보호하기 위하여 만들어진 법이 산업안전보건법이고, 근로자가 재해를 입었을 때 그 치료와 보상을 제공하고, 재활 및 사회 복귀를 촉진하기 위하여 만들어진 법이 산업재해보상보험법이다.

2. 산업재해 보상을 위한 제도

근로자가 업무상 재해를 입었을 때 그 재해의 보상에 관한 제도로는 근로기준법 제8장의 재해보상 제도, 산업재해보상보험법상의 산업재해 보상보험제도, 민법상 손해배상제도가 있다.

민법상 손해배상제도는 사용자에게 근로자에 대한 안전배려의무 위반을 이유로 한 채무불이행 책임 또는 불법행위책임을 묻는 것으로서 사용자의 고의 또는 과실 이 있어야 하며, 근로자의 과실이 있는 경우 과실상계가 되고, 실제로 발생한 손해 액에 한하여 배상을 받을 수 있다. 사용자가 근로자 측의 배상 요구에 응하지 않으면 근로자는 법원에 소를 제기하여 승소 판결을 얻어야만 배상을 받을 수 있다. 소송은 비용이 발생하고 많은 시간이 소요되므로 근로자로서는 소를 제기할지 고민하는 경우가 많고 어렵게 판결을 받아내더라도, 사용자에게 자력이 없으면 강제 집행을 할 수 없어 배상을 받을 수 없는 경우도 있다.

근로기준법상의 재해보상제도는 근로자가 업무상 부상을 입거나 질병에 걸린 경우, 또는 업무상 부상 또는 질병으로 사망하였을 때 사용자가 근로자나 그 유족에게 개별적으로 보상을 하도록 하고 있다. 근로기준법상의 재해보상은 사용자의 과실을 요구하지 않고 근로자의 과실이나 실제 손해액에 따라 보상수준이 달라지지 않으며, 사용자가 이를 이행하지 않으면 형사처벌을 받을 수 있고, 근로자의 재해보상금 채권은 양도나 압류의 대상이 되지 않는 점 등이 민사상 손해배상제도와 구별된다.

근로기준법상의 재해보상의 내용은 산업재해보상보험의 보상내용과 유사하다. 그러나 근로자로서는 자력이 불확실한 사용자 개인이 아닌 근로복지공단에 제도적인 산재보험금의 지급을 청구하는 것이 더 쉽고 편리하며, 사용자의 입장에서도 근로자가 산업재해보상보험급여를 받을 수 있으면 사용자의 근로기준법상 재해보상책임은 면제되므로(산재보험법 제80조 제1항) 근로기준법상 재해보상제도보다 산재보험을 이용하는 경우가 대부분이다.

산업재해보상보험은 재해근로자의 재활 및 사회복귀를 촉진하기 위한 목적으로 국가 차원에서 운용하는 사회보험의 일종이다. 사업장에서 근로자에게 발생할 수 있는 업무상 재해의 위험을 사업주나 근로자 어느 일방에 전가하는 것이 아니라 공적 보험을 통해서 산업과 사회 전체가 분담하는 것이다.

산재보험제도는 간접적으로 근로자의 열악한 작업환경이 개선되도록 유도하고,

궁극적으로 경제·산업 발전 과정에서 소외될 수 있는 근로자의 안전과 건강을 위한 최소한의 사회적 안전망을 제공함으로써 사회 전체의 갈등과 비용을 줄여 안정적으로 산업의 발전과 경제성장에도 기여하고 있다(대법원 2017. 8. 29. 선고 2015두3867 판결). 산업재해보상보험법에 따른 보험급여는 근로자에 대한 생활 보장적 성격을 갖는 외에 근로기준법에 따른 사용자의 재해보상과 관련해서는 책임보험적 기능도 수행하고 있다(대법원 1994. 5. 24. 선고 93다38826 판결 참조).

3. 산업재해보상보험법의 제정

우리나라는 1960년대부터 공업화가 진행되면서 산업재해가 급격히 증가하였는데, 사업주로부터 재해보상을 제대로 받지 못하는 경우가 많았다. 이에 따라 사업주의 무자력 등으로 인하여 재해보상을 받지 못하는 근로자를 보호하기 위하여 1963. 11. 5. 산업재해보상보험법(이하 "법" 또는 "산재보험법"이라 한다)이 제정되었다. 국가가 사업주로부터 보험료를 징수하고, 보험료로 마련된 재원으로 업무상 재해를 당한 근로자에게 사업주를 대신하여 산업재해보상보험 급여를 지급하는 산업재해보상보험 제도가 마련된 것이다.

제정 산재보험법은 사업주가 산업재해보상보험의 보험가입자가 되도록 하고, 보험관계의 성립·소멸요건을 정하며, 보험급여를 요양급여, 휴업급여, 장해급여, 유족급여, 장제급여 및 일반급여로 구분하고 급여별로 보험금을 정하였다.

보험가입자 등이 허위사실을 신고하거나 보험료의 납부를 게을리한 때, 고의 또는 중대한 과실로 보험급여의 사유인 재해를 발생하게 한 때에는 보험금을 지급하지 아니할 수 있도록 하고, 제3자의 행위로 인한 재해로 급여를 한 경우 제3자에 대한 구상권을 규정하였다. 또한 보험금의 수급권자를 근로자, 유족, 근로자의 사망 당시 그의 임금에 의하여 생계를 유지하던 사실혼 배우자로 정하고, 수급권의 양도나 압류를 금하며 보험금에 대한 조세 기타 공과금을 면제하였다.

제정 산재보험법은 현행 법이 보험료징수에 관한 사항을 고용보험 및 산업재해보상보험의 보험료징수 등에 관한 법률로 별도로 규정하고 있는 것과 달리 보험료의 징수·산정·요율의 결정 등에 관한 사항도 함께 규정하고 있었다. 산재보험법상의 보험료징수에 관한 규정은 2005. 1. 1. 고용보험 및 산업재해보상보험의 보험료징수 등에 관한 법률이 제정됨에 따라 고용보험 및 산업재해보상보험의 보험료징수 등에 관한 법률로 분리되었다.

4. 산업재해보상보험법의 전부개정

산재보험법은 제정 이후 조금씩 개정되다가 경제사회발전노사정위원회에서 2006. 12. 13. 합의·의결한 산업재해보상보험 제도 개선안을 토대로 2007. 12. 14. 전부 개정되었다(2008. 7. 1. 시행, 법률 제8694호).

법률 제8694호로 전부 개정된 산재보험법은 산재 근로자에 대한 의료·재활서비스는 확충하되 산재 근로자 및 의료기관의 요양관리는 합리화하여 산재근로자의 직업·사회복귀를 촉진하고, 저소득·재활근로자에 대한 보호를 강화하되 산재근로자 간 보험급여의 형평성과 합리성을 높이며, 보험급여결정 등에 관한 심사청구·재심사청구의 전문성 및 공정성을 강화하려는 취지에서 개정되었다[2007. 12. 14. 전부개정된 산업재해보상보험법(법률 제8694호) 개정이유].

개정 산재보험법은 근로복지공단 임직원의 비밀 준수 의무를 명시하고(법 제21조 제2항 및 제127조), 평균임금 증감제도를 개선하였으며(법 제36조 제3항), 최고·최저보상기준제도를 개선하고(법 제36조 제6항), 업무상 재해의 인정 기준을 업무상 사고와 업무상 질병으로 구분하고 근로자가 근로계약에 따라 업무 및 그에 따르는 행위를 하던 중 발생한 사고 등을 업무상 사고의 기준으로, 유해·위험요인을 취급하거나 그에 노출되어 발생한 질병 등을 업무상 질병의 기준으로 명시하였다.

국민건강보험법상의 종합전문요양기관 당연지정제를 도입하여(법 제43조 제1항 제2호) 국민건강보험법에 따른 종합전문요양기관은 당연히 산재보험 의료기관이 되도록 하였고, 부분휴업급여 제도를 도입하여(법 제53조) 요양 중 부분 취업 시 휴업급여를 일부 지급함으로써 취업치료를 활성화하고 직업복귀를 촉진할 수 있도록 하였다. 저소득근로자 휴업급여 수준을 상향 조정하여(법 제54조) 재해발생 시 평균임금 수준이 낮은 저소득근로자의 생계안정에 도움이 되도록 하였다.

또한 장해등급 재판정제도를 도입하여(법 제59조) 장해보상연금 수급권자 중 관절의 기능장해, 신경계통의 장해 등 장해 상태가 호전되거나 악화될 가능성이 있는 경우에는 근로복지공단의 직권이나 그 수급권자의 신청에 따라 1회에 한하여 재판정할 수 있도록 하였고, 직업재활급여제도를 신설하여 요양이 끝난 후 장해급여를 지급받는 자에게 재취업에 필요한 직업훈련을 실시하거나 직업훈련수당을 지급하고, 원 직장에 복귀한 장해급여자를 고용하거나 직장적응훈련, 재활운동을 실시하는 사업주에게는 직장복귀지원금, 직장적응훈련비 또는 재활운동비를 지원하도록 하였다(법 제72조).

보험급여에 관한 근로복지공단의 결정에 불복하는 경우에 제기하는 심사청구 사건에 대하여 근로복지공단이 단독심 체제로 심리·결정하고 있어 객관성과 전문성이 부족하다는 문제가 제기됨에 따라 산업재해보상보험심사위원회를 설치하여 (법 제104조) 근로복지공단이 보험급여 결정 등에 관한 심사청구 사건에 대하여 심리·결정할 때에는 동 심사위원회의 심의를 거치도록 하였다.

특수형태근로종사자에 대해서도 산재보험을 적용하도록 하여(법 제125조) 특수형태근로종사자가 산재보험의 보호를 받을 수 있게 하였다.

종전 산재보험법 부칙(법률 제8373호, 2007. 4. 11.) 제2조에 따르면 간병급여제도가 도입된 2000년 7월 1일 이후에 장해급여를 받은 자만 간병급여를 받을 수 있고, 그 이전에 장해급여를 받은 자는 간병이 필요한 경우에도 간병급여를 받지 못하는 문제가 있었다. 이에 개정 산재보험법은 2000년 7월 1일 이전에 장해급여가 지급된 경우에도 이 법 시행 후 발생하는 간병급여를 받을 수 있도록 제도를 개선하였다[부칙(법률 제8694호, 2007. 12. 14.) 제3조].

5. 특수형태근로자의 전속성 요건 폐지

산재보험법은 위와 같이 전부개정된 이후에도 타법개정을 제외하고도 19차례 이상 개정되는 등 매우 자주 수정·보완되고 있다.

최근의 의미있는 개정은 2022. 6. 10.자 개정이다(2023. 7. 1. 시행, 법률 제18928호). 기존의 특수형태근로종사자에 대한 산재보험 적용에 있어 특정사업에의 전속성이 요구되었기 때문에 배달앱 등 온라인 플랫폼 등을 통해 복수의 사업에 노무를 제공하는 경우에는 이러한 요건을 충족하지 못하여 산재보험의 사각지대가 발생함에 따라 산재보험의 전속성 요건을 폐지하고 기존 특수형태근로종사자 및 온라인 플랫폼 종사자 등을 포괄하는 개념으로 "노무제공자" 개념을 신설하여 산재보험 적용을 받을 수 있도록 한 것이다.

이 책은 2023. 8. 8. 개정되고, 2024. 2. 9. 시행된 산재보험법(법률 제19612호)를 기준으로 기술되었다.

제 2 절 산업재해보상보험법의 목적과 정의

1. 산업재해보상보험법의 목적

산재보험법은 산업재해보상보험 사업을 시행하여 근로자의 업무상의 재해를 신속하고 공정하게 보상하며, 재해근로자의 재활 및 사회 복귀를 촉진하기 위하여 이에 필요한 보험시설을 설치·운영하고, 재해 예방과 그 밖에 근로자의 복지 증진을 위한 사업을 시행하여 근로자 보호에 이바지하는 것을 목적으로 한다(법 제1조).

2. 산업재해보상보험법상 용어의 정의

가. 업무상 재해

"업무상의 재해"란 업무상의 사유에 따른 근로자의 부상·질병·장해 또는 사망을 말한다(법 제5조 제1호).

나. 근로자

"근로자"란 근로기준법에 따른 "근로자"를 말한다. 근로기준법상 "근로자"란 직업의 종류와 관계없이 임금을 목적으로 사업이나 사업장에 근로를 제공하는 사람을 말한다(근로기준법 제2조 제1항 제1호).

대법원은, 이삿짐 센터의 이삿짐 운반용 5톤 트럭의 운전기사로 근무하던 중 사다리차를 이용하여 이삿짐운반작업을 하다가 상해를 입은 원고에 대해, 원고가 한가할 때에 다른 이삿짐 센터로부터 연락을 받고 현장에 나가 다른 이삿짐 센터의 일을 하였다고 하더라도 사업주에게 오래전부터 고용되어 한 달에 15일 이상 고정적으로 근무하면서 계속적으로 근로를 제공하여 그 전속성이 존재한다고 인정되므로, 원고는 사업주의 계속적·종속적 근로관계에 있는 근로자에 해당한다고 봄이 상당하다고 판단하였다(대법원 2001. 2. 9. 선고 2000다57498 판결).

대법원은 건설회사로부터 천정 열반사 단열재 납품 및 시공에 관한 하도급을 받은 하도급 회사와 원고가 하루 동안 천정 단열재시공작업을 수행하기로 약정하고 자신의 팀원 다섯 명과 함께 단열자재를 부착하는 작업을 수행하다가 추락하여 두

개골골절을 입은 사안에 대하여, 단열공사 작업팀장인 원고가 '△△△△'이라는 상호로 단열공사 사업자등록을 마친 후 부가가치세를 신고·납부하여 왔다고 하더라도 건설회사의 현장작업지시자들의 구체적인 업무지시에 따라 일을 하였고 시공면적이 아닌 공사투입인력을 기준으로 산정된 보수(일당)를 지급받았던 점 등을 근거로 원고는 임금을 목적으로 종속적인 관계에서 근로를 제공한 근로자에 해당한다고 판단하였다(대법원 2018. 8. 30. 선고 2018두43330 판결).

하급심 판례에서는 월급제로 근무하던 기사가 매일 일정액의 사납금을 납부하면 근무시간의 제한을 받지 않고 자유롭게 택시를 운행하는 도급제로 근무형태를 변경한 이후에도 산재보험법상의 근로자에 해당한다고 한 사례(서울고등법원 2006. 6. 15. 선고 2005누23918 판결), 건설회사의 대표이사로 등기되어 있기는 하지만 실질에 있어서는 실제 경영자로부터 구체적·개별적인 지휘·감독을 받아 근로를 제공하여 왔던 자가 공사현장에서 무면허로 굴삭기를 운전하던 중 굴삭기가 전복되는 사고를 당하여 사망한 경우 굴삭기를 운전하던 자는 근로자에 해당한다고 하여 유족급여 및 장의비를 부지급한 근로복지공단의 처분이 위법하다고 판단한 사례(전주지방법원 2020. 9. 9. 선고 2019구단842 판결)가 있다.

대법원은 甲이 乙 주식회사와 8톤 화물자동차를 지입하는 내용의 화물자동차 위수탁관리운영계약을 체결하고, 乙 주식회사가 丙 주식회사로부터 위탁받은 문서 파쇄 및 운송업무를 수행하던 중 파쇄기에 손이 빨려들어가는 사고를 당하여 근로복지공단에 요양급여를 신청하였으나, 甲이 임금을 목적으로 사용·종속적인 관계에서 丙 회사에 노무를 제공하는 근로자로 볼 수 없다는 이유로 근로복지공단이 요양불승인 처분을 한 사안에서, 甲이 지입차주로서 차량을 실질적으로 소유하고 있고 그 유지·관리를 위한 비용도 일부 부담하였더라도, 임금을 목적으로 종속적인 관계에서 丙 회사에 근로를 제공하는 산업재해보상보험법상 근로자에 해당한다고 판단하였다.

[1] 산업재해보상보험법에서 말하는 '근로자'란 근로기준법상 근로자를 의미한다(제5조 제2호 본문). 근로기준법상의 근로자에 해당하는지는 계약의 형식보다 근로제공관계의 실질이 사업 또는 사업장에 임금을 목적으로 종속적인 관계에서 사용자에게 근로를 제공하였는지에 따라 판단해야 한다. 여기에서 말하는 종속적인 관계가 있는지는 업무 내용을 사용자가 정하고 취업규칙 또는 복무(인사)규정 등의 적용을 받으며 업무수행 과정에서 사용자가 상당한 지휘·감독을 하는지, 사용자

가 근무시간과 근무장소를 지정하고 근로자가 이에 구속을 받는지, 노무제공자가 스스로 비품·원자재나 작업도구 등을 소유하거나 제3자를 고용하여 업무를 대행하게 하는 등 독립하여 자신의 계산으로 사업을 영위할 수 있는지, 노무제공을 통한 이윤의 창출과 손실의 초래 등 위험을 스스로 안고 있는지와, 보수의 성격이 근로 자체의 대가적 성격인지, 기본급이나 고정급이 정하여졌는지 및 근로소득세의 원천징수 여부 등 보수에 관한 사항, 근로제공관계의 계속성과 사용자에 대한 전속성의 유무와 정도, 사회보장제도에 관한 법령에서 근로자로서 지위를 인정받는지 등의 경제적·사회적 여러 조건을 종합하여 판단해야 한다. 다만 사용자가 정한 취업규칙 또는 복무(인사)규정 등이 적용되는지, 기본급이나 고정급이 정하여졌는지, 근로소득세를 원천징수하였는지, 사회보장제도에 관하여 근로자로 인정받는지 등의 사정은 사용자가 경제적으로 우월한 지위를 이용하여 임의로 정할 여지가 크다는 점에서, 그러한 점들이 인정되지 않는다는 것만으로 근로자가 아니라고 쉽게 단정해서는 안 된다.

[2] 甲이 乙 주식회사와 8t 화물자동차를 지입하는 내용의 화물자동차 위수탁관리 운영계약을 체결하고 乙 회사가 丙 주식회사로부터 위탁받은 문서파쇄 및 운송 업무를 수행하던 중 파쇄기에 손이 빨려 들어가는 사고를 당하여 근로복지공단에 요양급여를 신청하였으나, 甲이 임금을 목적으로 사용·종속적인 관계에서 丙 회사에 노무를 제공하는 근로자로 볼 수 없다는 이유로 근로복지공단이 요양불승인 처분을 한 사안에서, 甲이 지입차주로서 차량을 실질적으로 소유하고 있고 그 유지·관리를 위한 비용도 일부 부담하였더라도, 丙 회사는 직영기사와 동일하게 지입차주인 甲에 대해 업무지시를 하고 근태와 업무수행을 감독하는 등 甲에 대하여 상당한 지휘·감독을 하였던 점, 甲이 이윤의 창출과 손실의 초래 등 위험을 스스로 안고 독립하여 자신의 계산으로 사업을 영위하였다기보다는 丙 회사에 전속하여 노무제공의 대가만을 지급받았던 점, 甲이 丙 회사의 문서파쇄 및 운송 업무를 수행하던 지입차주로부터 위 차량을 직접 구입하였고, 지입회사로서 위 차량의 자동차등록원부상 소유자이던 乙 회사는 차량의 매매과정에 아무런 역할을 하지 않았으며, 甲이 위 차량을 운행하는 데 화물자동차 운송사업 허가가 필요하여 乙 회사와 지입계약을 체결한 것인 점, 乙 회사는 甲과 丙 회사 사이의 노무제공 관계의 중간에서 별다른 역할을 하지 않았던 점 등을 종합하면, 甲은 임금을 목적으로 종속적인 관계에서 丙 회사에 근로를 제공하는 산업재해보상보험법상 근로자에 해당한다고 보는 것이 타당하다는 이유로 이와 달리 본 원심판결에 법리오해의 잘못이 있다고 한 사례(대법원 2024. 1. 25. 선고 2020두54869 판결).

다. 임금 · 평균임금 · 통상임금

1) 임금

"임금"이란 사용자가 근로의 대가로 근로자에게 임금, 봉급, 그 밖에 어떤 명칭으로든지 지급하는 모든 금품을 말한다(근로기준법 제2조 제1항 제5호).

2) 평균임금

"평균임금"이란 이를 산정하여야 할 사유가 발생한 날 이전 3개월 동안에 그 근로자에게 지급된 임금의 총액을 그 기간의 총 일수로 나눈 금액을 말한다(근로기준법 제2조 제1항 제6호). 산재보험법에서 평균임금은 휴업급여, 장해급여, 유족급여, 장의비, 상병보상연금 등 보험급여 산정의 기준이 된다.

"이를 산정하여야 할 사유가 발생한 날"은 "사망 또는 부상의 원인이 되는 사고가 발생한 날 또는 진단에 따라 질병이 발생되었다고 확정된 날"이다(근로기준법 시행령 제52조).

"이전 3개월간"이라 함은 사유가 발생한 날의 전날부터 소급하여 3개월이 되는 날까지를 말한다(민법 제157조, 초일 불산입의 원칙, 대법원 1989. 4. 11. 선고 87다카2901 판결). 이때 "3개월"은 역법(曆法)에 의한 일수에 의하여 계산한다(민법 제160조).

근로기준법 시행령 제2조 제1항에 따라 수습기간, 사용자의 귀책사유로 인한 휴업기간, 출산전후 휴가기간, 유산 · 사산 휴가기간, 업무상 부상 또는 질병으로 인한 휴업기간, 육아휴직기간, 쟁의행위기간, 병역법 · 예비군법 · 민방위기본법에 따른 의무이행을 위하여 근로하지 못한 기간, 업무외 부상 · 질병 · 그 밖의 사유로 사용자의 승인을 받아 휴업한 기간은 평균임금 산정에서 제외된다.

제2조(평균임금의 계산에서 제외되는 기간과 임금)

① 근로기준법(이하 "법"이라 한다) 제2조 제1항 제6호에 따른 평균임금 산정기간 중에 다음 각 호의 어느 하나에 해당하는 기간이 있는 경우에는 그 기간과 그 기간 중에 지급된 임금은 평균임금 산정기준이 되는 기간과 임금의 총액에서 각각 뺀다.

1. 근로계약을 체결하고 수습 중에 있는 근로자가 수습을 시작한 날부터 3개월 이내의 기간

2. 법 제46조에 따른 사용자의 귀책사유로 휴업한 기간

3. 법 제74조제1항부터 제3항까지의 규정에 따른 출산전후휴가 및 유산 · 사산 휴가

기간
4. 법 제78조에 따라 업무상 부상 또는 질병으로 요양하기 위하여 휴업한 기간
5. 남녀고용평등과 일·가정 양립 지원에 관한 법률 제19조에 따른 육아휴직 기간
6. 노동조합 및 노동관계조정법 제2조 제6호에 따른 쟁의행위기간
7. 병역법, 예비군법 또는 민방위기본법에 따른 의무를 이행하기 위하여 휴직하거나 근로하지 못한 기간. 다만, 그 기간 중 임금을 지급받은 경우에는 그러하지 아니하다.
8. 업무 외 부상이나 질병, 그 밖의 사유로 사용자의 승인을 받아 휴업한 기간

근로자가 퇴직한 이후에 직업병 진단이 확정된 경우에는 퇴직일 이후 진단확정일까지의 기간은 평균임금 산정기간에서 제외하여야 한다.

평균임금 제도의 취지는 근로자의 생활임금을 사실대로 반영함으로써 통상적인 생활수준을 보장하려는 것인 점, 업무상 질병의 발생과 같은 평균임금 산정사유는 근로관계 존속 당시 업무 수행 중 업무가 원인이 되어 발생한 것이라는 점 등을 고려하면, 근로자가 퇴직한 후 직업병 진단이 확정되어 구 산재보험법에 따른 보험급여의 산정기준이 되는 평균임금을 산정할 때에는 근로자의 퇴직일 이후 평균임금 산정사유 발생일, 즉 진단 확정일까지의 기간은 평균임금 산정기간에서 제외하여야 한다. 만일 평균임금 산정기간에서 제외되는 기간이 3개월 이상인 경우에는 그 제외되는 기간의 최초일인 퇴직일을 평균임금 산정사유 발생일로 보아 평균임금을 산정하고, 그렇게 산정된 금액에서 구 산재보험법 제38조 제3항의 규정에 따라 증감을 거친 금액을 근로자의 보험급여 산정기준이 되는 평균임금으로 하여야 한다. 한편 근로자가 여러 사업장에서 근무하다 퇴직한 후 진폐 등 직업병 진단이 확정되어 평균임금을 산정할 때 그 기준이 되는 퇴직일은, 원칙적으로 직업병의 발병 또는 악화와 상당인과관계가 있는 업무를 수행한 사업장들 중 직업병 진단 확정일에 가장 가까운 마지막 사업장에서 퇴직한 날을 의미한다(대법원 2023. 6. 1. 선고 2018두60380 판결).

"근로자에게 지급된 임금의 총액"에는 실제로 지급된 임금뿐 아니라, 평균임금을 산정하여야 할 사유가 생긴 날을 기준으로 하여 당연히 지급되어야 할 임금 중 아직 받지 못한 임금도 포함된다. 산재보험 보험급여액 산정을 위한 평균임금 산정에 있어서 노사 합의로 특정 금원을 제외하거나, 포함시키는 것은 허용되지 않는다.

산업재해보상보험법에 의한 재해보상은 보험사유 발생시에 근로자가 현실로 지급받았거나 지급받을 것이 확정된 임금의 범위 내에서 보상하여야 하는 것이므로, 단체협약 체결시 노사간에 종전보다 상여금을 감축하여 지급하기로 하되, 다만 이로 인한 근로자들의 불이익을 최소화하기 위하여 평균임금 산정시에는 종전과 같은 금액과 비율의 상여금을 기초로 하기로 합의하였다고 하더라도, 이로써 현실로 지급된 바도 없고 또한 지급하기로 한 바도 없는 가공의 '상여금'에 기하여 산업재해보상보험법상 휴업급여의 기초가 되는 평균임금을 산출할 수는 없다(대법원 2003. 6. 27. 선고 2003두2151 판결).

"근로자에게 지급된 임금"에는 기본급, 제수당은 물론 일정요건을 갖추면 지급하도록 되어 있는 휴일근로수당, 연장근로수당, 연차휴가수당 등이 모두 포함되고, 1개월을 넘는 기간 단위로 지급되는 상여금도 포함된다.

3) 통상임금

근로기준법은 "통상임금"에 관하여 정의 규정을 두고 있지 않지만, 근로기준법 시행령 제6조 제1항은 "법과 이 영에서 통상임금이란 근로자에게 정기적이고 일률적으로 소정근로 또는 총 근로에 대하여 지급하기로 정한 시간급 금액, 일급 금액, 주급 금액, 월급 금액 또는 도급 금액을 말한다."고 규정하고 있다.

대법원은 "임금 중에서 근로자가 소정근로시간에 통상적으로 제공하는 근로의 가치를 평가한 것으로서 사전에 미리 확정할 수 있는 것이라면 그 명칭과 관계없이 모두 통상임금에 해당하는 것으로 보아야 할 것이다."고 판시한 바 있다(대법원 2013. 12. 18. 선고 2012다89399 전원합의체 판결).

위 대법원 판결은 임금이 통상임금에 해당하기 위하여는 정기성, 일률성, 고정성을 갖추어야 한다는 기준을 제시하였는데, 그 구체적인 판시의 내용은 다음과 같다.

> (가) <u>어떠한 임금이 통상임금에 속하는지 여부는 그 임금이 소정근로의 대가로 근로자에게 지급되는 금품으로서 정기적·일률적·고정적으로 지급되는 것인지를 기준으로 객관적인 성질에 따라 판단하여야 하고,</u> 임금의 명칭이나 지급주기의 장단 등 형식적 기준에 의해 정할 것이 아니다. 여기서 소정근로의 대가라 함은 근로자가 소정근로시간에 통상적으로 제공하기로 정한 근로에 관하여 사용자와 근로자가 지급하기로 약정한 금품을 말한다. 근로자가 소정근로시간을 초과하여 근로를 제공하거나 근로계약에서 제공하기로 정한 근로 외의 근로를 특별히 제공함으로써 사용자로부터 추가로 지급받는 임금이나 소

정근로시간의 근로와는 관련 없이 지급받는 임금은 소정근로의 대가라 할 수 없으므로 통상임금에 속하지 아니한다. 위와 같이 소정근로의 대가가 무엇인지는 근로자와 사용자가 소정근로시간에 통상적으로 제공하기로 정한 근로자의 근로의 가치를 어떻게 평가하고 그에 대하여 얼마의 금품을 지급하기로 정하였는지를 기준으로 전체적으로 판단하여야 하고, 그 금품이 소정근로시간에 근무한 직후나 그로부터 가까운 시일 내에 지급되지 아니하였다고 하여 그러한 사정만으로 소정근로의 대가가 아니라고 할 수는 없다.

(나) ① 어떤 임금이 통상임금에 속하기 위해서 정기성을 갖추어야 한다는 것은 임금이 일정한 간격을 두고 계속적으로 지급되어야 함을 의미한다. 통상임금에 속하기 위한 성질을 갖춘 임금이 1개월을 넘는 기간마다 정기적으로 지급되는 경우, 이는 노사 간의 합의 등에 따라 근로자가 소정근로시간에 통상적으로 제공하는 근로의 대가가 1개월을 넘는 기간마다 분할지급되고 있는 것일 뿐, 그러한 사정 때문에 갑자기 그 임금이 소정근로의 대가로서 성질을 상실하거나 정기성을 상실하게 되는 것이 아님은 분명하다. 따라서 정기상여금과 같이 일정한 주기로 지급되는 임금의 경우 단지 그 지급주기가 1개월을 넘는다는 사정만으로 그 임금이 통상임금에서 제외된다고 할 수는 없다. ② 어떤 임금이 통상임금에 속하기 위해서는 그것이 일률적으로 지급되는 성질을 갖추어야 한다. '일률적'으로 지급되는 것에는 '모든 근로자'에게 지급되는 것뿐만 아니라 '일정한 조건 또는 기준에 달한 모든 근로자'에게 지급되는 것도 포함된다. 여기서 '일정한 조건'이란 고정적이고 평균적인 임금을 산출하려는 통상임금의 개념에 비추어 볼 때 고정적인 조건이어야 한다. 일정 범위의 모든 근로자에게 지급된 임금이 일률성을 갖추고 있는지 판단하는 잣대인 '일정한 조건 또는 기준'은 통상임금이 소정근로의 가치를 평가한 개념이라는 점을 고려할 때, 작업 내용이나 기술, 경력 등과 같이 소정근로의 가치 평가와 관련된 조건이라야 한다. ③ 어떤 임금이 통상임금에 속하기 위해서는 그것이 고정적으로 지급되어야 한다. '고정성'이라 함은 '근로자가 제공한 근로에 대하여 업적, 성과 기타의 추가적인 조건과 관계없이 당연히 지급될 것이 확정되어 있는 성질'을 말하고, '고정적인 임금'은 '임금의 명칭 여하를 불문하고 임의의 날에 소정근로시간을 근무한 근로자가 그 다음 날 퇴직한다 하더라도 그 하루의 근로에 대한 대가로 당연하고도 확정적으로 지급받게 되는 최소한의 임금'이라고 정의할 수 있다. 고정성을 갖춘 임금은 근로자가 임의의 날에 소정근로를 제공하면 추가적인 조건의 충족 여부와 관계없이 당연히 지급될 것이 예정된 임금이므로, 지급 여부나 지급액이 사전에 확정된 것이라 할 수 있다. 이와 달리 근로자가 소정근로를 제공하더라도 추가적인 조건을 충족하여야 지급되는

임금이나 조건 충족 여부에 따라 지급액이 변동되는 임금 부분은 고정성을 갖춘 것이라고 할 수 없다(대법원 2013. 12. 18. 선고 2012다89399 전원합의체 판결).

4) 예외-고용노동부장관이 고시하는 금액

산재보험법 제5조 제2호는 '평균임금은 근로기준법에 따른 평균임금을 말한다'고 하면서 근로기준법에 따라 "임금" 또는 "평균임금"을 결정하기 어렵다고 인정되면 고용노동부장관이 정하여 고시하는 금액을 해당 "임금" 또는 "평균임금"으로 한다고 규정하고 있다.

라. 유족

"유족"이란 사망한 사람의 배우자(사실상 혼인 관계에 있는 사람을 포함한다)·자녀·부모·손자녀·조부모 또는 형제자매를 말한다.

산재보험법상의 "유족"은 사실상 혼인관계에 있는 사람도 포함하고, 근로자와 생계를 같이 하고 있던 유족을 우선한다는 점에서 민법상의 상속인과 다르다. 자세한 내용은 유족급여에 관한 부분에서 상세히 기술한다.

마. 치유

"치유"란 부상 또는 질병이 완치되거나 치료의 효과를 더 이상 기대할 수 없고 그 증상이 고정된 상태에 이르게 된 것을 말한다. '치료하여 병을 낫게 함'이라는 사전적 의미와는 차이가 있다(표준국어대사전, 치유).

바. 장해(障害)

"장해"란 부상 또는 질병이 치유되었으나 정신적 또는 육체적 훼손으로 인하여 노동능력이 상실되거나 감소된 상태를 말한다.

사. 중증요양상태

"중증요양상태"란 업무상의 부상 또는 질병에 따른 정신적 또는 육체적 훼손으로 노동능력이 상실되거나 감소된 상태로서 그 부상 또는 질병이 치유되지 아니한 상태를 말한다.

아. 진폐(塵肺)

"진폐"란 분진을 흡입하여 폐에 생기는 섬유증식성(纖維增殖性) 변화를 주된 증상으로 하는 질병을 말한다.

자. 출퇴근

"출퇴근"이란 취업과 관련하여 주거와 취업장소 사이의 이동 또는 한 취업장소에서 다른 취업장소로의 이동을 말한다.

제 3 절 산업재해보상보험법의 적용범위

1. 당연적용

산업재해보상보험법은 근로자를 사용하는 모든 사업 또는 사업장에 적용한다. 다만 위험률·규모·장소 등을 고려하여 대통령령으로 정하는 사업에 대하여는 이 법을 적용하지 아니한다(법 제6조).

가. 당연적용방식

산재보험법은 근로자를 사용하는 모든 사업 또는 사업장에 당연적용된다. 이는 사업주의 의사를 불문하고 산재보험을 강제적용함으로써 근로자를 보호하기 위한 것이다.

산재보험법 제5조, 제7조, 제10조는 대통령령이 정하는 예외적인 경우를 제외하고는 모든 사업의 사업주는 당연히 산업재해보상보험(이하 '산재보험'이라고 한다)의 보험가입자가 되고, 그 사업이 개시한 날 또는 사업주가 당연가입자가 되는 사업에 해당되게 된 날에 산재보험관계가 성립한다고 규정하고 있으므로, 이러한 경우 보험가입자 등 보험관계의 당사자 또는 그 변경은 근로복지공단에 대한 신고에 의하여 신고내용대로 결정되는 것이 아니라 신고와는 관계없이 해당 사실의 실질에 의하여 결정된다고 봄이 상당하다(대법원 1999. 2. 24. 선고 98두2201 판결).

나. 사업 또는 사업장

산재보험법은 사업 또는 사업장에 대해 정의규정을 두고 있지 않다. 대법원은 산재보험법의 '사업 또는 사업장'이란 일정한 장소를 바탕으로 유기적으로 단일하게 조직되어 계속적으로 행하는 경제적 활동단위를 가리킨다고 판시하고 있다.

대법원은 2015. 3. 12. 선고 2012두5176 판결에서 본사와 차고지를 별도의 사업장으로 보아야 한다는 사업주 주장에 대해 차고지로 출퇴근하는 기능직 근로자들에 대한 업무지시를 본사에서 내리고 그들에 대한 인사 등 관리업무 역시 본사에서 수행하며, 본사에서 근무하는 직원들이 정화조 점검업무도 담당하는 점, 이 사건 차고지는 단순한 차고지로 기능하고 장소적 분리는 차고지의 악취를 꺼려하는 인근 주민들을 고려하였기 때문이라는 점을 들어 본사와 차고지를 별개의 독립한 사업 또는 사업장으로 볼 수 없다고 판단하였다.

산업재해보상보험관계의 적용단위가 되는 구 산업재해보상보험법(2007. 4. 11. 법률 제8373호로 전부 개정되기 전의 것) 제5조 및 산업재해보상보험법 제6조에서 정한 '사업 또는 사업장'이란 <u>일정한 장소를 바탕으로 유기적으로 단일하게 조직되어 계속적으로 행하는 경제적 활동단위를 가리키는</u> 것이다. 따라서 장소적 분리 여부는 산업재해보상보험관계 적용단위로서 독립한 '사업 또는 사업장'에 해당하는지 판단하는 우선적인 기준이다. 다만 사업에 수반되는 업무상 재해의 위험 정도에 따라 사업주 간 보험료 부담이 공평해야 하는 산업재해보상보험제도 고유의 특수성과 법의 취지를 고려하면, 비록 장소적으로 분리된 복수의 경제적 활동단위가 존재한다고 하더라도 이를 동일한 사업주가 운영하는 경우에는 각 조직의 규모, 업무의 내용 및 처리방식 등을 종합하여 각 단위별 경제활동의 내용이 보험가입자의 최종적 사업목적을 위하여 유기적으로 결합되어 있는지, 장소적 분리가 독립된 별개의 '사업 또는 사업장'을 두어야 할 업무상 필요성에서 기인한 것인지, 각 경제적 활동단위가 전체적으로 재해발생의 위험도를 공유한다고 볼 수 있는지 등을 추가적으로 고려하여 독립한 '사업 또는 사업장'에 해당하는지 판단해야 한다(대법원 2015. 3. 12. 선고 2012두5176 판결).

산재보험법 제6조에서 말하는 사업은 특별한 사정이 없으면 국내에서 행하여지는 것만을 의미하지만 그 근무의 실태를 종합적으로 검토하여 보았을 때 단순히 근로의 장소가 국외에 있는 것일 뿐 실질적으로는 국내의 사업에 소속하여 당해 사업의 사용자의 지휘에 따라 근무하는 것이라면 이러한 경우에는 국내사업의 사업주와의 사이에 성립한 산업재해보상보험관계가 여전히 유지된다고 보는 것이 대법원 판례이다.

대법원은 2011. 2. 24. 선고 2010두23705 판결에서 국내 회사에 채용되어 토목과장으로 근무하다가 2005. 5. 31.부터 필리핀에 있는 이 사건 공사현장을 총괄 관리하던 원고에 대해, 참가인 회사(사용자)가 별도로 현지법인을 설립하지 않고 필리핀에 직접 공사를 진행하고 있었고, 공사현장에 참가인 회사의 직원들은 원고와 소외 1뿐이었으며, 이 사건 공사현장은 참가인 회사가 직접 시공하는 현장이었기 때문에 참가인 회사에 의하여 직접적인 업무 지시가 이루어졌고, 공사에 대한 중요한 결정이나 업무 지시는 '공사현장 담당자-현장 소장-참가인 회사 마닐라 지점장(마닐라 지점은 본사가 직접 관리하는 것으로서 별도 법인이 아님)-본사 부서별 팀장-본사 임원-사장' 형태로 된 참가인 회사 본사의 지휘계통을 통하여 이루어졌으며, 경미한 사항에 대한 업무 지시는 참가인 회사의 직무위임전결 규정에 따라 각 단계별로 현장소장 내지 마닐라 지점장에 의하여 이루어졌던 점, 이 사건 공사현장에서 근무하던 참가인 회사의 직원에 대한 전출, 사직, 업무 변경 등 인사에 관한 사항은 모두 참가인 회사의 내부 기준에 따라 국내에 있는 참가인 회사 본사의 지시에 의하여 이루어졌고, 원고가 이 사건 공사현장에 근무하던 기간 중에도 참가인 회사 본사의 지시에 의하여 원고에 대하여 호봉승급과 승진이 있었던 점, 원고가 이 사건 공사현장에서 근무하고 있던 기간 동안 참가인 회사는 원고의 급여를 원고 명의의 통장으로 입금하였고, 근로소득세를 원천징수하였으며, 고용보험료 등을 국내에서 납입하였던 점 등을 고려하여 원고의 이 사건 공사현장에서의 근무는 단순히 근로의 장소가 국외에 있는 것에 불과하고, 실질적으로는 국내의 사업에 소속하여 당해 사업의 사용자의 지휘에 따라 근무하는 경우라고 봄이 타당하므로, 원고에게는 산재보험법이 적용된다고 판단하였다.

구 산업재해보상보험법(2010. 1. 27. 법률 제9988호로 개정되기 전의 것, 이하 '산재보험법'이라고 한다) 제6조는 "이 법은 근로자를 사용하는 모든 사업 또는 사업장(이하 '사업'이라 한다)에 적용한다. 다만, 위험률·규모 및 장소 등을 고려하여 대통령령이 정하는 사업에 대하여는 이 법을 적용하지 아니한다.”고만 규정하고 있을 뿐 국외에서 행하여지는 사업을 포함하는지 여부에 관하여 별다른 규정을 두고 있지 아니하다. 그러나 산업재해보상보험 사업은 노동부장관이 관장하고 있고, 산재보험법에 규정된 일정한 요건에 해당하면 사업주가 당연히 보험에 가입되고 보험료가 일률적으로 정하여지며 강제적인 방법으로 보험료를 징수할 수 있는 공공보험이라는 점과 산재보험법 제121조에서 국외의 사업에 대한 특례를 정하고 있고 산재보험법 제122조에서 해외파견자에 대하여는 근로복지공단에 보험가입 신청을 하여 승인을 얻은 경우에 비로소 위 법을 적용하도록 한 취지에 비추어 보면, 산재보험법 제6조에서 말하는 사업은 특별한 사정이 없는 한 국내에서 행하여지는 것만을 의미한다고 보아야 한다.

다만 국내에서 행하여지는 사업의 사업주와의 사이에 산업재해보상보험관계가 성립한 근로자가 국외에 파견되어 근무하게 된 경우에 <u>그 근무의 실태를 종합적으로 검토하여 보았을 때 단순히 근로의 장소가 국외에 있는 것일 뿐 실질적으로는 국내의 사업에 소속하여 당해 사업의 사용자의 지휘에 따라 근무하는 것이라면, 이러한 경우에는 국내 사업의 사업주와의 사이에 성립한 산업재해보상보험관계가 여전히 유지된다고 보아야 하므로 산재보험법의 적용을 받는다고 보아야 한다</u>(대법원 2011. 2. 24. 선고 2010두23705 판결).

서울행정법원은 도장공사업 회사(이하 “이 사건 회사”)의 근로자로서 근무부서를 ‘해외사업부 이 사건 공사’로 정하여 정규직 근로계약을 체결하고 아부다비지사에서 반장으로 근무하며 인원배치·작업지시·공사현황 점검 등을 하던 근로자가 심장정지로 사망한 경우, 고인은 이 사건 회사의 국내 본사와 정규직 근로계약을 체결하였고, 이 사건 공사의 총괄책임자이자 이 사건 회사의 전무로부터 지시를 받아 업무를 수행하였으며, 본사로부터 급여를 수령하였고 본사는 고인의 휴가 등 복무상황을 관리하면서 고인을 해외파견자로 파악하지 않았던 점 등을 고려할 때 고인은 근로장소만 국외일 뿐 실질적으로 본사에 소속하여 그 지휘에 따라 근무하여 산업재해보상보험법이 적용된다고 판시하였다(다만 위 판결은 서울고등법원 2022. 9. 29. 선고 2022누31923 판결로 취소되었다).

2. 적용제외사업

산업재해보상보험법 제6조 단서에 따라 법의 적용이 제외되는 사업은 다음과 같다(법 시행령 제2조).

1. 공무원 재해보상법 또는 군인 재해보상법에 따라 재해보상이 되는 사업. 다만, 공무원 재해보상법 제60조에 따라 순직유족급여 또는 위험직무순직유족급여에 관한 규정을 적용받는 경우는 제외한다.
2. 선원법, 어선원 및 어선 재해보상보험법 또는 사립학교교직원 연금법에 따라 재해보상이 되는 사업
3. 가구 내 고용활동
4. 농업, 임업(벌목업은 제외한다), 어업 및 수렵업 중 법인이 아닌 자의 사업으로서 상시근로자 수가 5명 미만인 사업

위 제2호의 "선원법에 따라 재해보상이 되는 사업"에는 선원법이 정한 일정한 규모 이상의 선박을 소유하는 자 등이 선박에 승선하여 근로를 제공할 선장, 해원 등의 선원을 고용하여 위 선원을 그 선박에 승무시켜 행하는 사업을 말하고, 선원관리사업은 이에 해당하지 않는다.

선원법은 일정한 선박에 승무하는 선원과 그 선박의 소유자에 대하여 적용되고(선원법 제2조 제1항), 선원은 임금을 받을 목적으로 배 안에서 근로를 공하기 위하여 고용된 자로서 선장, 해원, 예비원을 말하며(선원법 제3조 제1호), 선주·선박차용인·선박관리인·용선인 등의 명칭에 불구하고 선원을 고용하고 그 선원에 대하여 임금을 지급하는 자에게 선원법 중 선박소유자에 관한 규정이 적용되고(선원법 제2조 제3항), 선원법에 의한 재해보상은 이러한 선원이 직무상 재해를 당하였을 경우 선박소유자 등에 의하여 이루어지는 것이므로(선원법 제85조 내지 제98조), 산업재해보상보험법의 적용제외사업으로서 산업재해보상보험법시행령 제3조 제1항 제4호에 규정된 '선원법에 의하여 재해보상이 행하여지는 사업'이라 함은 선원법이 정한 일정한 규모 이상의 선박을 소유하는 자 등이 선박에 승선하여 근로를 제공할 선장, 해원 등의 선원을 고용하여 위 선원을 그 선박에 승무시켜 행하는 사업을 뜻한다고 할 것이고, 선박소유자로부터 선원의 인사관리업무를 수탁하여 대행하는 것을 업무 내용으로 하는 선원관리사업은 비록 그 업무에 관한 사항이 선원법에 의하여 규율된다고 하더라도, 위 선원법의 적용 범위와 그 업무의 내용에 비추어 볼 때, 선원법에 의하여 재해보상이 행하여지는 사업이라고 할 수 없다(대법원 1999. 4. 27. 선고 99두1694 판결).

산재보험 적용사업의 범위에 관하여 법 시행령에 특별한 규정이 없으면 통계법에 따라 통계청장이 고시하는 한국표준산업분류표에 따른다(시행령 제2조 제2항).

시행령 제2조 제1항 제6호의 "농업, 임업(벌목업 제외), 어업 및 수렵업 중 법인이
아닌 자의 사업으로서 상시근로자 수가 5명 미만인 사업"을 판단함에 있어 상시근
로자 수는 사업을 시작한 후 최초로 근로자를 사용한 날부터 그 사업의 가동일수
14일 동안 사용한 근로자 연인원(延人員)[1]을 14로 나누어 산정한다. 이 경우 상시
근로자 수가 5명 미만이면 최초로 근로자를 사용한 날부터 하루씩 순차적으로 미
루어 가동기간 14일 동안 사용한 근로자 연인원을 14로 나누어 산정한다. 최초로
근로자를 사용한 날부터 14일 이내에 사업이 종료되거나 업무상 재해가 발생한 경
우에는 그 때까지 사용한 연인원을 그 가동일수로 나누어 산정한다(시행령 제2조의2
제1항, 제2항).

3. 보험관계의 성립 · 소멸

산재보험법에 따른 보험관계의 성립과 소멸에 대하여는 고용보험 및 산업재해
보상보험의 보험료징수 등에 관한 법률로 정하는 바에 따른다(법 제7조).

4. 각종 특례

가. 국외사업에 대한 특례

국외 근무 기간에 발생한 근로자의 재해를 보상하기 위하여 우리나라가 당사국
이 된 사회보장에 관한 조약이나 협정(이하 "사회보장관련조약"이라 한다)으로 정하는
국가나 지역에서의 사업에 대하여는 고용노동부장관이 금융위원회와 협의하여 지
정하는 자(이하 "보험회사"라 한다)에게 이 법에 따른 보험사업을 자기의 계산으로 영
위하게 할 수 있다(법 제121조 제1항).

보험회사는 보험업법에 따른 사업 방법에 따라 보험사업을 영위한다. 이 경우
보험회사가 지급하는 보험급여는 산재보험법에 따른 보험급여보다 근로자에게 불
이익하여서는 아니 된다(법 제121조 제2항). 보험사업을 영위하는 보험회사는 이 법
과 근로자를 위한 사회보장관련조약에서 정부가 부담하는 모든 책임을 성실히 이
행하여야 한다(법 제121조 제3항).

---

1) 어떠한 일에 동원된 인원수와 일수(日數)를 계산하여, 그 일이 하루에 완성되었다고 가정하고
   일수를 인수(人數)로 환산한 총인원수. 예를 들면, 다섯 사람이 열흘 걸려서 완성한 일의 연인
   원은 50명이다(표준국어대사전).

제121조 제1항에 따른 국외의 사업과 이를 대상으로 하는 보험사업에 대하여는 제2조(보험의 관장과 보험연도), 제3조 제1항(국가의 부담), 제6조 단서(산재보험법 적용제외사업), 제8조(산업재해보상보험 및 예방심의위원회), 제82조 제1항(보험급여는 지급결정일부터 14일 이내 지급하여야 한다)과 제5장(산업재해보상보험 및 예방기금) 및 제6장(심사청구 및 재심사청구)을 적용하지 아니한다.

보험회사는 제1항에 따른 보험사업을 영위할 때 산재보험법상 근로복지공단의 권한을 행사할 수 있다(법 제121조 제5항).

나. 해외파견자에 대한 특례

보험료징수법 제5조 제3항 및 제4항에 따른 보험가입자가 대한민국 밖의 지역(고용노동부령으로 정하는 지역은 제외한다)에서 하는 사업에 근로시키기 위하여 파견하는 사람(이하 "해외파견자"라 한다)에 대하여 공단에 보험 가입 신청을 하여 승인을 받으면 해외파견자를 그 가입자의 대한민국 영역 안의 사업(2개 이상의 사업이 있는 경우에는 주된 사업을 말한다)에 사용하는 근로자로 보아 산재보험법을 적용할 수 있다(법 제122조 제1항).

해외파견자의 보험급여의 기초가 되는 임금액은 그 사업에 사용되는 같은 직종 근로자의 임금액 및 그 밖의 사정을 고려하여 고용노동부장관이 정하여 고시하는 금액으로 한다(법 제122조 제2항).

해외파견자에 대한 보험급여의 지급 등에 필요한 사항은 법 시행규칙 제74조에서 일반 근로자에 대한 산재보험법 시행령의 규정을 준용하고 있다. 해외파견자의 보험료 산정, 보험 가입의 신청 및 승인, 보험료의 신고 및 납부, 보험 관계의 소멸, 그 밖에 필요한 사항은 보험료징수법으로 정하는 바에 따른다.

다만 대법원 2011. 2. 24. 선고 2010두23705 판결에 비추어 볼 때 근로자의 근무의 실태를 종합적으로 검토하여 보았을 때 단순히 근로의 장소가 국외에 있는 것일 뿐 실질적으로는 국내의 사업에 소속되어 당해 사업의 사용자의 지휘에 따라 근무하는 것이라면 이러한 경우에는 국내사업의 사업주와의 사이에 성립한 산업재해보상보험관계가 여전히 유지된다고 보므로 이러한 경우에는 별도로 산재보험 가입신청을 하여 승인을 받지 않더라도 국내근로자와 마찬가지로 산재보험이 적용된다고 보아야 할 것이다.

다. 현장실습생에 대한 특례

산재보험법이 적용되는 사업에서 현장실습을 하고 있는 학생 및 직업 훈련생(이하 "현장실습생"이라 한다) 중 고용노동부장관이 정하는 현장실습생은 제5조 제2호에도 불구하고 이 법을 적용할 때는 그 사업에 사용되는 근로자로 본다(법 제123조 제1항, 고용노동부고시 "현장실습생에 대한 산업재해보상보험 적용범위"). 현장실습생이 실습과 관련하여 입은 재해는 업무상의 재해로 보아 제36조 제1항에 따른 보험급여를 지급한다(법 제123조 제2항).

현장실습생에 대한 보험급여의 기초가 되는 임금액은 현장실습생이 지급받는 훈련수당 등 모든 금품으로 하되, 이를 적용하는 것이 현장실습생의 재해보상에 적절하지 아니하다고 인정되면 고용노동부장관이 정하여 고시하는 금액으로 할 수 있다(고용노동부고시 "현장실습생에 대한 산업재해보상보험 적용범위"). 현장실습생에 대한 보험급여의 지급 등에 필요한 사항은 시행령 제121조에서 정하고 있다. 현장실습생에 대한 보험료의 산정·신고 및 납부 등에 관한 사항은 보험료징수법으로 정하는 바에 따른다.

라. 학생연구자에 대한 특례

연구실 안전환경 조성에 관한 법률 제2조 제1호에 따른 대학·연구기관 등은 산재보험법 제6조에도 불구하고 산재보험법의 적용을 받는 사업으로 본다(법 제123조의2 제1항). 연구실 안전환경 조성에 관한 법률 제2조 제8호에 따른 연구활동종사자 중 같은 조 제1호에 따른 대학·연구기관 등이 수행하는 연구개발과제에 참여하는 대통령령으로 정하는 학생 신분의 연구자(이하 "학생연구자"라 한다)는 산재보험법 제5조 제2호에도 불구하고 산재보험법을 적용할 때에는 그 사업의 근로자로 본다(법 제123조의2 제2항).

산재보험법의 적용을 받는 학생연구자에 대한 보험 관계의 성립·소멸 및 변경, 보험료의 산정·신고·납부, 보험료나 그 밖에 징수금의 징수에 필요한 사항은 보험료징수법에서 정하는 바에 따른다.

학생연구자에 대한 보험급여의 산정 기준이 되는 평균임금은 고용노동부장관이 고시하는 금액으로 한다(고용노동부고시 "학생연구자에 대한 산재보험료 및 보험급여 산정의 기초가 되는 보수액 및 평균임금"). 시행령 제121조의3은 학생연구자에 대한 보험급여 지급사유인 업무상의 재해의 인정 기준에 관하여 일반 근로자에 관한 규정인 시행령 제27조(업무수행 중의 사고), 제28조(시설물 등의 결함 등에 따른 사고), 제30조부터 제35조까지(행사 중의 사고, 특수한 장소에서의 사고, 요양 중의 사고, 제3자의 행위에 따른 사고, 업무상 질병의 인정기준, 출퇴근 중의 사고) 및 제36조(자해행위에 따른 업무상 재해의 인정기준)를 준용하도록 하고 있다.

학생연구자에게 제36조 제1항 제2호에 따른 휴업급여 또는 같은 항 제6호에 따른 상병보상연금을 지급하는 경우 제54조(저소득근로자의 휴업급여), 제56조 제2항(재요양기간 중의 휴업급여), 제67조(저소득근로자의 상병보상연금) 및 제69조 제1항(재요양기간 중의 상병보상연금)은 적용하지 아니한다.

마. 중·소기업 사업주 등에 대한 특례

보험가입자로서 300명 미만의 근로자를 사용하는 사업주, 근로자를 사용하지 않는 사람(다만 노무제공자는 제외)인 중·소기업 사업주는 공단의 승인을 받아 자기 또는 유족을 보험급여를 받을 수 있는 사람으로 하여 산재보험에 가입할 수 있다(법 제124조 제1항, 시행령 제122조 제1항).

보험에 가입한 중·소기업 사업주가 300명 이상의 근로자를 사용하게 된 경우에도 중·소기업 사업주 본인이 산재보험 가입을 유지하고자 하는 경우에는 계속하여 300명 미만의 근로자를 사용하는 사업주로 본다(시행령 제122조 제2항).

법 제124조 제1항에 따른 중·소기업 사업주의 배우자(사실상 혼인관계에 있는 사람을 포함한다. 이하 같다) 또는 4촌 이내의 친족으로서 법 제124조 제1항에 따른 중·소기업 사업주로부터 노무제공에 대한 보수를 받지 않고 해당 사업에 노무를 제공하는 사람은 공단의 승인을 받아 산재보험에 가입할 수 있다(법 제124조 제2항, 시행령 제122조 제4항).

법 제124조 제1항에 따른 중·소기업 사업주 및 제2항에 따른 중·소기업 사업주의 배우자 또는 4촌 이내의 친족(이하 이 조에서 "중·소기업 사업주등"이라 한다)은 제5조 제2호에도 불구하고 이 법을 적용할 때에는 근로자로 본다(법 제124조 제3항).

중·소기업 사업주등에 대한 보험급여의 지급 사유인 업무상의 재해의 인정 범위는 법 시행령 제123조에 따라 시행령 제27조(업무수행 중의 사고), 제28조(시설물 등의 결함 등에 따른 사고), 제30조부터 제35조까지(행사중의 사고, 특수한 장소에서의 사고, 요양중의 사고, 제3자의 행위에 따른 사고, 업무상 질병의 인정기준) 및 제36조(출퇴근 중의 사고)를 준용한다.

중·소기업 사업주등에 대한 보험급여의 산정 기준이 되는 평균임금은 고용노동부장관이 정하여 고시하는 금액으로 한다(고용노동부고시 "중·소기업 사업주에 대한 산재보험료 및 보험급여 산정의 기초가 되는 보수액 및 평균임금").

법 제124조 제4항에 따른 업무상의 재해가 보험료의 체납 기간에 발생하면 산재보험급여를 지급하지 아니한다. 다만 체납한 보험료를 보험료 납부기일이 속하는 달의 다음다음달 10일까지 납부한 경우에는 보험급여를 지급한다(시행령 제124조).

중·소기업 사업주등에 대한 보험급여의 지급 등에 필요한 사항은 고용노동부령으로 정한다.

바. 국민기초생활보장법상의 수급자에 대한 특례

근로자가 아닌 사람으로서 국민기초생활보장법 제15조에 따른 자활급여 수급자 중 고용노동부장관이 정하여 고시하는 사업에 종사하는 사람은 제5조 제2호에도 불구하고 이 법의 적용을 받는 근로자로 본다(법 제126조 제1항). 자활급여 수급자의 보험료 산정 및 보험급여의 기초가 되는 임금액은 자활급여 수급자가 제1항의 사업에 참여하여 받는 자활급여로 한다(법 제126조 제2항).

제 4 절 산업재해보상보험및예방심의위원회

1. 산업재해보상보험및예방심의위원회

산업재해보상보험 및 예방에 관한 중요 사항을 심의하게 하기 위하여 고용노동부에 산업재해보상보험및예방심의위원회(이하 "위원회"라 한다)를 둔다(법 제8조 제1항).

위원회는 다음 각 호의 사항을 심의한다(법 시행령 제3조).

1. 법 제40조 제5항에 따른 요양급여의 범위나 비용 등 요양급여의 산정 기준에 관한 사항
2. 고용보험 및 산업재해보상보험의 보험료징수 등에 관한 법률 제14조 제3항 및 같은 조 제4항에 따른 산재보험료율의 결정에 관한 사항

3. 법 제98조에 따른 산업재해보상보험및예방기금의 운용계획 수립에 관한 사항

4. 산업안전보건법 제4조 제1항 각 호에 따른 산업안전·보건 업무와 관련되는 주요 정책 및 같은 법 제7조에 따른 산업재해 예방에 관한 기본계획

5. 그 밖에 고용노동부장관이 산업재해보상보험 사업 및 산업안전·보건 업무에 관하여 심의에 부치는 사항

2. 위원회의 구성

위원회는 근로자를 대표하는 사람, 사용자를 대표하는 사람 및 공익을 대표하는 사람으로 구성하되, 그 수는 각각 같은 수로 한다(법 제8조 제2항). 위원회의 위원은 다음 각 호의 구분에 따라 각각 고용노동부장관이 임명하거나 위촉한다(법 시행령 제4조).

1. 근로자를 대표하는 위원은 총연합단체인 노동조합이 추천하는 사람 5명

2. 사용자를 대표하는 위원은 전국을 대표하는 사용자 단체가 추천하는 사람 5명

3. 공익을 대표하는 위원은 다음 각 목의 사람 5명

　　가. 고용노동부차관

　　나. 고용노동부에서 산업재해보상보험 업무를 담당하는 고위공무원 또는 산업재해 예방 업무를 담당하는 고위공무원 중 1명

　　다. 시민단체(비영리민간단체 지원법 제2조에 따른 비영리민간단체를 말한다)에서 추천한 사람과 사회보험 또는 산업재해 예방에 관한 학식과 경험이 풍부한 사람 중 3명

위원회에는 위원장과 부위원장을 각 1명씩 두고, 고용노동부차관이 위원장이 되고, 공익을 대표하는 위원 중에서 위원회가 선임하는 자가 부위원장이 된다. 위원장은 위원회를 대표하며, 위원회의 사무를 총괄하고, 부위원장은 위원장을 보좌하며, 위원장이 부득이한 사유로 직무를 수행할 수 없을 때에 그 직무를 대행한다(시행령 제6조).

3. 위원회의 회의

위원장은 위원회의 회의를 소집하고 그 의장이 된다. 위원회의 회의는 고용노동부장관의 요구가 있거나 재적위원 과반수의 요구가 있을 때 소집한다. 위원회의 회의는 재적위원 과반수의 출석으로 개의하고, 출석위원 과반수의 찬성으로 의결한다(법 시행령 제7조).

4. 전문위원회

위원회는 그 심의사항을 검토하고 위원회의 심의를 보조하게 하기 위하여 위원회에 산업재해보상보험정책전문위원회, 산업재해보상보험요양전문위원회 및 산업안전보건전문위원회를 둔다(법 제8조 제3항, 시행령 제8조 제1항).

전문위원회는 위원회 위원장의 명을 받아 다음 각 호의 구분에 따른 사항을 검토하여 위원회에 보고한다.

1. 산업재해보상보험정책전문위원회: 산업재해보상보험의 재정·적용·징수·
   급여·재활 및 복지에 관한 사항
2. 산업재해보상보험요양전문위원회: 요양급여의 범위나 비용 등 요양급여
   의 기준 및 요양관리에 관한 사항
3. 산업안전보건전문위원회: 산업안전보건에 관한 중요정책 및 제도개선에
   관한 사항

5. 조사·연구위원

산업재해보상보험과 산업재해 예방에 관한 사항을 조사·연구하게 하기 위하여 위원회에 산업재해보상보험·산업안전공학·기계안전·전기안전·화공안전·건축안전·토목안전·산업의학·산업간호·산업위생·인간공학·유해물질관리·안전보건 관련 법령 및 산업재해통계, 그 밖에 필요한 각 분야별로 2명 이내의 조사·연구위원을 둘 수 있다(법 시행령 제8조의2).

조사·연구위원은 해당 분야에 관한 학식과 경험이 풍부한 사람 중에서 고용노동부장관이 임명한다.

6. 관계행정기관의 협조

위원회 및 제8조에 따른 전문위원회는 안건의 심의를 위하여 필요하다고 인정하는 경우에는 관계 행정기관 또는 단체에 자료 제출을 요청하거나 관계 공무원이나 관계 전문가 등을 출석시켜 의견을 들을 수 있다(법 시행령 제8조의3).

제 5 절 　 산업재해보상보험제도의 운영과 근로복지공단

1. 산업재해보상보험제도의 운영주체와 회계

우리나라의 산업재해보상보험제도는 국가가 운영하고, 산업재해보상보험 사업은 고용노동부장관이 관장한다.

산업재해보상보험 사업의 보험연도는 정부의 회계연도에 따라 매년 1월 1일에 시작하여 12월 31에 종료한다(국가재정법 제2조). 보험료 및 그 밖의 징수금에 대해서는 고용보험 및 산업재해보상보험의 보험료징수 등에 관한 법률에서 규정하고 있다.

2. 근로복지공단

가. 근로복지공단의 설립

근로복지공단은 고용노동부장관의 위탁을 받아 산업재해보상보험법의 목적을 달성하기 위한 사업을 수행하기 위하여 설립된 법인이다(제10조).

나. 근로복지공단의 사업

근로복지공단은 다음 각호의 사업을 수행한다.

　1. 보험가입자와 수급권자에 관한 기록의 관리·유지
　2. 보험료징수법에 따른 보험료와 그 밖의 징수금의 징수

3. 보험급여의 결정과 지급

4. 보험급여 결정 등에 관한 심사청구의 심리·결정

5. 산업재해보상보험 시설의 설치·운영

5의2. 업무상 재해를 입은 근로자 등의 진료·요양 및 재활

5의3. 재활보조기구의 연구개발·검정 및 보급

5의4. 보험급여 결정 및 지급을 위한 업무상 질병 관련 연구

5의5. 근로자 등의 건강을 유지·증진하기 위하여 필요한 건강진단 등 예방
사업

6. 근로자의 복지 증진을 위한 사업

7. 그 밖에 정부로부터 위탁받은 사업

8. 제5호·제5호의 2부터 제5호의 5까지·제6호 및 제7호에 따른 사업에 딸린
사업

다. 근로복지공단의 조직

근로복지공단은 근로복지공단본부와 7개 지역본부, 56개 지사, 4개 특수형태근
로종사자센터, 8개의 위원회, 인재개발원, 고객센터, 11개 병원, 2개 연구원, 1개
연구소로 조직되어 있다(근로복지공단 홈페이지 참조).

산재보험법에 따른 공단 이사장의 대표 권한 중 일부를 대통령령으로 정하는 바
에 따라 공단의 분사무소(이하 "소속 기관"이라 한다)의 장에게 위임할 수 있다(법 제29
조 제1항).

근로복지공단은 위 산업재해보상보험 시설의 설치·운영, 업무상 재해를 입은
근로자 등의 진료·요양 및 재활, 재활보조기구의 연구개발·검정 및 보급, 보험급
여 결정 및 지급을 위한 업무상 질병 관련 연구, 근로자 등의 건강을 유지·증진하
기 위하여 필요한 건강진단 등 예방 사업을 수행하기 위하여 의료기관, 연구기관
등을 설치·운영할 수 있는데(법 제11조 제2항), 위 조항에 근거하여 근로복지공단
인천병원, 안산병원, 창원병원, 순천병원, 대전병원, 태백병원, 동해병원, 대구병
원, 정선병원, 경기요양병원, 태백요양병원, 근로복지연구원, 재활공학연구소, 직
업환경연구원을 운영하고 있다.

라. 근로복지공단의 임원과 임직원의 의무

1) 근로복지공단의 임원

공단의 임원은 이사장 1명과 상임이사 4명을 포함한 15명 이내의 이사와 감사 1명으로 구성되고(법 제16조 제1항), 이사장·상임이사 및 감사의 임면에 관하여는 공공기관의 운영에 관한 법률 제26조[2])에 따르며, 비상임이사는 총연합단체인 노동조합이 추천하는 사람, 전국을 대표하는 사용자단체가 추천하는 사람, 사회보험 또는 근로복지사업에 관한 학식과 경험이 풍부한 사람으로서 공공기관의 운영에 관한 법률 제29조에 따른 임원추천위원회가 추천하는 사람 중에 고용노동부장관이 임명한다. 기획재정부에서 공단예산업무를 담당하는 3급 공무원 또는 고위공무원단에 속하는 일반직 공무원 중에서 기획재정부장관이 지명하는 1명, 고용노동부에서 산업재해보상보험 업무를 담당하는 3급 공무원 또는 고위공무원단에 속하는

---

2) 공공기관의 운영에 관한 법률

제26조(준정부기관 임원의 임면)

① 준정부기관의 장은 임원추천위원회가 복수로 추천한 사람 중에서 주무기관의 장이 임명한다. 다만, 기관 규모가 대통령령으로 정하는 기준 이상이거나 업무내용의 특수성을 고려하여 대통령령으로 정하는 준정부기관의 장은 임원추천위원회가 복수로 추천한 사람 중에서 주무기관의 장의 제청으로 대통령이 임명한다.

② 준정부기관의 상임이사는 준정부기관의 장이 임명하되, 다른 법령에서 상임이사에 대한 별도의 추천위원회를 두도록 정한 경우에 상임이사의 추천에 관하여는 그 법령의 규정에 따른다. 다만, 상임감사위원은 제4항에서 정한 절차에 따라 대통령 또는 기획재정부장관이 임명한다.

③ 준정부기관의 비상임이사(다른 법령이나 준정부기관의 정관에 따라 당연히 비상임이사로 선임되는 사람은 제외한다. 이하 이 항에서 같다)는 주무기관의 장이 임명하되, 기관규모가 대통령령으로 정하는 기준 이상이거나 업무내용의 특수성을 고려하여 대통령령으로 정하는 준정부기관의 비상임이사는 임원추천위원회가 복수로 추천한 사람 중에서 주무기관의 장이 임명한다. 이 경우 3년 이상 재직한 해당 기관 소속 근로자 중에서 근로자대표의 추천이나 근로자 과반수의 동의를 받은 사람 1명을 포함하여야 한다.

④ 제3항에도 불구하고 다른 법령에서 해당 준정부기관의 비상임이사에 대하여 별도의 추천 절차를 정하고 있는 경우에 비상임이사의 추천에 관하여는 그 법령의 규정에 따른다.

⑤ 준정부기관의 감사는 임원추천위원회가 복수로 추천하여 운영위원회의 심의·의결을 거친 사람 중에서 기획재정부장관이 임명한다. 다만, 기관 규모가 대통령령으로 정하는 기준 이상이거나 업무내용의 특수성을 고려하여 대통령령으로 정하는 준정부기관의 감사는 임원추천위원회가 복수로 추천하여 운영위원회의 심의·의결을 거친 사람 중에서 기획재정부장관의 제청으로 대통령이 임명한다.

⑥ 준정부기관의 장의 임기보장에 관하여는 제25조제6항을 준용한다. 이 경우 "공기업의 장"은 "준정부기관의 장"으로 본다.

⑦ 제3항 후단에 따른 비상임이사의 추천 및 동의 절차와 그 밖에 필요한 사항은 대통령령으로 정한다.

일반직 공무원 중에서 고용노동부장관이 지명하는 1명은 당연직 비상임이사로 선임된다.

이사장의 임기는 3년, 이사와 감사의 임기는 각 2년이나, 각각 1년 단위로 연임할 수 있다.

이사장은 공단을 대표하고 공단의 업무를 총괄하며, 상임이사는 정관, 공단의 직제규정으로 정하는 바에 따라 공단의 업무를 분장하고 이사장이 부득이한 사유로 직무를 수행할 수 없을 때에는 정관, 직제규정으로 정하는 순서에 따라 그 직무를 대행한다.

국가공무원법 제33조 각호의 어느 하나에 해당하는 사람,[3] 공공기관의 운영에 관한 법률 제34조 제1항 제2호에 해당하는 사람[4]은 공단의 임원이 될 수 없다. 임원의 해임에 관하여는 공공기관의 운영에 관한 법률 제22조 제1항,[5] 제31조 제6

---

3) 제33조(결격사유) 다음 각 호의 어느 하나에 해당하는 자는 공무원으로 임용될 수 없다.
  1. 피성년후견인
  2. 파산선고를 받고 복권되지 아니한 자
  3. 금고 이상의 실형을 선고받고 그 집행이 끝나거나(집행이 끝난 것으로 보는 경우를 포함한다) 집행이 면제된 날부터 5년이 지나지 아니한 자
  4. 금고 이상의 형의 집행유예를 선고받고 그 유예기간이 끝난 날부터 2년이 지나지 아니한 자
  5. 금고 이상의 형의 선고유예를 받은 경우에 그 선고유예 기간 중에 있는 자
  6. 법원의 판결 또는 다른 법률에 따라 자격이 상실되거나 정지된 자
  6의2. 공무원으로 재직기간 중 직무와 관련하여 형법 제355조 및 제356조에 규정된 죄를 범한 자로서 300만원 이상의 벌금형을 선고받고 그 형이 확정된 후 2년이 지나지 아니한 자
  6의3. 다음 각 목의 어느 하나에 해당하는 죄를 범한 사람으로서 100만원 이상의 벌금형을 선고받고 그 형이 확정된 후 3년이 지나지 아니한 사람
  가. 성폭력범죄의 처벌 등에 관한 특례법 제2조에 따른 성폭력범죄
  나. 정보통신망 이용촉진 및 정보보호 등에 관한 법률 제74조제1항제2호 및 제3호에 규정된 죄
  다. 스토킹범죄의 처벌 등에 관한 법률 제2조제2호에 따른 스토킹범죄
  6의4. 미성년자에 대한 다음 각 목의 어느 하나에 해당하는 죄를 저질러 파면·해임되거나 형 또는 치료감호를 선고받아 그 형 또는 치료감호가 확정된 사람(집행유예를 선고받은 후 그 집행유예기간이 경과한 사람을 포함한다)
  가. 성폭력범죄의 처벌 등에 관한 특례법 제2조에 따른 성폭력범죄
  나. 아동·청소년의 성보호에 관한 법률 제2조제2호에 따른 아동·청소년대상 성범죄
  7. 징계로 파면처분을 받은 때부터 5년이 지나지 아니한 자
  8. 징계로 해임처분을 받은 때부터 3년이 지나지 아니한 자
4) 제34조(결격사유)
  ① 다음 각 호의 어느 하나에 해당하는 사람은 공기업·준정부기관의 임원이 될 수 없다.
  1. 국가공무원법 제33조(결격사유) 각 호의 어느 하나에 해당하는 사람
  2. 제22조제1항, 제31조제7항, 제35조제2항·제3항, 제36조제2항, 제48조제4항·제8항 및 제52조의3제3항에 따라 해임된 날부터 3년이 지나지 아니한 사람

항,6) 제35조 제2항·제3항,7) 제36조 제2항,8) 제48조 제4항9)·제8항10)에 따른다. 공단에는 공공기관의 운영에 관한 법률 제17조 제1항11) 각호의 사항을 심의·의

---

5) 제22조(해임 요청 등)

① 이사회는 기관장이 법령이나 정관을 위반하는 행위를 하거나 그 직무를 게을리하는 등 기관장으로서의 직무수행에 현저한 지장이 있다고 판단되는 경우 이사회의 의결을 거쳐 주무기관의 장에게 그 기관장을 해임하거나 해임을 건의하도록 요청할 수 있다.

6) 제31조(기관장과의 계약 등)

⑥ 기획재정부장관 또는 주무기관의 장은 제3항과 제4항에 따른 계약의 이행에 관한 보고서를 기초로 하여 공기업·준정부기관의 장의 실적을 재임 중 1회 이상 평가할 수 있다.

7) 제35조(이사와 감사의 책임 등)

② 기획재정부장관은 비상임이사(준정부기관의 비상임이사는 제외한다. 이하 이 항에서 같다) 및 감사(상임감사위원을 포함한다. 이하 이 항에서 같다)가 제1항에 따른 의무와 책임 및 제32조에 따른 직무를 이행하지 아니하거나 게을리한 경우 운영위원회의 심의·의결을 거쳐 비상임이사 및 감사를 해임하거나 그 임명권자에게 해임을 건의할 수 있고, 그 공기업·준정부기관으로 하여금 손해배상을 청구하도록 요구할 수 있다.

③ 주무기관의 장은 기관장, 상임이사(상임감사위원은 제외한다. 이하 이 항에서 같다) 및 준정부기관의 비상임이사가 제1항에 따른 의무와 책임 및 제32조에 따른 직무를 이행하지 아니하거나 이를 게을리한 경우 기관장, 상임이사 및 준정부기관의 비상임이사를 해임하거나 그 임명권자에게 해임을 건의·요구할 수 있고, 그 공기업·준정부기관으로 하여금 손해배상을 청구하도록 요구할 수 있다. 다만, 공기업의 기관장을 해임하거나 그 임명권자에게 해임을 건의하는 경우에는 운영위원회의 심의·의결을 거쳐야 한다.

8) 제36조(비상임이사와 감사에 대한 직무수행실적 평가)

② 기획재정부장관은 제1항의 규정에 따른 직무수행실적 평가 결과 그 실적이 저조한 비상임이사와 감사 또는 감사위원회 감사위원에 대하여 운영위원회의 심의·의결을 거쳐 해임하거나 그 임명권자에게 해임을 건의할 수 있다.

9) 제48조(경영실적 평가)

④ 공기업·준정부기관이 제24조의2제3항에 따른 연차별 보고서, 제31조제3항 및 제4항에 따른 계약의 이행에 관한 보고서, 경영실적보고서 및 그 첨부서류를 제출하지 아니하거나 거짓으로 작성·제출한 경우 또는 불공정한 인사운영 등으로 윤리경영을 저해한 경우로서 대통령령으로 정하는 경우에는 기획재정부장관은 운영위원회의 심의·의결을 거쳐 경영실적 평가 결과와 성과급을 수정하고, 해당 기관에 대하여 주의·경고 등의 조치를 취하거나 주무기관의 장 또는 기관장에게 관련자에 대한 인사상의 조치 등을 취하도록 요청하여야 한다. 이 경우 기획재정부장관 또는 주무기관의 장은 감사, 감사위원회 감사위원 또는 기관장이 관련 직무를 이행하지 아니하거나 게을리 하였다면 운영위원회의 심의·의결을 거쳐 해당 감사, 감사위원회 감사위원 또는 기관장을 해임하거나 그 임명권자에게 해임을 건의할 수 있다.

10) 제48조(경영실적 평가)

⑧ 기획재정부장관은 제7항에 따른 경영실적 평가 결과 경영실적이 부진한 공기업·준정부기관에 대하여 운영위원회의 심의·의결을 거쳐 제25조 및 제26조의 규정에 따른 기관장·상임이사의 임명권자에게 그 해임을 건의하거나 요구할 수 있다.

11) 제17조(이사회의 설치와 기능)

① 공기업·준정부기관에 다음 각 호의 사항을 심의·의결하기 위하여 이사회를 둔다.

1. 경영목표, 예산, 운영계획 및 중장기재무관리계획

결하기 위하여 이사회를 둔다. 이사회는 이사장을 포함한 이사로 구성되고 이사장은 이사회의 의장이 되며, 이사회 의장이나 재적이사 3분의 1 이상의 요구로 소집하고, 재적이사 과반수의 찬성으로 의결한다. 감사는 이사회에 출석하여 의견을 진술할 수 있다.

2) 근로복지공단 임직원의 겸직금지의무와 비밀유지의무, 공무원 의제규정

공단의 상임임원과 직원은 그 직무 외에 영리를 목적으로 하는 업무에 종사하지 못하나(법 제21조 제1항), 상임임원이 공공기관의 운영에 관한 법률 제26조에 따른 임명권자(대통령)나 제청권자의 허가를 받은 경우와 직원이 이사장의 허가를 받은 경우에는 비영리 목적의 업무를 겸할 수 있다(법 제21조 제2항).

공단의 임직원이나 그 직에 있었던 사람은 그 직무상 알게 된 비밀을 누설하여서는 아니된다(법 제21조 제3항). 비밀을 누설한 자는 2년 이하의 징역 또는 1천만원 이하의 벌금에 처해진다(법 제127조 제4항).

위 규정들은 비밀의 누설에 의하여 위협받는 근로복지공단의 기능을 보호하기 위한 것이므로, 여기에서 '직무상 알게 된 비밀'은 근로복지공단의 목적 달성을 위하여 실질적으로 그것을 비밀로서 보호할 가치가 있는 것이어야 하고, 단순히 공단이 보유한 자료가 법령이나 근로복지공단의 내규에서 정한 절차를 밟지 않고 부적정한 방법으로 외부에 유출된 사실이 알려짐으로써 근로복지공단의 공신력이 저하될 우려가 있다는 사정만으로 근로복지공단의 기능이 위협을 받게 된다고는 볼 수 없으므로 개인정보주체로부터 개인정보취급을 위임받아 관련사무를 수행하

---

2. 예비비의 사용과 예산의 이월
3. 결산
4. 기본재산의 취득과 처분
5. 장기차입금의 차입 및 사채의 발행과 그 상환 계획
6. 생산 제품과 서비스의 판매가격
7. 잉여금의 처분
8. 다른 기업체 등에 대한 출자·출연
9. 다른 기업체 등에 대한 채무보증. 다만, 다른 법률에 따라 보증업무를 수행하는 공기업·준정부기관의 경우 그 사업 수행을 위한 채무보증은 제외한다.
10. 정관의 변경
11. 내규의 제정과 변경
12. 임원의 보수
13. 공기업·준정부기관의 장(이하 "기관장"이라 한다)이 필요하다고 인정하여 이사회의 심의·의결을 요청하는 사항
14. 그 밖에 이사회가 특히 필요하다고 인정하는 사항

는 대리인은 위 조항에 의하여 처벌되는 누설이나 개인정보 이용제공의 상대방인 "타인"에 해당하지 아니한다(대법원 2015. 7. 9. 선고 2013도13070 판결).

이사장은 정관으로 정하는 바에 따라 공단의 직원을 임명하거나 해임하며, 이사장은 정관으로 정하는 바에 따라 직원 중에서 업무에 관한 재판상 행위 또는 재판 외의 행위를 할 수 있는 권한을 가진 대리인을 선임할 수 있다.

공단의 임원과 직원은 형법 제129조(수뢰, 사전수뢰), 제130조(제3자 뇌물제공), 제131조(수뢰후부정처사, 사후수뢰), 제132조(알선수뢰)까지의 규정에 따른 벌칙의 적용에서는 공무원으로 본다(법 제24조).

마. 근로복지공단의 회계와 수입, 자금의 차입 및 수수료 징수

근로복지공단은 매 회계연도마다 사업운영계획과 예산에 관하여 고용노동부장관의 승인을 받아야 하고, 매 회계연도마다 회계연도가 끝난 후 2개월 이내에 사업실적과 결산을 고용노동부장관에게 보고하여야 한다(법 제25조 제1항, 제2항). 고용노동부장관은 공단에 대하여 그 사업에 관한 보고를 명하거나 사업 또는 재산상황을 검사할 수 있고, 필요하다고 인정되면 정관을 변경하도록 명하는 등 감독을 위하여 필요한 조치를 할 수 있다(법 제25조 제3항).

근로복지공단의 회계연도는 정부의 회계연도에 따라 매년 1월 1일에 시작하여 12월 31일에 종료한다(법 제26조 제1항). 공단은 보험사업에 관한 회계를 공단의 다른 회계와 구분하여 처리하여야 한다(법 제26조 제2항). 공단은 공단의 회계를 산재보험회계, 근로복지진흥기금회계, 고용보험회계, 임금채권보장회계, 의료사업회계, 에너지특별회계, 기타회계로 구분하고 있다(근로복지공단 회계규정 제4조). 공단은 고용노동부장관의 승인을 받아 회계규정을 정하여야 하고, 이에 따라 "회계규정"을 정하여 시행하고 있다.

공단의 수입은 정부나 정부 외의 자로부터 받은 출연금 또는 기부금, 산재보험법 제11조 제1항에 따른 공단의 사업수행으로 발생한 수입과 부대수입, 제27조에 따른 차입금과 이입충당금, 제28조에 따른 잉여금, 그 밖의 수입금으로 이루어진다.

공단은 제11조의 사업을 위하여 고용노동부 장관의 승인을 받아 자금을 차입할 수 있다(법 제27조 제1항). 공단은 회계연도마다 보험사업과 관련하여 지출이 수입을 초과하게 되면 제99조에 따른 책임준비금의 범위에서 고용노동부 장관의 승인을 받아 산업재해보상보험 및 예방기금에서 이입하여 충당할 수 있다(법 제27조 제2항).

공단은 제11조의 사업에 관하여 고용노동부 장관의 승인을 받아 공단시설의 이용료나 업무위탁수수료 등 그 사업에 필요한 비용을 수익자가 부담하게 할 수 있다(법 제30조).

바. 자료제공의 요청과 가족관계등록 전산정보의 공동이용

근로복지공단은 보험급여의 결정과 지급 등 보험사업을 효율적으로 수행하기 위하여 필요하면 질병관리청·국세청·경찰청 및 지방자치단체 등 관계행정기관이나 그 밖에 대통령령으로 정하는 보험사업과 관련되는 기관·단체[12]에 주민등록·외국인등록, 가족관계등록전산정보자료, 건설근로자경력증명 등 대통령령으로 정

---

12) 산재보험법 시행령 별표1의 2
  1. 공단이 자료를 요청할 수 있는 기관·단체
  가. 건설근로자의 고용개선 등에 관한 법률 제9조에 따른 건설근로자공제회
  나. 건설산업기본법 제54조 제1항, 여객자동차 운수사업법 제61조제1항, 화물자동차 운수사업법 제51조의2 제1항 및 수산업협동조합법 제2조 제4호에 따른 공제조합 또는 조합으로서 보험업을 영위하는 자
  다. 고용정책 기본법 제18조에 따른 한국고용정보원
  라. 공무원연금법 제4조에 따른 공무원연금공단
  마. 국민건강보험법 제13조에 따른 국민건강보험공단과 같은 법 제62조에 따른 건강보험심사평가원
  바. 국민연금법 제24조에 따른 국민연금공단
  사. 국토안전관리원법에 따른 국토안전관리원
  아. 금융위원회의 설치 등에 관한 법률 제24조에 따른 금융감독원
  자. 금융회사의 지배구조에 관한 법률 제2조 제1호에 따른 금융회사와 새마을금고법에 따른 금고
  차. 노인장기요양보험법 제2조제4호에 따른 장기요양기관
  카. 도로교통법 제120조에 따른 도로교통공단
  타. 별정우체국법 제16조에 따른 별정우체국 연금관리단
  파. 보험업법 제2조제6호에 따른 보험회사 및 같은 법 제176조제1항에 따른 보험요율 산출기관
  하. 사립학교교직원 연금법 제4조에 따른 사립학교교직원연금공단
  거. 사회보장급여의 이용·제공 및 수급권자 발굴에 관한 법률 제29조에 따른 한국사회보장정보원
  너. 신용정보의 이용 및 보호에 관한 법률 제25조제2항제1호에 따른 종합신용정보집중기관
  더. 의료법 제3조에 따른 의료기관
  러. 장애인고용촉진 및 직업재활법 제43조에 따른 한국장애인고용공단
  머. 지역보건법 제2조제1호에 따른 지역보건의료기관
  버. 한국교통안전공단법 제2조에 따른 한국교통안전공단
  서. 한국산업안전보건공단법 제2조에 따른 한국산업안전보건공단
  어. 그 밖에 공공기관의 운영에 관한 법률 제4조에 따른 공공기관으로서 고용노동부령으로 정하는 자료를 보유한 기관·단체

하는 자료의 제공을 요청할 수 있다.

위 자료의 제공을 요청받은 관계행정기관이나 관련기관·단체 등은 정당한 사유 없이 그 요청을 거부할 수 없으며, 공단은 수수료나 사용료를 지급할 필요가 없다 (법 제31조 제2항, 제3항).

공단은 요양급여, 휴업급여, 장해급여, 간병급여, 유족급여, 상병보상연금, 직업 재활급여 등의 수급권자의 생존여부 확인 및 미지급 보험급여 지급을 위한 수급권 자의 유족여부 확인, 진폐보상연금 수급권자의 생존 여부 및 진폐유족연금 수급권 자의 수급자격 확인을 위하여 전자정부법에 따라 가족관계의 등록 등에 관한 법률 제9조 제1항에 따른 전산정보자료를 공동이용할 수 있다(법 제31조의2 제1항).

공단임직원을 비롯한 누구든지 공동이용하는 전산정보자료를 그 목적 외의 용 도로 이용하거나 활용하여서는 아니된다(법 제31조의2 제3항). 이를 위반하여 공동이 용하는 전산정보자료를 목적외의 용도로 이용하거나 활용한 자는 3년 이하의 징역 또는 3천만원 이하의 벌금에 처해진다(법 제127조 제1항).

사. 유사명칭 사용금지

공단이 아닌 자는 "근로복지공단" 또는 이와 비슷한 명칭을 사용하지 못한다(법 제 34조). 이를 위반하는 자에게는 200만원 이하의 과태료가 부과된다(법 제129조 제2항 제1호).

아. 민법의 재단법인에 관한 규정 준용

근로복지공단에 관하여는 산업재해보상보험법과 공공기관의 운영에 관한 법률 에 규정된 것 외에는 민법 중 재단법인에 관한 규정을 준용한다(제35조).

제 6 절　**업무상 재해의 의의**

---

1. 업무상 재해의 의의

가. 업무상 재해의 의의

업무상 재해란 업무상의 사유에 따른 근로자의 부상 · 질병 · 장해 또는 사망을 말한다(법 제5조 제1호).

나. 업무상 재해의 종류

산업재해보상보험법 제37조 제1항은 다음 각 호의 어느 하나에 해당하는 사유로 부상 · 질병 또는 장해가 발생하거나 사망하면 업무상의 재해로 보고 있다. 다만, 업무와 재해 사이에 상당인과관계(相當因果關係)가 없는 경우에는 그러하지 아니하다.

　1. 업무상 사고
　　가. 근로자가 근로계약에 따른 업무나 그에 따르는 행위를 하던 중 발생한 사고
　　나. 사업주가 제공한 시설물 등을 이용하던 중 그 시설물 등의 결함이나 관리소홀로 발생한 사고
　　다. 삭제
　　라. 사업주가 주관하거나 사업주의 지시에 따라 참여한 행사나 행사준비 중에 발생한 사고
　　마. 휴게시간 중 사업주의 지배관리하에 있다고 볼 수 있는 행위로 발생한 사고
　　바. 그 밖에 업무와 관련하여 발생한 사고
　2. 업무상 질병
　　가. 업무수행 과정에서 물리적 인자(因子), 화학물질, 분진, 병원체, 신체에 부담을 주는 업무 등 근로자의 건강에 장해를 일으킬 수 있는 요인을 취급하거나 그에 노출되어 발생한 질병

　　나. 업무상 부상이 원인이 되어 발생한 질병

　　다. 근로기준법 제76조의2에 따른 직장 내 괴롭힘, 고객의 폭언 등으로
　　　　인한 업무상 정신적 스트레스가 원인이 되어 발생한 질병

　　라. 그 밖에 업무와 관련하여 발생한 질병

　3. 출퇴근 재해

　　가. 사업주가 제공한 교통수단이나 그에 준하는 교통수단을 이용하는
　　　　등 사업주의 지배관리하에서 출퇴근하는 중 발생한 사고

　　나. 그 밖에 통상적인 경로와 방법으로 출퇴근하는 중 발생한 사고

업무와 재해 사이의 상당인과관계의 증명책임은 근로자 측에 있다는 것이 대법원 판례이다.

산업재해보상보험법(이하 '산재보험법'이라 한다)상 보험급여의 지급요건, 2007. 12. 14. 법률 제8694호로 전부 개정된 구 산업재해보상보험법(2017. 10. 24. 법률 제14933호로 개정되기 전의 것, 이하 '구 산재보험법'이라 한다) 제37조 제1항 전체의 내용과 구조, 입법 경위와 입법 취지, 다른 재해보상제도와의 관계 등을 고려하면, 2007년 개정으로 신설된 구 산재보험법 제37조 제1항은 산재보험법상 '업무상의 재해'를 인정하기 위한 업무와 재해 사이의 상당인과관계에 관한 증명책임을 근로복지공단(이하 '공단'이라 한다)에 분배하거나 전환하는 규정으로 볼 수 없고, 2007년 개정 이후에도 업무와 재해 사이의 상당인과관계의 증명책임은 업무상의 재해를 주장하는 근로자 측에게 있다고 보는 것이 타당하므로, 기존 판례를 유지하여야 한다(대법원 2021. 9. 9. 선고 2017두45933 전원합의체 판결).

다. 업무상 재해의 구체적인 인정기준

산업재해보상보험법 제37조 제5항은 업무상의 재해의 구체적인 인정기준을 대통령령에 위임하고 있고, 대통령령인 산업재해보상보험법 시행령의 업무상 사고와 업무상 질병에 관한 규정은 다음과 같다.

> **제27조(업무수행 중의 사고)**
> ① 근로자가 다음 각 호의 어느 하나에 해당하는 행위를 하던 중에 발생한 사고는 법 제37조 제1항 제1호 가목에 따른 업무상 사고로 본다.
> 　1. 근로계약에 따른 업무수행 행위

2. 업무수행 과정에서 하는 용변 등 생리적 필요 행위

3. 업무를 준비하거나 마무리하는 행위, 그 밖에 업무에 따르는 필요적 부수행위

4. 천재지변·화재 등 사업장 내에 발생한 돌발적인 사고에 따른 긴급피난·구조행위 등 사회통념상 예견되는 행위

② 근로자가 사업주의 지시를 받아 사업장 밖에서 업무를 수행하던 중에 발생한 사고는 법 제37조 제1항 제1호 가목에 따른 업무상 사고로 본다. 다만, 사업주의 구체적인 지시를 위반한 행위, 근로자의 사적(私的) 행위 또는 정상적인 출장 경로를 벗어났을 때 발생한 사고는 업무상 사고로 보지 않는다.

③ 업무의 성질상 업무수행 장소가 정해져 있지 않은 근로자가 최초로 업무수행 장소에 도착하여 업무를 시작한 때부터 최후로 업무를 완수한 후 퇴근하기 전까지 업무와 관련하여 발생한 사고는 법 제37조 제1항 제1호가목에 따른 업무상 사고로 본다.

제28조(시설물 등의 결함 등에 따른 사고)

① 사업주가 제공한 시설물, 장비 또는 차량 등(이하 이 조에서 "시설물등"이라 한다)의 결함이나 사업주의 관리 소홀로 발생한 사고는 법 제37조 제1항 제1호 나목에 따른 업무상 사고로 본다.

② 사업주가 제공한 시설물등을 사업주의 구체적인 지시를 위반하여 이용한 행위로 발생한 사고와 그 시설물등의 관리 또는 이용권이 근로자의 전속적 권한에 속하는 경우에 그 관리 또는 이용 중에 발생한 사고는 법 제37조 제1항 제1호 나목에 따른 업무상 사고로 보지 않는다.

제30조(행사 중의 사고)

운동경기·야유회·등산대회 등 각종 행사(이하 "행사"라 한다)에 근로자가 참가하는 것이 사회통념상 노무관리 또는 사업운영상 필요하다고 인정되는 경우로서 다음 각 호의 어느 하나에 해당하는 경우에 근로자가 그 행사에 참가(행사 참가를 위한 준비·연습을 포함한다)하여 발생한 사고는 법 제37조 제1항 제1호 라목에 따른 업무상 사고로 본다.

1. 사업주가 행사에 참가한 근로자에 대하여 행사에 참가한 시간을 근무한 시간으로 인정하는 경우

2. 사업주가 그 근로자에게 행사에 참가하도록 지시한 경우

3. 사전에 사업주의 승인을 받아 행사에 참가한 경우

4. 그 밖에 제1호부터 제3호까지의 규정에 준하는 경우로서 사업주가 그 근로자의 행사 참가를 통상적·관례적으로 인정한 경우

제31조(특수한 장소에서의 사고)

사회통념상 근로자가 사업장 내에서 할 수 있다고 인정되는 행위를 하던 중 태풍·홍수·지진·눈사태 등의 천재지변이나 돌발적인 사태로 발생한 사고는 근로자의 사적 행위, 업무 이탈 등 업무와 관계없는 행위를 하던 중에 사고가 발생한 것이 명백한 경우를 제외하고는 법 제37조 제1항 제1호 바목에 따른 업무상 사고로 본다.

제32조(요양 중의 사고)

업무상 부상 또는 질병으로 요양을 하고 있는 근로자에게 다음 각 호의 어느 하나에 해당하는 사고가 발생하면 법 제37조 제1항 제1호 바목에 따른 업무상 사고로 본다.

1. 요양급여와 관련하여 발생한 의료사고
2. 요양 중인 산재보험 의료기관(산재보험 의료기관이 아닌 의료기관에서 응급진료 등을 받는 경우에는 그 의료기관을 말한다. 이하 이 조에서 같다) 내에서 업무상 부상 또는 질병의 요양과 관련하여 발생한 사고
3. 업무상 부상 또는 질병의 치료를 위하여 거주지 또는 근무지에서 요양 중인 산재보험 의료기관으로 통원하는 과정에서 발생한 사고

제33조(제3자의 행위에 따른 사고)

제3자의 행위로 근로자에게 사고가 발생한 경우에 그 근로자가 담당한 업무가 사회통념상 제3자의 가해행위를 유발할 수 있는 성질의 업무라고 인정되면 그 사고는 법 제37조제1항제1호바목에 따른 업무상 사고로 본다.

제34조(업무상 질병의 인정기준)

① 근로자가 근로기준법 시행령 제44조 제1항 및 같은 법 시행령 별표 5의 업무상 질병의 범위에 속하는 질병에 걸린 경우(임신 중인 근로자가 유산·사산 또는 조산한 경우를 포함한다. 이하 이 조에서 같다) 다음 각 호의 요건 모두에 해당하면 법 제37조 제1항 제2호 가목에 따른 업무상 질병으로 본다.

1. 근로자가 업무수행 과정에서 유해·위험요인을 취급하거나 유해·위험요인에 노출된 경력이 있을 것
2. 유해·위험요인을 취급하거나 유해·위험요인에 노출되는 업무시간, 그 업무에 종사한 기간 및 업무 환경 등에 비추어 볼 때 근로자의 질병을 유발할 수 있다고 인정될 것
3. 근로자가 유해·위험요인에 노출되거나 유해·위험요인을 취급한 것이 원인이 되어 그 질병이 발생하였다고 의학적으로 인정될 것

② 업무상 부상을 입은 근로자에게 발생한 질병이 다음 각 호의 요건 모두에 해당하면

법 제37조 제1항 제2호 나목에 따른 업무상 질병으로 본다.
  1. 업무상 부상과 질병 사이의 인과관계가 의학적으로 인정될 것
  2. 기초질환 또는 기존 질병이 자연발생적으로 나타난 증상이 아닐 것
③ 제1항 및 제2항에 따른 업무상 질병(진폐증은 제외한다)에 대한 구체적인 인정 기준
은 별표 3과 같다.
④ 공단은 근로자의 업무상 질병 또는 업무상 질병에 따른 사망의 인정 여부를 판정할
때에는 그 근로자의 성별, 연령, 건강 정도 및 체질 등을 고려하여야 한다.

제35조(출퇴근 중의 사고)
① 근로자가 출퇴근하던 중에 발생한 사고가 다음 각 호의 요건에 모두 해당하면 법 제
37조 제1항 제3호 가목에 따른 출퇴근 재해로 본다.
  1. 사업주가 출퇴근용으로 제공한 교통수단이나 사업주가 제공한 것으로 볼 수 있는
    교통수단을 이용하던 중에 사고가 발생하였을 것
  2. 출퇴근용으로 이용한 교통수단의 관리 또는 이용권이 근로자측의 전속적 권한에
    속하지 아니하였을 것
② 법 제37조 제3항 단서에서 "일상생활에 필요한 행위로서 대통령령으로 정하는 사
유"란 다음 각 호의 어느 하나에 해당하는 경우를 말한다.
  1. 일상생활에 필요한 용품을 구입하는 행위
  2. 고등교육법 제2조에 따른 학교 또는 직업교육훈련 촉진법 제2조에 따른 직업교
    육훈련기관에서 직업능력 개발향상에 기여할 수 있는 교육이나 훈련 등을 받는 행위
  3. 선거권이나 국민투표권의 행사
  4. 근로자가 사실상 보호하고 있는 아동 또는 장애인을 보육기관 또는 교육기관에
    데려주거나 해당 기관으로부터 데려오는 행위
  5. 의료기관 또는 보건소에서 질병의 치료나 예방을 목적으로 진료를 받는 행위
  6. 근로자의 돌봄이 필요한 가족 중 의료기관 등에서 요양 중인 가족을 돌보는 행위
  7. 제1호부터 제6호까지의 규정에 준하는 행위로서 고용노동부장관이 일상생활에
    필요한 행위라고 인정하는 행위

이하에서는 업무상 사고와 업무상 질병에 관하여 구체적으로 살펴보기로 한다.

2. 업무상 사고

가. 사업장 내에서의 사고

근로계약에 따른 업무수행 행위 중의 사고는 당연히 업무상 사고에 해당하며, 업무수행 과정에서 하는 용변 등 생리적 필요 행위를 하던 중 발생한 사고, 업무를 준비하거나 마무리하는 행위, 그 밖에 업무에 따르는 필요적 부수행위를 하던 중 발생한 사고, 천재지변·화재 등 사업장 내에 발생한 돌발적인 사고에 따른 긴급피난·구조행위 등 사회통념상 예견되는 행위를 하던 중 발생한 사고도 업무상 사고로 본다(시행령 제27조 제1항).

노동조합 전임자가 노동조합의 업무를 하다가 사고를 입은 경우는 물론이고, 노동조합의 전임자가 아닌 노동조합 간부가 회사의 승낙에 의하여 노동조합 업무를 수행하거나 이에 수반하는 통상적인 활동을 하다가 사고를 당한 경우도 업무상 재해에 해당한다.

> 노동조합업무 전임자가 근로계약상 본래 담당할 업무를 면하고 노동조합의 업무를 전임하게 된 것이 단체협약 혹은 사용자인 회사의 승낙에 의한 것이라면, 이러한 전임자가 담당하는 노동조합업무는, 그 업무의 성질상 사용자의 사업과는 무관한 상부 또는 연합관계에 있는 노동단체와 관련된 활동이나 불법적인 노동조합활동 또는 사용자와 대립관계로 되는 쟁의단계에 들어간 이후의 활동 등이 아닌 이상, 회사의 노무관리업무와 밀접한 관련을 가지는 것으로서 사용자가 본래의 업무 대신에 이를 담당하도록 하는 것이어서 그 자체를 바로 회사의 업무로 볼 수 있고, 따라서 그 전임자가 노동조합업무를 수행하거나 이에 수반하는 통상적인 활동을 하는 과정에서 그 업무에 기인하여 발생한 재해는 산업재해보상보험법 제5조 제1호 소정의 업무상 재해에 해당한다(대법원 2007. 3. 29. 선고 2005두11418 판결 등 참조). 이러한 법리는 노동조합업무 전임자가 아닌 노동조합 간부가 사용자인 회사의 승낙에 의하여 노동조합업무를 수행하거나 이에 수반하는 통상적인 활동을 하는 과정에서 그 업무에 기인하여 발생한 재해의 경우에도 마찬가지로 적용된다고 보아야 한다(대법원 2014. 5. 29. 선고 2014두35232 판결).

대법원은 근로자가 작업시간 전 회사 체력단련실에서 운동을 하다가 역기에 목이 눌린 상태로 발견되어 병원으로 후송되어 요양하던 중 사망한 사안에 관하여, "체력단련실은 회사가 근로자들의 요구로 작업 중 발생할 수 있는 근골격계질환

등의 예방을 위하여 회사 내에 설치한 시설인 점에서 사업주의 지배·관리하에 있는 복리후생시설이고, 망인이 담당한 작업은 근골격계 질병을 유발할 수 있는 작업으로서 망인이 위 체력단련실에서 평소 역기 운동을 한 것은 강한 근력 및 지속적인 육체적 활동을 요구하는 업무의 특성상 업무의 원만한 수행을 위한 체력유지 보강활동 가운데 하나로 필요해서 한 것으로 볼 수 있어 업무의 준비행위이거나 사회통념상 그에 수반되는 것으로 인정되는 합리적·필요적 행위로 보는 것이 상당하므로, 망인의 사망은 업무와 상당인과관계가 있어 업무상 재해에 해당한다"고 판시한 바 있다(대법원 2009. 10. 5. 선고 2009두10246 판결).

대법원은 휴게시간 중에 구내매점에 간식을 사먹으러 가다가 제품하치장에서 교통사고를 당한 사안에 대해 해당 근로자의 행위는 근로자 본래의 업무행위에 수반된 생리적 또는 합리적 행위이므로 업무상 재해에 해당한다고 판시한 바 있다(대법원 2000. 4. 25. 선고 2000다2023 판결).

나. 사업장 밖에서의 사고

근로자가 사업주의 지시를 받아 사업장 밖에서 업무를 수행하던 중에 발생한 사고도 업무상 사고로 본다. 다만 사업주의 구체적인 지시를 위반한 행위, 근로자의 사적 행위 또는 정상적인 출장경로를 벗어났을 때 발생한 사고는 업무상 사고로 보지 않는다(시행령 제27조 제2항).

부산고등법원은 전기기기 및 전기전자 부품조립회사의 근로자로 근무하던 중국인이 출입국관리사무소 단속반의 불법체류자 단속을 피하기 위하여 회사 2층 사무실 창문을 통해 외벽의 에어컨 배관을 타고 내려가다가 추락하여 두개골 골절 등의 상병을 입은 사안에서, "위 근로자의 피신행위는 불법체류자로 단속될 경우 자신이 입게 되는 여러 가지 불이익을 회피하기 위한 근로자 개인을 위한 행위에 해당하기도 하지만, 다른 한편으로는 수차례에 걸친 모집광고에도 내국인 근로자를 고용하지 못하였던 사업주가 안정적이고도 지속적인 사업을 영위하기 위하여 어쩔 수 없이 취하게 된 방편이기도 한 점[뿐만 아니라 체류자격을 가지지 아니한 자를 고용한 사업주는 3년 이하의 징역이나 금고 또는 2천만 원 이하의 벌금에 처하도록 규정하고 있으므로(출입국관리법 제94조 5호의 2, 제18조 3항), 이는 사업주를 위한 행위이기도 하다], 이에 사업주는 관리부장을 통하여 직접 위 근로자를 비롯한 불법체류자들에게 출입국관리사무소 단속반의 단속을 피하여 도주하도록 지시하였고, 위 근로자는 사업주의 이러한 지시에 따라 피신하는 과정에서 위 재해를 입게 된 점 등에 비추어, 위 근로자의 피신행위는 그 행위과정이 사업주의 지배관리하에 있는 경우에 해당하여 위 재해는 업무상 재해에 해당한다"고 판시하였다(부산고등법원 2008. 6. 20. 선고 2008누792 판결, 대법원 심리불속행기각).

업무의 성질상 업무수행장소가 정해져 있지 않은 근로자가 최초로 업무수행장소에 도착하여 업무를 시작한 때부터 최후로 업무를 완수한 후 퇴근하기 전까지 업무와 관련하여 발생한 사고는 업무상 사고로 본다(시행령 제27조 제3항).

다. 시설물 결함으로 인한 사고

사업주가 제공한 시설물, 장비 또는 차량 등의 결함이나 사업주의 관리소홀로 발생한 사고는 업무상 사고로 본다. 사업주가 제공한 시설물 등을 사업주의 구체적인 지시를 위반하여 이용한 행위로 발생한 사고와 그 시설물 등의 관리 또는 이용권이 근로자의 전속적 권한에 속하는 경우에 그 관리 또는 이용 중에 발생한 사고는 업무상 사고로 보지 않는다.

울산지방법원은 2015. 9. 10. 선고 2014구합5846 판결에서 ① 이 사건 사고 장소 옆으로 출퇴근 시 자전거 등을 이용할 수 있는 도로가 있었음에도 불구하고 원고는 단지 자신의 편의를 위하여 이 사건 사고 장소를 이용하여 퇴근하였고, ② 이 사건 사고 장소는 입구에 통제소와 차단기를 설치하여 두고, 출입금지 푯말을 부착해 둔 상태이며, 소외 회사가 수차례에 걸쳐 출입금지 구역으로 지정된 장소에 출입하지 말 것을 내용으로 하는 안전교육도 해왔으므로, 이 사건 사고 장소가 자전거 등의 출입이 금지되어 있는 장소임을 원고도 알 수 있었을 것으로 보이며, ③ 소외 회사가 이 사건 사고 장소 주변을 전부 소등하고 차단기를 내려놓음으로써 이 사건 사고 장소는 출입이 금지되어 있는 곳임을 적절하게 표시한 것으로 볼 수 있는 것이지, 야간에도 이 사건 사고 장소 입구 통제소에 직원을 상주시키거나 소외 회사의 지시를 위반하여 이 사건 사고 장소를 이용하는 근로자들에 대한 징계조치를 하는 등의 적극적인 조치를 취하여야만 그 관리를 다한 것으로 볼 수 있는 것은 아니므로 사업주는 이 사건 사고 장소에서 자전거 등을 이용하지 못하도록 적절한 관리를 해왔던 것으로 보이고, 근로자가 사업주의 지시를 위반하여 발생한 것이므로, 이 사건 사고를 업무상 사고로 볼 수 없다고 판단한 바 있다(확정).

라. 행사 중의 사고

운동경기·야유회·등산대회 등 각종 행사(이하 "행사"라 한다)에 근로자가 참가하는 것이 사회통념상 노무관리 또는 사업운영상 필요하다고 인정되는 경우로서 다음 각 호의 어느 하나에 해당하는 경우에 근로자가 그 행사에 참가(행사 참가를 위한 준비·연습을 포함한다)하여 발생한 사고는 법 제37조 제1항 제1호 라목에 따른 업무상 사고로 본다.

1. 사업주가 행사에 참가한 근로자에 대하여 행사에 참가한 시간을 근무한 시간으로 인정하는 경우
2. 사업주가 그 근로자에게 행사에 참가하도록 지시한 경우
3. 사전에 사업주의 승인을 받아 행사에 참가한 경우
4. 그 밖에 제1호부터 제3호까지의 규정에 준하는 경우로서 사업주가 그 근로자의 행사 참가를 통상적·관례적으로 인정한 경우

대법원은 일반적으로 근로자가 근로계약에 의하여 통상 종사할 의무가 있는 업무로 규정되어 있지 아니한 회사 외의 행사나 모임에 참가하던 중 재해를 당한 경우, 그 행사나 모임의 주최자, 목적, 내용, 참가인원과 그 강제성 여부, 운영방법, 비용부담 등의 사정들에 비추어, 사회통념상 그 행사나 모임의 전반적인 과정이 사용자의 지배나 관리를 받는 상태에 있는 경우에는 이를 업무상 재해로 보아야 한다는 입장이다(대법원 1997. 8. 29. 선고 97누7271 판결).

대법원은 농협중앙회 ○○시지부(이하 '○○시지부'라 한다)는 2006. 6. 4. ○○시가 주최한 해변마라톤대회에 단체로 참가하였는데 업무상 경쟁관계에 있는 대구은행에서는 ○○시지부보다 훨씬 많은 인원이 참가하여 활발하게 은행 홍보활동을 펼친 것을 보고, 2007. 6. 3. 개최 예정인 해변마라톤대회(이하 '이 사건 대회'라 한다)에는 전해보다 많은 인원이 참여하여 농협중앙회의 위상을 제고하고 지방자치단체와의 관계도 더욱 강화할 필요가 있음을 강조하며 전 직원에게 위 대회참가를 적극 권유하였고 아울러 그 단체참가를 위한 조끼 제작과 참가비 전액을 지원하기로 한 점, 또한 ○○시지부장은 지점장회의나 직원회의에서 ○○시지부의 마라톤동호회를 주축으로 위 대회참가에 대비한 연습을 하도록 지시한 점, 이에 소외센터의 지점장도 그 소속 직원들에게 위 대회참가와 그에 대비한 연습을 독려하는 한편 소외센터의 팀장이자 마라톤동호회의 부회장인 망인에게는 다른 직원들의 모범이 될 수 있도록 마라톤동호회의 정기연습에 다른 직원들과 함께 참가하여 연

습할 것을 지시한 점, 이에 망인은 이 사건 대회 참가를 준비하기 위하여 2007. 4. 21. 토요일 마라톤동호회의 정기연습에 참여하였다가 갑자기 쓰러져 사망한 경우 업무상 재해에 해당한다고 판단하였다(대법원 2009. 5. 14. 선고 2009두58 판결).

○○회사의 강원도 소재 공사현장 소장으로 근무하던 망인이 회사에서 개최된 산행행사에 참석하였다가 정상에 이르러 급성심장사 의증으로 사망한 사안에서, 대법원은 망인의 사망은 이 사건 행사 도중에 일어난 것이고, 이 사건 행사는 위 회사의 지배·관리하에서 진행된 것으로 볼 수 있고, 당시 최저기온이 영하 9.5℃, 평균기온이 영하 2.2℃인 추운 날씨에 1시간 20분 동안 약 2㎞의 거리를 등산한 것은 평소 등산을 하지 않았던 망인에게는 힘든 산행으로서 상당한 과로 또는 스트레스를 야기하였을 것으로 보이며, 망인의 기초질병이나 기존 질병의 자연적인 진행 경과만으로도 급성 심장사가 발병할 가능성을 전혀 배제할 수는 없으나, 등산과 겨울철 낮은 기온이 망인의 기존 질병을 악화시켜 급성 심장사의 위험을 증가시켰을 수도 있다는 취지의 의학적 소견이 있었고, 망인에게 비만, 고지혈증, 고혈압 등의 급성 심장사의 위험인자라고 볼 수 있는 기존 질환이 있기는 하였으나 망인이 평소에 별 이상 없이 근무해 온 점 등에 비추어 보면, 이러한 기존 질환이 자연적인 진행경과만으로 급성 심장사를 일으킬 정도로 중하였다고 단정하기 어려우므로 추운 날씨에 개최된 이 사건 행사에 망인이 참여함으로써 평소에 정상적인 근무가 가능한 수준인 망인의 기초질병이나 기존 질병 등이 자연적인 진행속도 이상으로 급격하게 악화되어 급성 심장질환으로 발현되었고, 그 결과 망인이 사망에 이르게 되었다고 봄이 타당하다고 보아 업무상 재해에 해당한다고 인정하였다(대법원 2018. 6. 19. 선고 2017두35097 판결).

서울행정법원은 2017. 6. 29. 선고 2017구단8166 판결에서, 甲 주식회사에서 팀장으로 근무하는 乙이 사내 축구동호회가 참가한 축구경기 도중 미끄러지는 사고를 당하여 좌측 요골 원위부 분쇄골절 상해를 입자 요양급여를 신청하였는데 근로복지공단이 불승인처분을 한 사안에서, 甲 회사가 동호회 축구경기 참가를 통상적·관례적으로 인정한 것으로 보이는 점, 甲 회사의 대표이사가 축구동호회 가입 및 축구경기의 참가를 독려하여 회사 직원으로서는 사실상 이를 거부하기 어려웠을 것으로 보이는 점, 동호회 축구경기의 상대방이 거래처인 경우가 대부분이어서 영업에 도움이 되는 효과를 기대할 수 있는 점, 대표이사 등 임원들이 축구회의 운영을 간접적으로 지원하였던 점 등에 비추어 보면, 위 축구경기는 사회통념에 비추어 노무관리상 필요에 의해 사업주가 실질적으로 주최하거나 관행적으로 개최

된 행사로서 전반적인 과정이 사용자의 지배나 관리를 받는 상태에 있었다고 보아, 그 과정에서 발생한 사고가 업무상 재해에 해당한다고 판결하였다(확정).

마. 회식 중의 사고

사업주의 지배나 관리를 받는 상태에 있는 회식 과정에서 근로자가 주량을 초과하여 음주를 한 것이 주된 원인이 되어 부상 · 질병 · 신체장해 또는 사망 등의 재해를 입은 경우 이러한 재해는 상당인과관계가 인정되는 한 업무상 재해로 볼 수 있다(대법원 2008. 10. 9. 선고 2008두9812 판결).

이때 상당인과관계는 사업주가 과음행위를 만류하거나 제지하였는데도 근로자 스스로 독자적이고 자발적으로 과음을 한 것인지, 업무와 관련된 회식 과정에서 통상적으로 따르는 위험의 범위 내에서 재해가 발생하였다고 볼 수 있는지 아니면 과음으로 인한 심신장애와 무관한 다른 비정상적인 경로를 거쳐 재해가 발생하였는지 등 여러 사정을 고려하여 판단하여야 한다(위 대법원 2013두25276 판결, 대법원 2017. 5. 30. 선고 2016두54589 판결, 대법원 2020. 3. 26. 선고 2018두35391 판결).

> 사업주가 지배나 관리를 하는 회식에서 근로자가 주량을 초과하여 음주를 한 것이 주된 원인이 되어 부상·질병 또는 장해가 발생하거나 사망하게 된 경우에도 업무와 과음, 그리고 위와 같은 재해 사이에 상당인과관계가 인정된다면 산업재해보상보험법에서 정한 업무상 재해에 해당한다고 볼 수 있다. 다만 여기서 업무와 과음, 재해 사이에 상당인과관계가 있는지는 사업주가 음주를 권유하거나 사실상 강요하였는지 아니면 음주가 근로자 본인의 판단과 의사에 의하여 자발적으로 이루어진 것인지, 재해를 당한 근로자 외에 다른 근로자들이 마신 술의 양은 어느 정도인지, 그 재해가 업무와 관련된 회식 과정에서 통상 수반하는 위험의 범위 내에 있는 것인지, 회식 또는 과음으로 인한 심신장애와 무관한 다른 비정상적인 경로를 거쳐 발생한 재해는 아닌지 등 여러 사정을 고려하여 신중하게 판단하여야 할 것이다 (대법원 2015. 11. 12. 선고 2013두25276).

위 판례에서 대법원은 원고가 참여한 회식이 사업주 측의 주최로 이루어진 것이라고 하더라도, 원고가 사업주의 강요가 없었음에도 자발적으로 자신의 주량이나 다른 사람들의 음주량을 훨씬 넘는 과음을 하였고, 그것이 주된 원인이 되어 노래연습장에서 나와 같은 층에 있는 비상구 문을 열고 들어가서 그 안쪽에 있던 밖으로 나 있는 커다란 창문을 화장실 문으로 오인하여 밑에 놓여 있던 발판을 밟고 올라가 그 창문을 열고 나갔다가 건물 밖으로 추락하여 '골반골절, 척추골절 등'의 부상을 입은 경우, 업무와 원고가 입은 재해 사이에 상당인과관계가 있다고 보기는 어렵다고 판단하였다.

바. 특수한 장소에서의 사고

사회통념상 근로자가 사업장 내에서 할 수 있다고 인정되는 행위를 하던 중 태풍·홍수·지진·눈사태 등의 천재지변이나 돌발적인 사태로 발생한 사고는 근로자의 사적 행위, 업무 이탈 등 업무와 관계없는 행위를 하던 중에 사고가 발생한 것이 명백한 경우를 제외하고는 법 제37조 제1항 제1호 바목에 따른 업무상 사고로 본다(시행령 제31조).

사. 요양 중의 사고

업무상 부상 또는 질병으로 요양을 하고 있는 근로자에게 다음 각 호의 어느 하나에 해당하는 사고가 발생하면 법 제37조 제1항 제1호 바목에 따른 업무상 사고로 본다.

1. 요양급여와 관련하여 발생한 의료사고
2. 요양 중인 산재보험 의료기관(산재보험 의료기관이 아닌 의료기관에서 응급진료 등을 받는 경우에는 그 의료기관을 말한다. 이하 이 조에서 같다) 내에서 업무상 부상 또는 질병의 요양과 관련하여 발생한 사고
3. 업무상 부상 또는 질병의 치료를 위하여 거주지 또는 근무지에서 요양 중인 산재보험 의료기관으로 통원하는 과정에서 발생한 사고

서울행정법원은 2019. 12. 12. 선고 2019구합62482 판결에서, 이황화탄소 중독증 등의 상병이 업무상 재해로 인정되어 병원에서 입원 및 치료를 받으며 요양하던 甲이 원동기장치자전거를 타고 가던 도중 넘어지면서 땅에 머리를 부딪치는 사고로 사망하자, 배우자 乙이 위 사고 역시 업무상 재해라고 주장하며 유족급여 및 장의비 지급을 청구하였으나 근로복지공단이 '甲이 교통사고로 사망하였으므로 산업재해보상보험법 시행령 제32조에서 말하는 요양 중의 사고라고 보기 어렵고, 산재로 승인된 상병인 이황화탄소 중독증과 사망 사이의 상당인과관계도 인정하기

어렵다'는 이유로 유족급여 및 장의비를 지급하지 아니하는 처분을 한 사안에 대해, "산업재해보상보험법 및 산업재해보상보험법 시행령에서 정한 업무상 재해의 유형들은 예시적 규정이므로 위 법령에서 정한 유형에 해당하지 아니한다는 이유만으로 업무상 재해에 해당하지 않는다고 단정할 수 없는 점, 업무상 재해의 요건인 상당인과관계를 판단할 때 고려할 근로관계에 수반되는 위험은 반드시 업무수행 그 자체에 수반되어야 한다는 의미가 아니고, 일단 상당인과관계가 인정된 업무상 재해를 치료하는 과정에 통상적으로 수반되는 위험까지도 포함하는 점, 甲이 교통사고가 발생한 날 주거지 근처의 병원에서 업무상 재해로 인정된 이황화탄소 중독증 등의 상병에 관한 진료를 받았는데, 진료와 교통사고 사이의 시간적 간격이 약 30분 정도에 지나지 않고, 사고가 일어난 장소는 甲의 주거지에서 병원을 오가는 통상적인 경로 위에 있는 점을 고려하면 교통사고는 甲이 업무상 재해를 치료받고자 요양 중인 산재보험 의료기관을 오가는 과정에 통상적으로 수반되는 위험이 현실화된 것으로서 업무기인성을 인정할 수 있는 점 등을 종합하면, 甲은 업무상 재해로 인정된 이황화탄소 중독증 등의 상병을 치료하고자 요양기관인 병원을 통상적인 경로와 방법으로 다녀오던 중 발생한 사고로 사망한 것으로서 甲의 사망과 그가 수행하던 업무 사이에는 상당인과관계가 인정된다"고 하여 원고의 청구를 인용하였다(피고 항소, 항소기각).

업무상 재해로 인한 상병을 치료하는 과정에서 발생한 요도협착과 이를 치료하기 위한 수술과정에서 발생한 발기부전이라는 성기능장애도 업무상 재해에 해당한다(대법원 2003. 5. 30. 선고 2002두13055 판결).

업무상 재해를 인정하기 위한 업무와 재해 사이의 상당인과관계에 대한 입증의 정도 및 업무상 재해로 인한 상병을 치료하기 위하여 장기간 복용한 약물 등의 부작용으로 인하여 사망한 경우도 업무상 재해에 해당한다(대법원 2000. 1. 28. 선고 99두10438 판결).

아. 제3자의 행위로 인한 사고

제3자의 행위로 근로자에게 사고가 발생한 경우에 그 근로자가 담당한 업무가 사회통념상 제3자의 가해행위를 유발할 수 있는 성질의 업무라고 인정되면 그 사고는 법 제37조 제1항 제1호 바목에 따른 업무상 사고로 본다.

대법원은 오래 전부터 "구 산업재해보상보험법(2003. 12. 31. 법률 제7049호로 개정되기 전의 것, 이하 '구 산재법'이라 한다)에 규정된 '업무상 재해'라 함은 업무상의 사유에 의한 근로자의 부상·질병·신체장해 또는 사망을 말하는데, 근로자가 직장 안에서 타인의 폭력에 의하여 재해를 입은 경우, 그것이 가해자와 피해자 사이의 사적인 관계에 기인한 경우 또는 피해자가 직무의 한도를 넘어 상대방을 자극하거나 도발한 경우에는 업무상 사유에 의한 것이라고 할 수 없어 업무상 재해로 볼 수 없으나, 직장 안의 인간관계 또는 직무에 내재하거나 통상 수반하는 위험의 현실화로서 업무와 상당인과관계가 있으면 업무상 재해로 인정하여야 한다"는 입장을 취하였다(대법원 1995. 1. 24. 선고 94누8587 판결).

한편 대법원은 근로자가 동일한 사업주에 의하여 고용된 동료 근로자의 행위로 인하여 업무상 재해를 입은 경우에 동료 근로자는 보험가입자인 사업주와 함께 직·간접적으로 재해 근로자와 산업재해보상보험관계를 가지는 사람으로서 구 산재법 제54조 제1항에 규정된 '제3자'에서 제외되어 근로복지공단이 가해자인 동료 근로자에 대해 구상권을 대위할 수 없다고 판시하고 있다(대법원 2011. 7. 28. 선고 2008다12408 판결).

3. 업무상 질병

가. 업무상 질병의 정의

산업재해보상보험법 제37조 제1항 제2호는 업무상 질병에 관하여 다음과 같이 정의하고 있다.

> **제37조(업무상의 재해의 인정 기준)**
> ① 근로자가 다음 각 호의 어느 하나에 해당하는 사유로 부상·질병 또는 장해가 발생하거나 사망하면 업무상의 재해로 본다. 다만, 업무와 재해 사이에 상당인과관계(相當因果關係)가 없는 경우에는 그러하지 아니하다.
> (중략)
>   2. 업무상 질병
>   가. 업무수행 과정에서 물리적 인자(因子), 화학물질, 분진, 병원체, 신체에 부담을 주는 업무 등 근로자의 건강에 장해를 일으킬 수 있는 요인을 취급하거나 그에 노출되어 발생한 질병
>   나. 업무상 부상이 원인이 되어 발생한 질병

> 다. 근로기준법 제76조의2에 따른 직장 내 괴롭힘, 고객의 폭언 등으로 인한 업무
> 상 정신적 스트레스가 원인이 되어 발생한 질병
> 라. 그 밖에 업무와 관련하여 발생한 질병

나. 업무상 질병의 인정기준

1) 법 시행령의 규정

법 시행령은 다음과 같이 인정기준을 구체화하고 있다.

제34조(업무상 질병의 인정기준)

① 근로자가 근로기준법 시행령 제44조 제1항 및 같은 법 시행령 별표 5의 업무상 질병
의 범위에 속하는 질병에 걸린 경우(임신 중인 근로자가 유산·사산 또는 조산한 경우를
포함한다. 이하 이 조에서 같다) 다음 각 호의 요건 모두에 해당하면 법 제37조 제1항 제
2호 가목에 따른 업무상 질병으로 본다.

    1. 근로자가 업무수행 과정에서 유해·위험요인을 취급하거나 유해·위험요인에 노출
       된 경력이 있을 것

    2. 유해·위험요인을 취급하거나 유해·위험요인에 노출되는 업무시간, 그 업무에 종
       사한 기간 및 업무 환경 등에 비추어 볼 때 근로자의 질병을 유발할 수 있다고 인
       정될 것

    3. 근로자가 유해·위험요인에 노출되거나 유해·위험요인을 취급한 것이 원인이 되
       어 그 질병이 발생하였다고 의학적으로 인정될 것

② 업무상 부상을 입은 근로자에게 발생한 질병이 다음 각 호의 요건 모두에 해당하면
법 제37조 제1항 제2호 나목에 따른 업무상 질병으로 본다.

    1. 업무상 부상과 질병 사이의 인과관계가 의학적으로 인정될 것

    2. 기초질환 또는 기존 질병이 자연발생적으로 나타난 증상이 아닐 것

③ 제1항 및 제2항에 따른 업무상 질병(진폐증은 제외한다)에 대한 구체적인 인정 기준
은 별표 3과 같다.

④ 공단은 근로자의 업무상 질병 또는 업무상 질병에 따른 사망의 인정 여부를 판정할
때에는 그 근로자의 성별, 연령, 건강 정도 및 체질 등을 고려하여야 한다.

산재보험법 시행령 제34조는 근로자가 근로기준법 시행령 제44조 제1항 및 근
로기준법 시행령 별표5의 업무상 질병의 범위에 속하는 질병에 걸린 경우 산재보
험법 시행령 제34조 제1항 각호의 요건 모두를 충족하면 산재보험법 제37조 제1

항 제2호 가목에 따른 업무상 질병에 해당하는 것으로 의제한다.

업무상 질병의 범위는 근로기준법 시행령으로 정하고, 업무상 질병의 인정기준은 산재보험법 시행령으로 정하고 있어 자신의 질병이 업무상 질병에 해당하는지 파악하기 위해서는 두 법의 시행령 해당 여부를 판단하여야 하는바, 업무상 질병의 범위 및 인정기준에 관한 규율을 산재보험법과 산재보험법 시행령으로 일원화할 필요가 있다.

근로기준법 시행령 별표5의 "업무상 질병과 요양의 범위"는 다음과 같다.

■ **근로기준법 시행령 [별표5] 〈개정 2019. 7. 2.〉**

업무상 질병과 요양의 범위(제44조제1항 관련)

1. 업무상 질병의 범위
    가. 업무상 부상으로 인한 질병
    나. 물리적 요인으로 인한 질병
        1) 엑스선, 감마선, 자외선 및 적외선 등 유해방사선으로 인한 질병
        2) 덥고 뜨거운 장소에서 하는 업무 또는 고열물체를 취급하는 업무로 인한 일사병, 열사병 및 화상 등의 질병
        3) 춥고 차가운 장소에서 하는 업무 또는 저온물체를 취급하는 업무로 인한 동상 및 저체온증 등의 질병
        4) 이상기압(異常氣壓) 하에서의 업무로 인한 감압병(잠수병) 등의 질병
        5) 강렬한 소음으로 인한 귀의 질병
        6) 착암기(鑿巖機) 등 진동이 발생하는 공구를 사용하는 업무로 인한 질병
        7) 지하작업으로 인한 눈떨림증(안구진탕증)
    다. 화학적 요인으로 인한 질병
        1) 분진이 발생하는 장소에서의 업무로 인한 진폐증 등의 질병
        2) 검댕·광물유·옻·타르·시멘트 등 자극성 성분, 알레르겐 성분 등으로 인한 연조직염, 그 밖의 피부질병
        3) 아연 등의 금속흄으로 인한 금속열(金屬熱)
        4) 산, 염기, 염소, 불소 및 페놀류 등 부식성 또는 자극성 물질에 노출되어 발생한 화상, 결막염 등의 질병
        5) 다음의 물질이나 그 화합물로 인한 중독 또는 질병
            가) 납

　　나) 수은

　　다) 망간

　　라) 비소

　　마) 인

　　바) 카드뮴

　　사) 시안화수소

　6) 다음의 물질로 인한 중독 또는 질병

　　가) 크롬 · 니켈 · 알루미늄 · 코발트

　　나) 유기주석

　　다) 이산화질소 · 아황산가스

　　라) 황화수소

　　마) 이황화탄소

　　바) 일산화탄소

　　사) 벤젠 또는 벤젠의 동족체와 그 니트로 및 아미노 유도체

　　아) 톨루엔, 크실렌 등 유기용제

　　자) 사) 및 아) 외의 지방족 또는 방향족의 탄화수소화합물

　　차) 2)부터 5)까지 및 6)가)부터 자)까지의 화학적 요인 외의 독성 물질, 극성 물질, 그 밖의 유해화학물질

라. 생물학적 요인으로 인한 질병

　1) 환자의 검진, 치료 및 간호 등 병원체에 감염될 우려가 있는 업무로 인한 감염성 질병

　2) 습한 곳에서의 업무로 인한 렙토스피라증

　3) 옥외작업으로 인한 쯔쯔가무시증, 신증후군(腎症候群) 출혈열

　4) 동물 또는 그 사체, 짐승의 털 · 가죽, 그 밖의 동물성 물체, 넝마 및 고물 등을 취급하는 업무로 인한 탄저, 단독(丹毒) 등의 질병

마. 직업성 암검댕, 콜타르, 콜타르피치, 정제되지 않은 광물유, 6가 크롬 또는 그 화합물, 염화비닐, 벤젠, 석면, B형 또는 C형 간염바이러스, 엑스선 또는 감마선 등의 전리방사선, 비소 또는 그 무기 화합물, 니켈 화합물, 카드뮴 또는 그 화합물, 베릴륨 또는 그 화합물, 목재 분진, 벤지딘, 베타나프틸아민, 결정형 유리규산, 포름알데히드, 1,3-부타디엔, 라돈-222 또는 그 붕괴물질, 산화에틸렌 및 스프레이 도장 업무 등 발암성 요인으로 인한 암

바. 무리한 힘을 가해야 하는 업무로 인한 내장탈장, 영상표시단말기(VDT) 취급 등 부적절한 자세를 유지하거나 반복 동작이 많은 업무 등 근골격계에 부담을 주는 업무로 인한 근골격계 질병

사. 업무상 과로 등으로 인한 뇌혈관 질병 또는 심장 질병

아. 업무와 관련하여 정신적 충격을 유발할 수 있는 사건으로 인한 외상후스트레스장애

자. 가목부터 아목까지에서 규정한 질병 외에 「산업재해보상보험법」 제8조에 따른 산업재해보상보험및예방심의위원회의 심의를 거쳐 고용노동부장관이 지정하는 질병

차. 그 밖에 가목부터 자목까지에서 규정한 질병 외에 업무로 인한 것이 명확한 질병

2. 요양의 범위

　　가. 진찰

　　나. 약제 또는 진료 재료의 지급

　　다. 인공팔다리 또는 그 밖의 보조기의 지급

　　라. 처치, 수술, 그 밖의 치료

　　마. 입원

　　바. 간병

　　사. 이송

　한편 산재보험법 시행령 제34조 제3항은 "제1항 및 제2항에 따른 업무상 질병에 대한 구체적인 인정기준은 별표3과 같다"고 하여 업무상 질병의 구체적인 인정기준을 별표3으로 정하고 있다. 시행령 별표3의 내용은 다음과 같다.

■ 산업재해보상보험법 시행령 [별표3] 〈개정 2021. 6. 8.〉

업무상 질병에 대한 구체적인 인정 기준(제34조제3항 관련)

1. 뇌혈관 질병 또는 심장 질병

　가. 다음 어느 하나에 해당하는 원인으로 뇌실질내출혈(腦實質內出血), 지주막하출혈(蜘蛛膜下出血), 뇌경색, 심근경색증, 해리성 대동맥자루(대동맥 혈관벽의 중막이 내층과 외층으로 찢어져 혹을 형성하는 질병)가 발병한 경우에는 업무상 질병으로 본다. 다만, 자연발생적으로 악화되어 발병한 경우에는 업무상 질병으로 보지 않는다.

　　1) 업무와 관련한 돌발적이고 예측 곤란한 정도의 긴장·흥분·공포·놀람 등과 급격한 업무 환경의 변화로 뚜렷한 생리적 변화가 생긴 경우

　　2) 업무의 양·시간·강도·책임 및 업무 환경의 변화 등으로 발병 전 단기간 동안 업무상 부담이 증가하여 뇌혈관 또는 심장혈관의 정상적인 기능에 뚜렷한 영향을 줄 수 있는 육체적·정신적인 과로를 유발한 경우

3) 업무의 양·시간·강도·책임 및 업무 환경의 변화 등에 따른 만성적인 과중한 업무로 뇌혈관 또는 심장혈관의 정상적인 기능에 뚜렷한 영향을 줄 수 있는 육체적·정신적인 부담을 유발한 경우

나. 가목에 규정되지 않은 뇌혈관 질병 또는 심장 질병의 경우에도 그 질병의 유발 또는 악화가 업무와 상당한 인과관계가 있음이 시간적·의학적으로 명백하면 업무상 질병으로 본다.

다. 가목 및 나목에 따른 업무상 질병 인정 여부 결정에 필요한 사항은 고용노동부장관이 정하여 고시한다.

2. 근골격계 질병

가. 업무에 종사한 기간과 시간, 업무의 양과 강도, 업무수행 자세와 속도, 업무수행 장소의 구조 등이 근골격계에 부담을 주는 업무(이하 "신체부담업무"라 한다)로서 다음 어느 하나에 해당하는 업무에 종사한 경력이 있는 근로자의 팔·다리 또는 허리 부분에 근골격계 질병이 발생하거나 악화된 경우에는 업무상 질병으로 본다. 다만, 업무와 관련이 없는 다른 원인으로 발병한 경우에는 업무상 질병으로 보지 않는다.

1) 반복 동작이 많은 업무

2) 무리한 힘을 가해야 하는 업무

3) 부적절한 자세를 유지하는 업무

4) 진동 작업

5) 그 밖에 특정 신체 부위에 부담되는 상태에서 하는 업무

나. 신체부담업무로 인하여 기존 질병이 악화되었음이 의학적으로 인정되면 업무상 질병으로 본다.

다. 신체부담업무로 인하여 연령 증가에 따른 자연경과적 변화가 더욱 빠르게 진행된 것이 의학적으로 인정되면 업무상 질병으로 본다.

라. 신체부담업무의 수행 과정에서 발생한 일시적인 급격한 힘의 작용으로 근골격계 질병이 발병하면 업무상 질병으로 본다.

마. 신체부위별 근골격계 질병의 범위, 신체부담업무의 기준, 그 밖에 근골격계 질병의 업무상 질병 인정 여부 결정에 필요한 사항은 고용노동부장관이 정하여 고시한다.

3. 호흡기계 질병

가. 석면에 노출되어 발생한 석면폐증

나. 목재 분진, 곡물 분진, 밀가루, 짐승털의 먼지, 항생물질, 크롬 또는 그 화합물, 톨루엔 디이소시아네이트(Toluene Diisocyanate), 메틸렌 디페닐 디이소시아네이트(Methylene Diphenyl Diisocyanate), 핵산메틸렌 디이소시아네이트(Hexamethylene

Diisocyanate) 등 디이소시아네이트, 반응성 염료, 니켈, 코발트, 포름알데히드, 알루미늄, 산무수물(acid anhydride) 등에 노출되어 발생한 천식 또는 작업환경으로 인하여 악화된 천식

다. 디이소시아네이트, 염소, 염화수소, 염산 등에 노출되어 발생한 반응성 기도과민증 후군

라. 디이소시아네이트, 에폭시수지, 산무수물 등에 노출되어 발생한 과민성 폐렴

마. 목재 분진, 짐승털의 먼지, 항생물질 등에 노출되어 발생한 알레르기성 비염

바. 아연·구리 등의 금속분진(fume)에 노출되어 발생한 금속열

사. 장기간·고농도의 석탄·암석 분진, 카드뮴분진 등에 노출되어 발생한 만성폐쇄성 폐질환

아. 망간 또는 그 화합물, 크롬 또는 그 화합물, 카드뮴 또는 그 화합물 등에 노출되어 발생한 폐렴

자. 크롬 또는 그 화합물에 2년 이상 노출되어 발생한 코사이벽 궤양·천공

차. 불소수지·아크릴수지 등 합성수지의 열분해 생성물 또는 아황산가스 등에 노출되어 발생한 기도점막 염증 등 호흡기 질병

카. 톨루엔·크실렌·스티렌·시클로헥산·노말헥산·트리클로로에틸렌 등 유기용제에 노출되어 발생한 비염. 다만, 그 물질에 노출되는 업무에 종사하지 않게 된 후 3개월이 지나지 않은 경우만 해당한다.

4. 신경정신계 질병

가. 톨루엔·크실렌·스티렌·시클로헥산·노말헥산·트리클로로에틸렌 등 유기용제에 노출되어 발생한 중추신경계장해. 다만, 외상성 뇌손상, 뇌전증, 알코올중독, 약물중독, 동맥경화증 등 다른 원인으로 발생한 질병은 제외한다.

나. 다음 어느 하나에 해당하는 말초신경병증

1) 톨루엔·크실렌·스티렌·시클로헥산·노말헥산·트리클로로에틸렌 및 메틸 n-부틸 케톤 등 유기용제, 아크릴아미드, 비소 등에 노출되어 발생한 말초신경병증. 다만, 당뇨병, 알코올중독, 척추손상, 신경포착 등 다른 원인으로 발생한 질병은 제외한다.

2) 트리클로로에틸렌에 노출되어 발생한 세갈래신경마비. 다만, 그 물질에 노출되는 업무에 종사하지 않게 된 후 3개월이 지나지 않은 경우만 해당하며, 바이러스 감염, 종양 등 다른 원인으로 발생한 질병은 제외한다.

3) 카드뮴 또는 그 화합물에 2년 이상 노출되어 발생한 후각신경마비

다. 납 또는 그 화합물(유기납은 제외한다)에 노출되어 발생한 중추신경계장해, 말초신경병증 또는 펌근마비

라. 수은 또는 그 화합물에 노출되어 발생한 중추신경계장해 또는 말초신경병증. 다만, 전신마비, 알코올중독 등 다른 원인으로 발생한 질병은 제외한다.

마. 망간 또는 그 화합물에 2개월 이상 노출되어 발생한 파킨슨증, 근육긴장이상(dystonia) 또는 망간정신병. 다만, 뇌혈관장해, 뇌염 또는 그 후유증, 다발성 경화증, 윌슨병, 척수·소뇌 변성증, 뇌매독으로 인한 말초신경염 등 다른 원인으로 발생한 질병은 제외한다.

바. 업무와 관련하여 정신적 충격을 유발할 수 있는 사건에 의해 발생한 외상후스트레스장애

사. 업무와 관련하여 고객 등으로부터 폭력 또는 폭언 등 정신적 충격을 유발할 수 있는 사건 또는 이와 직접 관련된 스트레스로 인하여 발생한 적응장애 또는 우울병 에피소드

5. 림프조혈기계 질병

가. 벤젠에 노출되어 발생한 다음 어느 하나에 해당하는 질병

1) 빈혈, 백혈구감소증, 혈소판감소증, 범혈구감소증. 다만, 소화기 질병, 철결핍성 빈혈 등 영양부족, 만성소모성 질병 등 다른 원인으로 발생한 질병은 제외한다.

2) 0.5피피엠(ppm) 이상 농도의 벤젠에 노출된 후 6개월 이상 경과하여 발생한 골수형성이상증후군, 무형성(無形成) 빈혈, 골수증식성질환(골수섬유증, 진성적혈구증다증 등)

나. 납 또는 그 화합물(유기납은 제외한다)에 노출되어 발생한 빈혈. 다만, 철결핍성 빈혈 등 다른 원인으로 발생한 질병은 제외한다.

6. 피부 질병

가. 검댕, 광물유, 옻, 시멘트, 타르, 크롬 또는 그 화합물, 벤젠, 디이소시아네이트, 톨루엔·크실렌·스티렌·시클로헥산·노말헥산·트리클로로에틸렌 등 유기용제, 유리섬유·대마 등 피부에 기계적 자극을 주는 물질, 자극성·알레르겐·광독성·광알레르겐 성분을 포함하는 물질, 자외선 등에 노출되어 발생한 접촉피부염. 다만, 그 물질 또는 자외선에 노출되는 업무에 종사하지 않게 된 후 3개월이 지나지 않은 경우만 해당한다.

나. 페놀류·하이드로퀴논류 물질, 타르에 노출되어 발생한 백반증

다. 트리클로로에틸렌에 노출되어 발생한 다형홍반(多形紅斑), 스티븐스존슨 증후군. 다만, 그 물질에 노출되는 업무에 종사하지 않게 된 후 3개월이 지나지 않은 경우만 해당하며 약물, 감염, 후천성면역결핍증, 악성 종양 등 다른 원인으로 발생한 질병은 제외한다.

라. 염화수소·염산·불화수소·불산 등의 산 또는 염기에 노출되어 발생한 화학적

화상

마. 타르에 노출되어 발생한 염소여드름, 국소 모세혈관 확장증 또는 사마귀

바. 덥고 뜨거운 장소에서 하는 업무 또는 고열물체를 취급하는 업무로 발생한 땀띠 또는 화상

사. 춥고 차가운 장소에서 하는 업무 또는 저온물체를 취급하는 업무로 발생한 동창 (凍瘡) 또는 동상

아. 햇빛에 노출되는 옥외작업으로 발생한 일광화상, 만성 광선피부염 또는 광선각화 증(光線角化症)

자. 전리방사선(물질을 통과할 때 이온화를 일으키는 방사선)에 노출되어 발생한 피부 궤양 또는 방사선피부염

차. 작업 중 피부손상에 따른 세균 감염으로 발생한 연조직염

카. 세균 · 바이러스 · 곰팡이 · 기생충 등을 직접 취급하거나, 이에 오염된 물질을 취급 하는 업무로 발생한 감염성 피부 질병

7. 눈 또는 귀 질병

가. 자외선에 노출되어 발생한 피질 백내장 또는 각막변성

나. 적외선에 노출되어 발생한 망막화상 또는 백내장

다. 레이저광선에 노출되어 발생한 망막박리 · 출혈 · 천공 등 기계적 손상 또는 망막 화상 등 열 손상

라. 마이크로파에 노출되어 발생한 백내장

마. 타르에 노출되어 발생한 각막위축증 또는 각막궤양

바. 크롬 또는 그 화합물에 노출되어 발생한 결막염 또는 결막궤양

사. 톨루엔 · 크실렌 · 스티렌 · 시클로헥산 · 노말헥산 · 트리클로로에틸렌 등 유기용제 에 노출되어 발생한 각막염 또는 결막염 등 점막자극성 질병. 다만, 그 물질에 노 출되는 업무에 종사하지 않게 된 후 3개월이 지나지 않은 경우만 해당한다.

아. 디이소시아네이트에 노출되어 발생한 각막염 또는 결막염

자. 불소수지 · 아크릴수지 등 합성수지의 열분해 생성물 또는 아황산가스 등에 노출 되어 발생한 각막염 또는 결막염 등 점막 자극성 질병

차. 소음성 난청 85데시벨[dB(A)] 이상의 연속음에 3년 이상 노출되어 한 귀의 청력 손실이 40데시벨 이상으로, 다음 요건 모두를 충족하는 감각신경성 난청. 다만, 내이염, 약물중독, 열성 질병, 메니에르증후군, 매독, 머리 외상, 돌발성 난청, 유전 성 난청, 가족성 난청, 노인성 난청 또는 재해성 폭발음 등 다른 원인으로 발생한 난청은 제외한다.

1) 고막 또는 중이에 뚜렷한 손상이나 다른 원인에 의한 변화가 없을 것

2) 순음청력검사결과 기도청력역치(氣導聽力閾値)와 골도청력역치(骨導聽力閾値) 사이에 뚜렷한 차이가 없어야 하며, 청력장해가 저음역보다 고음역에서 클 것. 이 경우 난청의 측정방법은 다음과 같다.

가) 24시간 이상 소음작업을 중단한 후 ISO 기준으로 보정된 순음청력계기를 사용하여 청력검사를 하여야 하며, 500헤르츠(Hz)(a)ㆍ1,000헤르츠(b)ㆍ 2,000헤르츠(c) 및 4,000헤르츠(d)의 주파수음에 대한 기도청력역치를 측정하여 6분법[(a+2b+2c+d)/6]으로 판정한다. 이 경우 난청에 대한 검사항목 및 검사를 담당할 의료기관의 인력ㆍ시설 기준은 공단이 정한다.

나) 순음청력검사는 의사의 판단에 따라 48시간 이상 간격으로 3회 이상(음향 외상성 난청의 경우에는 요양이 끝난 후 30일 간격으로 3회 이상을 말한다) 실 시하여 해당 검사에 의미 있는 차이가 없는 경우에는 그 중 최소가청역치를 청 력장해로 인정하되, 순음청력검사의 결과가 다음의 요건을 모두 충족하지 않는 경우에는 1개월 후 재검사를 한다. 다만, 다음의 요건을 충족하지 못하는 경우 라도 청성뇌간반응검사(소리자극을 들려주고 그에 대한 청각계로부터의 전기반 응을 두피에 위치한 전극을 통해 기록하는 검사를 말한다), 어음청력검사(일상 적인 의사소통 과정에서 흔히 사용되는 어음을 사용하여 언어의 청취능력과 이 해의 정도를 파악하는 검사를 말한다) 또는 임피던스청력검사[외이도(外耳道)를 밀폐한 상태에서 외이도 내의 압력을 변화시키면서 특정 주파수와 강도의 음향 을 줄 때 고막에서 반사되는 음향 에너지를 측정하여 중이강(中耳腔)의 상태를 간접적으로 평가하는 검사를 말한다] 등의 결과를 종합적으로 고려하여 순음청 력검사의 최소가청역치를 신뢰할 수 있다는 의학적 소견이 있으면 재검사를 생 략할 수 있다.

(1) 기도청력역치와 골도청력역치의 차이가 각 주파수마다 10데시벨 이내일 것

(2) 반복검사 간 청력역치의 최대치와 최소치의 차이가 각 주파수마다 10데 시벨 이내일 것

(3) 순음청력도상 어음역(語音域) 500헤르츠, 1,000헤르츠, 2,000헤르츠에 서의 주파수 간 역치 변동이 20데시벨 이내이면 순음청력역치의 3분법 평균치와 어음청취역치의 차이가 10데시벨 이내일 것

8. 간 질병

가. 트리클로로에틸렌, 디메틸포름아미드 등에 노출되어 발생한 독성 간염. 다만, 그 물질에 노출되는 업무에 종사하지 않게 된 후 3개월이 지나지 않은 경우만 해당 하며, 약물, 알코올, 과체중, 당뇨병 등 다른 원인으로 발생하거나 다른 질병이 원 인이 되어 발생한 간 질병은 제외한다.

나. 염화비닐에 노출되어 발생한 간경변

다. 업무상 사고나 유해물질로 인한 업무상 질병의 후유증 또는 치료가 원인이 되어 기존의 간 질병이 자연적 경과 속도 이상으로 악화된 것이 의학적으로 인정되는 경우

9. 감염성 질병

　가. 보건의료 및 집단수용시설 종사자에게 발생한 다음의 어느 하나에 해당하는 질병

　　1) B형 간염, C형 간염, 매독, 후천성면역결핍증 등 혈액전파성 질병

　　2) 결핵, 풍진, 홍역, 인플루엔자 등 공기전파성 질병

　　3) A형 간염 등 그 밖의 감염성 질병

　나. 습한 곳에서의 업무로 발생한 렙토스피라증

　다. 옥외작업으로 발생한 쯔쯔가무시증 또는 신증후군 출혈열

　라. 동물 또는 그 사체, 짐승의 털·가죽, 그 밖의 동물성 물체, 넝마, 고물 등을 취급하여 발생한 탄저, 단독(erysipelas) 또는 브루셀라증

　마. 말라리아가 유행하는 지역에서 야외활동이 많은 직업 종사자 또는 업무수행자에게 발생한 말라리아

　바. 오염된 냉각수 등으로 발생한 레지오넬라증

　사. 실험실 근무자 등 병원체를 직접 취급하거나, 이에 오염된 물질을 취급하는 업무로 발생한 감염성 질병

10. 직업성 암

　가. 석면에 노출되어 발생한 폐암, 후두암으로 다음의 어느 하나에 해당하며 10년 이상 노출되어 발생한 경우

　　1) 가슴막반(흉막반) 또는 미만성 가슴막비후와 동반된 경우

　　2) 조직검사 결과 석면소체 또는 석면섬유가 충분히 발견된 경우

　나. 석면폐증과 동반된 폐암, 후두암, 악성중피종

　다. 직업적으로 석면에 노출된 후 10년 이상 경과하여 발생한 악성중피종

　라. 석면에 10년 이상 노출되어 발생한 난소암

　마. 니켈 화합물에 노출되어 발생한 폐암 또는 코안·코곁굴[부비동(副鼻洞)]암

　바. 콜타르 찌꺼기(coal tar pitch, 10년 이상 노출된 경우에 해당한다), 라돈-222 또는 그 붕괴물질(지하 등 환기가 잘 되지 않는 장소에서 노출된 경우에 해당한다), 카드뮴 또는 그 화합물, 베릴륨 또는 그 화학물, 6가 크롬 또는 그 화합물 및 결정형 유리규산에 노출되어 발생한 폐암

　사. 검댕에 노출되어 발생한 폐암 또는 피부암

　아. 콜타르(10년 이상 노출된 경우에 해당한다), 정제되지 않은 광물유에 노출되어 발

생한 피부암

자. 비소 또는 그 무기화합물에 노출되어 발생한 폐암, 방광암 또는 피부암

차. 스프레이나 이와 유사한 형태의 도장 업무에 종사하여 발생한 폐암 또는 방광암

카. 벤지딘, 베타나프틸아민에 노출되어 발생한 방광암

타. 목재 분진에 노출되어 발생한 비인두암 또는 코안·코곁굴암

파. 0.5피피엠 이상 농도의 벤젠에 노출된 후 6개월 이상 경과하여 발생한 급성·만성 골수성백혈병, 급성·만성 림프구성백혈병

하. 0.5피피엠 이상 농도의 벤젠에 노출된 후 10년 이상 경과하여 발생한 다발성골수종, 비호지킨림프종. 다만, 노출기간이 10년 미만이라도 누적노출량이 10피피엠·년 이상이거나 과거에 노출되었던 기록이 불분명하여 현재의 노출농도를 기준으로 10년 이상 누적노출량이 0.5피피엠·년 이상이면 업무상 질병으로 본다.

거. 포름알데히드에 노출되어 발생한 백혈병 또는 비인두암

너. 1,3-부타디엔에 노출되어 발생한 백혈병

더. 산화에틸렌에 노출되어 발생한 림프구성 백혈병

러. 염화비닐에 노출되어 발생한 간혈관육종(4년 이상 노출된 경우에 해당한다) 또는 간세포암

머. 보건의료업에 종사하거나 혈액을 취급하는 업무를 수행하는 과정에서 B형 또는 C형 간염바이러스에 노출되어 발생한 간암

버. 엑스(X)선 또는 감마(ϒ)선 등의 전리방사선에 노출되어 발생한 침샘암, 식도암, 위암, 대장암, 폐암, 뼈암, 피부의 기저세포암, 유방암, 신장암, 방광암, 뇌 및 중추신경계암, 갑상선암, 급성 림프구성 백혈병 및 급성·만성 골수성 백혈병

11. 급성 중독 등 화학적 요인에 의한 질병

가. 급성 중독

1) 일시적으로 다량의 염화비닐·유기주석·메틸브로마이드·일산화탄소에 노출되어 발생한 중추신경계장해 등의 급성 중독 증상 또는 소견

2) 납 또는 그 화합물(유기납은 제외한다)에 노출되어 발생한 납 창백, 복부 산통, 관절통 등의 급성 중독 증상 또는 소견

3) 일시적으로 다량의 수은 또는 그 화합물(유기수은은 제외한다)에 노출되어 발생한 한기, 고열, 치조농루, 설사, 단백뇨 등 급성 중독 증상 또는 소견

4) 일시적으로 다량의 크롬 또는 그 화합물에 노출되어 발생한 세뇨관 기능 손상, 급성 세뇨관 괴사, 급성 신부전 등 급성 중독 증상 또는 소견

5) 일시적으로 다량의 벤젠에 노출되어 발생한 두통, 현기증, 구역, 구토, 흉부 압박감, 흥분상태, 경련, 급성 기질성 뇌증후군, 혼수상태 등 급성 중독 증상 또는 소견

6) 일시적으로 다량의 톨루엔·크실렌·스티렌·시클로헥산·노말헥산·트리클로로에틸렌 등 유기용제에 노출되어 발생한 의식장해, 경련, 급성 기질성 뇌증후군, 부정맥 등 급성 중독 증상 또는 소견

7) 이산화질소에 노출되어 발생한 점막자극 증상, 메트헤모글로빈혈증, 청색증, 두근거림, 호흡곤란 등의 급성 중독 증상 또는 소견

8) 황화수소에 노출되어 발생한 의식소실, 무호흡, 폐부종, 후각신경마비 등 급성 중독 증상 또는 소견

9) 시안화수소 또는 그 화합물에 노출되어 발생한 점막자극 증상, 호흡곤란, 두통, 구역, 구토 등 급성 중독 증상 또는 소견

10) 불화수소·불산에 노출되어 발생한 점막자극 증상, 화학적 화상, 청색증, 호흡곤란, 폐수종, 부정맥 등 급성 중독 증상 또는 소견

11) 인 또는 그 화합물에 노출되어 발생한 피부궤양, 점막자극 증상, 경련, 폐부종, 중추신경계장해, 자율신경계장해 등 급성 중독 증상 또는 소견

12) 일시적으로 다량의 카드뮴 또는 그 화합물에 노출되어 발생한 급성 위장관계 질병

나. 염화비닐에 노출되어 발생한 말단뼈 용해(acro-osteolysis), 레이노 현상 또는 피부경화증

다. 납 또는 그 화합물(유기납은 제외한다)에 노출되어 발생한 만성 신부전 또는 혈중 납농도가 혈액 100밀리리터(㎖) 중 40마이크로그램(㎍) 이상 검출되면서 나타나는 납중독의 증상 또는 소견. 다만, 혈중 납농도가 40마이크로그램 미만으로 나타나는 경우에는 이와 관련된 검사(소변 중 납농도, ZPP, δ-ALA 등을 말한다) 결과를 참고한다.

라. 수은 또는 그 화합물(유기수은은 제외한다)에 노출되어 발생한 궤양성 구내염, 과다한 타액분비, 잇몸염, 잇몸고름집 등 구강 질병이나 사구체신장염 등 신장 손상 또는 수정체 전낭(前囊)의 적회색 침착

마. 크롬 또는 그 화합물에 노출되어 발생한 구강점막 질병 또는 치아뿌리(치근)막염

바. 카드뮴 또는 그 화합물에 2년 이상 노출되어 발생한 세뇨관성 신장 질병 또는 뼈연화증

사. 톨루엔·크실렌·스티렌·시클로헥산·노말헥산·트리클로로에틸렌 등 유기용제에 노출되어 발생한 급성 세뇨관괴사, 만성 신부전 또는 전신경화증(systemic scle-rosis, 트리클로로에틸렌을 제외한 유기용제에 노출된 경우에 해당한다). 다만, 고혈압, 당뇨병 등 다른 원인으로 발생한 질병은 제외한다.

아. 이황화탄소에 노출되어 발생한 다음 어느 하나에 해당하는 증상 또는 소견

1) 10피피엠 내외의 이황화탄소에 노출되는 업무에 2년 이상 종사한 경우

가) 망막의 미세혈관류, 다발성 뇌경색증, 신장 조직검사상 모세관 사이에 발생한 사구체경화증 중 어느 하나가 있는 경우. 다만, 당뇨병, 고혈압, 혈관장해 등 다른 원인으로 인한 질병은 제외한다.

나) 미세혈관류를 제외한 망막병변, 다발성 말초신경병증, 시신경염, 관상동맥성 심장 질병, 중추신경계장해, 정신장해 중 두 가지 이상이 있는 경우. 다만, 당뇨병, 고혈압, 혈관장해 등 다른 원인으로 인한 질병은 제외한다.

다) 나)의 소견 중 어느 하나와 신장장해, 간장장해, 조혈기계장해, 생식기계장해, 감각신경성 난청, 고혈압 중 하나 이상의 증상 또는 소견이 있는 경우

2) 20피피엠 이상의 이황화탄소에 2주 이상 노출되어 갑작스럽게 발생한 의식장해, 급성 기질성 뇌증후군, 정신분열증, 양극성 장애(조울증) 등 정신장해

3) 다량 또는 고농도 이황화탄소에 노출되어 나타나는 의식장해 등 급성 중독 소견

12. 물리적 요인에 의한 질병

　가. 고기압 또는 저기압에 노출되어 발생한 다음 어느 하나에 해당되는 증상 또는 소견

　　1) 폐, 중이(中耳), 부비강(副鼻腔) 또는 치아 등에 발생한 압착증

　　2) 물안경, 안전모 등과 같은 잠수기기로 인한 압착증

　　3) 질소마취 현상, 중추신경계 산소 독성으로 발생한 건강장해

　　4) 피부, 근골격계, 호흡기, 중추신경계 또는 속귀 등에 발생한 감압병(잠수병)

　　5) 뇌동맥 또는 관상동맥에 발생한 공기색전증(기포가 동맥이나 정맥을 따라 순환하다가 혈관을 막는 것)

　　6) 공기가슴증, 혈액공기가슴증, 가슴세로칸(종격동), 심장막 또는 피하기종

　　7) 등이나 복부의 통증 또는 극심한 피로감

　나. 높은 압력에 노출되는 업무 환경에 2개월 이상 종사하고 있거나 그 업무에 종사하지 않게 된 후 5년 전후에 나타나는 무혈성 뼈 괴사의 만성장해. 다만, 만성 알코올중독, 매독, 당뇨병, 간경변, 간염, 류머티스 관절염, 고지혈증, 혈소판감소증, 통풍, 레이노 현상, 결절성 다발성 동맥염, 알캅톤뇨증(알캅톤을 소변으로 배출시키는 대사장애 질환) 등 다른 원인으로 발생한 질병은 제외한다.

　다. 공기 중 산소농도가 부족한 장소에서 발생한 산소결핍증

　라. 진동에 노출되는 부위에 발생하는 레이노 현상, 말초순환장해, 말초신경장해, 운동기능장해

　마. 전리방사선에 노출되어 발생한 급성 방사선증, 백내장 등 방사선 눈 질병, 방사선 폐렴, 무형성 빈혈 등 조혈기 질병, 뼈 괴사 등

　바. 덥고 뜨거운 장소에서 하는 업무로 발생한 일사병 또는 열사병

　사. 춥고 차가운 장소에서 하는 업무로 발생한 저체온증

---

13. 제1호부터 제12호까지에서 규정된 발병요건을 충족하지 못하였거나, 제1호부터 제12호까지에서 규정된 질병이 아니더라도 근로자의 질병과 업무와의 상당인과관계(相當因果關係)가 인정되는 경우에는 해당 질병을 업무상 질병으로 본다.

---

2) 판례의 태도

대법원은 법 시행령 별표3의 업무상질병 인정기준은 예시적 규정으로서 그 기준에서 정한 것 외에도 업무상 질병으로 볼 수 있다는 입장이다.

산업재해보상보험법 시행령 제34조 제3항 별표3 '업무상 질병에 대한 구체적인 인정기준'은 산재보험법 제37조 제1항 제2호에서 정한 '업무상 질병'에 해당하는 경우를 예시적으로 규정한 것이고, 그 기준에서 정한 것 외에는 업무와 관련하여 발생한 질병을 모두 업무상 질병에서 배제하는 규정으로 볼 수 없다. '인정 기준'의 위임에 따른 '뇌혈관 질병 또는 심장 질병 및 근골격계 질병의 업무상 질병 인정 여부 결정에 필요한 사항'(2022. 4. 28. 고용노동부고시 제2022-40호, 이하 '현행 고용노동부고시'라 한다)은 대외적으로 국민과 법원을 구속하는 효력이 있는 규범이라고 볼 수 없고, 근로복지공단에 대한 내부적인 업무처리지침이나 법령의 해석·적용 기준을 정해주는 '행정규칙'이라고 보아야 한다. 따라서 근로복지공단이 처분 당시에 시행된 '고용노동부고시'를 적용하여 산재요양 불승인처분을 하였더라도, 법원은 해당 불승인처분에 대한 항고소송에서 해당 불승인처분이 있은 후 개정된 '현행 고용노동부고시'의 규정 내용과 개정 취지를 참작하여 상당인과관계의 존부를 판단할 수 있다. 다만 '현행 고용노동부고시'는 기존의 고시 규정이 지나치게 엄격하였다는 반성적 고려에서 재해자의 기초질환을 업무관련성 판단의 고려사항으로 보지 않도록 종전에 규정되어 있던 '건강상태'가 삭제되어 있으므로, 이와 같은 개정 경위와 목적을 고려할 필요가 있고, '만성적인 과중한 업무'에 해당하는지는 업무의 양·시간·강도·책임, 휴일·휴가 등 휴무시간, 교대제 및 야간근로 등 근무형태, 정신적 긴장의 정도, 수면시간, 작업 환경, 그 밖에 근로자의 연령, 성별 등을 종합하여 판단해야 한다[I. 1. (다)목 후단]. 따라서 '업무시간'은 업무상 과로 여부를 판단할 때 하나의 고려요소일 뿐 절대적인 판단 기준이 될 수 없다(대법원 2023. 4. 13. 선고 2022두47391 판결).[13]

---

13) 무인주차장 이용자들의 전화상담 업무를 수행하는 갑 주식회사의 콜센터 상담원으로 근무하던 을이 사업장 인근 식당에서 식사 중 우측 반신마비, 실어증 증세를 보이면서 쓰러져 병원으로 이송되어 '뇌기저핵출혈' 진단을 받은 뒤 요양급여를 신청하였으나, 근로복지공단이 위 상병과

다. 여러 사업장을 옮겨다니며 근무한 근로자가 작업 중 질병에 걸린 경우

대법원은 여러 개의 건설공사 사업장을 옮겨 다니며 근무한 근로자가 작업 중 질병에 걸린 경우 그 건설공사 사업장이 모두 산업재해보상보험법의 적용 대상이라면 당해 질병이 업무상 재해에 해당하는지 여부를 판단할 때에 그 근로자가 복수의 사용자 아래서 경험한 모든 업무를 포함시켜 그 판단의 자료로 삼아야 한다고 판시하고 있다(대법원 1992. 5. 12. 선고 91누10466 판결, 대법원 2010. 1. 28. 선고 2009두5794 판결, 대법원 2017. 4. 28. 선고 2016두56134 판결).

라. 태아의 건강손상

대법원은 임신한 여성근로자에게 업무에 기인하여 모체의 일부인 태아의 건강이 손상되는 결과가 발생한 경우 여성근로자의 노동능력에 미치는 영향 정도와 관계없이 산재보험법 제5조 제1호에서 정한 근로자의 '업무상 재해'에 포함한다고 하고, 일단 산재보험법에 따른 요양급여 수급관계가 성립하게 되었다면 이후 출산으로 모체와 단일체를 이루던 태아가 분리되었다 하더라도 이미 성립한 요양급여 수급관계가 소멸되는 것은 아니라고 하여 태어난 출산아에 대해 요양급여를 계속 지급하여야 한다고 판시하였다(대법원 2020. 4. 29. 선고 2016두41071 판결).

이에 따라 산업재해보상보험법 제91조의12가 2022. 1. 11. 신설되어 임신 중인

을의 업무 사이에 상당인과관계를 인정하기 어렵다는 이유로 요양불승인결정을 한 사안에서, 을이 위 상병일 당시 종전 회사에서부터 갑 회사에 이르기까지 약 4년 9개월 동안 '콜센터 상담원'으로 근무하였으므로 위 상병이 업무상 재해에 해당하는지를 판단할 때 적어도 을이 '콜센터 상담원'으로 근무한 전체 기간과 관련된 모든 업무를 포함해 판단의 자료로 삼아야 하는데, 을이 '콜센터 상담원'으로 약 4년 9개월 동안 계속적·반복적으로 근무하면서 근로 강도가 점차 높아져 왔고, 그와 함께 고혈압 수치 변화에서 알 수 있듯이 건강 지표도 악화되어 왔던 점, 휴게시간·휴게장소의 부재, 3교대 중 석간조의 근무형태와 그에 따른 피로도 등 근로 강도, 상시적으로 부족한 수면시간 및 민원응대 매뉴얼도 제대로 운영되지 않았던 작업 환경, 관련 법령이 정한 사용자의 조치의무 또한 대부분 준수되지 않았던 점을 종합하면, 비록 을의 근로시간이 1주 평균 52시간을 초과하지 않았더라도 을이 '정신적 긴장이 큰 업무'를 장기간 담당함으로써 '만성적인 과중한 업무'에 종사하였다고 볼 여지가 크고, 이로 인하여 높은 수준의 정신적 스트레스에 상당 기간 노출됨에 따라 뇌혈관의 정상적인 기능에 뚜렷한 영향을 줄 수 있는 육체적·정신적 부담이 발생하여 상병의 발병 또는 악화에 부정적 영향을 미친 것으로 추단되며, 위 상병의 주된 발생원인인 고혈압과 겹쳐서 상병을 유발하였거나 촉진·악화시켰을 가능성이 큰데도, 을의 업무와 상병 사이에 상당인과관계를 인정하기 어렵다고 본 원심판단에 법리오해의 잘못이 있다고 한 사례(대법원 2023. 4. 13. 선고 2022두47391 판결).

근로자가 업무수행 과정에서 제37조 제1항 제1호·제3호 또는 대통령령으로 정하는 유해인자의 취급이나 노출로 인하여 출산한 자녀에게 부상, 질병 또는 장해가 발생하거나 그 자녀가 사망한 경우 업무상 재해로 보고, 출산한 자녀(이하 "건강손상자녀"라 한다)는 제5조 제2호에도 불구하고 업무상 재해의 사유가 발생한 당시 임신한 근로자가 속한 사업의 근로자로 보고 있다.

건강손상자녀에 대한 제36조 제1항 및 제3장의3(제91조의12부터 제91조의14까지)의 개정규정은 이 법 시행일 이후에 출생한 자녀부터 적용한다. 다만, 다음 각 호의 어느 하나에 해당하는 경우에는 이 법 시행일 전에 출생한 자녀에게도 적용한다(법률 제18753호 부칙 제2조).

1. 이 법 시행일 전에 제36조 제2항에 따른 청구를 한 경우
2. 이 법 시행일 전에 법원의 확정판결로 자녀의 부상, 질병·장해의 발생 또는 사망에 대한 공단의 보험급여지급 거부처분이 취소된 경우
3. 이 법 시행일 전 3년 이내에 출생한 자녀로서 이 법 시행일로부터 3년 이내에 제36조 제2항에 따른 청구를 하는 경우

마. 진폐증의 업무상 질병 인정기준

1) 진폐증

진폐란 분진을 흡입하여 폐에 생기는 섬유증식성 변화를 주된 증상으로 하는 질병을 말한다(법 제5조 제7호). 진폐증에 걸리면 호흡곤란, 기침, 다량의 담액(쓸개즙) 및 배출곤란, 가슴의 통증을 겪게 된다. 산재보험법은 분진작업에 종사하는 근로자가 진폐에 걸리면 법 제37조 제1항 제2호 가목14)에 따른 업무상 질병으로 인정하고 있다(법 제91조의2). 진폐증은 주로 탄광부들에게 많이 발생하였으며, 돌이나 모래에 들어있는 규소가 원인이 되는 규폐증, 석면이 원인이 되는 석면폐증도 진폐증의 한 종류이다.

2) 진폐에 관한 업무상 질병 인정기준

근로자가 진폐에 걸릴 우려가 있는 작업으로서 암석, 금속이나 유리섬유 등을

---

14) 제37조(업무상의 재해의 인정기준)
  2. 업무상 질병
    가. 업무수행 과정에서 물리적 인자(因子), 화학물질, 분진, 병원체, 신체에 부담을 주는 업무 등 근로자의 건강에 장해를 일으킬 수 있는 요인을 취급하거나 그에 노출되어 발생한 질병

취급하는 작업 등 고용노동부령으로 정하는 분진작업에 종사하다가 진폐에 걸리면 제37조 제1항 제2호 가목에 따른 업무상 질병으로 본다(법 제91조의2).

법 시행규칙 제32조는 분진작업의 범위에 관하여 "법 제91조의2에서 "암석, 금속이나 유리섬유 등을 취급하는 작업 등 고용노동부령으로 정하는 분진작업"은 산업안전보건기준에 관한 규칙 제605조 제2호에 따른 분진작업과 명백히 진폐에 걸릴 우려가 있다고 인정되는 장소에서의 작업을 말한다."고 규정하고 있다.

4. 출퇴근 재해

산재보험법 제37조 제1항 제3호는 (i) 사업주가 제공한 교통수단이나 그에 준하는 교통수단을 이용하는 등 사업주의 지배관리하에서 출퇴근하는 중 발생한 사고, (ii) 그 밖에 통상적인 경로와 방법으로 출퇴근하는 중 발생한 사고라고 규정하고 있다.

출퇴근재해를 업무상 재해로 명시적으로 규정한 것은 2017. 10. 24. 법률 제14933호로 개정된 것으로서 공무원·교사·군인 등의 경우 통상적인 경로와 방법으로 출퇴근 중 발생한 사고를 업무상 재해로 인정받아 공무원연금법에 따른 급여지급 대상으로 보호받고 있어 형평성의 문제가 제기됨에 따라, 일반 근로자도 통상적인 경로와 방법으로 출퇴근 하던 중 발생한 사고에 대하여 업무상 재해로 인정하는 것으로 개정되었다. 동법 시행령 제35조는 업무상 재해로 볼 수 있는 출퇴근 중의 사고의 범위를 다음과 같이 보다 구체화하고 있다.

제35조(출퇴근 중의 사고)
① 근로자가 출퇴근하던 중에 발생한 사고가 다음 각 호의 요건에 모두 해당하면 법 제37조 제1항 제3호가목에 따른 출퇴근 재해로 본다.
  1. 사업주가 출퇴근용으로 제공한 교통수단이나 사업주가 제공한 것으로 볼 수 있는 교통수단을 이용하던 중에 사고가 발생하였을 것
  2. 출퇴근용으로 이용한 교통수단의 관리 또는 이용권이 근로자측의 전속적 권한에 속하지 아니하였을 것
② 법 제37조 제3항 단서[15)]에서 "일상생활에 필요한 행위로서 대통령령으로 정하는 사유"란 다음 각 호의 어느 하나에 해당하는 경우를 말한다.
  1. 일상생활에 필요한 용품을 구입하는 행위

> 2. 고등교육법 제2조에 따른 학교 또는 직업교육훈련 촉진법 제2조에 따른 직업교육
>   훈련기관에서 직업능력 개발향상에 기여할 수 있는 교육이나 훈련 등을 받는 행위
> 3. 선거권이나 국민투표권의 행사
> 4. 근로자가 사실상 보호하고 있는 아동 또는 장애인을 보육기관 또는 교육기관에 데
>   려주거나 해당 기관으로부터 데려오는 행위
> 5. 의료기관 또는 보건소에서 질병의 치료나 예방을 목적으로 진료를 받는 행위
> 6. 근로자의 돌봄이 필요한 가족 중 의료기관 등에서 요양 중인 가족을 돌보는 행위
> 7. 제1호부터 제6호까지의 규정에 준하는 행위로서 고용노동부장관이 일상생활에 필
>   요한 행위라고 인정하는 행위

대법원은 산재보험법령에서 출퇴근재해가 업무상 재해의 하나로 명시하고 있지 않았을 때에도 사업주가 제공한 교통수단을 근로자가 이용하거나, 사업주가 이에 준하는 교통수단을 이용하는 등 근로자의 출퇴근과정이 사업주의 지배관리하에 있다고 볼 수 있는 경우에 업무상 재해가 될 수 있다고 판시하였다.

구 산업재해보상보험법(2007. 4. 11. 법률 제8373호로 전문 개정되기 전의 것) 제4조 제1호에 정한 '업무상의 재해'란 근로자와 사업주 사이의 근로계약에 터 잡아 사업주의 지배·관리하에서 당해 근로업무의 수행 또는 그에 수반되는 통상적인 활동을 하는 과정에서 이러한 업무에 기인하여 발생한 재해를 말한다. 그런데 비록 근로자의 출·퇴근이 노무의 제공이라는 업무와 밀접·불가분의 관계에 있다 하더라도, 일반적으로 출·퇴근 방법과 경로의 선택이 근로자에게 유보되어 있어 통상 사업주의 지배·관리하에 있다고 할 수 없고, 산업재해보상보험법에서 근로자가 통상적인 방법과 경로에 의하여 출·퇴근하는 중에 발생한 사고를 업무상 재해로 인정한다는 특별한 규정을 따로 두고 있지 않은 이상, 근로자가 선택한 출·퇴근 방법과 경로의 선택이 통상적이라는 이유만으로 출·퇴근 중에 발생한 재해가 업무상의 재해로 될 수는 없다. 따라서 출·퇴근 중에 발생한 재해가 업무상의 재해로 되기 위하여는 사업주가 제공한 교통수단을 근로자가 이용하거나 또는 사업주가 이에 준하는 교통수단을 이용하도록 하는 등 근로자의 출·퇴근 과정이 사업주의 지배·관리

---

15) 산업재해보상보험법 제37조
　　③ 제1항 제3호 나목의 사고 중에서 출퇴근 경로 일탈 또는 중단이 있는 경우에는 해당 일탈 또는 중단 중의 사고 및 그 후의 이동 중의 사고에 대하여는 출퇴근 재해로 보지 아니한다. 다만, 일탈 또는 중단이 일상생활에 필요한 행위로서 대통령령으로 정하는 사유가 있는 경우에는 출퇴근 재해로 본다.

하에 있다고 볼 수 있는 경우라야 한다(대법원 2007. 9. 28. 선고 2005두12572 전원
합의체 판결).

산업재해보상보험법이 개정된 이상 통상적인 방법과 경로에 의하여 출퇴근하는
중에 발생한 사고는 업무상 재해의 범위에 포함된다.

5. 고의·자해행위나 범죄행위 또는 그것이 원인이 되어 발생한 부상· 질병·장해·사망

가. 근로자의 자해·자살행위

근로자의 고의·자해행위나 범죄행위 또는 그것이 원인이 되어 발생한 부상·질
병·장해 또는 사망은 업무상의 재해로 보지 아니한다. 다만, 그 부상·질병·장해
또는 사망이 정상적인 인식능력 등이 뚜렷하게 낮아진 상태에서 한 행위로 발생한
경우로서 대통령령으로 정하는 사유가 있으면 업무상의 재해로 본다(법 제37조 제2
항, 2020. 5. 26. 개정). "대통령령으로 정하는 사유"란 다음 각 호의 어느 하나에 해
당하는 경우를 말한다(시행령 제36조).

1. 업무상의 사유로 발생한 정신질환으로 치료를 받았거나 받고 있는 사람
   이 정신적 이상 상태에서 자해행위를 한 경우
2. 업무상의 재해로 요양 중인 사람이 그 업무상의 재해로 인한 정신적 이
   상 상태에서 자해행위를 한 경우
3. 그 밖에 업무상의 사유로 인한 정신적 이상 상태에서 자해행위를 하였다
   는 상당인과관계가 인정되는 경우

대법원은 자살의 경우 "자살이 사회평균인 입장에서 보아 도저히 감수하거나 극
복할 수 없을 정도의 업무상 스트레스와 그로 말미암은 우울증에 기인한 것이 아
닌 한 상당인과관계를 인정할 수 없다."고 판시하고 있다.

자살은 본질적으로 자유로운 의사에 따른 것이므로, 근로자가 업무를 수행하는 과
정에서 받은 스트레스로 말미암아 우울증이 발생하였고 우울증이 자살의 동기나
원인과 무관하지 않다는 사정만으로 곧 업무와 자살 사이에 상당인과관계가 있다
고 함부로 추단해서는 안 되며, 자살자의 나이와 성행 및 직위, 업무로 인한 스트
레스가 자살자에게 가한 긴장도 또는 중압감 정도와 지속시간, 자살자의 신체적·정

신적 상황과 자살자를 둘러싼 주위 상황, 우울증 발병과 자살행위 시기 기타 자살에 이르게 된 경위, 기존 정신질환 유무 및 가족력 등에 비추어 자살이 사회평균인입장에서 보아 도저히 감수하거나 극복할 수 없을 정도의 업무상 스트레스와 그로말미암은 우울증에 기인한 것이 아닌 한 상당인과관계를 인정할 수 없다. 그리고업무와 재해 사이에 상당인과관계가 있는지는 보통 평균인이 아니라 당해 근로자의 건강과 신체조건을 기준으로 하여 판단해야 하므로, 근로자가 자살한 경우에도자살 원인이 된 우울증 등 정신질환이 업무에 기인한 것인지는 당해 근로자의 건강과 신체조건 등을 기준으로 하여 판단하게 되나, 당해 근로자가 업무상 스트레스등으로 인한 정신질환으로 자살에 이를 수밖에 없었는지는 사회평균인 입장에서앞서 본 모든 사정을 종합적으로 고려하여 판단해야 한다(대법원 2012. 3. 15. 선고 2011두24644 판결).

대법원은 7년 전에 우울증병력이 있었다는 것만으로 망인의 업무상 스트레스와우울증 사이의 인과관계를 부정할 수 없고, 업무와 재해사이의 상당인과관계의 유무는 보통 평균인이 아니라 당해 근로자의 건강과 신체조건을 기준으로 판단해야한다고 하면서 망인이 우울증을 앓게 된 데에 망인의 내성적이고 소심한 성격 등개인적인 취약성이 영향을 미쳤다고 하더라도 업무상의 과로나 스트레스가 그에겹쳐서 우울증이 유발 또는 악화되었다면 업무와 우울증 사이에 상당인과관계를인정함에 아무런 지장이 없다고 판시한 바 있다(대법원 2011. 6. 9. 선고 2011두3944 판결).

대법원은 서울메트로(이하 '소외 회사')에 입사하여 약 20년 2개월 동안 근무하였고, 자살 전까지 ○○팀장으로서 세금 및 자금업무를 담당하고 있었으며, 소외 회사에서 근무하면서 6회에 걸쳐 표창을 받았고, 밝고 유쾌하며 동료들과도 원만히지냈던 근로자가 지하철공기업 경영개선실태 감사 후 추가조사를 받게 되고, 문책요구를 받았으며 재심을 청구하려다 포기하고 감사결과를 알게 된 후 밤에 잠을이루지 못하고 식사도 제대로 못하였으며, 끊었던 담배를 다시 피우기 시작하였고사무실에서도 자주 넋이 나가 있는 모습이 발견되었으며, 스스로를 자책하면서"본부장님 날 보고 아는 체도 않고 피하네. 회사 사람들도 모두 나를 범죄자 취급하며 욕하는 것 같다. …"라는 말을 반복하기도 하다가 문책요구서 사본을 받은다음 날 등산로에서 목을 매어 자살한 사안에서 "망인은 극심한 업무상 스트레스로 인한 우울증으로 정상적인 인식능력이나 행위선택능력, 정신적 억제력이 현저히 저하된 정신장애 상태에 빠져 자살에 이르게 된 것이라고 봄이 타당하므로, 망인의 업무와 사망 사이에 상당인과관계를 인정할 수 있다."고 판단하였다(대법원

2019. 5. 10. 선고 2016두59010 판결).

대법원은 건설공사현장에서 작업 중 추락한 뒤 하반신 마비를 얻게 된 근로자가 하반신마비로 인한 욕창으로 여러 차례 입원과 수술을 받으면서 욕창으로 1차 재요양승인, 우울증으로 2차 재요양승인을 받았고, 배우자가 입원한 동안 제대로 돌봄을 받지 못하다가 배우자가 퇴원한 후 8일 뒤 자살한 사안에서 "소외인은 업무 중 발생한 추락사고로 하반신 마비가 되었고, 오랜 기간 하반신 마비와 그로 인한 욕창으로 고통받고 있는 가운데 우울증이 발생하였다가, 자살 직전 욕창 증세가 재발하여 우울증이 다시 급격히 유발·악화되었고, 그 결과 정상적인 인식능력이나 행위선택능력, 정신적 억제력이 현저히 낮아진 정신장애 상태에 빠져 자살에 이르게 된 것이라고 봄이 타당하다."고 판시한 바 있다(대법원 2021. 10. 14. 선고 2021두34275 판결).

나. 근로자의 범죄행위 또는 그것이 원인이 되어 발생한 부상·질병·장해 또는 사망

근로자의 고의·자해행위, 범죄행위 또는 그것이 원인이 되어 발생한 부상·질병·장해 또는 사망은 업무상 재해로 보지 아니한다(법 제37조 제2항 본문).

그러나 산재보험법 제37조 제2항에서 규정하고 있는 '근로자의 범죄행위가 원인이 되어 사망 등이 발생한 경우'라 함은, 근로자의 범죄행위가 사망 등의 직접 원인이 되는 경우를 의미하는 것이지, 근로자의 폭행으로 자극을 받은 제3자가 그 근로자를 공격하여 사망 등이 발생한 경우와 같이 간접적이거나 부수적인 원인이 되는 경우까지 포함된다고 볼 수는 없다(대법원 2017. 4. 27. 선고 2016두55919 판결).

대법원은 근로자가 교통신호를 위반하여 사고를 내고 사망한 사안에 대해, 근로자의 행위가 도로교통법 제156조 제1호, 제5호에 따라 처벌되는 범죄행위에 해당하는 것은 사실이지만, 해당 사고가 근로자의 업무수행을 위한 운전 과정에서 통상 수반되는 위험의 범위 내에 있는 것으로 볼 수 있다면, 그 사고가 중앙선 침범으로 일어났다는 사정만으로 업무상 재해가 아니라고 섣불리 단정하여서는 아니 되고, 사고의 발생 경위와 양상, 운전자의 운전 능력 등과 같은 사고 발생 당시의 상황을 종합적으로 고려하여 판단하여야 한다고 판단한 바 있다.

산업재해보상보험법 제37조 제2항 본문에서 규정하고 있는 '근로자의 범죄행위가 원인이 되어 발생한 사망'이란 근로자의 범죄행위가 사망 등의 직접 원인이 되는 경우를 의미하는 것으로, 근로자가 업무수행을 위하여 운전을 하던 중 발생한 교통사고로 인하여 사망한 경우, 해당 사고가 근로자의 업무수행을 위한 운전 과정에서 통상 수반되는 위험의 범위 내에 있는 것으로 볼 수 있다면, 그 사고가 중앙선 침범으로 일어났다는 사정만으로 업무상 재해가 아니라고 섣불리 단정하여서는 아니 되고, 사고의 발생 경위와 양상, 운전자의 운전 능력 등과 같은 사고 발생 당시의 상황을 종합적으로 고려하여 판단하여야 한다(대법원 2022. 5. 26. 선고 2022두 30072 판결).

6. 업무상 질병판정위원회

가. 업무상질병판정위원회의 설치

업무상 재해 중에 업무상 질병에 대해서는 업무와 재해 사이의 인과관계를 판단하기 어렵기 때문에 업무상 질병의 인정 여부를 심의하기 위하여 공단 내에 소속기관으로 업무상질병판정위원회를 두고 있다(법 제38조 제1항).

나. 심의에서 제외되는 질병

업무상질병판정위원회의 심의에서 제외되는 질병은 진폐, 이황화탄소 중독증, 유해·위험요인에 일시적으로 다량 노출되어 나타나는 급성 중독 증상 또는 소견 등의 질병, 시행령 제117조 제1항 제3호에 따른 진찰을 한 결과 업무와의 관련성이 매우 높다는 소견이 있는 질병, 시행령 제22조 각 호의 기관에 자문한 결과 업무와의 관련성이 높다고 인정된 질병, 그 밖에 업무와 그 질병 사이에 상당인과관계가 있는지를 명백히 알 수 있는 경우로서 공단이 정하는 질병 등이다. 위와 같은 질병의 경우 이미 업무와 질병 사이에 매우 인과관계가 높다고 인정되었으므로 업무상 질병판정위원회의 심의를 생략하도록 한 것이다(법 시행규칙 제7조).

다. 업무상질병판정위원회의 구성 및 임기

업무상질병판정위원회는 위원장 1명을 포함하여 180명 이내의 위원으로 구성한다. 이 경우 판정위원회의 위원장은 상임으로 하고, 위원장을 제외한 위원은 비상임으로 한다(시행규칙 제6조 제1항). 위원장 및 위원은 다음 각 호의 어느 하나에 해당하는 사람 중에서 공단 이사장이 위촉하거나 임명한다(시행규칙 제6조 제2항).

1. 변호사 또는 공인노무사
2. 고등교육법 제2조에 따른 학교에서 조교수 이상으로 재직하고 있거나 재직하였던 사람
3. 의사, 치과의사 또는 한의사
4. 산업재해보상보험 관련 업무에 5년 이상 종사한 사람
5. 국가기술자격법에 따른 산업위생관리 또는 인간공학 분야 기사 이상의 자격을 취득하고 관련 업무에 5년 이상 종사한 사람

판정위원회의 위원 중 3분의 2에 해당하는 위원은 제2항 각 호의 어느 하나에 해당하는 사람으로서 근로자 단체와 사용자 단체가 각각 추천하는 사람 중에서 위촉한다. 이 경우 근로자 단체와 사용자 단체가 추천하는 위원은 같은 수로 한다(시행규칙 제6조 제3항). 제3항에도 불구하고 근로자 단체나 사용자 단체가 각각 추천하는 사람이 위촉하려는 전체 위원 수의 3분의 1보다 적은 경우에는 제3항 후단을 적용하지 않고 근로자 단체와 사용자 단체가 추천하는 위원 수를 전체 위원 수의 3분의 2 미만으로 할 수 있다(시행규칙 제6조 제4항). 위원장과 위원의 임기는 2년으로 하되, 연임할 수 있다(시행규칙 제6조 제5항).

라. 업무상질병판정위원회의 운영

업무상질병판정위원회의 위원장은 회의를 소집하고, 그 의장이 된다. 다만, 위원회의 원활한 운영을 위하여 필요하면 위원장이 지명하는 위원이 회의를 주재할 수 있다(시행규칙 제9조 제1항). 회의는 위원장(제1항 단서에 따라 위원장이 지명하는 위원이 회의를 주재하는 경우에는 그 위원) 및 회의를 개최할 때마다 위원장이 지정하는 위원 6명으로 구성한다. 이 경우 위원장은 제6조 제2항 제3호에 해당하는 위원 2명 이상을 지정하여야 한다(시행규칙 제9조 제2항).

위원장이 회의를 소집하려면 회의 개최 5일 전까지 일시·장소 및 안건을 제2항에 따라 위원장이 지정하는 위원에게 서면으로 알려야 한다. 다만, 긴급한 경우에는 회의 개최 전날까지 구두(口頭), 전화, 그 밖의 방법으로 알릴 수 있다(시행규칙 제9조 제3항). 위원의 제척·기피·회피에 관하여는 법 제108조를 준용한다. 이 경우 "재심사위원회"는 "판정위원회"로 본다(시행규칙 제9조 제4항).

업무상질병판정위원회의 회의는 제2항에 따른 구성원 과반수의 출석과 출석위원 과반수의 찬성으로 의결한다(시행규칙 제9조 제5항).

공단은 업무상질병판정위원회의 심의 안건 및 심의 결과 등에 관한 사항을 기록·유지하여야 한다(시행규칙 제9조 제6항). 그 밖에 업무상질병판정위원회의 운영에 필요한 사항은 공단이 정하도록 규정하고 있고, 공단은 "업무상질병판정위원회 운영규정"을 두고 판정위원회에 관한 사항을 정하고 있다.

공단의 분사무소(이하 "소속 기관"이라 한다)의 장은 판정위원회의 심의가 필요한 질병에 대하여 보험급여의 신청 또는 청구를 받으면 판정위원회에 업무상 질병으로 인정할지에 대한 심의를 의뢰하여야 한다. 판정위원회는 제1항에 따라 심의를 의뢰받은 날부터 20일 이내에 업무상 질병으로 인정되는지를 심의하여 그 결과를 심의를 의뢰한 소속 기관의 장에게 알려야 한다. 다만, 부득이한 사유로 그 기간 내에 심의를 마칠 수 없으면 10일을 넘지 않는 범위에서 한 차례만 그 기간을 연장할 수 있다(시행규칙 제8조).

7. 사망의 추정

사고가 발생한 선박 또는 항공기에 있던 근로자의 생사가 밝혀지지 않거나 항행 중인 선박 또는 항공기에 있던 근로자가 행방불명 또는 그 밖의 사유로 그 생사가 밝혀지지 아니하면 동법 시행령 제37조에 따라 다음 각 호의 경우 사망으로 추정하고 유족급여와 장례비에 관한 규정을 적용한다.

1. 선박이 침몰·전복·멸실 또는 행방불명되거나 항공기가 추락·멸실 또는 행방불명되는 사고가 발생한 경우에 그 선박 또는 항공기에 타고 있던 근로자의 생사가 그 사고 발생일부터 3개월간 밝혀지지 아니한 경우
2. 항행 중인 선박 또는 항공기에 타고 있던 근로자가 행방불명되어 그 생사가 행방불명된 날부터 3개월간 밝혀지지 아니한 경우
3. 천재지변, 화재, 구조물 등의 붕괴, 그 밖의 각종 사고의 현장에 있던 근로자의 생사가 사고 발생일부터 3개월간 밝혀지지 아니한 경우

위와 같이 사망으로 추정되는 사람은 그 사고가 발생한 날 또는 행방불명된 날에 사망한 것으로 추정한다(시행령 제37조 제2항). 위와 같은 사유로 생사가 밝혀지지 아니하였던 사람이 사고가 발생한 날 또는 행방불명된 날부터 3개월 이내에 사

망한 것이 확인되었으나 그 사망시기가 밝혀지지 아니한 경우에도 그 사고가 발생한 날 또는 행방불명된 날에 사망한 것으로 추정한다(시행령 제37조 제3항).

　보험가입자는 위 각 사유가 발생한 때 또는 사망이 확인된 때(제3항에 따라 사망한 것으로 추정하는 때를 포함한다)에는 지체없이 공단에 근로자의 실종 또는 사망확인의 신고를 하여야 한다(시행령 제37조 제4항). 공단이 보험급여를 지급한 후에 그 근로자의 생존이 확인되면 보험급여를 받은 사람과 보험가입자는 그 근로자의 생존이 확인된 날부터 15일 이내에 공단에 근로자 생존확인신고를 하여야 한다(시행령 제37조 제5항).

　근로복지공단이 사망의 추정으로 보험급여를 지급한 후에 그 근로자의 생존이 확인되면 공단은 그 급여를 받은 사람이 선의인 경우에는 받은 금액을, 악의인 경우에는 받은 금액의 두 배에 해당하는 금액을 징수하여야 한다(법 제39조).

제 7 절　보험급여

1. 보험급여의 종류 및 청구

가. 보험급여의 종류

　산업재해보상보험법상 보험급여의 종류는 요양급여, 휴업급여, 장해급여, 간병급여, 유족급여, 상병보상연금, 장례비, 직업재활급여가 있다(법 제36조 제1항 본문). 진폐의 경우 지급되는 보험급여는 요양급여, 간병급여, 장례비, 직업재활급여, 진폐보상연금, 진폐유족연금이 있다(법 제36조 제1항 단서 전문). 건강손상자녀에 대한 보험급여의 종류는 요양급여, 장해급여, 간병급여, 장례비, 직업재활급여가 있다(법 제36조 제1항 단서 후문).

나. 보험급여의 청구

1) 청구주의(請求主義)

　보험급여는 공단이 직권으로 지급하는 것이 아니라, 보험급여를 받을 수 있는 사람, 즉 수급권자가 그 지급을 청구하여야 한다(법 제36조 제2항).

근로자가 요양승인을 신청하였는데, 근로복지공단으로부터 요양불승인처분을 받았고, 해당 처분에 대한 불복기간이 도과하여 확정되었다고 하더라도 그 불승인처분의 대상이 된 부상이 업무상 사유에 의한 것인지 여부까지 확정된 것은 아니므로 근로자는 그 부상으로 인한 신체장해가 업무상 재해에 해당한다는 이유로 장해보상급여처분에 대해 다툴 수 있다.

> 일반적으로 행정처분이나 행정심판 재결이 불복기간의 경과로 인하여 확정될 경우, 그 확정력은 그 처분으로 인하여 법률상 이익을 침해받은 자가 당해 처분이나 재결의 효력을 더이상 다툴 수 없다는 의미일 뿐, 더 나아가 판결에 있어서와 같은 기판력이 인정되는 것은 아니어서 그 처분의 기초가 된 사실관계나 법률적 판단이 확정되고 당사자들이나 법원이 이에 기속되어 모순되는 주장이나 판단을 할 수 없게 되는 것은 아니다(당원 1993. 4. 13. 선고 92누17181 판결 참조).
>
> 따라서 산업재해요양불승인처분이 불복기간의 경과로 인하여 확정되었다 하더라도 그 불승인처분의 대상이 된 부상이 업무상의 사유에 의한 것인지의 여부까지 확정된 것은 아니므로, 원고로서는 그 부상으로 인한 신체장해가 업무상의 재해에 해당한다는 이유로 별도의 처분인 이 사건 장해보상급여처분을 다툴 수 있다 할 것이다(대법원 1994. 11. 8. 선고 93누21927 판결).

2) 보험급여의 기준이 되는 평균임금

법상 평균임금은 근로기준법에 따라 산정하되 근로기준법에 따라 평균임금을 결정하기 어렵다고 인정되면 고용노동부 장관이 정하여 고시하는 금액을 평균임금으로 한다(법 제5조 제2호).

3) 평균임금의 증감

보험급여는 근로자의 평균임금을 기준으로 산정하되, 산정하여야 할 사유가 발생한 날(주로 재해일)부터 1년이 지난 이후에는 매년 전체 근로자의 임금 평균액의 증감률에 따라 평균임금을 증감하되, 그 근로자의 연령이 60세에 도달한 이후에는 소비자물가변동률에 따라 평균임금을 증감한다(법 제36조 제3항 본문). 다만 제6항에 따라 진폐 등 대통령령으로 정하는 직업병으로 보험급여를 받게 되는 근로자에 대해서는 평균임금을 증감하지 않는다(법 제36조 제3항 단서).

전체근로자의 임금 평균액의 증감률 및 소비자물가변동률의 산정기준과 방법은 동법 시행령 별표2가 정하고 있다. 전체 근로자의 임금 평균액의 증감률은 사업체

노동력조사의 내용 중 전체근로자를 기준으로 다음 산식에 따라 산정한다.

전체 근로자의 임금 평균액의 증감률 =	평균임금 증감사유 발생일이 속하는 연도의 전전 보험연도의 7월부터 직전 보험연도의 6월까지의 근로자 1명당 월별 월평균 임금총액의 합계
	평균임금 증감사유 발생일[16])이 속하는 연도의 3년 전 보험연도의 7월부터 전전 보험연도의 6월까지의 근로자 1명당 월별 월평균 임금총액의 합계

소비자물가변동률은 해당 월의 전 도시 소비자물가지수를 전년도 전 도시 소비자물가지수로 나눈 비율을 말하는데, 고용노동부는 고용노동부고시 제2023－81호로 전체근로자의 임금 평균액의 증감률 및 소비자물가변동률을 다음과 같이 고시하고 있다.

전체근로자의 임금 평균액의 증감률 및 소비자물가변동률
[고용노동부고시 제2023-81호, 2023. 12. 27. 일부개정]
Ⅰ. 전체 근로자의 임금 평균액의 증감률 및 소비자물가변동률
  1. 전체 근로자의 임금 평균액의 증감률: 1.0322(3.22% 상승)
  2. 소비자물가변동률: 1.0478(4.78% 상승)

---

4) 일용근로자 · 단시간 근로자의 평균임금 산정

보험급여(진폐보상연금 및 진폐유족연금은 제외한다)를 산정할 때 해당 근로자의 근로형태가 특이하여 평균임금을 적용하는 것이 적당하지 아니하다고 인정되는 경우로서 대통령령으로 정하는 경우에는 대통령령으로 정하는 산정 방법에 따라 산정한 금액을 평균임금으로 한다(법 제36조 제5항).

"근로 형태가 특이하여 평균임금을 적용하는 것이 적당하지 아니하다고 인정되는 경우로서 대통령령으로 정하는 경우"란 1일 단위로 고용되거나 근로일에 따라 일당 형식의 임금을 지급받는 일용근로자이거나(제1호), 둘 이상의 사업에서 근로하는 단시간 근로자(제2호)의 경우이다(법 시행령 제23조).

---

16) "평균임금 증감사유 발생일"이란 법 제36조 제3항에 따라 평균임금을 증감할 사유가 발생한 날을 말한다.

다만 근로관계가 3개월 이상 계속되는 경우, 그 근로자 및 같은 사업에서 같은 직종에 종사하는 다른 일용근로자의 근로조건, 근로계약의 형식, 구체적인 고용실태 등을 종합적으로 고용할 때 근로형태가 상용근로자와 비슷하다고 인정되는 경우에는 일용근로자로 보지 않는다.

근로형태가 특이하여 평균임금을 적용하는 것이 적당하지 않다고 인정되는 경우에는 다음과 같이 평균임금을 산정한다(법 시행령 제24조).

1. 제23조 제1호에 해당하는 경우: 해당 일용근로자의 일당에 일용근로자의 1개월간 실제 근로일수 등을 고려하여 고용노동부장관이 고시하는 근로계수("통상근로계수")를 곱하여 산정한 금액
2. 제23조 제2호에 해당하는 경우: 평균임금 산정기간 동안 해당 단시간근로자가 재해가 발생한 사업에서 지급받은 임금과 같은 기간 동안 해당 사업 외의 사업에서 지급받은 임금을 모두 합산한 금액을 해당 기간의 총일수로 나눈 금액

평균임금 산정사유 발생일 당시 1개월 이상 근로한 일용근로자는 제1항 제1호에 따른 산정방법에 따라 산정한 금액을 평균임금으로 하는 것이 실제의 임금 또는 근로일수에 비추어 적절하지 아니한 경우에는 실제의 임금 또는 근로일수를 증명하는 서류를 첨부하여 공단에 적용제외를 신청할 수 있다.

5) 직업병에 걸린 사람에 대한 평균임금 산정 특례

보험급여를 산정할 때 진폐 등 대통령령으로 정하는 직업병으로 보험급여를 받게 되는 근로자에게 그 평균임금을 적용하는 것이 근로자의 보호에 적당하지 아니하다고 인정되면 대통령령으로 정하는 산정 방법에 따라 산정한 금액을 그 근로자의 평균임금으로 한다(법 제36조 제6항).

"진폐 등 대통령령으로 정하는 직업병"이란 법 제37조 제1항 제2호에 따른 업무상 질병(이하 "업무상 질병"이라 한다)으로서 다음 각 호의 어느 하나에 해당하는 질병)을 말한다. 이 경우 유해·위험요인에 일시적으로 다량 노출되어 급성으로 발병한 질병은 제외한다(시행령 제25조 제1항).

1. 진폐
2. 별표 3 제2호 가목·나목, 제3호 가목부터 사목까지, 같은 호 자목부터 카목까지, 제4호, 제5호, 제6호 가목부터 다목까지, 같은 호 마목·자목·

카목, 제7호 마목부터 차목까지, 제8호, 제9호, 제10호, 제11호 나목부터 사목까지, 같은 호 아목1)·2) 및 제12호 나목부터 라목까지의 질병 중 어느 하나에 해당하는 질병

3. 그 밖에 유해·위험요인에 장기간 노출되어 걸렸거나 유해·위험요인에 노출된 후 일정기간의 잠복기가 지난 후에 걸렸음이 의학적으로 인정되는 질병

직업병에 걸린 사람에 대한 평균임금은 다음 각호의 구분에 따라 산정한다(법 시행령 제25조 제2항).

1. 시행령 제25조 제1항 제1호에 해당하는 직업병의 경우: 해당 직업병이 확인된 날을 기준으로 제26조 제1항에 따른 전체 근로자의 임금 평균액을 고려하여 고용노동부장관이 매년 고시하는 금액

2. 시행령 제25조 제1항 제2호 및 제3호에 해당하는 직업병의 경우: 통계법 제3조 제2호에 따른 지정통계로서 고용노동부장관이 작성하는 사업체노동력조사(이하 "사업체노동력조사"라 한다)에 따른 근로자의 월평균 임금총액에 관한 조사내용 중 해당 직업병에 걸린 근로자와 성별·직종 및 소속한 사업의 업종·규모가 비슷한 근로자의 월평균 임금총액을 해당 근로자의 직업병이 확인된 날이 속하는 분기의 전전분기 말일 이전 1년 동안 합하여 산출한 금액을 그 기간의 총 일수로 나눈 금액. 이 경우 성별·직종 및 소속한 사업의 업종·규모가 비슷한 근로자의 판단기준은 공단이 정한다.

대법원은 퇴직을 한 후에 직업병 진단을 받은 경우, 퇴직일 이후 진단확정일까지의 기간은 평균임금 산정기간에서 제외하여야 한다고 판시하였다.

통상 생활임금을 사실적으로 반영하려는 평균임금 제도의 취지와, 업무상 질병 등의 평균임금 산정 사유는 근로관계 존속 중 수행하였던 업무가 원인이 되어 발생한 것이라는 점 등을 고려하면, 퇴직한 근로자에게 직업병 진단이 확정되어 그 직업병 진단 확정일을 평균임금 산정 사유 발생일로 하여 평균임금을 산정하고 이에 따라 산업재해보상보험법상 보험급여를 지급하는 경우, 그 근로자의 퇴직일 이후 평균임금 산정 사유 발생일, 즉 진단 확정일까지 기간은 평균임금 산정 기간에서 제외하여야 한다. 만일 평균임금 산정 기간에서 제외하는 기간이 3월 이상인 경우에는 그 제외하는 기간의 최초일을 평균임금 산정 사유 발생일로 보아 평균임금을

산정하고, 그와 같이 산정된 금액에서 구 산업재해보상보험법(2007. 4. 11. 법률 제8373호로 전문 개정되기 전의 것) 제38조 제3항, 같은 법 시행령 제25조 제1항 의 규정에 따라 동일 직종 근로자의 임금변동률로 평균임금 증감을 거친 금액을 그 근로자의 보험급여 산정 기준이 되는 평균임금으로 하여야 한다(대법원 2007. 4. 26. 선고 2005두2810 판결).

2. 요양급여

가. 요양급여의 의의

요양급여는 업무상 사유로 부상을 당하거나 질병에 걸린 경우 그 근로자에게 지급 하는 급여이다. 요양급여는 원칙적으로 산재보험 의료기관에서 요양을 함으로써 지급된다. 다만 부득이한 경우에는 요양을 갈음하여 요양비를 지급할 수 있다(법 제40조 제1항, 제2항). 근로자가 업무상 사유로 부상을 당하거나 질병에 걸렸더라도 3일 이내의 요양으로 치유될 수 있으면 요양급여를 지급하지 아니한다(법 제40조 제3항).

나. 요양급여의 범위

요양급여의 범위는 (i) 진찰 및 검사, (ii) 약제 또는 진료재료와 의지(義肢)나 그 밖의 보조기의 지급, (iii) 처치, 수술, 그 밖의 치료, (iv) 재활치료, (v) 입원, (vi) 간 호 및 간병, (vii) 이송, (viii) 그 밖에 고용노동부령으로 정하는 사항으로 이루어진 다(법 제40조 제4항).

요양급여의 범위나 비용 등 요양급여의 산정기준은 국민건강보험법 제41조 제2 항, 국민건강보험 요양급여의 기준에 관한 규칙, 같은 법 제45조 제4항, 같은 법 제49조 및 같은 법 시행규칙 제23조 제4항에 따라 보건복지가족부 장관이 고시하 는 건강보험요양급여기준에 따른다(시행규칙 제10조 제1항 본문). 다만 건강보험요양 급여기준에서 정한 사항이 근로자보호를 위하여 적당하지 않다고 인정되거나 건 강보험 요양급여기준에서 정한 사항이 없는 경우 고용노동부장관이 법 제8조에 따 른 산업재해보상보험 및 예방심의위원회의 심의를 거쳐 기준을 따로 정하여 고시 할 수 있고(시행규칙 제10조 제1항 단서), 이에 따라 고용노동부는 <산업재해보상보 험 요양급여 산정기준>을 고시하여 요양급여의 범위, 요양급여의 비용산정기준, 국민건강보험과 달리 정하거나 추가로 인정하는 요양급여의 범위 및 비용산정기 준을 정하고 있다.

업무상의 재해를 입은 근로자가 요양할 산재보험 의료기관이 제43조 제1항 제2호에 따른 상급종합병원인 경우에는 응급의료에 관한 법률 제2조 제1호에 따른 응급환자이거나 그 밖에 부득이한 사유가 있는 경우를 제외하고는 그 근로자가 상급종합병원에서 요양할 필요가 있다는 의학적 소견이 있어야 한다(법 제40조 제6항).

요양급여에는 민사상 손해배상 사건에서 그 손해의 확대 등에 기여한 기왕증을 참작하는 법리가 적용되지 않는다는 것이 대법원 판례이다(대법원 2010. 8. 19. 2010두5141 판결).

다. 요양급여의 신청

요양급여(진폐에 따른 요양급여는 제외한다)를 지급받으려는 사람은 소속사업장, 재해발생경위, 그 재해에 대한 의학적 소견, 그 밖에 고용노동부령으로 정하는 사항을 적은 서류를 첨부하여 근로복지공단에 요양급여의 신청을 하여야 한다. 근로자를 진료한 산재보험의료기관은 그 근로자의 재해가 업무상의 재해로 판단되면 그 근로자의 동의를 받아 요양급여의 신청을 대행할 수 있다.

공단은 요양급여의 신청을 받으면 그 신청을 받은 날부터 7일 이내에 요양급여를 지급할지를 결정하여 신청인(산재보험의료기관이 신청을 대행한 경우에는 산재보험의료기관을 포함한다) 및 보험가입자에게 알려야 한다. 위에서 언급한 처리기간 7일에 다음 각호의 기간은 산입되지 않는다(시행규칙 제21조).

1. 판정위원회의 심의에 걸리는 기간
2. 법 제117조(근로복지공단의 사업장에 대한 조사) 및 법 제118조(산재보험 의료기관에 대한 조사)에 따른 조사에 걸리는 기간
3. 법 제119조(공단의 진찰요구)에 따른 진찰에 걸리는 기간
4. 시행령 제20조에 따른 요양급여 신청과 관련된 서류의 보완에 걸리는 기간
5. 시행령 제20조 제2항에 따른 보험가입자에 대한 통지 및 의견 청취에 걸리는 기간
6. 업무상 재해의 인정 여부를 판단하기 위한 역학조사나 그 밖에 필요한 조사에 걸리는 기간

공단은 요양급여에 관한 결정을 할 때 필요하면 시행령 제42조 제1항에 따른 자문의사에게 자문하거나 시행령 제43조에 따른 자문의사회의의 심의를 거칠 수 있다.

요양급여를 받은 사람은 자신이 부담한 비용이 요양급여의 범위에서 제외되는 비용인지 여부에 대하여 공단에 확인을 요청할 수 있고, 확인요청을 받은 공단은 그 결과를 요청한 사람에게 알려야 한다. 이 경우 확인을 요청한 비용이 요양급여 범위에 해당되는 비용으로 확인되면 그 내용을 산재보험의료기관에 알려야 한다.

라. 건강보험의 우선 적용

국민건강보험법에 따라 산재보험 요양급여를 받는 사람은 건강보험급여를 받을 수 없다(국민건강보험법 제53조 제1항 제4호). 그런데 근로자가 요양급여신청을 한 후 승인을 받기 전까지의 기간에 건강보험급여도 요양급여도 받지 못한다면 제대로 치료를 받기 어려우므로 요양급여의 신청을 한 사람은 공단이 요양급여 결정을 하기 전에는 국민건강보험법에 따른 요양급여 또는 의료급여법에 따른 의료급여를 우선 받을 수 있다(법 제42조 제1항).

건강보험 요양급여 등을 받은 사람이 국민건강보험법 제44조 또는 의료급여법 제10조에 따른 본인일부부담금을 산재보험의료기관에 납부한 후에 이 법에 따른 요양급여 수급권자로 결정된 경우에는 그 납부한 본인 일부부담금 중 산재보험법상 요양급여에 해당하는 금액을 근로복지공단에 청구할 수 있다(법 제42조 제2항).

국민건강보험공단, 의료급여법 제5조에 따른 시장, 군수, 구청장이 산재보험 요양급여 수급권자에게 건강보험요양급여 등을 우선지급한 경우에는 근로복지공단에 그 요양급여에 해당하는 금액을 청구할 수 있다(법 제90조 제1항).

마. 산재보험의료기관의 지정 및 지정취소, 과징금

1] 산재보험의료기관

산재보험의료기관은 근로복지공단에 두는 의료기관, 의료법 제3조의4에 따른 상급종합병원, 의료법 제3조에 따른 의료기관, 지역보건법에 따른 보건소로서 고용노동부령으로 정하는 인력·시설 등의 기준에 해당하는 의료기관 또는 보건소 중 공단이 지정한 의료기관 또는 보건소이다(법 제43조 제1항).

공단이 의료법 제3조에 따른 의료기관, 보건소를 산재보험 의료기관으로 지정할 때에는 의료기관이나 보건소의 인력·시설·장비 및 진료과목, 산재보험 의료기관의 지역별 분포를 고려하여야 한다(법 제43조 제2항).

2) 진료제한조치 또는 개선명령

공단은 산재보험의료기관 중 의료법 제3조의4에 따른 상급종합병원, 의료법 제3조에 따른 의료기관, 지역보건법에 따른 보건소가 다음 각 호의 어느 하나에 해당하면 그 지정을 취소하거나 12개월의 범위에서 업무상 재해를 입은 근로자를 진료할 수 없도록 하는 진료제한조치 또는 개선명령(이하 "진료제한 등의 조치"라 한다)을 할 수 있다(법 제43조 제3항).

1. 업무상의 재해와 관련된 사항을 거짓이나 그 밖에 부정한 방법으로 진단하거나 증명한 경우
2. 제45조에 따른 진료비를 거짓이나 그 밖에 부정한 방법으로 청구한 경우
3. 제50조에 따른 산재보험의료기관 평가 결과 지정취소나 진료제한등의 조치가 필요한 경우
4. 의료법 위반이나 그 밖의 사유로 의료업을 일시적 또는 영구적으로 할 수 없게 되거나, 소속 의사가 의료행위를 일시적 또는 영구적으로 할 수 없게 된 경우
5. 제1항 제3호에 따른 인력·시설 등의 기준에 미치지 못하게 되는 경우
6. 진료제한등의 조치를 위반하는 경우

지정이 취소된 산재보험 의료기관은 지정이 취소된 날부터 1년의 범위에서 고용노동부령으로 정하는 기간 동안은 산재보험 의료기관으로 다시 지정받을 수 없다(법 제43조 제4항).

공단은 제1항 제2호 및 제3호에 따른 산재보험 의료기관이 다음 각 호의 어느 하나의 사유에 해당하면 12개월의 범위에서 진료제한 등의 조치를 할 수 있다(법 제43조 제5항).

1. 제40조 제5항 및 제91조의9 제3항에 따른 요양급여의 산정 기준을 위반하여 제45조에 따른 진료비를 부당하게 청구한 경우
2. 제45조 제1항을 위반하여 공단이 아닌 자에게 진료비를 청구한 경우
3. 제47조 제1항에 따른 진료계획을 제출하지 아니하는 경우
4. 제118조에 따른 보고, 제출 요구 또는 조사에 따르지 아니하는 경우
5. 산재보험 의료기관의 지정 조건을 위반한 경우

법 시행규칙 제25조는 별표2로 산재보험 의료기관에 대한 지정취소 및 진료제

한 등의 조치의 기준을 상세하게 정하고 있다.

■ 산업재해보상보험법 시행규칙 [별표2] 〈개정 2016.3.28.〉

산재보험 의료기관에 대한 지정취소 및 진료제한등의 조치의 기준(제25조 관련)

산재보험 의료기관에 대한 지정취소 또는 진료제한등의 조치의 기준은 다음과 같다.

1. 공통기준

   가. 하나의 위반행위가 둘 이상의 조치 기준에 해당하면 그 중 중한 조치 기준을 적용한다.

   나. 위반행위의 횟수에 따른 조치 기준은 위반행위가 확인된 날 이전 1년 동안 위반행위로 조치를 받은 횟수로 한다.

   다. 진료제한 조치의 사유에 해당하는 위반행위가 동시에 2개 이상 있는 경우에는 각각의 위반행위에 해당하는 진료제한의 기간을 합산한다. 다만, 이 경우 진료제한의 기간을 합산한 기간이 12개월을 초과하면 12개월로 본다.

   라. 진료제한 조치를 받은 산재보험 의료기관이 진료제한 조치를 받은 날부터 1년 이내에 다시 진료제한 조치의 사유에 해당하는 위반행위를 하면 그 지정을 취소한다.

   마. 산재보험 의료기관이 개선명령을 받은 날부터 1년 이내에 2회 이상 개선명령 사유에 해당하는 위반행위를 하면 3개월간 진료를 제한한다.

   바. 법 제43조 제1항 제2호에 따른 상급종합병원이 제2호에 따른 위반행위별 조치기준 중 지정취소에 해당하는 위반행위를 하면 12개월간 진료를 제한한다.

2. 위반행위별 조치 기준

   가. 산재보험 의료기관이 법 제43조 제3항에 해당하는 위반행위를 한 경우의 조치 기준은 다음과 같다.

   1) 법 제43조 제3항 제1호 및 제3호부터 제6호까지의 규정에 해당하는 위반행위를 한 경우

근거법령	위반 행위의 종류	위반행위의 정도	조치기준
법 제43조 제3항제1호	업무상의 재해와 관련된 사항을 거짓이나 그 밖의 부정한 방법으로 진단하거나 증명한 경우	• 재해발생경위, 재해발생일 및 시간, 상병명, 업무와 상병 간의 인과관계에 관한 사항을 거짓으로 작성한 경우	지정취소
		• 취업가능 여부에 관한 사항, 장해상태, 진료행위 또는 진료계획을 거짓으로 작성한 경우	진료제한 5개월
법 제43조 제3항제3호		• 업무상의 재해를 입은 자의 요양을 담당할 능력이 없는 경우	지정취소

		• 평가결과에 따른 인력·시설 등에 관한 공단의 보정 요구를 이행하지 않은 경우 • 인력·시설 등의 보정 등을 위하여 일정 기간 진료제한이 필요한 경우		진료제한 3개월부터 12개월까지
		• 인력·시설 등의 보정이 즉시 가능한 경우로서 시정이 필요한 경우		개선명령
		• 의료기관 평가 결과 그 평가 순위가 의료기관 종류별(의원급, 병원 및 종합병원) 하위 100분의 5에 해당하는 경우		개선명령
	법 제50조에 따른 평가 결과 지정취소나 진료제한등의 조치가 필요한 경우	• 의료기관 평가 결과 연속 2회 그 평가 순위가 의료기관 종류별(의원급, 병원 및 종합병원) 하위 100분의 5에 해당하는 경우		진료제한 3개월
		• 의료기관 평가 결과 연속 3회 그 평가 순위가 의료기관 종류별(의원급, 병원 및 종합병원) 하위 100분의 5에 해당하는 경우 • 의료기관 평가 결과 그 평가 순위가 의료기관 종류별(의원급, 병원 및 종합병원) 하위 100분의 5에 해당하는 경우로서 그 평가점수가 40점 미만인 경우 • 의료기관 평가 결과 산재요양의 기여도가 현저히 낮은 경우로서 2년 이상 산재보험 대상 환자의 진료 실적이 없는 경우		지정취소
		• 의료기관 평가에 필요한 자료제공 요청을 불응하는 등 평가를 거부하는 경우	1회	개선명령
			2회	지정취소
법 제43조 제3항제4호	「의료법」 위반이나 그 밖의 사유로 의료업을 일시적 또는 영구적으로 할 수 없게 되거나, 소속 의사가 의료행위를 일시적 또는 영구적으로 할 수 없게 된 경우	• 의료업 허가·등록 취소 또는 폐쇄 • 소속 의사의 면허 취소(업무상의 재해를 입은 자를 진료할 의사가 없게 되는 경우에만 해당된다)		지정취소
		• 일정기간의 의료업 정지 처분 • 소속 의사의 자격 정지 처분		진료제한 (해당 행정 처분 기간)
		• 의료업 정지 사유에 해당되었으나 의료법에 따른 과징금을 납부하여 의료업을 계속 영위할 수 있는 경우		개선명령
		• 면허가 취소되거나 자격이 정지된 의사를 대신하여 진료할 다른 의사가 있는 경우		

법 제43조 제3항제5호	법 제43조제1항제3호 에 따른 지정 기준에 미치지 못하게 되는 경우	• 인력·시설 등이 별표 1에 따른 지정 기준에 미치지 못하게 된 경우	개선 가능	개선명령
			개선 불가능	지정취소
		• 개선명령에도 불구하고 3개월이 지날 때 까지 개선되지 않은 경우		지정취소
법 제43조 제3항제6호	진료제한등의 조치를 위반하는 경우	• 진료제한 기간 중 정당한 사유 없 이 업무상의 재해를 입은 자(응급 환자는 제외한다) 진료한 경우	1회	진료제한 3개월
			2회	지정취소
		• 개선명령을 이행하지 않은 경우	1회	개선명령
			2회	진료제한 3개월

2) 현지조사 결과 법 제43조 제3항 제2호에 해당하는 위반행위가 확인된 경우

월평균 부정금액 ＼ 부정비율	2퍼센트 이상~ 4퍼센트 미만	4퍼센트 이상~ 6퍼센트 미만	6퍼센트 이상~ 8퍼센트 미만	8퍼센트 이상~ 10퍼센트 미만	10퍼센트 이상
10만원 이상~ 50만원 미만	개선명령	진료제한 3개월	진료제한 6개월	진료제한 9개월	진료제한 12개월
50만원 이상~ 150만원 미만	진료제한 3개월	진료제한 6개월	진료제한 9개월	진료제한 12개월	지정취소
150만원 이상	진료제한 6개월	진료제한 9개월	진료제한 12개월	지정취소	지정취소

* 비고
1. "월평균 부정금액"은 조사대상 기간(현지조사 개시일 전 3년을 말한다. 이하 이 표에서 같
   다)동안 해당 산재보험 의료기관이 거짓이나 그 밖의 부정한 방법으로 청구하여 지급받은 진
   료비를 그 기간의 월수로 나눈 금액으로 한다.
2. "부정비율"은 조사대상 기간 동안 해당 산재보험 의료기관이 청구하여 지급받은 진료비 총액
   에 대한 거짓이나 그 밖의 부정한 방법으로 지급받은 진료비의 금액의 비율로 한다.

나. 산재보험 의료기관이 법 제43조 제5항에 해당하는 위반행위를 한 경우의 조치 기준
은 다음과 같다.

1) 현지조사 결과 법 제43조 제5항 제1호에 해당하는 위반행위가 확인된 경우

부당비율 월평균 부당금액	2퍼센트 이상~ 4퍼센트 미만	4퍼센트 이상~ 6퍼센트 미만	6퍼센트 이상~ 8퍼센트 미만	8퍼센트 이상~ 10퍼센트 미만	10퍼센트 이상
10만원 이상~ 50만원 미만	개선명령	개선명령	진료제한 3개월	진료제한 4개월	진료제한 5개월
50만원 이상~ 150만원 미만	개선명령	진료제한 3개월	진료제한 4개월	진료제한 5개월	진료제한 6개월
150만원 이상	진료제한 3개월	진료제한 4개월	진료제한 5개월	진료제한 6개월	진료제한 7개월

* 비고:
1. "월평균 부당금액"은 조사대상 기간 동안 해당 산재보험 의료기관이 청구하여 지급받은 진료비 중 법 제40조 제5항에 따른 요양급여의 산정 기준을 위반하여 지급받은 진료비의 금액을 그 기간의 월수로 나눈 금액으로 한다.
2. "부당비율"은 조사대상 기간 동안 해당 산재보험 의료기관이 청구하여 지급받은 진료비 총액에 대한 법 제40조 제5항에 따른 요양급여의 산정 기준을 위반하여 지급받은 진료비의 금액으로 한다.

2) 제29조에 따라 청구된 진료비를 심사한 결과, 그 청구금액(1회의 청구금액이 500만원 이상인 경우만 해당된다)에 대한 법 제43조 제5항 제1호에 해당하는 금액의 비율이 100분의 20 이상으로 확인된 경우에는 개선명령 조치를 한다.

3) 법 제43조 제5항 제2호부터 제5호에 해당하는 위반행위를 한 경우

근거법령	위반행위의 종류	위반행위의 정도	조치 기준
법 제43조 제5항제2호	법 제45조제1항을 위반하여 공단이 아닌 자에게 진료비를 청구한 경우	• 2회 이하 위반	개선명령
		• 3회 이상 위반	진료제한 3개월
법 제43조 제5항제3호	법 제47조제1항에 따른 진료계획을 제출하지 않는 경우	• 정당한 사유 없이 지연 제출하는 경우	개선명령
		• 공단의 제출요구에도 불응하는 경우	진료제한 3개월
법 제43조 제5항제4호	법 제118조에 따른 보고, 제출 요구 또는 조사에 응하지 않는 경우	• 1회 위반	개선명령
		• 2회 위반	진료제한 3개월
		• 3회 위반	진료제한 6개월
법 제43조 제5항제5호	산재보험 의료기관의 지정 조건을 위반한 경우	개선명령	

3) 과징금

대법원은 산재보험의료기관 지정을 취소하거나 진료를 제한하는 처분사유에 해당하기 위해서는 의료기관의 동기가 악의적인 것이거나 그 위반내용이 근로복지공단 요양업무처리규정이 정한 바를 실질적으로 침해한 것으로 볼 수 있어야 한다고 판시하고 있다.

구 산업재해보상보험법(2007. 4. 11. 법률 제8373호로 전문 개정되기 전의 것) 제37조 및 같은 법 시행령(2008. 6. 25. 대통령령 제20875호로 전문 개정되기 전의 것) 제28조에 근거한 근로복지공단의 요양업무처리규정 제8조 제1항에서는 [별표 1]의 처분사유 발생시에 필요적으로 그 정한 바에 따라 지정취소나 진료제한의 불이익처분에 처하도록 하면서, 그에 따른 처분이 이루어진 경우에는 일정기간 재지정 금지 등 추가적인 불이익까지 규정하고 있는바, 위 규정위반에 따른 불이익의 중대성에 비추어 그 처분사유에 해당하는지 여부는 그 동기에 있어 악의적인 것이거나 그 위반내용에 있어 위 규정이 정한 바를 실질적으로 침해한 것으로 볼 수 있어야 한다(대법원 2009. 3. 26. 선고 2008두22495 판결).

공단은 제43조 제3항 제1호·제2호 및 같은 조 제5항 제1호 중 어느 하나에 해당하는 사유로 진료제한 조치를 하여야 하는 경우로서 그 진료제한 조치가 그 산재보험 의료기관을 이용하는 근로자에게 심한 불편을 주거나 그 밖에 특별한 사유가 있다고 인정되면, 그 진료제한 조치를 갈음하여 거짓이나 부정한 방법으로 지급하게 한 보험급여의 금액 또는 거짓이나 부정·부당하게 지급받은 진료비의 5배 이하의 범위에서 과징금을 부과할 수 있다.

과징금을 부과하는 위반행위의 종류와 위반정도 등에 따른 과징금의 금액 등에 관한 사항은 대통령령으로 정한다. 과징금 부과 처분을 받은 자가 과징금을 기한 내에 내지 아니하면 고용노동부장관의 승인을 받아 국세 체납처분의 예에 따라 징수한다.

4) 형사처벌

산재보험의료기관이 거짓이나 그 밖의 부정한 방법으로 진료비를 지급받으면 3년이하의 징역 또는 3천만원 이하의 벌금에 처해진다(법 제127조 제2항).

바. 진료비·약제비의 청구, 진료계획의 제출

1) 진료비·약제비의 청구

산재보험 의료기관이 제40조 제2항 또는 제91조의9 제1항에 따라 요양을 실시하고 그에 드는 비용(이하 "진료비"라 한다)을 받으려면 공단에 청구하여야 한다(법 제45조 제1항). 산재보험 의료기관이 진료비를 청구하는 경우에는 개인별진료비명세서, 의료법 시행규칙 제12조에 따른 처방전을 첨부하여야 한다. 처방전의 경우 고용·산재정보통신망 또는 정보통신망으로 청구하는 경우에는 처방전의 내용을 입력한 것으로 갈음할 수 있다(법 시행규칙 제27조).

공단은 제40조 제4항 제2호에 따른 약제의 지급을 약사법 제20조에 따라 등록한 약국을 통하여 할 수 있다(법 제46조 제1항). 약국이 약제비를 받으려면 공단에 청구하여야 한다(법 제46조 제2항).

산재보험의료기관이나 약국의 종사자가 거짓이나 그 밖의 부정한 방법으로 진료비나 약제비를 지급받으면 3년 이하의 징역이나 3천만원 이하의 벌금에 처해진다(법 제127조 제2항).

2) 진료계획의 제출

산재보험 의료기관은 요양급여를 받고 있는 근로자의 요양기간을 연장할 필요가 있는 때에는 그 근로자의 부상·질병 경과, 치료예정기간 및 치료방법 등을 적은 진료계획을 대통령령으로 정하는 바에 따라 공단에 제출하여야 한다(법 제47조 제1항). 공단은 제출된 진료계획이 적절한지를 심사하여 산재보험 의료기관에 대하여 치료기간의 변경을 명하는 등 필요한 조치를 할 수 있다(법 제47조 제2항).

3) 의료기관 변경 요양

공단은 (i) 요양 중인 산재보험 의료기관의 인력·시설 등이 그 근로자의 전문적인 치료 또는 재활치료에 맞지 아니하여 다른 산재보험 의료기관으로 옮길 필요가 있는 경우, (ii) 생활근거지에서 요양하기 위하여 다른 산재보험 의료기관으로 옮길 필요가 있는 경우, (iii) 제43조 제1항 제2호에 따른 상급종합병원에서 전문적인 치료 후 다른 산재보험 의료기관으로 옮길 필요가 있는 경우, (iv) 그 밖에 자문의사회의의 심의절차를 거쳐 부득이한 사유가 있다고 인정되는 경우 중 하나에 해당하면 요양 중인 근로자를 다른 산재보험 의료기관으로 옮겨 요양하게 할 수 있다(법 제48조 제1항).

요양 중인 근로자도 제1항 제1호부터 제3호까지의 어느 하나에 해당하는 사유가 있으면 공단에 의료기관 변경 요양을 신청할 수 있다(법 제48조 제2항).

사. 추가상병 요양급여의 신청

업무상의 재해로 요양 중인 근로자는 (i) 그 업무상의 재해로 이미 발생한 부상이나 질병이 추가로 발견되어 요양이 필요한 경우, (ii) 그 업무상의 재해로 발생한 부상이나 질병이 원인이 되어 새로운 질병이 발생하여 요양이 필요한 경우 등에 해당하면 그 부상 또는 질병에 대한 요양급여를 신청할 수 있다(법 제49조).

아. 재요양

요양급여를 받은 사람이 치유 후 요양의 대상이 되었던 업무상의 부상 또는 질병이 재발하거나, 치유 당시보다 상태가 악화되어 이를 치유하기 위한 적극적인 치료가 필요하다는 의학적 소견이 있으면 다시 제40조에 따른 요양급여(이하 "재요양"이라 한다)를 받을 수 있다(법 제51조).

산재보험법 시행령은 재요양을 받을 수 있는 요건에 관하여 다음과 같이 규정하고 있다.

제48조(재요양의 요건 및 절차)
① 법 제51조에 따른 재요양(이하 "재요양"이라 한다)은 업무상 부상 또는 질병에 대하여 요양급여(요양급여를 받지 아니하고 장해급여를 받는 부상 또는 질병의 경우에는 장해급여)를 받은 경우로서 다음 각 호의 요건 모두에 해당하는 경우에 인정한다.
  1. 치유된 업무상 부상 또는 질병과 재요양의 대상이 되는 부상 또는 질병 사이에 상당인과관계가 있을 것
  2. 재요양의 대상이 되는 부상 또는 질병의 상태가 치유 당시보다 악화된 경우로서 나이나 그 밖에 업무 외의 사유로 악화된 경우가 아닐 것
  3. 재요양의 대상이 되는 부상 또는 질병의 상태가 재요양을 통해 호전되는 등 치료효과를 기대할 수 있을 것

대법원은 "재요양의 요건으로는 요양의 요건 외에 당초의 상병과 재요양을 신청한 상병과의 사이에 의학상 상당인과관계가 있다고 인정되고, 당초 상병의 치료종결시 또는 장해급여 지급 당시의 상병 상태에 비하여 그 증상이 악화되어 재요양

을 함으로써 치료효과가 기대될 수 있다는 의학적 소견이 있다는 것으로 족하고 당초 상병의 치료종결시 또는 장해급여 지급당시의 상병상태에 비하여 그 증상이 현저하게 악화되어 적극적인 치료의 필요성이 인정되는 경우만 재요양을 인정할 것은 아니다"라고 판시하였다(대법원 2002. 4. 26. 선고 2002두1762 판결).

다만 대법원은 "여기서 말하는 의학상 상당인과관계란 의학적 측면에서 볼 때 최초의 상병이 요양 신청한 상병에 대하여 조건관계에 있을 뿐만 아니라, 경험칙상 상대적으로 유력한 원인이 되는 관계가 있다는 뜻이고, 그 입증의 방법 및 정도는 반드시 직접증거에 의하여 의학적, 자연과학적으로 명백히 증명되어야만 하는 것은 아니며, <u>당해 근로자의 건강과 신체조건을 기준으로 간접사실에 의하여 추단될 정도로 입증되면 충분</u>"하지만, "이 정도에 이르지 못한 채 단순히 최초의 상병이 일반적으로 재발 또는 악화되거나 다른 합병증이 발생될 가능성이 있는 것만으로 상당인과관계를 인정할 수 없음은 물론, 최초의 상병과 요양 신청한 상병 사이에 조건적 인과관계가 의학적으로 명백히 부정되지 않는다고 하여 곧바로 상당인과관계를 인정할 수도 없다"고 판시하였다(대법원 1997. 3. 28. 선고 96누18755 판결, 대법원 1997. 11. 14. 선고 97누13573 판결, 대법원 2002. 12. 10. 선고 2002두8091 판결, 대법원 2017. 7. 11. 선고 2014두14587 판결[17]).

3. 휴업급여

가. 휴업급여의 내용

휴업급여는 업무상 사유로 부상을 당하거나 질병에 걸린 근로자에게 요양으로 취업하지 못한 기간에 대하여 지급한다(법 제52조). 업무상 재해를 입거나, 업무상 질병에 걸린 근로자가 요양을 하는 동안 임금을 받을 수 없어 생계가 곤란하게 되

---

[17] '이 사건 최초상병은 9년 전 발생한 좌측 대뇌경색으로서 대뇌에 생긴 경색이고, 이 사건 상병은 좌측숨골 뇌경색으로 뇌간에 생긴 경색으로서 각 발병부위는 뇌 구조상 해부학적으로 다른 부위이며, 이 사건 최초상병의 원인이 된 뇌경색과 이 사건 상병의 원인이 된 뇌혈관은 전혀 부위가 다른 혈관이며, 원고는 기존에 고혈압이 있었기에 이 사건 상병의 발병원인은 고혈압과 연관이 있을 수 있고, 기존에 있던 혈관협착이 진행되어 다른 부위에 뇌경색이 생겼을 가능성도 있으며, 이 사건 상병 발병의 원인을 이 사건 최초상병으로 볼 수도 있고 원고가 지닌 고혈압 등 고유한 위험 요인으로 볼 수도 있다'는 의학적 소견이 제시되었음을 들어 이 사건 최초 승인 상병이 이 사건 상병발병에 대하여 경험칙상 상대적으로 유력한 원인이 되는 관계에 있다고 인정하기에 부족하다고 판시한 사례

므로 근로자와 가족의 생활을 보호하기 위하여 지급하는 급여이다.

1일당 지급액은 평균임금의 100분의 70에 상당하는 금액으로 한다. 다만, 취업하지 못한 기간이 3일 이내이면 지급하지 아니한다.

나. 부분 휴업급여

요양 또는 재요양을 받고 있는 근로자가 그 요양기간 중 일정기간 또는 단시간 취업을 하는 경우에는 그 취업한 날에 해당하는 그 근로자의 평균임금에서 그 취업한 날에 대한 임금을 뺀 금액의 100분의 80에 상당하는 금액을 지급할 수 있다(법 제53조 제1항 본문).

근로자의 평균임금이 220만원이고, 요양기간(한달) 중 단시간 근로를 하여 100만원을 수령하였다면, (220만원 - 100만원) × 80/100 = 96만원을 휴업급여로 지급하는 것이다.

부분휴업급여를 받으려는 사람은 다음 각 호의 요건을 모두 갖추어야 한다(법 시행령 제49조).

1. 요양 중 취업 사업과 종사 업무가 정해져 있을 것
2. 그 근로자의 부상·질병 상태가 취업을 하더라도 치유 시기가 지연되거나 악화되지 아니할 것이라는 의사의 소견이 있을 것

다만, 법 제54조 제2항 및 법 제56조 제2항에 따라 최저임금액을 1일당 휴업급여 지급액으로 하는 경우에는 최저임금액(별표 1 제2호에 따라 감액하는 경우에는 그 감액한 금액)에서 취업한 날에 대한 임금을 뺀 금액을 지급할 수 있다(법 제53조 제1항 단서).

다. 저소득근로자, 고령자의 휴업급여

1) 저소득근로자의 휴업급여

법 제52조에 따라 산정한 1일당 휴업급여 지급액이 최저 보상기준 금액의 100분의 80보다 적거나 같으면 그 근로자에 대하여는 평균임금의 100분의 90에 상당하는 금액을 1일당 휴업급여 지급액으로 한다. 다만, 그 근로자의 평균임금의 100분의 90에 상당하는 금액이 최저 보상기준 금액의 100분의 80보다 많은 경우에는 최저 보상기준 금액의 100분의 80에 상당하는 금액을 1일당 휴업급여 지급액으로

한다(법 제54조 제1항).

제1항 본문에 따라 산정한 휴업급여 지급액이 최저임금액보다 적으면 최저임금액을 그 근로자의 1일당 휴업급여 지급액으로 한다(법 제54조 제2항).

2) 고령자의 휴업급여

휴업급여를 받는 근로자가 61세가 되면 그 이후의 휴업급여는 다음과 같은 법 별표 1에 따라 산정한 금액을 지급한다. 다만, 61세 이후에 취업 중인 사람이 업무상의 재해로 요양하거나 61세 전에 업무상 질병으로 장해급여를 받은 사람이 61세 이후에 그 업무상 질병으로 최초로 요양하는 경우 업무상의 재해로 요양을 시작한 날부터 2년 동안 별표 1을 적용하지 아니한다(법 제55조, 시행령 제51조).

■ **산업재해보상보험법 [별표1] 〈개정 2022. 6. 10.〉**

고령자의 휴업급여 지급기준(제55조 관련)

1. 제52조, 제56조 및 제91조의19 제2항에 따라 산정한 휴업급여를 지급받는 자가 해당 연령에 도달하면 다음 산식에 따라 산정한다. 다만, 제52조에 따라 산정한 휴업급여를 지급받는 자의 경우 그 산정한 금액이 제3호에 따라 산정한 금액보다 적으면 제3호에 따라 산정한다.

연령	지급액
61세	1일당 휴업급여 지급액 × 66/70
62세	1일당 휴업급여 지급액 × 62/70
63세	1일당 휴업급여 지급액 × 58/70
64세	1일당 휴업급여 지급액 × 54/70
65세 이후	1일당 휴업급여 지급액 × 50/70

2. 제54조 제1항 본문, 제54조 제2항 및 제91조의19 제1항에 따라 산정한 휴업급여를 지급받는 자가 해당 연령에 도달하면 다음 산식에 따라 산정한다.

연령	지급액
61세	1일당 휴업급여 지급액 × 86/90
62세	1일당 휴업급여 지급액 × 82/90
63세	1일당 휴업급여 지급액 × 78/90

| 64세 | 1일당 휴업급여 지급액 × 74/90 |
| 65세 이후 | 1일당 휴업급여 지급액 × 70/90 |

3. 제54조 제1항 단서에 따라 산정한 휴업급여를 지급받는 자가 해당 연령에 도달하면 다음 산식에 따라 산정한다.

연령	지급액
61세	최저 보상기준 금액 × 80/100 × 86/90
62세	최저 보상기준 금액 × 80/100 × 82/90
63세	최저 보상기준 금액 × 80/100 × 78/90
64세	최저 보상기준 금액 × 80/100 × 74/90
65세 이후	최저 보상기준 금액 × 80/100 × 70/90

라. 재요양기간 중 휴업급여

재요양을 받는 사람에 대하여는 재요양 당시의 임금을 기준으로 산정한 평균임금의 100분의 70에 상당하는 금액을 1일당 휴업급여 지급액으로 한다(법 제56조 제1항). 이 경우 평균임금 산정사유 발생일은 다음 각 호의 어느 하나에 해당하는 날을 말한다(법 시행령 제52조).

1. 재요양의 대상이 되는 부상 또는 질병에 대하여 재요양이 필요하다고 진단을 받은 날. 다만, 그 재요양의 대상이 되는 부상 또는 질병에 대한 진단 전의 검사·치료가 재요양의 대상이 된다고 인정하는 진단과 시간적·의학적 연속성이 있는 경우에는 그 검사·치료를 시작한 날

2. 해당 질병의 특성으로 재요양 대상에 해당하는지를 고용노동부령으로 정하는 절차에 따라 판정하여야 하는 질병은 그 판정 신청을 할 당시에 발급된 진단서나 소견서의 발급일

제1항에 따라 산정한 1일당 휴업급여 지급액이 최저임금액보다 적거나 재요양 당시 평균임금 산정의 대상이 되는 임금이 없으면 최저임금액을 1일당 휴업급여 지급액으로 한다(법 제56조 제2항).

장해보상연금을 지급받는 사람이 재요양하는 경우에는 1일당 장해보상연금액(별표 2에 따라 산정한 장해보상연금액을 365로 나눈 금액을 말한다. 이하 같다)과 제1항 또는 제2항에 따라 산정한 1일당 휴업급여 지급액을 합한 금액이 장해보상연금의 산정에 적용되는 평균임금의 100분의 70을 초과하면 그 초과하는 금액 중 휴업급여에 해당하는 금액은 지급하지 아니한다(법 제56조 제3항).

휴업급여는 요양기간 중에 지급하는 것이고, 장해급여는 요양이 종료된 후 장해가 남았을 때 지급하는 것이므로 휴업급여와 장해급여는 그 성질상 지급시기가 중복될 수 없다. 그러나 요양이 종료되고 장해연금을 지급받는 기간 중에 철심을 제거하는 수술이 필요하거나, 상병부위가 악화되는 등 재요양 사유가 발생할 수 있다. 그러한 경우 장해연금 지급을 중지하지는 않으나, 1일당 장해보상연금액과 1일당 휴업급여지급액을 합산하여 해당 금액이 장해보상연금 산정에 적용되는 평균임금의 100분의 70을 초과하면 그 초과하는 금액 중 휴업급여에 해당하는 금액을 지급하지 않도록 하는 것이다.

A는 2007. 11. 1. 탄광부 진폐증을 진단받고 근로복지공단에 진폐요양을 신청하였는데, 2008. 2. 18. 요양을 승인받아 요양을 하던 중 2016. 4. 1. 근로복지공단에 2007. 12. 1.부터 2011. 11. 30.까지의 장해보상연금 선급금의 지급을 청구하였다. 근로복지공단은 현 산재보험법 제56조와 같은 구 산업재해보상보험법 제38조 내지 제40조를 근거로 2007. 12. 1.부터 2011. 11. 30.까지의 장해보상연금 선급금에서 위 기간 동안 지급된 휴업급여 83,649,910원을 제외한 28,695,480원을 장해급여로 지급하는 결정을 하였다. A는 근로복지공단의 위 결정에 불복하는 장해급여 지급처분 취소청구의 소를 제기하였고, 대법원은 다음과 같이 판결하여 근로복지공단의 손을 들어주었다.

위와 같은 관련 규정들의 내용과 체계에 휴업급여와 장해급여의 지급목적을 종합하여 보면, 요양 중 휴업급여를 지급받은 재해근로자에게 같은 기간 동안의 장해보상연금을 지급하는 경우에는 '기지급한 휴업급여액을 공제한 장해보상연금'을 지급하여야 한다고 보아야 한다. 그 구체적인 이유는 다음과 같다.

1) 구 산재보험법 제38조 제3항과 구 산재보험법 시행령 제30조의2는 장해보상연금을 지급받은 자가 재요양을 받는 경우 재요양으로 인한 휴업급여까지 전액 지급받게 되면 동일한 성격의 보험급여가 중복하여 지급되므로 이를 조정하기 위한 목적에서 규정된 것이다. 휴업급여와 장해급여는 모두 업무상 재해로 발생한 노동능력 상실에 따른 일실수입을 전보하기 위하여 지급되는 보험급여이므

로 같은 기간 동안 휴업급여와 장해급여가 중복지급되는 경우 동일한 목적의 경제적 보상이 이중으로 이루어지는 결과가 된다. 예컨대, 원고와 같이 장해등급이 1급인 근로자의 경우 평균임금의 90%(= 329일분 ÷ 365 × 100%) 수준에 해당하는 금액을 장해보상연금으로 지급받게 되는데, 여기에 더하여 평균임금의 70% 수준인 휴업급여를 지급받을 경우 무려 160%에 상당하는 금액을 일실수입으로 전보받게 되므로, 재해 발생 전에 노동능력 100%인 상태에서 얻은 수입보다 더 많은 금액을 보상받게 된다. 일실수입을 보전하기 위한 목적에서의 보험급여 지급액이 평균임금의 100%를 초과하는 것은 그 제도의 목적에 반할 뿐만 아니라, 나아가 근로자의 업무상 재해를 공정하게 보상하고자 하는 산재보험법의 입법 목적에도 반한다.

2) 구 산재보험법 제38조 제3항의 규정 내용을 구 산재보험법 시행령 제30조의2 및 개정 산재보험법 조항들과 유기적·체계적으로 살펴보면, 장해보상연금의 수급권자가 재요양을 받는 경우 그로 인한 '휴업급여액이 장해보상연금액보다 높은 경우'에만 재요양이 결정된 날이 속하는 달의 다음 달부터 재요양이 끝난 날이 속하는 달까지 장해보상연금의 지급이 정지되는 것이라고 해석함이 타당하고, 재요양으로 인한 '휴업급여액이 장해보상연금액보다 낮은 경우'에는 그 차액만큼의 장해보상연금을 계속 지급하여야 한다고 보아야 한다. 구 산재보험법 제38조 제3항을 문언 그대로 해석하여 장해보상연금 수급권자가 재요양을 받는 경우 그 기간 동안 장해연금 지급이 무조건 정지된다고 본다면, 재요양으로 인한 휴업급여보다 더 높은 금액의 장해보상연금을 받던 수급권자는 치유 당시보다 부상이나 질병의 상태가 악화되었음에도 더 적은 액수의 보험급여를 지급받아야 하는 불합리한 결과가 발생한다.

3) 구 산재보험법 제38조 제3항은 장해보상연금 수급권자가 '재요양'을 받는 경우뿐 아니라 '최초 요양'을 받는 경우에도 적용된다고 보아야 한다. 재요양은 일단 요양이 종결된 후에 해당 상병이 재발하거나 해당 상병에 기인한 합병증에 대하여 실시하는 요양이라는 점 외에는 최초 요양과 그 성질을 달리하지 않으므로(대법원 2002. 4. 26. 선고 2002두1762 판결 등 참조), 재요양에 관한 규정은 같은 성질을 지닌 '요양'에 관하여도 적용될 수 있다. 일반적인 상병의 경우 요양이 종결된 후에야 장해보상연금이 지급되므로 요양 중 장해보상연금과 휴업급여가 동시에 지급되는 경우를 상정하기 어렵고, 이러한 점 때문에 구 산재보험법 제38조 제3항은 장해보상연금을 지급받는 자가 재요양을 받는 경우에 관하여 규정한 것으로 보인다. 그러나 진폐증과 같이 '진단 즉시 장해급여의 지급대상에 해당하면서 그와 동시에 요양이 이루어지는 경우'는 최초 요양 종결 후 장해급여의 지급대상에 해당하게 된 사람이 다시 요양이 필요하게 되어 재요양

을 받는 경우와 실질적으로 다를 바가 없다. 진폐증의 경우 그 증상이 고정된 상태에 이를 것을 요구하지 않고 곧바로 장해급여를 지급하도록 하고 있어 그 이후의 요양이 최초 요양인지 재요양지의 구별이 불분명한 경우가 있을 수 있는데, 요양과 재요양을 엄격히 구별하여 재요양 중인 자에 대하여만 구 산재보험법 제38조 제3항이 적용된다고 볼 경우 같은 등급의 진폐근로자라도 최초 요양 중에 있는 사람과 재요양 중에 있는 사람은 지급받는 보험급여 액수가 현격히 달라져 형평에 반하는 결과가 발생한다(대법원 2020. 12. 10. 선고 2020두 39808 판결).

한편 장해급여를 지급받는 근로자가 재요양을 할 경우 휴업급여 지급을 제한하는 것은 장해급여 지급의 원인이 되는 재해와 휴업급여 지급의 원인이 되는 재해가 동일한 재해인 경우에 한정되는지, 다른 재해인 경우에도 중복급여를 제한하는지 논란이 있을 수 있다.

휴업급여를 지급받은 재해근로자에게 같은 기간 동안의 장해보상연금을 지급하는 경우 '기지급한 휴업급여액을 공제한 장해보상연금'만을 지급하는 것은 동일한 목적의 경제적 보상이 이중으로 이루어지는 것을 방지하기 위한 것인데, 장해의 원인이 된 재해와 휴업의 원인이 된 재해가 다르다면 동일한 사유로 이중의 이익을 누리는 것에 해당한다고 볼 수 없으므로 중복급여를 제한하지 않는 것이 타당하다.

재요양 기간 중의 휴업급여를 산정할 때에는 제54조(저소득근로자의 휴업급여)를 적용하지 아니한다.

4. 장해급여

가. 장해급여의 의의

장해급여는 근로자가 업무상의 사유로 부상을 당하거나 질병에 걸려 치유된 후 신체 등에 장해가 있는 경우에 그 근로자에게 지급한다.

나. 장해급여의 지급방식

장해급여는 장해보상연금으로 지급하는 방식과 장해보상일시금으로 지급받는 방식이 있는데, 수급권자의 선택에 따라 정해지지만, 법 시행령 별표6의 제1급부터 제3급까지의 장해등급을 받은, 노동력을 완전히 상실한 장해등급의 근로자에게 는 장해보상연금만 지급하고, 장해급여청구사유 발생시 대한민국 국민이 아닌 사 람으로서 외국에서 거주하는 근로자에게는 장해보상일시금만 지급한다(법 제57조 제3항).

제1급에서 제3급까지의 장해등급을 받은 근로자에게 장해보상연금만을 지급하 는 것은 노동능력을 완전히 상실한 근로자가 장해보상일시금을 받아 이를 소비하 거나 여러 가지 사유로 재산을 잃을 경우 생계가 어려워질 수 있기 때문에 이를 고려한 것이다.

장해보상연금은 수급권자가 신청하면 그 연금의 최초 1년분 또는 2년분(노동력을 완전히 상실한 장해등급의 근로자에게는 그 연금의 최초 1년분부터 4년분까지)의 2분의 1에 상당하는 금액을 미리 지급할 수 있다. 이 경우 미리 지급하는 금액에 대하여는 100분의 5의 비율 범위에서 대통령령으로 정하는 바에 따라 이자를 공제할 수 있다.

다. 장해등급

1) 장해등급의 기준

장해등급의 기준은 법 시행령 별표6으로 정하고 있다. 시행령 별표6의 내용은 다음과 같다.

■ **산업재해보상보험법 시행령 [별표6] 〈개정 2019. 7. 2.〉**

장해등급의 기준(제53조 제1항 관련)

제1급
1. 두 눈이 실명된 사람
2. 말하는 기능과 씹는 기능을 모두 완전히 잃은 사람
3. 신경계통의 기능 또는 정신기능에 뚜렷한 장해가 남아 항상 간병을 받아야 하는 사람
4. 흉복부 장기의 기능에 뚜렷한 장해가 남아 항상 간병을 받아야 하는 사람
5. 두 팔을 팔꿈치관절 이상의 부위에서 잃은 사람
6. 두 팔을 완전히 사용하지 못하게 된 사람
7. 두 다리를 무릎관절 이상의 부위에서 잃은 사람
8. 두 다리를 완전히 사용하지 못하게 된 사람
9. 진폐의 병형이 제1형 이상이면서 동시에 심폐기능에 고도 장해가 남은 사람

제2급

1. 한쪽 눈이 실명되고 다른 쪽 눈의 시력이 0.02 이하로 된 사람
2. 두 눈의 시력이 각각 0.02 이하로 된 사람
3. 두 팔을 손목관절 이상의 부위에서 잃은 사람
4. 두 다리를 발목관절 이상의 부위에서 잃은 사람
5. 신경계통의 기능 또는 정신기능에 뚜렷한 장해가 남아 수시로 간병을 받아야 하는 사람
6. 흉복부 장기의 기능에 뚜렷한 장해가 남아 수시로 간병을 받아야 하는 사람

제3급

1. 한쪽 눈이 실명되고 다른 쪽 눈의 시력이 0.06 이하로 된 사람
2. 말하는 기능 또는 씹는 기능을 완전히 잃은 사람
3. 신경계통의 기능 또는 정신기능에 뚜렷한 장해가 남아 평생 동안 노무에 종사할 수 없는 사람
4. 흉복부 장기의 기능에 뚜렷한 장해가 남아 평생 동안 노무에 종사할 수 없는 사람
5. 두 손의 손가락을 모두 잃은 사람
6. 진폐증의 병형이 제1형 이상이면서 동시에 심폐기능에 중등도 장해가 남은 사람

제4급

1. 두 눈의 시력이 각각 0.06 이하로 된 사람
2. 말하는 기능과 씹는 기능에 뚜렷한 장해가 남은 사람
3. 고막 전부가 상실되거나 그 외의 원인으로 두 귀의 청력을 완전히 잃은 사람
4. 한쪽 팔을 팔꿈치관절 이상의 부위에서 잃은 사람
5. 한쪽 다리를 무릎관절 이상의 부위에서 잃은 사람
6. 두 손의 손가락을 모두 제대로 못 쓰게 된 사람
7. 두 발을 발목발허리관절(족근중족관절) 이상의 부위에서 잃은 사람

제5급

1. 한쪽 눈이 실명되고 다른 쪽 눈의 시력이 0.1 이하로 된 사람
2. 한쪽 팔을 손목관절 이상의 부위에서 잃은 사람
3. 한쪽 다리를 발목관절 이상의 부위에서 잃은 사람
4. 한쪽 팔을 완전히 사용하지 못하게 된 사람
5. 한쪽 다리를 완전히 사용하지 못하게 된 사람
6. 두 발의 발가락을 모두 잃은 사람
7. 흉복부 장기의 기능에 뚜렷한 장해가 남아 특별히 쉬운 일 외에는 할 수 없는 사람
8. 신경계통의 기능 또는 정신기능에 뚜렷한 장해가 남아 특별히 쉬운 일 외에는 할 수 없는 사람

9. 진폐증의 병형이 제4형이면서 동시에 심폐기능에 경도장해가 남은 사람

제6급

1. 두 눈의 시력이 각각 0.1 이하로 된 사람
2. 말하는 기능 또는 씹는 기능에 뚜렷한 장해가 남은 사람
3. 고막 대부분이 상실되거나 그 외의 원인으로 두 귀의 청력이 모두 귀에 대고 말하지 아니하면 큰 말소리를 알아듣지 못하게 된 사람
4. 한쪽 귀가 전혀 들리지 않게 되고 다른 쪽 귀의 청력이 40센티미터 이상의 거리에서 는 보통의 말소리를 알아듣지 못하게 된 사람
5. 척주에 극도의 기능장해나 고도의 기능장해가 남고 동시에 극도의 척추 신경근장해가 남은 사람
6. 한쪽 팔의 3대 관절 중 2개 관절을 제대로 못 쓰게 된 사람
7. 한쪽 다리의 3대 관절 중 2개 관절을 제대로 못 쓰게 된 사람
8. 한쪽 손의 5개의 손가락 또는 엄지손가락과 둘째 손가락을 포함하여 4개의 손가락을 잃은 사람

제7급

1. 한쪽 눈이 실명되고 다른 쪽 눈의 시력이 0.6 이하로 된 사람
2. 두 귀의 청력이 모두 40센티미터 이상의 거리에서는 보통의 말소리를 알아듣지 못하 게 된 사람
3. 한쪽 귀가 전혀 들리지 않게 되고 다른 쪽 귀의 청력이 1미터 이상의 거리에서는 보통 의 말소리를 알아듣지 못하게 된 사람
4. 신경계통의 기능 또는 정신기능에 장해가 남아 쉬운 일 외에는 하지 못하는 사람
5. 흉복부 장기의 기능에 장해가 남아 쉬운 일 외에는 하지 못하는 사람
6. 한쪽 손의 엄지손가락과 둘째 손가락을 잃은 사람 또는 엄지손가락이나 둘째 손가락을 포함하여 3개 이상의 손가락을 잃은 사람
7. 한쪽 손의 5개의 손가락 또는 엄지손가락과 둘째 손가락을 포함하여 4개의 손가락을 제대로 못 쓰게 된 사람
8. 한쪽 발을 발목발허리관절(족근중족관절) 이상의 부위에서 잃은 사람
9. 한쪽 팔에 가관절(假關節, 부러진 뼈가 완전히 아물지 못하여 그 부분이 마치 관절처럼 움직이는 상태)이 남아 뚜렷한 운동기능장해가 남은 사람
10. 한쪽 다리에 가관절이 남아 뚜렷한 운동기능장해가 남은 사람
11. 두 발의 발가락을 모두 제대로 못 쓰게 된 사람
12. 외모에 극도의 흉터가 남은 사람
13. 양쪽의 고환을 잃은 사람

14. 척주에 극도의 기능장해나 고도의 기능장해가 남고 동시에 고도의 척추 신경근장해가 남은 사람 또는 척주에 중등도의 기능장해나 극도의 변형장해가 남고 동시에 극도의 척추 신경근장해가 남은 사람
15. 진폐증의 병형이 제1형·제2형 또는 제3형이면서 동시에 심폐기능에 경도 장해가 남은 사람

제8급
1. 한쪽 눈이 실명되거나 한쪽 눈의 시력이 0.02 이하로 된 사람
2. 척주에 극도의 기능장해가 남은 사람, 척주에 고도의 기능장해가 남고 동시에 중등도의 척추신경근 장해가 남은 사람, 척주에 중등도의 기능장해나 극도의 변형장해가 남고 동시에 고도의 척추 신경근장해가 남은 사람 또는 척주에 경미한 기능장해나 중등도의 변형장해가 남고 동시에 극도의 척추 신경근장해가 남은 사람
3. 한쪽 손의 엄지손가락을 포함하여 2개의 손가락을 잃은 사람
4. 한쪽 손의 엄지손가락과 둘째 손가락을 제대로 못 쓰게 된 사람 또는 엄지손가락이나 둘째 손가락을 포함하여 3개 이상의 손가락을 제대로 못 쓰게 된 사람
5. 한쪽 다리가 5센티미터 이상 짧아진 사람
6. 한쪽 팔의 3대 관절 중 1개 관절을 제대로 못 쓰게 된 사람
7. 한쪽 다리의 3대 관절 중 1개 관절을 제대로 못 쓰게 된 사람
8. 한쪽 팔에 가관절이 남은 사람
9. 한쪽 다리에 가관절이 남은 사람
10. 한쪽 발의 5개의 발가락을 모두 잃은 사람
11. 비장 또는 한쪽의 신장을 잃은 사람

제9급
1. 두 눈의 시력이 0.6 이하로 된 사람
2. 한쪽 눈의 시력이 0.06 이하로 된 사람
3. 두 눈에 모두 반맹증 또는 시야협착이 남은 사람
4. 두 눈의 눈꺼풀이 뚜렷하게 상실된 사람
5. 코가 고도로 상실된 사람
6. 말하는 기능과 씹는 기능에 장해가 남은 사람
7. 두 귀의 청력이 모두 1미터 이상의 거리에서는 큰 말소리를 알아듣지 못하게 된 사람
8. 한쪽 귀의 청력이 귀에 대고 말하지 아니하면 큰 말소리를 알아듣지 못하고 다른 귀의 청력이 1미터 이상의 거리에서는 보통의 말소리를 알아듣지 못하게 된 사람
9. 한쪽 귀의 청력을 완전히 잃은 사람
10. 한쪽 손의 엄지손가락을 잃은 사람 또는 둘째 손가락을 포함하여 2개의 손가락을 잃은

　　　사람 또는 엄지손가락과 둘째 손가락 외의 3개의 손가락을 잃은 사람
11. 한쪽 손의 엄지손가락을 포함하여 2개의 손가락을 제대로 못 쓰게 된 사람
12. 한쪽 발의 엄지발가락을 포함하여 2개 이상의 발가락을 잃은 사람
13. 한쪽 발의 발가락을 모두 제대로 못 쓰게 된 사람
14. 생식기에 뚜렷한 장해가 남은 사람
15. 신경계통의 기능 또는 정신기능에 장해가 남아 노무가 상당한 정도로 제한된 사람
16. 흉복부 장기의 기능에 장해가 남아 노무가 상당한 정도로 제한된 사람
17. 척주에 고도의 기능장해가 남은 사람, 척주에 중등도의 기능장해나 극도의 변형장해가
　　 남고 동시에 중등도의 척추 신경근장해가 남은 사람, 척주에 경미한 기능장해나 중등도
　　 의 변형장해가 남고 동시에 고도의 척추 신경근장해가 남은 사람 또는 척주에 극도의
　　 척추 신경근장해가 남은 사람
18. 외모에 고도의 흉터가 남은 사람
19. 진폐증의 병형이 제3형 또는 제4형이면서 동시에 심폐기능에 경미한 장해가 남은 사람

제10급
1. 한쪽 눈의 시력이 0.1 이하로 된 사람
2. 한쪽 눈의 눈꺼풀이 뚜렷하게 상실된 사람
3. 코가 중등도로 상실된 사람
4. 말하는 기능 또는 씹는 기능에 장해가 남은 사람
5. 14개 이상의 치아에 치과 보철을 한 사람
6. 한 귀의 청력이 귀에 대고 말하지 않으면 큰 말소리를 알아듣지 못 하게 된 사람
7. 두 귀의 청력이 모두 1미터 이상의 거리에서는 보통의 말소리를 알아듣지 못하게 된 사람
8. 척주에 중등도의 기능장해가 남은 사람, 척주에 극도의 변형장해가 남은 사람, 척주에
　　 경미한 기능장해나 중등도의 변형장해가 남고 동시에 중등도의 척추 신경근장해가 남
　　 은 사람 또는 척주에 고도의 척추 신경근장해가 남은 사람
9. 한쪽 손의 둘째 손가락을 잃은 사람 또는 엄지손가락과 둘째 손가락 외의 2개의 손가
　　 락을 잃은 사람
10. 한쪽 손의 엄지손가락을 제대로 못 쓰게 된 사람 또는 둘째 손가락을 포함하여 2개의
　　 손가락을 제대로 못 쓰게 된 사람 또는 엄지손가락과 둘째 손가락외의 3개의 손가락을
　　 제대로 못 쓰게 된 사람
11. 한쪽 다리가 3센티미터 이상 짧아진 사람
12. 한쪽 발의 엄지발가락 또는 그 외의 4개의 발가락을 잃은 사람
13. 한쪽 팔의 3대 관절 중 1개 관절의 기능에 뚜렷한 장해가 남은 사람
14. 한쪽 다리의 3대 관절 중 1개 관절의 기능에 뚜렷한 장해가 남은 사람

제11급

1. 두 눈이 모두 안구의 조절기능에 뚜렷한 장해가 남거나 또는 뚜렷한 운동기능 장해가 남은 사람
2. 두 눈의 눈꺼풀에 뚜렷한 운동기능장해가 남은 사람
3. 두 눈의 눈꺼풀의 일부가 상실된 사람
4. 한쪽 귀의 청력이 40센티미터 이상의 거리에서는 보통의 말소리를 알아듣지 못하게 된 사람
5. 두 귀의 청력이 모두 1미터 이상의 거리에서는 작은 말소리를 알아듣지 못하게 된 사람
6. 두 귀의 귓바퀴가 고도로 상실된 사람
7. 척주에 경도의 기능장해가 남은 사람, 척주에 고도의 변형장해가 남은 사람, 척주에 경미한 기능장해나 중등도의 변형장해가 남고 동시에 경도의 척추 신경근장해가 남은 사람 또는 척주에 중등도의 척추 신경근장해가 남은 사람
8. 한쪽 손의 가운데손가락 또는 넷째 손가락을 잃은 사람
9. 한쪽 손의 둘째 손가락을 제대로 못 쓰게 된 사람 또는 엄지손가락과 둘째 손가락 외의 2개의 손가락을 제대로 못 쓰게 된 사람
10. 한쪽 발의 엄지발가락을 포함하여 2개 이상의 발가락을 제대로 못 쓰게 된 사람
11. 흉복부 장기의 기능에 장해가 남은 사람
12. 10개 이상의 치아에 치과 보철을 한 사람
13. 외모에 중등도의 흉터가 남은 사람
14. 두 팔의 노출된 면에 극도의 흉터가 남은 사람
15. 두 다리의 노출된 면에 극도의 흉터가 남은 사람
16. 진폐증의 병형이 제1형 또는 제2형이면서 동시에 심폐기능에 경미한 장해가 남는 사람, 진폐증의 병형이 제2형·제3형 또는 제4형인 사람

제12급

1. 한쪽 눈의 안구의 조절기능에 뚜렷한 장해가 남거나 뚜렷한 운동기능장해가 남은 사람
2. 한쪽 눈의 눈꺼풀에 뚜렷한 운동기능장해가 남은 사람
3. 한쪽 눈의 눈꺼풀의 일부가 상실된 사람
4. 7개 이상의 치아에 치과 보철을 한 사람
5. 한쪽 귀의 귓바퀴가 고도로 상실된 사람 또는 두 귀의 귓바퀴가 중등도로 상실된 사람
6. 코가 경도로 상실된 사람
7. 코로 숨쉬기가 곤란하게 된 사람 또는 냄새를 맡지 못하게 된 사람
8. 쇄골(빗장뼈), 흉골(복장뼈), 늑골(갈비뼈), 견갑골(어깨뼈) 또는 골반골(골반뼈)에 뚜렷한 변형이 남은 사람

9. 한쪽 팔의 3대 관절 중 1개 관절의 기능에 장해가 남은 사람

10. 한쪽 다리의 3대 관절 중 1개 관절의 기능에 장해가 남은 사람

11. 장관골에 변형이 남은 사람

12. 한쪽 손의 가운데손가락 또는 넷째 손가락을 제대로 못 쓰게 된 사람

13. 한쪽 발의 둘째 발가락을 잃은 사람 또는 둘째 발가락을 포함하여 2개의 발가락을 잃은 사람 또는 가운데발가락 이하의 3개의 발가락을 잃은 사람

14. 한쪽 발의 엄지발가락 또는 그 외에 4개의 발가락을 제대로 못 쓰게 된 사람

15. 신체 일부에 심한 신경증상이 남은 사람

16. 척주에 경미한 기능장해가 남은 사람, 척주에 중등도의 변형장해가 남은 사람 또는 척주에 경도의 척추 신경근장해가 남은 사람

17. 두 팔의 노출된 면에 고도의 흉터가 남은 사람

18. 두 다리의 노출된 면에 고도의 흉터가 남은 사람

제13급

1. 한쪽 눈의 시력이 0.6 이하로 된 사람

2. 한쪽 눈에 반맹증 또는 시야협착이 남은 사람

3. 한쪽 귀의 귓바퀴가 중등도로 상실된 사람 또는 두 귀의 귓바퀴가 경도로 상실된 사람

4. 5개 이상의 치아에 치과 보철을 한 사람

5. 한쪽 손의 새끼손가락을 잃은 사람

6. 한쪽 손의 엄지손가락 뼈의 일부를 잃은 사람

7. 한쪽 손의 둘째 손가락 뼈의 일부를 잃은 사람

8. 한쪽 손의 둘째 손가락 끝관절을 굽혔다 폈다 할 수 없게 된 사람

9. 한쪽 다리가 다른 쪽 다리보다 1센티미터 이상 짧아진 사람

10. 한쪽 발의 가운데발가락 이하의 1개 또는 2개의 발가락을 잃은 사람

11. 한쪽 발의 둘째 발가락을 제대로 못 쓰게 된 사람 또는 둘째 발가락을 포함하여 2개의 발가락을 제대로 못 쓰게 된 사람 또는 가운데발가락 이하의 3개의 발가락을 제대로 못 쓰게 된 사람

12. 척주에 경도의 변형장해가 남은 사람 또는 척주의 수상 부위에 기질적 변화가 남은 사람

13. 외모에 경도의 흉터가 남은 사람

14. 두 팔의 노출된 면에 중등도의 흉터가 남은 사람

15. 두 다리의 노출된 면에 중등도의 흉터가 남은 사람

16. 진폐증의 병형이 제1형인 사람

제14급

1. 한쪽 귀의 청력이 1미터 이상의 거리에서는 작은 말소리를 알아듣지 못하게 된 사람

2. 한쪽 귀의 귓바퀴가 경도로 상실된 사람
3. 3개 이상의 치아에 치과 보철을 한 사람
4. 두 팔의 노출된 면에 경도의 흉터가 남은 사람
5. 두 다리의 노출된 면에 경도의 흉터가 남은 사람
6. 한쪽 손의 새끼손가락을 제대로 못 쓰게 된 사람
7. 한쪽 손의 엄지손가락과 둘째 손가락 외의 손가락 뼈의 일부를 잃은 사람
8. 한쪽 손의 엄지손가락과 둘째 손가락 외의 손가락 끝관절을 굽혔다 폈다 할 수 없게 된 사람
9. 한쪽 발의 가운데발가락 이하의 1개 또는 2개의 발가락을 제대로 못 쓰게 된 사람
10. 신체 일부에 신경증상이 남은 사람
11. 척주에 경미한 변형장해가 남은 사람 또는 척추의 수상 부위에 비기질적 변화가 남은 사람

별표6에 규정되지 아니한 장해가 있을 때에는 같은 표 중 그 장해와 비슷한 장해에 해당하는 장해등급으로 정한다(시행령 제53조 제3항).

2) 장해등급표와 노동능력상실률의 관계

산재보험법 시행령의 신체장해등급표와 노동능력상실률은 일치하지 않으며, 노동능력상실률에 따라 장해등급결정을 하여야 하는 것은 아니다.

산재보험법 시행령 제31조 제1항 [별표 2]의 신체장해등급표는 노동능력상실 정도에 따라 제1급에서 제14급까지 구분하고, 141종의 유형적인 신체장해만 열거하고 있으므로, 같은 등급으로 정하여져 있는 신체장해 상호간에도 노동능력 상실 정도에 약간의 차이가 있고, 각 등급에 정해져 있는 신체장해 중에서도 일정 폭이 있는 것도 있으므로, 이러한 신체장해등급표는 의료기관에서 신체감정 등을 통하여 산정된 노동능력상실률과 반드시 일치하는 것이 아니고, 또 그 노동능력상실률에 따라 장해등급결정을 하여야 하는 것은 아니다(대법원 2001. 12. 24. 선고 2000두598 판결).

3) 장해등급 결정에 있어 따라야 할 법령

산재보험법상 장해등급의 결정은 장해급여 지급청구권을 취득할 당시의 법령에 따르는 것이 원칙이지만, 시행령이 반성적 고려에서 개정된 것이고, 공단의 장해등급결정 전에 개정 시행령의 시행일이 도래하였다면 개정된 시행령을 적용하여 장해등급을 결정함이 상당하다는 대법원 판례가 있다.

산업재해보상보험법상 장해급여는 근로자가 업무상의 사유로 부상을 당하거나 질병에 걸려 치료종결 후 신체 등에 장해가 있는 경우에 지급되는 것으로서, 치료종결 후 신체 등에 장해가 있을 때 그 지급 사유가 발생하고, 그때 근로자는 장해급여 지급청구권을 취득하므로, 장해급여 지급을 위한 장해등급 결정 역시 장해급여 지급청구권을 취득할 당시, 즉 그 지급 사유 발생 당시의 법령에 따르는 것이 원칙이라 할 것이다(대법원 1997. 8. 22. 선고 97누6544 판결, 1997. 9. 26. 선고 97누10550 판결 등 참조).

그러나 이 사건 개정 시행령은 외모의 흉터 장해에 대한 장해등급의 결정에 관하여 단순한 정책변경에 따라 개정된 것이 아니라, <u>개정 전 시행령이 동일한 외모의 흉터에 대하여 남녀를 불합리하게 차별하는 위헌적 요소가 있어서 이를 해소하려는 반성적 고려에서 개정된 것이고, 그 개정을 통하여 개정 전 시행령보다 근로자에게 유리하게 장해등급을 결정하도록 하여 근로자의 균등한 복지증진을 도모하고자 하는 데 그 취지가 있으며, 피고의 원고에 대한 장해등급 결정 전에 개정 시행령의 시행일이 도래한 점 등에 비추어 보면, 이 사건에서 원고의 외모 흉터 장해에 대하여는 예외적으로 개정 시행령을 적용하여 그 장해등급을 결정함이 상당하다</u> 할 것이다(대법원 2007. 2. 22. 선고 2004두12957 판결).

4) 장해등급의 조정(장해가 둘 이상인 경우)

시행령 별표6에 따른 장해등급의 기준에 해당하는 장해가 둘 이상 있는 경우에는 그 중 심한 장해에 해당하는 장해등급을 그 근로자의 장해등급으로 하되, 제13급 이상의 장해가 둘 이상 있는 경우에는 다음 각호의 구분에 따라 조정된 장해등급을 그 근로자의 장해등급으로 한다. 다만, 조정의 결과 산술적으로 제1급을 초과하게 되는 경우에는 제1급을 그 근로자의 장해등급으로 하고, 그 장해의 정도가 조정된 등급에 규정된 다른 장해의 정도에 비하여 명백히 낮다고 인정되는 경우에는 조정된 등급보다 1개 등급 낮은 등급을 그 근로자의 장해등급으로 한다(시행령 제53조 제2항).

1. 제5급 이상에 해당하는 장해가 둘 이상 있는 경우에는 3개 등급 상향 조정
2. 제8급 이상에 해당하는 장해가 둘 이상 있는 경우에는 2개 등급 상향 조정
3. 제13급 이상에 해당하는 장해가 둘 이상 있는 경우에는 1개 등급 상향 조정

5) 장해의 가중

이미 장해가 있던 사람이 업무상 부상 또는 질병으로 같은 부위에 장해의 정도가 심해진 경우에 그 사람의 심해진 장해에 대한 장해급여의 금액은 법 별표2에

따른 장해등급별 장해보상일시금 또는 장해보상연금의 지급일수를 기준으로 하여 다음 각호의 구분에 따라 산정한 금액으로 한다(시행령 제53조 제4항).

1. 장해보상일시금으로 지급하는 경우: 심해진 장해에 해당하는 장해보상일 시금의 지급일수에서 기존의 장해에 해당하는 장해보상일시금의 지급일 수를 뺀 일수에 급여 청구사유 발생 당시의 평균임금을 곱하여 산정한 금액

2. 장해보상연금으로 지급하는 경우: 심해진 장해에 해당하는 장해보상연금 의 지급일수에서 기존의 장해에 해당하는 장해보상연금의 지급일수(기존 의 장해가 제8급부터 제14급까지의 장해 중 어느 하나에 해당하면 그 장해에 해당하 는 장해보상일시금의 지급일수에 100분의 22.2를 곱한 일수)를 뺀 일수에 연금 지급 당시의 평균임금을 곱하여 산정한 금액

근로복지공단은 "이미 장해가 있던 사람"이란 재해발생일을 기준으로 이미 장 해등급 기준에 해당하는 신체장해가 있었던 사람을 말한다고 본다(근로복지공단 2013. 2. 가중장해판단 등에 대한 업무처리기준, 2021. 9. 28. 질의회시 보험급여관리부－4522, 2022. 5. 24. 질의회시 보험급여관리부－2551).

라. 장해보상연금 수급권의 소멸

장해보상연금과 진폐보상연금은, 수급권자가 사망하거나, 대한민국 국민이었던 수급권자가 국적을 상실하고 외국에서 거주하고 있거나 외국에서 거주하기 위하 여 출국하는 경우, 대한민국 국민이 아닌 수급권자가 외국에서 거주하기 위하여 출국하는 경우, 장해등급 또는 진폐장해등급이 변경되어 장해보상연금 또는 진폐 보상연금의 지급대상에서 제외되는 경우 그 수급권이 소멸한다(법 제58조).

장해보상연금, 진폐보상연금을 받을 권리가 있는 사람은 보험급여 수급권의 소 멸사유가 발생한 경우 그 내용을 공단에 신고하여야 한다(법 제114조 제3항, 시행령 제114조 제3항).

장해보상연금 수급권자의 수급권이 소멸한 경우에 이미 지급한 연금액을 지급 당시의 각각의 평균임금으로 나눈 일수의 합계가 법 별표2의 장해보상일시금의 일 수에 못 미치면 그 못 미치는 액수에 수급권 소멸 당시의 평균임금을 곱하여 산정 한 금액을 유족 또는 그 근로자에게 일시금으로 지급한다(법 제57조 제5항).

제57조 제5항에 따른 유족 간의 수급권의 순위는 다음 각 호의 순서로 하되, 각 호의 사람 사이에서는 각각 그 적힌 순서에 따른다. 이 경우 같은 순위의 수급권자가 2명 이상이면 그 유족에게 똑같이 나누어 지급한다(법 제65조 제1항).

1. 근로자가 사망할 당시 그 근로자와 생계를 같이 하고 있던 배우자·자녀·부모·손자녀 및 조부모
2. 근로자가 사망할 당시 그 근로자와 생계를 같이 하고 있지 아니하던 배우자·자녀·부모·손자녀 및 조부모 또는 근로자가 사망할 당시 근로자와 생계를 같이 하고 있던 형제자매
3. 형제자매

부모는 양부모(養父母)를 선순위로, 실부모(實父母)를 후순위로 하고, 조부모는 양부모의 부모를 선순위로, 실부모의 부모를 후순위로, 부모의 양부모를 선순위로, 부모의 실부모를 후순위로 한다(법 제65조 제2항). 수급권자인 유족이 사망한 경우 그 보험급여는 같은 순위자가 있으면 같은 순위자에게, 같은 순위자가 없으면 다음 순위자에게 지급한다(법 제65조 제3항). 위 규정에도 불구하고 근로자가 유언으로 보험급여를 받을 유족을 지정하면 그 지정에 따른다(법 제65조 제4항).

마. 장해등급의 재판정

장해보상연금 또는 진폐보상연금 수급권자 중 그 장해상태가 호전되거나 악화되어 이미 결정된 장해등급 또는 진폐장해등급(이하 "장해등급등"이라 함)이 변경될 가능성이 있는 사람에 대하여는 근로복지공단이 수급권자의 신청 또는 직권으로 장해등급을 재판정할 수 있다(법 제59조 제1항). 법 제59조에 따른 장해등급등의 재판정은 장해보상연금 또는 진폐보상연금의 지급 결정을 한 날을 기준으로 2년이 지난 날부터 1년 이내에 하여야 한다(시행령 제56조 제1항). 제1항에도 불구하고 장해등급등의 재판정 대상자가 재요양을 하는 경우에는 그 재요양 후 치유된 날(장해등급 등이 변경된 경우에는 그에 따른 장해보상연금 또는 진폐보상연금의 지급 결정을 한 날)을 기준으로 2년이 지난 날부터 1년 이내에 하여야 한다(시행령 제56조 제2항). 공단은 제1항 또는 제2항에 따라 장해등급등의 재판정을 하려면 재판정 대상자에게 제117조 제1항 제2호에 따른 진찰을 받도록 요구하여야 한다(시행령 제56조 제3항). 장해등급등의 재판정을 받으려는 사람은 고용노동부령으로 정하는 바에 따라

공단에 신청하여야 한다(시행령 제56조 제4항). 공단은 장해등급등의 재판정을 하려는 때에는 장해 정도를 진찰할 산재보험 의료기관(진폐장해등급을 재판정하려는 경우에는 법 제91조의6 제1항에 따른 건강진단기관을 말한다), 진찰일이나 그 밖에 재판정에 필요한 사항을 구체적으로 밝혀 진찰일 30일 전까지 해당 근로자에게 알려야 한다(시행령 제56조 제5항).

바. 재요양에 따른 장해급여

장해보상연금의 수급권자가 재요양을 받는 경우에도 장해보상연금의 지급은 중단되지 않는다(법 제60조 제1항). 재요양을 받고 치유된 후 장해상태가 종전에 비하여 호전되거나 악화된 경우에는 그 호전 또는 악화된 장해상태에 해당하는 장해등급에 따라 장해급여를 지급한다(법 제60조 제2항).

장해보상연금을 받던 사람이 재요양 후에 장해등급이 변경되어 장해보상연금을 청구한 경우에는 재요양 후 치유된 날이 속하는 달의 다음 달부터 변경된 장해등급에 해당하는 장해보상연금을 지급한다(시행령 제58조 제1항). 장해보상연금을 받던 사람이 재요양 후에 장해등급이 변경되어 장해보상일시금을 청구한 경우에는 다음 각 호의 구분에 따라 지급한다(시행령 제58조 제2항).

1. 장해상태가 악화된 경우: 변경된 장해등급에 해당하는 장해보상일시금의 지급일수에서 이미 지급한 장해보상연금액을 지급 당시의 각각의 평균임금으로 나눈 일수의 합계를 뺀 일수에 평균임금을 곱한 금액 지급
2. 장해상태가 호전된 경우(변경된 장해등급이 제8급부터 제14급까지에 해당하는 경우를 포함한다): 변경된 장해등급에 해당하는 장해보상일시금의 지급일수가 이미 지급한 장해보상연금액을 지급 당시의 각각의 평균임금으로 나눈 일수의 합계보다 많은 경우에만 그 일수의 차에 평균임금을 곱한 금액 지급

장해보상일시금을 받은 사람이 재요양을 한 경우 재요양 후의 장해상태가 종전에 비해 악화되면 다음 각 호의 방법에 따라 장해급여를 지급한다(시행령 제58조 제3항).

1. 장해보상연금으로 청구한 경우: 재요양 후 치유된 날이 속하는 달의 다음 달부터 변경된 장해등급에 해당하는 장해보상연금을 지급하되, 청구인의 신청에 따라 이미 지급한 장해보상일시금의 지급일수에 해당하는

기간만큼의 장해보상연금을 지급하지 아니하거나 이미 지급한 장해보상
일시금 지급일수의 2배에 해당하는 기간만큼 장해보상연금의 2분의 1을
지급한다.

2. 장해보상일시금으로 청구한 경우: 변경된 장해등급에 해당하는 장해보상
일시금의 지급일수에서 종전의 장해등급에 해당하는 장해보상일시금의
지급일수를 뺀 일수에 평균임금을 곱한 금액을 지급한다.

산업재해보상보험법 시행령(이하 '시행령'이라고만 한다)은 장해급여의 수급자를
장해보상연금을 받던 사람과 장해보상일시금을 받은 사람으로 구분하고, 다시 그
수급자가 재요양 후의 장해급여를 장해보상연금으로 청구한 경우와 장해보상일시
금으로 청구한 경우로 나누어 그 산정 및 지급 방법을 규정하고 있는데, 장해보상
일시금을 받은 사람이 재요양 후의 장해상태가 종전에 비하여 악화되어 장해보상
연금을 청구한 경우에는 '재요양 후 치유된 날이 속하는 달의 다음 달부터 변경된
장해등급에 해당하는 장해보상연금을 지급하되, 이미 지급한 장해보상일시금의 지
급일수에 해당하는 기간만큼의 장해보상연금'은 이를 부지급하도록 규정하고 있다
(시행령 제58조 제3항 제1호, 이하 '이 사건 조항'이라고 한다).

이 사건 조항의 취지는 업무상의 재해로 요양급여 및 장해보상일시금을 받은 사람
이 재요양 후 장해상태가 악화되어 변경된 장해등급에 해당하는 장해보상연금을
전액 받게 된다면 이미 보상받은 장해급여 부분에 대해서까지 중복하여 장해급여
를 받는 결과가 되므로, 이러한 불합리한 결과가 발생하는 것을 막기 위함이다.
따라서 업무상 재해로 인하여 신체장해를 입은 사람이 그 당시에 판정된 장해등급
에 따른 장해급여를 청구하지 아니하여 기존의 장해에 대해서 전혀 보상을 받지
못하고 있다가 기존의 장해상태가 악화되어 장해등급이 변경된 후 비로소 변경된
장해등급에 따라 장해보상연금을 청구한 경우에는, 그와 같은 중복지급의 불합리
한 결과는 발생하지 아니하므로, 피고로서는 재요양 후 치유된 날이 속하는 달의
다음 달부터 변경된 장해등급에 해당하는 장해보상연금의 지급일수에 따라 장해보
상연금을 지급하여야 할 것이고, 이 사건 조항을 근거로 삼아 근로자에게 지급한
적이 없는 기존의 장해등급에 따른 장해보상일시금의 지급일수에 해당하는 기간만
큼의 장해보상연금을 부지급하여서는 아니 된다. 그리고 이러한 이치는 기존의 장
해등급에 대한 장해급여청구를 하지 않고 있던 중 그 청구권이 시효 소멸된 경우
에도 마찬가지로 적용된다고 보아야 한다. 중복지급의 가능성이 없는 것은 이때에
도 동일하며, '이미 지급한 장해보상일시금의 지급일수'라고 표현한 이 사건 조항
의 문언에도 부합하기 때문이다(대법원 2015. 4. 16. 선고 2012두26142 전원합의
체 판결).

재요양 후의 장해급여의 산정에 적용할 평균임금은 종전의 장해급여의 산정에 적용된 평균임금(장해급여를 받지 아니한 경우에는 종전의 요양종결 당시의 평균임금)을 시행령 제22조에 따라 증감한 금액으로 한다(시행령 제58조 제4항).

재요양 후 장해보상연금을 지급하는 경우에는 연금의 최초 1년분 또는 2년분의 1/2에 상당하는 금액을 미리 지급하는 제57조 제4항의 규정을 적용하지 아니한다. 다만, 종전에 장해급여의 대상에 해당되지 않았던 사람이 재요양 후에 장해보상연금을 지급받게 되는 경우에는 그러하지 아니하다(시행령 제58조 제5항).

5. 간병급여

간병급여는 요양급여를 받은 사람 중 치유 후 의학적으로 상시 또는 수시로 간병이 필요하여 실제로 간병을 받는 사람에게 지급한다(법 제61조 제1항). 간병급여의 지급대상은 산재보험법 시행령 별표7에서 정하고 있다.

■ **산업재해보상보험법 시행령 [별표7]**

간병급여의 지급 대상(제59조제1항 관련)

구분	지급 대상
상시 간병급여	1. 신경계통의 기능, 정신기능 또는 흉복부 장기의 기능에 장해등급 제1급에 해당하는 장해가 남아 일상생활에 필요한 동작을 하기 위하여 항상 다른 사람의 간병이 필요한 사람 2. 두 눈, 두 팔 또는 두 다리 중 어느 하나의 부위에 장해등급 제1급에 해당하는 장해가 남고, 다른 부위에 제7급 이상에 해당하는 장해가 남아 일상생활에 필요한 동작을 하기 위하여 항상 다른 사람의 간병이 필요한 사람
수시 간병급여	3. 신경계통의 기능, 정신기능 또는 흉복부 장기의 기능에 장해등급 제2급에 해당하는 장해가 남아 일상생활에 필요한 동작을 하기 위하여 수시로 다른 사람의 간병이 필요한 사람 4. 장해등급 제1급(제53조제2항에 따른 조정의 결과 제1급이 되는 경우를 포함한다)에 해당하는 장해가 남아 일상생활에 필요한 동작을 하기 위하여 수시로 다른 사람의 간병이 필요한 사람

간병급여 지급 금액은 고용노동부 장관이 고시하는 "산업재해보상보험법에 따른 간병급여 지급기준"으로 정해진다. 고용노동부고시 제2020−152호는 전문간병인과 가족·기타 간병인의 상시간병급여와 수시간병급여 금액을 다음과 같이 정하고 있다.

구분	상시간병급여	수시간병급여
전문간병인	44,760원	29,840원
가족·기타간병인	41,170원	27,450원

6. 유족급여

가. 유족급여의 의의 및 형태

유족급여는 근로자가 업무상의 사유로 사망한 경우에 유족에게 지급한다(법 제62조 제1항).

유족급여는 법 별표3에서 정한 유족보상연금이나 유족보상일시금의 형태로 지급하되, 유족보상일시금은 근로자 사망당시 제63조 제1항에 따른 유족보상연금을 받을 수 있는 자격이 있는 사람이 없는 경우에 지급한다(법 제62조 제2항). 유족보상연금 수급권자가 두 명 이상 있을 때에는 그 중 한 명을 유족보상연금의 청구와 수령에 관한 대표자로 선임할 수 있다(법 시행령 제60조 제1항).

■ **산업재해보상보험법 [별표3]**

유족급여의 종류	유족급여의 금액
유족보상연금	유족보상연금액은 다음의 기본금액과 가산금액을 합한 금액으로 한다. 1. 기본금액 　　급여기초연액(평균임금에 365를 곱하여 얻은 금액)의 100분의 47에 상당하는 금액 2. 가산금액 　　유족보상연금수급권자 및 근로자가 사망할 당시 그 근로자와 생계를 같이 하고 있던 유족보상연금수급자격자 1인당 급여기초연액의 100분의 5에 상당하는 금액의 합산액. 다만, 그 합산금액이 급여

	기초연액의 100분의 20을 넘을 때에는 급여기초연액의 100분의 20에 상당하는 금액으로 한다.
유족보상일시금	평균임금의 1,300일분

유족보상연금을 받을 수 있는 사람이 원하면 별표3의 유족보상일시금의 50%에 해당하는 금액을 일시금으로 지급하고, 유족보상연금을 50% 감액하여 지급받을 수 있다(법 제62조 제3항).

유족보상연금을 받던 사람이 수급자격을 잃은 경우 다른 수급자격자가 없고, 이미 지급한 연금액을 지급 당시의 각각의 평균임금으로 나누어 산정한 일수의 합계가 1,300일에 못 미치면 그 못 미치는 일수에 수급자격 상실 당시의 평균임금을 곱하여 산정한 금액을 수급자격 상실 당시의 유족에게 일시금으로 지급한다(법 제62조 제4항).

나. 유족보상연금의 수급자격자

1) 유족보상연금 수급자격자

유족보상연금을 받을 수 있는 자격이 있는 사람(이하 "유족보상연금 수급자격자"라 한다)은 근로자가 사망할 당시 그 근로자와 생계를 같이 하고 있던 유족(그 근로자가 사망할 당시 대한민국 국민이 아닌 사람으로서 외국에서 거주하고 있던 유족은 제외한다) 중 배우자와 다음 각 호의 어느 하나에 해당하는 사람으로 한다(법 제63조 제1항).

1. 부모 또는 조부모로서 각각 60세 이상인 사람
2. 자녀로서 25세 미만인 사람

2의2. 손자녀로서 25세 미만인 사람

3. 형제자매로서 19세 미만이거나 60세 이상인 사람
4. 제1호부터 제3호까지의 규정 중 어느 하나에 해당하지 아니하는 자녀·부모·손자녀·조부모 또는 형제자매로서 장애인복지법 제2조에 따른 장애인 중 고용노동부령으로 정한 장애 정도에 해당하는 사람

위 기준을 적용할 때 근로자가 사망할 당시 태아였던 자녀가 출생한 경우에는 출생한 때부터 장래에 향하여 근로자가 사망할 당시 그 근로자와 생계를 같이 하고 있던 유족으로 본다(법 제63조 제2항).

2) "생계를 같이 하고 있던 유족"의 의미

법 제63조 제1항에서 "근로자와 생계를 같이 하고 있던 유족"이란 근로자가 사망할 당시에 다음 각 호의 어느 하나에 해당하는 사람을 말한다(법 시행령 제61조).

1. 근로자와 주민등록법에 따른 주민등록표상의 세대를 같이 하고 동거하던 유족으로서 근로자의 소득으로 생계의 전부 또는 상당 부분을 유지하고 있던 사람
2. 근로자의 소득으로 생계의 전부 또는 상당 부분을 유지하고 있던 유족으로서 학업·취업·요양, 그 밖에 주거상의 형편 등으로 주민등록을 달리하였거나 동거하지 않았던 사람
3. 제1호 및 제2호에 따른 유족 외의 유족으로서 근로자가 정기적으로 지급하는 금품이나 경제적 지원으로 생계의 전부 또는 대부분을 유지하고 있던 사람

3) 유족보상연금을 받을 권리의 순위

유족보상연금 수급자격자 중 유족보상연금을 받을 권리의 순위는 <u>배우자·자녀·부모·손자녀·조부모 및 형제자매의 순서로 한다</u>(법 제63조 제3항).

업무상 재해로 사망한 근로자의 유족들 중 배우자와 자녀들이 있는 경우에 선순위자인 망인의 배우자만이 유족보상연금 수급권자에 해당하고, 자녀들은 법 제63조 제1항 각호에서 정한 자격을 구비하였는지에 따라 유족보상연금수급자격자에 해당할 수 있을 뿐 유족보상연금 수급권자에는 해당하지 않는다.

근로자가 업무상의 사유로 사망한 경우에 사망한 사람의 배우자(사실상 혼인 관계에 있는 사람을 포함한다. 이하 같다)·자녀·부모·손자녀·조부모 또는 형제자매의 유족 중 수급권자는 산업재해보상보험법(이하 '산재보험법'이라 한다) 제5조 제3호, 제10조, 제62조에 따라 근로복지공단(이하 '공단'이라 한다)으로부터 유족급여를 지급받는다. 산재보험법은 제63조 제1항 각호에서 유족급여 중 유족보상연금을 받을 수 있는 자격이 있는 사람(이하 '유족보상연금 수급자격자'라 한다)을 근로자가 사망할 당시 그 근로자와 생계를 같이하고 있던 유족 중 배우자와 부모 또는 조부모로서 각각 60세 이상인 사람, 자녀로서 25세 미만인 사람, 손자녀로서 19세 미만인 사람, 형제자매로서 19세 미만이거나 60세 이상인 사람 등으로 규정하고, 제63조 제3항에서 유족보상연금 수급자격자 중 유족보상연금을 받을 권리의 순위를 배우자·자녀·부모·손자녀·조부모 및 형제자매의 순서로 정하고 있다. 유족

보상연금을 받을 권리가 있는 유족보상연금 수급자격자(이하 '유족보상연금 수급권자'라 한다)가 그 자격을 잃은 경우 산재보험법 제64조 제2항에 따라 유족보상연금을 받을 권리는 같은 순위자가 있으면 같은 순위자에게, 같은 순위자가 없으면 다음 순위자에게 이전된다. 이와 같이 유족보상연금 수급자격자들 중 유족보상연금을 받을 권리의 순위가 가장 높은 사람만이 유족보상연금 수급권자로서 공단으로부터 유족보상연금을 지급받게 된다(대법원 2023. 10. 12. 선고 2023다247405 판결).

다. 유족보상연금 수급자격의 상실

유족보상연금 수급자격자인 유족이 다음 각 호의 어느 하나에 해당하면 그 자격을 잃는다.

1. 사망한 경우
2. 재혼한 때(사망한 근로자의 배우자만 해당하며, 재혼에는 사실상 혼인 관계에 있는 경우를 포함한다)
3. 사망한 근로자와의 친족 관계가 끝난 경우
4. 자녀가 25세가 된 때
4의2. 손자녀가 25세가 된 때
4의3. 형제자매가 19세가 된 때
5. 제63조 제1항 제4호에 따른 장애인이었던 사람으로서 그 장애 상태가 해소된 경우
6. 근로자가 사망할 당시 대한민국 국민이었던 유족보상연금 수급자격자가 국적을 상실하고 외국에서 거주하고 있거나 외국에서 거주하기 위하여 출국하는 경우
7. 대한민국 국민이 아닌 유족보상연금 수급자격자가 외국에서 거주하기 위하여 출국하는 경우

유족보상연금을 받을 권리가 있는 유족보상연금 수급자격자가 그 자격을 잃은 경우에 유족보상연금을 받을 권리는 같은 순위자가 있으면 같은 순위자에게, 같은 순위자가 없으면 다음 순위자에게 이전된다.

유족보상연금 수급권자가 3개월 이상 행방불명이면 대통령령으로 정하는 바에 따라 연금 지급을 정지하고, 같은 순위자가 있으면 같은 순위자에게, 같은 순위자가 없으면 다음 순위자에게 유족보상연금을 지급한다.

유족보상연금 수급권자는 수급권의 변동사유가 발생한 경우 이를 공단에 신고 하여야 한다(법 제114조 제3항, 시행령 제114조 제3항 제2호).

유족보상연금 수급권자가 외국에서 거주하는 기간에 유족보상연금을 받는 경우 해당 수급권자는 그 수급권 또는 수급자격과 관련된 사항으로서 생존 여부에 관한 사항, 국적 변동에 관한 사항, 혼인(사실상 혼인 포함) 여부에 관한 사항, 친족관계 변동에 관한 사항, 장애상태에 관한 사항 등을 매년 1회 이상 공단에 신고하여야 한다(법 제115조 제2항, 시행령 제115조).

라. 유족보상일시금의 유족의 순위

제62조 제2항(유족보상일시금에 한정한다) 및 제4항에 따른 유족 간의 수급권의 순 위는 다음 각 호의 순서로 하되, 각 호의 사람 사이에서는 각각 그 적힌 순서에 따 른다. 이 경우 같은 순위의 수급권자가 2명 이상이면 그 유족에게 똑같이 나누어 지급한다(법 제65조 제1항).

1. 근로자가 사망할 당시 그 근로자와 생계를 같이 하고 있던 배우자·자녀· 부모·손자녀 및 조부모
2. 근로자가 사망할 당시 그 근로자와 생계를 같이 하고 있지 아니하던 배우자·자녀·부모·손자녀 및 조부모 또는 근로자가 사망할 당시 근로 자와 생계를 같이 하고 있던 형제자매
3. 형제자매

부모는 양부모(養父母)를 선순위로, 실부모(實父母)를 후순위로 하고, 조부모는 양 부모의 부모를 선순위로, 실부모의 부모를 후순위로, 부모의 양부모를 선순위로, 부모의 실부모를 후순위로 한다. 수급권자인 유족이 사망한 경우 그 보험급여는 같은 순위자가 있으면 같은 순위자에게, 같은 순위자가 없으면 다음 순위자에게 지급한다.

위 규정에도 불구하고 근로자가 유언으로 보험급여를 받을 유족을 지정하면 그 지정에 따른다.

7. 상병보상연금

가. 상병보상연금의 의의

요양급여를 받는 근로자가 요양을 시작한 지 2년이 지난 날 이후에 그 부상이나 질병이 치유되지 아니한 상태이고, 그 부상이나 질병에 따른 중증요양상태의 정도가 대통령령으로 정하는 중증요양상태등급 기준에 해당하며, 요양으로 인하여 취업하지 못한 상태가 계속되면 휴업급여 대신 상병보상연금을 그 근로자에게 지급한다(법 제66조 제1항). 상병보상연금은 업무상 재해로 장기요양을 필요로 하는 경우 근로자와 가족들의 생활을 보장하기 위하여 지급하는 것이다.

나. 상병보상연금의 지급금액 및 산정방식

상병보상연금은 법 별표4에 따른 중증요양상태등급에 따라 지급한다(법 제66조 제2항).

■ 산업재해보상보험법 [별표4] 〈개정 2018. 6. 12.〉

상병보상연금표(제66조제2항 관련)

중증요양상태등급	상병보상연금
제1급	평균임금의 329일분
제2급	평균임금의 291일분
제3급	평균임금의 257일분

상병보상연금을 산정할 때 그 근로자의 평균임금이 최저임금액에 70분의 100을 곱한 금액보다 적을 때에는 최저임금액의 70분의 100에 해당하는 금액을 그 근로자의 평균임금으로 보아 산정한다(법 제67조 제1항). 제66조 또는 제67조 제1항에서 정한 바에 따라 산정한 상병보상연금액을 365로 나눈 1일당 상병보상연금 지급액이 제54조에서 정한 바에 따라 산정한 1일당 휴업급여 지급액보다 적으면 제54조에서 정한 바에 따라 산정한 금액을 1일당 상병보상연금 지급액으로 한다(법 제67조 제2항).

상병보상연금을 받는 근로자가 61세가 되면 그 이후의 상병보상연금은 별표5에 따른 1일당 상병보상연금 지급기준에 따라 산정한 금액을 지급한다.

■ **산업재해보상보험법 [별표5] 〈개정 2018. 6. 12.〉**

고령자의 1일당 상병보상연금 지급기준(제68조 관련)

1. 제66조에 따라 산정한 상병보상연금을 지급받는 자가 해당 연령에 도달하면 다음 산식에 따라 산정한다. 다만, 그 산정한 금액이 별표 1 제3호에 따라 산정한 금액보다 적으면 별표 1 제3호에 따라 산정한다.

연령 ＼ 중증요양 상태 등급	제1급	제2급	제3급
61세	평균임금× (329/365 − 0.04)	평균임금× (291/365 − 0.04)	평균임금× (257/365 − 0.04)
62세	평균임금× (329/365 − 0.08)	평균임금× (291/365 − 0.08)	평균임금× (257/365 − 0.08)
63세	평균임금× (329/365 − 0.12)	평균임금× (291/365 − 0.12)	평균임금× (257/365 − 0.12)
64세	평균임금× (329/365 − 0.16)	평균임금× (291/365 − 0.16)	평균임금× (257/365 − 0.16)
65세 이후	평균임금× (329/365 − 0.20)	평균임금× (291/365 − 0.20)	평균임금× (257/365 − 0.20)

2. 제67조 제1항 및 제69조 제1항에 따라 산정한 상병보상연금을 지급받는 자가 해당 연령에 도달하면 제1호 본문에 따라 산정한다.
3. 제67조 제2항에 따라 산정한 상병보상연금을 지급받는 경우에는 별표 1에 따라 산정한다.

다. 재요양의 경우

재요양을 시작한 지 2년이 지난 후에 부상·질병 상태가 제66조 제1항 각 호의 요건 모두에 해당하는 사람에게는 휴업급여 대신 법 별표4에 따른 중증요양상태등급에 따라 상병보상연금을 지급한다. 이 경우 상병보상연금을 산정할 때에는 재요양 기간 중의 휴업급여 산정에 적용되는 평균임금을 적용하되, 그 평균임금이 최저임금액에 70분의 100을 곱한 금액보다 적거나 재요양 당시 평균임금 산정의 대상이 되는 임금이 없을 때에는 최저임금액의 70분의 100에 해당하는 금액을 그 근로자의 평균임금으로 보아 산정한다(제69조 제1항).

라. 장해보상연금과의 중복지급

상병보상연금을 받는 근로자가 장해보상연금을 받고 있으면 별표 4에 따른 중증요양상태등급별 상병보상연금의 지급일수에서 별표 2에 따른 장해등급별 장해보상연금의 지급일수를 뺀 일수에 제1항 후단에 따른 평균임금을 곱하여 산정한 금액을 상병보상연금으로 지급한다(제69조 제2항).

법 제69조 제2항에 따른 상병보상연금을 받는 근로자가 61세가 된 이후에는 별표5에 따라 산정한 고령자의 1일당 상병보상연금 지급액에서 제1항 후단에 따른 평균임금을 기준으로 산정한 1일당 장해보상연금 지급액을 뺀 금액을 1일당 상병보상연금으로 지급한다(제69조 제3항).

제57조 제3항 단서에 따라 노동력을 완전히 상실하여 장해보상연금을 받는 근로자가 재요양하는 경우에는 상병보상연금을 지급하지 아니한다. 다만, 재요양 중에 중증요양상태등급이 높아지면 제1항 전단에도 불구하고 재요양을 시작한 때부터 2년이 지난 것으로 보아 제2항 및 제3항에 따라 산정한 상병보상연금을 지급한다(제69조 제4항).

마. 재요양기간 중 상병보상연금의 산정

재요양 기간 중 상병보상연금을 산정할 때에는 저소득근로자의 상병보상연금에 관한 법 제67조를 적용하지 아니한다.

8. 장례비

장례비는 근로자가 업무상의 사유로 사망한 경우에 지급하되, 평균임금의 120일분에 상당하는 금액을 그 장례를 지낸 유족에게 지급한다. 다만, 장례를 지낼 유족이 없거나 그 밖에 부득이한 사유로 유족이 아닌 사람이 장례를 지낸 경우에는 평균임금의 120일분에 상당하는 금액의 범위에서 실제 드는 비용을 그 장례를 지낸 사람에게 지급한다(법 제71조 제1항). 위 장례비가 대통령령으로 정하는 바에 따라 고용노동부장관이 고시하는 최고 금액을 초과하거나 최저 금액에 미달하면 그 최고 금액 또는 최저 금액을 각각 장례비로 한다(법 제71조 제2항).

대통령령으로 정하는 바에 따라 근로자가 업무상의 사유로 사망하였다고 추정되는 경우에는 장례를 지내기 전이라도 유족의 청구에 따라 제2항에 따른 최저 금액을 장례비로 미리 지급할 수 있다. 이 경우 장례비를 청구할 수 있는 유족의 순위에 관하여는 유족급여의 유족순위에 관한 제65조를 준용한다(법 제71조 제3항). 제3항에 따라 장례비를 지급한 경우 제1항 및 제2항에 따른 장례비는 제3항에 따라 지급한 금액을 공제한 나머지 금액으로 한다(법 제71조 제4항).

9. 직업재활급여

가. 직업재활급여의 의의 및 종류

직업재활급여는 장해급여, 진폐보상연금을 받은 사람이나 장해급여를 받을 것이 명백한 사람 중 취업을 위하여 직업훈련이 필요한 사람에게 직업훈련에 관한 직업훈련비용·직업훈련수당을 지급하거나, 직장복귀시 사업주에게 지급하는 직장복귀지원금·직장적응훈련비·재활운동비를 지급함으로써 산재근로자의 직업복귀를 촉진하기 위한 급여이다(법 제72조 제1항).

나. 직업훈련비용·직업훈련수당

훈련대상자에 대한 직업훈련은 공단과 계약을 체결한 직업훈련기관에서 실시하게 한다. 제72조 제1항 제1호에 따른 직업훈련에 드는 비용(이하 "직업훈련비용"이라 한다)은 제1항에 따라 직업훈련을 실시한 직업훈련기관에 지급한다(법 제73조 제1항). 다만, 직업훈련기관이 장애인고용촉진 및 직업재활법, 고용보험법 또는 국민평생 직업능력 개발법이나 그 밖에 다른 법령에 따라 직업훈련비용에 상당한 비용을 받은 경우 등 대통령령으로 정하는 경우에는 지급하지 아니한다(법 제73조 제2항).

직업훈련비용의 금액은 고용노동부장관이 훈련비용, 훈련기간 및 노동시장의 여건 등을 고려하여 고시하는 금액의 범위에서 실제 드는 비용으로 하되, 직업훈련비용을 지급하는 훈련기간은 12개월 이내로 한다. 직업훈련비용의 지급 범위·기준·절차 및 방법, 직업훈련기관과의 계약 및 해지 등에 필요한 사항은 고용노동부령으로 정한다.

직업훈련수당은 제73조 제1항에 따라 직업훈련을 받는 훈련대상자에게 그 직업훈련으로 인하여 취업하지 못하는 기간에 대하여 지급하되, 1일당 지급액은 최저임금액에 상당하는 금액으로 한다(법 제74조 제1항). 휴업급여나 상병보상연금을 받는 훈련대상자에게는 직업훈련수당을 지급하지 아니한다. 직업훈련수당을 받는 사람이 장해보상연금 또는 진폐보상연금을 받는 경우에는 1일당 장해보상연금액 또는 1일당 진폐보상연금액[18]과 1일당 직업훈련수당을 합한 금액이 그 근로자의 장해보상연금 또는 진폐보상연금 산정에 적용되는 평균임금의 100분의 70을 초과하면 그 초과하는 금액 중 직업훈련수당에 해당하는 금액은 지급하지 아니한다(법 제74조 제2항).

다. 직장복귀를 위한 급여

직장복귀지원금, 직장적응훈련비 및 재활운동비는 장해급여자에 대하여 고용을 유지하거나 직장적응훈련 또는 재활운동을 실시하는 사업주에게 각각 지급한다. 이 경우 직장복귀지원금, 직장적응훈련비 및 재활운동비의 지급요건은 각각 대통령령으로 정한다(법 제75조 제1항). 직장복귀지원금은 고용노동부장관이 임금수준 및 노동시장의 여건 등을 고려하여 고시하는 금액의 범위에서 사업주가 장해급여자에게 지급한 임금액으로 하되, 그 지급기간은 12개월 이내로 한다(법 제75조 제2항). 직장적응훈련비 및 재활운동비는 고용노동부장관이 직장적응훈련 또는 재활운동에 드는 비용을 고려하여 고시하는 금액의 범위에서 실제 드는 비용으로 하되, 그 지급기간은 3개월 이내로 한다(법 제75조 제3항).

장해급여자를 고용하고 있는 사업주가 고용보험법 제23조에 따른 지원금, 장애인고용촉진 및 직업재활법 제30조에 따른 장애인 고용장려금이나 그 밖에 다른 법령에 따라 직장복귀지원금, 직장적응훈련비 또는 재활운동비(이하 "직장복귀지원금등"이라 한다)에 해당하는 금액을 받은 경우 등 대통령령으로 정하는 경우에는 그 받은 금액을 빼고 직장복귀지원금등을 지급한다(법 제75조 제4항). 사업주가 장애인고용촉진 및 직업재활법 제28조에 따른 의무로써 장애인을 고용한 경우 등 대통령령으로 정하는 경우에는 직장복귀지원금등을 지급하지 아니한다(법 제75조 제5항).

공단은 업무상 재해를 입은 근로자에게 장기간 요양이 필요하거나 요양 종결 후 장해가 발생할 것이 예상되는 등 대통령령으로 정하는 기준에 해당하여 그 근로자의 직장복귀를 위하여 필요하다고 판단되는 경우에는 업무상 재해가 발생한 당시의 사업주에게 근로자의 직장복귀에 관한 계획서(이하 이 조에서 "직장복귀계획서"라

---

18) 제91조의3 제2항에 따라 산정한 진폐보상연금액을 365로 나눈 금액을 말한다.

한다)를 작성하여 제출하도록 요구할 수 있다. 이 경우 공단은 직장복귀계획서의 내용이 적절하지 아니하다고 판단되는 때에는 사업주에게 이를 변경하여 제출하도록 요구할 수 있다(법 제75조의2 제1항). 공단은 사업주가 직장복귀계획서를 작성하거나 그 내용을 이행할 수 있도록 필요한 지원을 할 수 있다(법 제75조의2 제2항).

공단은 업무상 재해를 입은 근로자의 직장복귀 지원을 위하여 필요하다고 인정하는 경우에는 그 근로자의 요양기간 중에 산재보험 의료기관에 의뢰하여 해당 근로자의 직업능력 평가 등 대통령령으로 정하는 조치를 할 수 있다. 공단은 업무상 재해를 입은 근로자의 직장복귀 지원을 위하여 산재보험 의료기관 중 고용노동부령으로 정하는 인력 및 시설 등을 갖춘 의료기관을 직장복귀지원 의료기관으로 지정하여 운영할 수 있다.

10. 건강손상자녀에 대한 보험급여의 특례

가. 건강손상자녀에 대한 장해등급판정

임신중인 근로자가 업무수행과정에서 업무상 사고, 출퇴근 재해 또는 대통령령으로 정하는 유해인자의 취급이나 노출로 인하여 출산한 자녀에서 부상, 질병, 장해가 발생하거나 그 자녀가 사망한 경우 업무상의 재해로 보는데(법 제91조의12), 이 때 건강손상자녀에 대한 장해등급 판정은 18세 이후에 한다(법 제91조의13).

나. 건강손상자녀의 장해급여와 장례비 산정기준

건강손상자녀에 대한 장해급여는 법 제36조 제7항에 따른 최저보상기준금액이고, 장례비는 제71조 제2항에 따른 장례비 최저 금액이다(법 제91조의14).

11. 진폐에 따른 보험급여의 특례

가. 진폐에 대한 특수한 보험급여

"진폐"란 분진을 흡입하여 폐에 생기는 섬유증식성(纖維增殖性) 변화를 주된 증상으로 하는 질병을 말한다(법 제5조 제7호).

진폐에 따른 보험급여의 종류는 요양급여, 간병급여, 장례비, 직업재활급여, 진폐보상연금, 진폐유족연금이 있다(법 제36조 제1항 단서). 다른 질병에 대한 보험급여와 구별되는 급여는 진폐보상연금과 진폐유족연금이다. 진폐보상연금은 업무상 질병인 진폐에 걸린 근로자(이하 "진폐근로자"라 한다)에게 지급한다(법 제91조의3 제1항). 진폐보상연금은 제5조 제2호 및 제36조 제6항에 따라 정하는 평균임금을 기준으로 하여 별표6에 따라 산정하는 진폐장해등급별 진폐장해연금과 기초연금을 합산한 금액으로 한다. 기초연금은 최저임금액의 100분의 60에 365를 곱하여 산정한 금액으로 한다(법 제91조의3 제2항). 진폐보상연금을 받던 사람이 진폐장해등급이 변경된 경우에는 변경된 날이 속한 달의 다음 달부터 기초연금과 변경된 진폐장해등급에 해당하는 진폐장해연금을 합산한 금액을 지급한다(법 제91조의3 제3항).

진폐유족연금은 진폐근로자가 진폐로 사망한 경우에 유족에게 지급한다(법 제91조의4 제1항). 진폐유족연금은 사망 당시 진폐근로자에게 지급하고 있거나 지급하기로 결정된 진폐보상연금의 금액과 같은 금액을 지급한다. 이 경우 진폐유족연금은 제62조 제2항 및 별표3(유족급여)에 따라 산정한 유족보상연금을 초과할 수 없다(법 제91조의4 제2항).

제91조의6에 따른 진폐에 대한 진단을 받지 아니한 근로자가 업무상 질병인 진폐로 사망한 경우에 그 근로자에 대한 진폐유족연금은 제91조의3 제2항에 따른 기초연금과 제91조의8 제3항에 따라 결정되는 진폐장해등급별로 별표6에 따라 산정한 진폐장해연금을 합산한 금액으로 한다(법 제91조의4 제3항). 진폐유족연금을 받을 수 있는 유족의 범위 및 순위, 자격 상실과 지급 정지 등에 관하여는 제63조 및 제64조를 준용한다. 이 경우 "유족보상연금"은 "진폐유족연금"으로 본다(법 제91조의4 제4항).

진폐로 사망한 근로자에 대한 유족급여의 산정기준이 되는 평균임금 산정사유 발생일은 특별한 사정이 없는 한 '진단에 따라 진폐가 발생되었다고 확정된 날', 즉 '최초 진폐진단일'을 의미하고, 이는 근로자가 최초진단 시 요양급여를 받지 아니하고 장해급여를 받았거나 재요양을 받은 경우에도 마찬가지이지만, 최초 진단 이후의 사정이 사망의 직접적인 원인이 되었고 재요양의 대상이 된 상병 진단일의 평균임금이 근로자의 통상의 생활임금을 사실대로 반영한다고 볼 수 있는 예외적인 경우에는 재요양상병진단일을 평균임금 산정사유 발생일로 본다(대법원 2023. 7. 13. 선고 2021두35438 판결).

나. 진폐에 대한 보험급여의 청구

분진작업에 종사하고 있거나 종사하였던 근로자가 업무상 질병인 진폐로 요양급여 또는 진폐보상연금을 받으려면 분진작업 종사경력 확인서, 진폐에 관한 소견서 등 고용노동부령으로 정하는 서류를 첨부하여 공단에 청구하여야 한다(법 제91조의5 제1항). 요양급여 등을 청구한 사람이 요양급여 등의 지급 또는 부지급 결정을 받은 경우에는 제91조의6에 따른 진폐 진단이 종료된 날부터 1년이 지나거나 요양이 종결되는 때에 다시 요양급여 등을 청구할 수 있다. 다만, 제91조의6 제1항에 따른 건강진단기관으로부터 합병증이나 심폐기능의 고도장해 등으로 응급진단이 필요하다는 의학적 소견이 있으면 1년이 지나지 아니한 경우에도 요양급여 등을 청구할 수 있다(법 제91조의5 제2항).

다. 진폐의 진단

공단은 근로자가 제91조의5에 따라 요양급여 등을 청구하면 진폐근로자보호법 제15조에 따른 건강진단기관에 제91조의8의 진폐판정에 필요한 진단을 의뢰하여야 한다(법 제91조의6 제1항). 건강진단기관은 제1항에 따라 진폐에 대한 진단을 의뢰받으면 고용노동부령으로 정하는 바에 따라 진폐에 대한 진단을 실시하고 그 진단결과를 공단에 제출하여야 한다(법 제91조의6 제2항). 근로자가 진폐근로자보호법 제11조부터 제13조까지의 규정에 따른 건강진단을 받은 후에 건강진단기관이 같은 법 제16조 제1항 후단 및 같은 조 제3항 후단에 따라 해당 근로자의 흉부 엑스선 사진 등을 고용노동부장관에게 제출한 경우에는 제91조의5 제1항 및 이 조 제2항에 따라 요양급여 등을 청구하고 진단결과를 제출한 것으로 본다(법 제91조의6 제3항). 공단은 제2항에 따라 진단을 실시한 건강진단기관에 그 진단에 드는 비용을 지급한다. 이 경우 그 비용의 산정 기준 및 청구 등에 관하여는 제40조 제5항 및 제45조를 준용한다(법 제91조의6 제4항). 법 제91조의6 제2항에 따라 진단을 받는 근로자에게는 진단수당을 지급할 수 있다. 다만, 장해보상연금 또는 진폐보상연금을 받고 있는 사람에게는 진단수당을 지급하지 아니한다(법 제91조의6 제5항).

라. 진폐심사회의

제91조의6에 따른 진단결과에 대하여 진폐병형 및 합병증 등을 심사하기 위하

여 공단에 관계 전문가 등으로 구성된 진폐심사회의(이하 "진폐심사회의"라 한다)를 둔다(법 제91조의7).

마. 진폐의 판정

1) 진폐의 판정

공단은 제91조의6에 따라 진단결과를 받으면 진폐심사회의의 심사를 거쳐 해당 근로자의 진폐병형, 합병증의 유무 및 종류, 심폐기능의 정도 등을 판정(이하 "진폐판정"이라 한다)하여야 한다. 이 경우 진폐판정에 필요한 기준은 법 시행령 제83조의2 제1항, 별표11의2로 정하고 있다(법 제91조의8 제1항, 시행령 제83조의2).

■ 산업재해보상보험법 시행령 [별표11의2] 〈개정 2019. 7. 2.〉

진폐병형과 심폐기능의 정도의 판정기준, 진폐장해등급 기준 및 요양대상 인정기준
(제83조의2제1항 관련)

1. 진폐병형 및 심폐기능의 정도의 판정기준
   가. 진폐병형 판정기준
      (1) 진폐에 걸렸는지와 진폐의 진행 정도는 흉부 단순방사선영상을 판독하여 결정한다.
      (2) 흉부 단순방사선영상에 따른 진폐의 병형 분류는 국제노동기구(ILO)의 진폐 방사선영상 국제분류법(2000년)에서 규정하는 완전분류(complete classification)에 따른다.
      (3) 진폐의 병형 0/1은 의증으로, 1/0, 1/1, 1/2는 제1형으로, 2/1, 2/2, 2/3은 제2형으로, 3/2, 3/3, 3/+는 제3형으로, 큰음영 ABC는 제4형으로 하며, 그 판정 기준은 다음과 같다.

병형		흉부 단순방사선영상
의증	0/1	양쪽 폐에 원형 또는 불규칙한 작은음영의 밀도가 제1형의 하한보다 낮은 경우
제1형	1/0 1/1 1/2	양쪽 폐에 원형 또는 불규칙한 작은음영이 조금 있고, 큰음영이 없다고 인정되는 경우

제2형	2/1 2/2 2/3	양쪽 폐에 원형 또는 불규칙한 작은음영이 많이 있고, 큰음영이 없다고 인정되는 경우
제3형	3/2 3/3 3/+	양쪽 폐에 원형 또는 불규칙한 작은음영이 매우 많이 있고, 큰음영이 없다고 인정되는 경우
제4형	A B C	큰음영이 있다고 인정되는 경우

나. 심폐기능의 정도의 판정기준
  (1) 고도 장해(F_3)
    폐기능검사에서 노력성폐활량(FVC) 또는 일초량(FEV1)이 정상 예측치의 45% 미만인 경우(일초량인 경우는 노력성폐활량의 70% 미만이어야 함. 이하 이 목에서 같다)
  (2) 중등도 장해(F_2)
    폐기능검사에서 노력성폐활량(FVC) 또는 일초량(FEV1)이 정상 예측치의 45% 이상, 55% 미만인 경우
  (3) 경도 장해(F_1)
    폐기능검사에서 노력성폐활량(FVC) 또는 일초량(FEV1)이 정상 예측치의 55% 이상, 70% 미만인 경우
  (4) 경미한 장해($F_{1/2}$)
    폐기능검사에서 노력성폐활량(FVC) 또는 일초량(FEV1)이 정상 예측치의 70% 이상, 80% 미만인 경우

2. 진폐장해등급 기준

진폐장해등급	구 분
제1급	• 진폐의 병형이 제1형 이상이면서 동시에 심폐기능에 고도 장해가 남은 사람
제3급	• 진폐의 병형이 제1형 이상이면서 동시에 심폐기능에 중등도 장해가 남은 사람
제5급	• 진폐의 병형이 제4형이면서 동시에 심폐기능에 경도 장해가 남은 사람

제7급	• 진폐의 병형이 제1형, 제2형 또는 제3형이면서 동시에 심폐기능에 경도 장해가 남은 사람
제9급	• 진폐의 병형이 제3형 또는 제4형이면서 동시에 심폐기능에 경미한 장해가 남은 사람
제11급	• 진폐의 병형이 제1형 또는 제2형이면서 동시에 심폐기능에 경미한 장해가 남은 사람, 진폐의 병형이 제2형, 제3형 또는 제4형인 사람
제13급	• 진폐의 병형이 제1형인 사람

3. 합병증 등에 따른 요양대상 인정기준
  가. 진폐병형이 제1형 이상인 경우로서 다음의 어느 하나에 해당되는 경우
    (1) 진폐의 합병증으로 활동성 폐결핵, 감염에 의한 흉막염(가슴막염), 기관지염, 기관지확장증, 공기가슴증, 폐기종(폐공기증, 심폐기능이 경도 장해 이상인 경우에만 해당한다), 폐성심, 비정형(非定型) 미코박테리아 감염으로 확인된 경우
    (2) 진폐로 인하여 고도의 심폐기능장해(F3)로 확인된 경우
    (3) 진폐의 병형이 제4형이고 큰음영의 면적 합계가 오른쪽 폐의 윗쪽 2분의 1을 넘는 경우
    (4) 분진작업 종사경력이 있는 진폐근로자에서 원발성(原發性) 폐암이 발생한 경우
  나. 진폐의증(0/1)에 활동성 폐결핵이 합병된 경우(법 제36조의 보험급여 중 제1호의 요양급여 및 제4호의 간병급여만 해당한다)

2) 진폐장해등급과 요양대상인정기준

  공단은 제1항의 진폐판정 결과에 따라 요양급여의 지급 여부, 진폐장해등급과 그에 따른 진폐보상연금의 지급 여부 등을 결정하여야 한다. 이 경우 진폐장해등급 기준 및 합병증 등에 따른 요양대상인정기준은 법 시행령 제83조의2 제1항, 위 별표11의2로 정하고 있다(법 제91조의8 제2항, 시행령 제83조의2 제1항).

  공단은 합병증 등으로 심폐기능의 정도를 판정하기 곤란한 진폐근로자에 대하여는 제2항의 진폐장해등급 기준에도 불구하고 진폐병형을 고려하여 진폐장해등급을 결정한다. 이 경우 진폐장해등급 기준은 시행령 제83조의2 제2항, 별표 11의3에서 정하고 있다(법 제91조의8 제3항).

■ 산업재해보상보험법 시행령 [별표11의3] 〈신설 2010.11.15.〉

심폐기능정도 판정이 곤란한 진폐근로자의 진폐장해등급 기준
(제83조의2제2항 관련)

진폐장해등급	구분
제5급	진폐의 병형이 제4형이면서 B 또는 C에 해당하는 사람
제7급	진폐의 병형이 제3형이거나 제4형이면서 A에 해당하는 사람
제11급	진폐의 병형이 제2형인 사람
제13급	진폐의 병형이 제1형인 사람

3) 진폐판정을 받지 않고 근로자가 사망한 경우

진폐증 치료를 받다가 사망한 근로자의 유족이 장해급여 지급을 청구하자 근로복지공단이 '망인이 진폐정밀검진 등을 통해 장해판정을 받지 않아 망인에게 지급할 장해급여가 발생하지 아니하였다'는 이유로 부지급결정을 하자 이에 대한 취소를 청구한 사안에서, 대법원은 구 산재보험법 시행령 제21조 제1항 제2호에 따라 장해급여의 청구를 받은 공단이 결정하여야 할 사항인 제21조 제2항의 '장해급여의 지급여부와 지급 내용 등'에는 '장해등급의 결정'도 포함된다고 보아야 하고, 구 산재보험법 시행규칙 제39조에서 공단은 제37조 제1항에 따라 정밀진단결과를 받으면 진폐심사회의를 거쳐 진폐판정을 하도록 정한 것은 법령상 위임의 근거 없이 공단이 내부 절차를 정한 것이므로 공단은 보험급여청구에 앞서 진폐판정을 받지 않았다는 사정만으로 장해급여청구를 거부할 수 없다고 판단하였다.

구 산업재해보상보험법에 따라 진폐를 원인으로 한 장해급여 청구를 받은 공단으로서는, 장해급여의 요건에 해당하는지 여부와 함께 구 산업재해보상보험법 시행령이 정한 장해등급에 해당하는지도 아울러 심사하여 보험급여에 대한 결정을 하여야 하고, 이와 달리 보험급여청구에 앞서 별도로 진폐판정 또는 장해등급의 결정을 받지 아니하였다는 사정만으로 장해급여청구를 거부할 수는 없다(대법원 2016. 9. 28. 선고 2014두14297 판결).

공단은 보험급여의 지급 여부 등을 결정하면 그 내용을 해당 근로자에게 알려야 한다(법 제91조의8 제4항).

바. 진폐요양급여의 지급

공단은 요양급여를 지급하기로 결정된 진폐근로자에 대하여는 제40조 제2항 본문에도 불구하고 산재보험 의료기관 중 진폐근로자의 요양을 담당하는 의료기관(이하 "진폐요양 의료기관"이라 한다)에서 요양을 하게 한다(법 제91조의9 제1항).

고용노동부장관은 진폐요양 의료기관이 적정한 요양을 제공하는 데 활용할 수 있도록 전문가의 자문 등을 거쳐 입원과 통원의 처리기준, 표준적인 진료기준 등을 정하여 고시할 수 있다(법 제91조의9 제2항). 공단은 진폐요양 의료기관에 대하여 시설, 인력 및 의료의 질 등을 고려하여 3개 이내의 등급으로 나누어 등급화할 수 있다. 이 경우 그 등급의 구분 기준, 등급별 요양대상 환자 및 등급별 요양급여의 산정 기준은 고용노동부령으로 정한다(법 제91조의9 제3항).

근로복지공단은 진폐요양 의료기관을 평가하는 업무에 대하여 자문하기 위하여 진폐요양의료기관평가위원회를 두고 있다. 이 경우 진폐요양의료기관평가위원회의 구성·운영이나 그 밖에 필요한 사항은 고용노동부령으로 정한다(법 제91조의9 제4항). 진폐요양 의료기관에 대한 평가에 관하여는 산재보험의료기관의 평가에 관한 제50조를 준용한다. 이 경우 제50조 제1항 중 "제43조 제1항 제3호의 산재보험 의료기관 중 대통령령으로 정하는 의료기관"은 "진폐요양 의료기관"으로 본다(법 제91조의9 제5항).

사. 진폐에 따른 사망의 인정

분진작업에 종사하고 있거나 종사하였던 근로자가 진폐, 합병증이나 그 밖에 진폐와 관련된 사유로 사망하였다고 인정되면 업무상의 재해로 본다. 이 경우 진폐에 따른 사망 여부를 판단하는 때에 고려해야 하는 사항은 진폐병형, 심폐기능, 합병증, 성별, 연령 등이다(법 제91조의10, 시행령 제83조의3).

아. 진폐에 따른 사망원인의 확인

분진작업에 종사하고 있거나 종사하였던 근로자의 사망원인을 알 수 없는 경우에 그 유족은 해당 근로자가 진폐 등으로 사망하였는지 여부에 대하여 확인하기 위하여 병리학 전문의가 있는 산재보험 의료기관 중에서 공단이 지정하는 의료기관에 전신해부에 대한 동의서를 첨부하여 해당 근로자의 시신에 대한 전신해부를 의뢰할 수 있다. 이 경우 그 의료기관은 시체 해부 및 보존 등에 관한 법률 제2조에도 불구하고 전신해부를 할 수 있다(법 제91조의11 제1항).

공단은 제1항에 따라 전신해부를 실시한 의료기관 또는 유족에게 그 비용의 전부 또는 일부를 지원할 수 있다(법 제91조의11 제2항).

제 8 절   다른 보상이나 배상과의 관계

1. 근로기준법상의 재해보상 책임

근로기준법은 제78조부터 제92조에서 사용자의 근로자에 대한 재해보상제도를 규정하고 있다. 근로자가 업무상 부상 또는 질병에 걸리면 사용자는 그 비용으로 필요한 요양을 행하거나 필요한 요양비를 부담하여야 한다(근로기준법 제78조 제1항). 사용자는 요양 중에 있는 근로자에게 근로자의 요양 중 평균임금의 100분의 60의 휴업보상을 하여야 한다(근로기준법 제79조 제1항). 근로자가 업무상 부상 또는 질병에 걸리고, 완치된 후 신체에 장해가 있으면 사용자는 그 장해정도에 따라 평균임금에 장해등급별로 정한 일수를 곱한 금액의 장해보상을 하여야 한다(근로기준법 제80조 제1항). 다만 근로자가 중대한 과실로 업무상 부상을 입었거나 업무상 질병에 걸리고 사용자가 근로자의 중과실을 노동위원회로부터 인정받으면 휴업보상이나 장해보상을 하지 않아도 된다(근로기준법 제81조).

근로자가 업무상 사망한 경우 사용자는 근로자가 사망한 후 그 유족에게 지체없이 평균임금 1,000일분의 유족보상을 하여야 하고, 평균임금 90일분의 장례비를 지급하여야 한다(근로기준법 제82조, 제83조). 근로기준법 제78조에 따라 요양보상을 받는 근로자가 요양을 시작한 지 2년이 지나도 부상 또는 질병이 완치되지 않는 경우 사용자는 그 근로자에게 평균임금 1,340일분의 일시보상을 하여 근로기준법상 보상책임을 면할 수 있다. 사용자는 지급능력이 있는 것을 증명하고, 보상을 받는 사람의 동의를 받으면 제80조(장해보상), 제82조(유족보상), 제84조(일시보상)에 따른 보상금을 1년에 걸쳐 분할보상할 수 있다(근로기준법 제85조).

근로기준법상 재해보상을 받을 권리는 퇴직으로 인하여 변경되지 아니하고 양도나 압류하지 못한다(근로기준법 제86조). 근로기준법에 따른 재해보상청구권은 3년의 소멸시효의 적용을 받는다(근로기준법 제92조). 다만 고용노동부 장관에게 심사나 중재를 청구하거나 고용노동부장관이 심사나 중재를 시작하면 소멸시효는 중단된다(근로기준법 제88조 제5항).

재해보상제도는 요양보상, 휴업보상, 장해보상, 유족보상으로 구성되고 사용자의 과실을 요하지 않는다는 점에서 산업재해보상보험제도와 유사하다. 그러나 산업재해보상보험의 보상범위가 더 넓고, 근로자로서는 자력이 불확실한 사용자에게 개별적으로 재해보상을 요구할 필요 없이 산재보험제도에 따라 근로복지공단을 상대로 보험급여를 청구하여 안정적으로 이를 지급받을 수 있다. 산업재해보상보험법에 따라 보험급여를 받았거나 받을 수 있으면, 보험가입자(사용자)는 동일한 사유에 대한 근로기준법상 재해보상책임이 면제된다(법 제80조 제1항).

사용자가 산업재해보상보험에 가입하여 당해 사고에 대하여 마땅히 보험급여가 지급되어야 하는 경우라면 사용자는 근로기준법에 의한 재해보상책임을 면한다고 할 것이고, 비록 산재보험법에 의한 보험급여가 지급되어야 하는데도 수급권자가 근로복지공단이 행한 보험급여에 대한 결정에 불복하지 아니하는 등의 이유로 결과적으로 보험급여가 지급되지 아니하게 되었다 하더라도 마찬가지이므로 국민건강보험공단은 사용자에 대해 치료비용상환을 구할 수 없다(대법원 2013. 8. 22. 선고 2013다25118 판결).

2. 민사상 손해배상책임

사용자는 고용 또는 근로계약에 수반되는 신의칙상의 부수적 의무로서 피용자가 노무를 제공하는 과정에서 생명, 신체, 건강을 해치는 일이 없도록 물적 환경을 정비하는 등 필요한 조치를 마련하여야 할 보호의무 또는 안전배려의무를 부담하고, 이러한 의무를 위반함으로써 피용자가 손해를 입은 경우 채무불이행으로 인한 손해배상책임을 진다(대법원 1999. 2. 23. 선고 97다12082 판결, 대법원 2013. 11. 28. 선고 2011다60247 판결 등).

수급권자가 동일한 사유에 대하여 산재보험법에 따른 보험급여를 받으면 보험가입자는 그 금액의 한도 안에서 민법이나 그 밖의 법령에 따른 손해배상의 책임이 면제된다. 이 경우 장해보상연금 또는 유족보상연금을 받고 있는 사람은 장해보상일시금 또는 유족보상일시금을 받은 것으로 본다(법 제80조 제2항).

산재보험법에 따라 보험급여를 지급받은 경우, 근로자는 사용자에 대한 손해배상책임을 청구할 때에는 산재보험법에 따라 지급받은 보험급여를 공제하여야 하는데, 이때 공제하는 금원은 손해배상책임의 성질별로 대응하는 급여에 한한다. 즉 요양급여, 간병급여, 장의비는 적극적 손해액에 한해 공제할 수 있고, 휴업급여, 장해급여, 유족급여는 소극적 손해액에 한해 공제할 수 있으며, 적극적 손해액과 소극적 손해액 내에서도 서로 대응관계에 있는 항목 사이에서만 공제가 인정된다. 위자료는 정신적 손해에 대한 것이므로 재산상 손해에 관한 산재보험급여를 받았다고 하여 위자료에서 이를 공제할 수도 없다. 또한 휴업손해에 대해서도 휴업급여가 지급된 기간 중의 일실수입손해를 별도로 산정하여 해당 금액 범위에서만 공제해야 한다(대법원 1994. 4. 26. 선고 94다6628 판결, 대법원 1993. 12. 21. 선고 93다34091 판결 등).

장례비를 일실이익손해나 위자료에서 공제할 수 없고 장례비 손해를 초과하는 장례비 급여를 치료비 손해액에서 공제할 수도 없다. 간병급여 중 개호비 손해를 초과하는 부분을 치료비 손해에서 공제할 수도 없다.

> 손해배상은 손해의 전보를 목적으로 하는 것이므로 피해자로 하여금 근로기준법이나 산업재해보상보험법에 따라 휴업급여나 장해급여 등을 이미 지급받은 경우에 그 급여액을 일실수입의 배상액에서 공제하는 것은 그 손해의 성질이 동일하여 상호보완적 관계에 있는 것 사이에서만 가능하다. 따라서 피해자가 수령한 휴업급여금이나 장해급여금이 법원에서 인정된 소극적 손해액을 초과하더라도 그 초과부분을 기간과 성질을 달리하는 손해배상액에서 공제할 것은 아니며, 휴업급여는 휴업기간 중의 일실수입에 대응하는 것이므로 그것이 지급된 휴업기간 중의 일실수입 상당의 손해액에서만 공제되어야 한다(대법원 2020. 6. 25. 선고 2020다216240 판결).

> 손해배상은 손해의 전보를 목적으로 하므로 피해자가 산업재해보상보험법에 따라 요양급여 등을 이미 지급받은 경우에 그 급여액을 손해배상액에서 공제하는 것은 그 손해의 성질 및 발생기간 등이 동일하여 상호보완적 관계에 있는 것끼리만 할 수 있다(대법원 1995. 4. 25. 선고 93다61703 판결, 대법원 2012. 6. 14. 선고 2010다77293 판결 등 참조). 원고가 근로복지공단으로부터 수령한 요양급여는 치료비 손해에 대응하는 것이지만, 이를 기왕치료비와 향후치료비 손해액에서 공제하려면 먼저 요양급여 중 원심이 인정한 기왕치료비, 향후치료비와 발생기간을 같

이하는 부분을 특정한 다음 그 부분에 해당하는 금액만을 공제하여야 한다(대법원 2014. 4. 10. 선고 2013다95360, 95377 판결 등 참조). 먼저 향후치료비에 관하여 살펴본다. 원심은, 이 사건 향후치료비 중 정기적인 비뇨기과 검사에 지출되는 향후치료비는 이 사건 제1심 변론종결일 다음 날인 2016. 7. 15. 최초로 지출하는 것으로 보았고, 성형외과 반흔제거술과 정신건강의학과 치료에 소요되는 향후치료비는 원심 변론종결일 다음 날 전액 지출하는 것으로 보아 각 손해액을 산정하였는데, 이는 기록상 원고에 대한 요양급여가 이루어진 기간 후임이 명백하다. 또한 원고에게 지급된 요양급여 중 위와 같은 향후치료를 위하여 미리 요양급여로 지급된 부분을 인정할 자료도 없으므로, 특별한 사정이 없는 한 원고의 이 사건 청구 중 향후치료비에서 공제되어야 할 요양급여 상당액은 존재하지 아니한다(대법원 2018. 6. 28. 선고 2017다269374 판결).

산업재해보상보험법(이하 '법'이라 한다) 제61조 제1항은 "간병급여는 제40조에 따른 요양급여를 받은 자 중 치유 후 의학적으로 상시 또는 수시로 간병이 필요하여 실제로 간병을 받는 자에게 지급한다."고 규정하고 있고, 제80조 제3항 본문은 "수급권자가 동일한 사유로 민법이나 그 밖의 법령에 따라 이 법의 보험급여에 상당한 금품을 받으면 공단은 그 받은 금품을 대통령령으로 정하는 방법에 따라 환산한 금액의 한도 안에서 이 법에 따른 보험급여를 지급하지 아니한다."고 규정하고 있다. 법 제80조 제3항은 보험급여의 대상이 된 손해와 민사상 손해배상의 대상이 된 손해가 같은 성질을 띠는 것으로서 보험급여와 손해배상이 상호보완적 관계에 있는 경우 중복전보에 의한 부당이득을 막기 위해 서로 대응관계에 있는 항목 사이에서 보험가입자 혹은 근로복지공단의 면책을 인정하고 있는 것인데(대법원 1995. 4. 25. 선고 93다61703 판결, 대법원 2008. 7. 24. 선고 2007두4254 판결 등 참조), 간병급여는 개호기간 중의 개호비에 대응하는 것이므로 간병급여금에 대해서는 그것이 지급되는 개호기간 중의 개호비 상당 손해액만을 위 조항에 따라 공제할 수 있다(대법원 2012. 5. 24. 선고 2010두18505 판결).

수급권자가 동일한 사유로 민법이나 그 밖의 법령에 따라 이 법의 보험급여에 상당한 금품을 받으면 공단은 그 받은 금품을 대통령령으로 정하는 방법에 따라 환산한 금액의 한도 안에서 이 법에 따른 보험급여를 지급하지 아니한다. 다만, 제2항 후단에 따라 수급권자가 지급받은 것으로 보게 되는 장해보상일시금 또는 유족보상일시금에 해당하는 연금액에 대하여는 그러하지 아니하다(법 제80조 제3항). 이때 법 제80조 제3항의 "이 법의 보험급여에 상당한 금품"에는 수급권자가 보험가입자인 사용자의 보상 또는 배상책임의 이행으로 지급받는 금품만 포함되고 사용자가 가입한 자동차보험의 자동차상해담보특약에 의해 받은 보험금은 포함되지 않는다는 것이 대법원 판례이다.

이와 같은 '산재보험급여와 다른 보상이나 배상과의 관계'에 관한 산재보험법의 규정 형식 및 내용과 체계에 더하여, ① 근로자의 업무상 재해와 관련하여 경합하는 청구권 중 일방의 청구권에 대하여만 조정 규정이 존재함에 따라 편면적 조정만이 가능한 경우에는 청구 순서에 따라 손해 전보의 총액이 달라져 이중전보 금지라는 조정 규정의 목적을 달성할 수 없고 형평에도 어긋나므로, 공단의 산재보험급여 지급이 선행된 경우에 사용자의 책임을 조정하는 규정인 산재보험법 제80조 제1항, 제2항에 대응하여 그와 반대로 사용자의 책임 이행이 선행된 경우에 산재보험급여를 조정하는 규정이 필요한데, 산재보험법 제80조 제3항 본문이 바로 이를 규정한 것으로 볼 수 있는 점, ② 만일 산재보험법 제80조 제3항 본문이 산재보험급여에 선행하여 손해 또는 손실이 전보된 모든 경우를 규율대상으로 삼고 있다고 보게 되면, 그에 대응하여 산재보험급여가 선행된 경우에 관한 조정 규정이 존재하지 아니하는 청구권과의 관계에서는 편면적 조정에 따른 불합리한 결과가 발생할 뿐만 아니라 산재보험급여를 지연할수록 공단의 면책가능성이 높아지게 되어 신속한 재해보상이라는 산재보험법의 목적에 배치되고, 산재보험법 제87조 제2항은 불필요한 중복적 규정에 불과한 셈이 되어 산재보험법의 조정 규정 체계에도 부합하지 아니하는 점, ③ 산재보험법 제80조 제3항의 위임에 따라 수급권자가 받은 금품을 환산하는 방법을 규정한 산재보험법 시행령 제76조 제1항은 환산의 기준시를 '손해배상액 산정 당시'라고 규정하여 수급권자가 받은 금품이 손해배상일 것을 전제로 하고 있는 점, ④ 산재보험법 제80조 제1항, 제2항, 제4항이 모두 수급권자, 보험가입자인 사용자 및 공단 사이의 산재보험보상관계 등을 규율하고 있는 점 등 여러 사정을 종합하여 보면, 산재보험법 제80조 제3항 본문은 '수급권자가 보험가입자인 사용자의 보상 또는 배상 책임의 이행으로 금품을 지급받는 경우'만을 규율대상으로 삼고 있다고 봄이 타당하다(대법원 2015. 1. 15. 선고 2014두11571 판결).

요양급여를 받는 근로자가 요양을 시작한 후 3년이 지난 날 이후에 상병보상연금을 지급받고 있으면 근로기준법 제23조 제2항 단서를 적용할 때 그 사용자는 그 3년이 지난 날 이후에는 같은 법 제84조에 따른 일시보상을 지급한 것으로 본다(법 제80조 제4항).

수급권자가 장해보상연금을 지급받고 있는 경우 법 제80조 제2항 후문에 따라 공제할 장해보상일시금의 액수는 수급권자가 장해보상연금이 아닌 장해보상일시금을 선택하였다면 지급되었을 장해보상일시금 상당액이며, 수급권자가 장해보상연금을 지급받고 있던 중에 법 제36조 제3항에 의한 평균임금의 증감이 있는 경우 손해배상액에서 공제할 장해보상일시금 상당액의 기준이 되는 평균임금은 장해보상연금 지급결정 당시에 적용된 평균임금이다.

연금은 본질적으로 장래의 불확정성과 가변성을 그 특징으로 하는데(산재보험법 제36조 제3항, 제58조 각호, 제59조, 제70조 제2항, 제83조, 제120조 등 참조), 그럼에도 불구하고 산재보험법 제80조 제2항 후문에서 위와 같이 연금과 일시금의 등가성을 규범화하고 있는 것은 수급권자, 손해배상 의무자인 보험가입자와 제3자 및 근로복지공단(이하 '공단'이라고 한다) 사이의 법률관계를 신속하고 명료하게 확정하기 위함이라고 볼 수 있다. 이러한 취지에 비추어 보면, 수급권자가 장해보상연금을 지급받고 있는 경우에 산재보험법 제80조 제2항 후문에 따라 공제할 장해보상일시금의 액수는, 연금 기간이나 이미 지급된 연금의 액수와 관계없이, 수급권자가 장해보상연금 대신 장해보상일시금을 선택하여 그 지급을 구하였더라면 산재보험법 제57조 제2항 [별표 2]에 따라 지급되었을 장해보상일시금 상당액이라고 봄이 타당하다. 이러한 법리는 수급권자가 장해보상연금을 지급받고 있던 중에 산재보험법 제36조 제3항에 의한 평균임금의 증감이 있는 경우에도 마찬가지라고 할 것이므로, 그러한 경우에는 사실심 변론종결일 당시의 평균임금이 아닌 장해보상연금 지급결정 당시에 적용된 평균임금(공단이 실제 적용되었어야 할 평균임금과 다른 평균임금을 적용하여 장해보상연금의 액수를 산정한 경우에는 실제 적용되었어야 할 평균임금을 의미한다)을 기준으로 산정한 장해보상일시금 상당액을 손해배상액에서 공제하여야 한다(대법원 2018. 10. 4. 선고 2015다253184, 253191 판결).

3. 장해특별급여와 유족특별급여

가. 특별급여의 의의

사업주의 고의 또는 과실로 발생한 업무상의 재해가 발생한 경우 근로자와 유족은 민사소송을 통해 손해배상책임을 물을 수 있다.

산재보험법상 특별급여제도는 근로자 또는 유족이 소송에 따른 시간과 비용 등의 어려움을 고려하여 신속하게 민사분쟁을 해결할 수 있도록 특별급여를 주고 받음으로써 손해배상을 갈음하기로 합의한 경우, 근로복지공단이 이를 사업주 대신

근로자에게 특별급여를 선지급하고, 차후 사업주에게 징수하는 제도이다.

나. 장해특별급여

보험가입자의 고의 또는 과실로 발생한 업무상의 재해로 근로자가 시행령 별표 6에 따른 제1급부터 제3급까지의 장해등급 또는 별표 11의 2에 따른 제1급부터 제3급까지의 진폐장해등급에 해당하는 장해를 입은 경우에 근로자와 보험가입자 사이에 장해특별급여에 관하여 합의하면, 수급권자가 민법에 따른 손해배상청구를 갈음하여 장해특별급여를 청구하면 제57조의 장해급여 또는 제91조의3의 진폐보상연금 외에 대통령령으로 정하는 장해특별급여를 지급할 수 있다(법 제78조, 시행령 제73조 제1항).

"대통령령으로 정하는 장해특별급여"란 평균임금의 30일분에 별표 9에 따른 장해등급 및 진폐장해등급별 노동력 상실률과 별표 11에 따른 취업가능기간에 대응하는 라이프니츠 계수를 곱하여 산정한 금액에서 법 제57조에 따른 장해보상일시금(진폐보상연금을 지급받는 경우에는 진폐장해등급과 같은 장해등급에 해당하는 장해보상일시금을 말한다)을 뺀 금액을 말한다(시행령 제73조 제2항).

수급권자가 장해특별급여를 받으면 동일한 사유에 대하여 보험가입자에게 민법이나 그 밖의 법령에 따른 손해배상을 청구할 수 없다.

공단은 제1항에 따라 장해특별급여를 지급하면 대통령령으로 정하는 바에 따라 그 급여액 모두를 보험가입자로부터 징수한다.

보험가입자는 공단으로부터 장해특별급여액의 납부통지를 받으면 그 금액을 1년에 걸쳐 4회로 분납할 수 있다(법 시행령 제75조 제1항). 분납을 할 경우 최초의 납부액은 납부통지를 받은 날이 속하는 분기의 말일까지 납부하고, 그 이후의 납부액은 각각 그 분기의 말일까지 납부하여야 한다(시행령 제75조 제2항).

다. 유족특별급여

보험가입자의 고의 또는 과실로 발생한 업무상의 재해로 근로자가 사망한 경우에 수급권자가 민법에 따른 손해배상청구를 갈음하여 유족특별급여를 청구하면 제62조의 유족급여 또는 제91조의4의 진폐유족연금 외에 대통령령으로 정하는 유족특별급여를 지급할 수 있다(법 제79조 제1항).

"대통령령으로 정하는 유족특별급여"란 평균임금의 30일분에서 사망자 본인의 생활비(평균임금의 30일분에 별표 10에 따른 사망자 본인의 생활비 비율을 곱하여 산정한 금액을 말한다)를 뺀 후 별표 11에 따른 취업가능개월수에 대응하는 라이프니츠 계수를 곱하여 산정한 금액에서 법 제62조에 따른 유족보상일시금을 뺀 금액을 말한다(시행령 제74조 제1항).

유족특별급여에 관하여는 장해특별급여에 관한 규정을 준용한다.

보험가입자는 공단으로부터 유족특별급여액의 납부통지를 받으면 그 금액을 1년에 걸쳐 4회로 분납할 수 있다(법 시행령 제75조 제1항).

제 9 절 보험급여 청구권과 부당이득, 수급권의 보호

1. 미지급의 보험급여

보험급여의 수급권자가 사망한 경우에 그 수급권자에게 지급하여야 할 보험급여로서 아직 지급되지 아니한 보험급여가 있으면 공단은 그 수급권자의 유족(유족급여의 경우에는 그 유족급여를 받을 수 있는 다른 유족)의 청구에 따라 그 보험급여를 지급한다(법 제81조 제1항).

이 경우에 그 수급권자가 사망 전에 보험급여를 청구하지 아니하였다면 유족의 청구에 따라 그 보험급여를 지급한다(법 제81조 제2항).

2. 보험급여의 지급

보험급여는 지급 결정일부터 14일 이내에 지급하여야 한다(법 제82조 제1항). 공단은 수급권자의 신청이 있는 경우에는 보험급여를 수급권자 명의의 지정된 계좌(이하 "보험급여수급계좌"라 한다)로 입금하여야 한다. 다만, 정보통신장애나 그 밖에 대통령령으로 정하는 불가피한 사유[19]로 보험급여를 보험급여수급계좌로 이체할

---

[19] 산업재해보상보험법 시행령
제77조의2(보험급여수급계좌)
① 법 제82조제2항 단서에서 "정보통신장애나 그 밖에 대통령령으로 정하는 불가피한 사유"란 다음 각 호의 어느 하나에 해당하는 경우를 말한다.

수 없을 때에는 대통령령으로 정하는 바에 따라 현금으로 보험급여를 지급할 수 있다(법 제82조 제2항). 보험급여수급계좌의 해당 금융기관은 이 법에 따른 보험급여만이 보험급여수급계좌에 입금되도록 관리하여야 한다.

3. 보험급여 지급의 제한

공단은 근로자가 다음 각 호의 어느 하나에 해당되면 보험급여의 전부 또는 일부를 지급하지 아니할 수 있다(법 제83조 제1항).

1. 요양 중인 근로자가 정당한 사유 없이 요양에 관한 지시를 위반하여 부상·질병 또는 장해 상태를 악화시키거나 치유를 방해한 경우
2. 장해보상연금 또는 진폐보상연금 수급권자가 제59조에 따른 장해등급 또는 진폐장해등급 재판정 전에 자해(自害) 등 고의로 장해 상태를 악화시킨 경우

공단은 제1항에 따라 보험급여를 지급하지 아니하기로 결정하면 지체 없이 이를 관계 보험가입자와 근로자에게 알려야 한다(법 제83조 제2항).

공단은 보험급여 수급권자가 정당한 사유없이 요양에 관한 지시를 위반하여 부상·질병 또는 장해상태를 악화시키거나 치유를 방해하면 보험급여의 지급을 제한하기로 결정한 날 이후에 지급사유가 발생하는 휴업급여 또는 상병보상연금의 20일분(지급사유가 발생한 기간이 20일 미만이면 그 기간 해당분)에 상당하는 금액을 지급하지 않는다. 공단은 장해보상연금 또는 진폐보상연금 수급권자가 장해보상연금 또는 진폐보상연금 수급권자가 제59조에 따른 장해등급 또는 진폐장해등급 재판정 전에 자해(自害) 등 고의로 장해 상태를 악화시킨 경우에 해당하면 장해상태가 종전의 장해등급보다 심해진 경우에도 종전의 장해등급에 해당하는 장해보상연금

---

1. 법 제82조제2항 본문에 따른 보험급여수급계좌(이하 "보험급여수급계좌"라 한다)가 개설된 금융기관이 폐업, 업무정지, 정보통신장애 등으로 정상영업이 불가능하여 보험급여를 보험급여수급계좌로 이체할 수 없는 경우
2. 그 밖에 고용노동부장관이 보험급여를 보험급여 지급 결정일부터 14일 이내에 보험급여수급계좌로 이체하는 것이 불가능하다고 인정하는 경우
② 공단은 법 제82조제2항 단서에 따라 보험급여를 보험급여수급계좌로 이체할 수 없을 때에는 수급권자에게 해당 보험급여를 직접 현금으로 지급할 수 있다.
③ 공단은 수급권자가 법 제82조제2항 본문에 따른 신청을 하면 보험급여를 보험급여수급계좌로 받을 수 있다는 사실을 수급권자에게 안내해야 한다.

또는 진폐보상연금을 지급하고 장해상태가 종전의 장해등급보다 호전되었음이 의학적 소견 등으로 확인되는 경우로서 재판정 전에 장해상태를 악화시킨 경우에는 그 호전된 장해등급에 해당하는 장해급여 또는 진폐보상연금을 지급한다(법 시행령 제78조).

4. 부당이득의 징수

가. 수급권자에 대한 징수

공단은 보험급여를 받은 사람이 다음 각 호의 어느 하나에 해당하면 그 급여액에 해당하는 금액(제1호의 경우에는 급여액의 2배에 해당하는 금액)을 징수하여야 한다(법 제84조 제1항). 이 경우 공단이 제90조 제2항에 따라 국민건강보험공단 등에 청구하여 받은 금액은 징수할 금액에서 제외한다.

1. 거짓이나 그 밖의 부정한 방법으로 보험급여를 받은 경우
2. 수급권자 또는 수급권이 있었던 사람이 제114조 제2항부터 제4항까지의 규정에 따른 신고의무를 이행하지 아니하여 부당하게 보험급여를 지급받은 경우
3. 그 밖에 잘못 지급된 보험급여가 있는 경우

공단이 국민건강보험공단에 아직 청구를 하지 않은 경우에도, 장차 국민건강보험공단 등에 청구하여 받을 수 있는 금액은 부당이득징수대상에서 제외된다(대법원 2017. 8. 29. 선고 2017두44718 판결).

위 제1호의 경우 보험급여의 지급이 보험가입자·산재보험 의료기관 또는 직업훈련기관의 거짓된 신고, 진단 또는 증명으로 인한 것이면 그 보험가입자·산재보험 의료기관 또는 직업훈련기관도 연대하여 책임을 진다(법 제84조 제2항).

대법원은 2017. 6. 29. 선고 2014두39012 판결에서 보험급여 지급결정의 취소가 적법하다고 하여 부당이득징수결정이 적법하여지는 것은 아니라고 하면서 잘못 지급된 보험급여액에 해당하는 금액을 징수하는 처분을 통하여 달성하고자 하는 공익상 필요의 구체적 내용과 그 처분으로 말미암아 당사자가 입게 될 불이익의 내용 및 정도와 같은 여러 사정을 두루 살펴, 잘못 지급된 보험급여액에 해당하는 금액을 징수하는 처분을 하여야 할 공익상 필요와 그로 인하여 당사자가 입게 될 기득권과 신뢰의 보호 및 법률생활 안정의 침해 등의 불이익을 비교·교량한 후,

그 공익상 필요가 당사자가 입게 될 불이익을 정당화할 만큼 강한 경우에 한하여 보험급여를 받은 당사자로부터 잘못 지급된 보험급여액에 해당하는 금액을 징수하는 처분을 하여야 한다고 판시하고 있다.

산업재해보상보험제도는 재해 근로자와 그 가족의 생활을 보장하기 위해 보험가입자인 사업주가 납부하는 보험료와 국고부담을 재원으로 하여 근로자에게 발생하는 업무상 재해라는 사회적 위험을 보험방식에 의하여 대처하는 사회보험제도이므로, 이 제도에 따른 산업재해보상보험 수급권은 이른바 사회보장 수급권에 속한다(헌법재판소 2012. 3. 29. 선고 2011헌바133 전원재판부 결정 참조). 그런데 이와 같은 사회보장 급부를 내용으로 하는 행정영역에서 수익적 행정처분의 취소를 통하여 달성하려는 공익이란 본질적으로 사업주가 납부하는 보험료와 국고부담 등을 통하여 형성되는 재정상 이익인 반면, 수익자는 수익적 행정처분의 취소에 의하여 신뢰보호 및 법률생활의 안정 등과 같은 사익의 침해를 입게 될 것이므로, 수익적 행정처분에 존재하는 하자에 관하여 수익자에게 고의 또는 중과실의 귀책사유가 없는 한, 그 공익상 필요가 수익자가 입게 될 불이익보다 중요하거나 크다고 함부로 단정할 수는 없다.

이러한 위 각 규정의 내용과 취지, 사회보장 행정영역에서의 수익적 행정처분 취소의 특수성 등을 종합하여 보면, 산재법 제84조 제1항 제3호에 따라 보험급여를 받은 당사자로부터 잘못 지급된 보험급여액에 해당하는 금액을 징수하는 처분을 함에 있어서는 그 보험급여의 수급에 관하여 당사자에게 고의 또는 중과실의 귀책사유가 있는지, 보험급여의 액수·보험급여 지급일과 징수처분일 사이의 시간적 간격·보험급여 소비 여부 등에 비추어 이를 다시 원상회복하는 것이 당사자에게 가혹한지, 잘못 지급된 보험급여액에 해당하는 금액을 징수하는 처분을 통하여 달성하고자 하는 공익상 필요의 구체적 내용과 그 처분으로 말미암아 당사자가 입게 될 불이익의 내용 및 정도와 같은 여러 사정을 두루 살펴, 잘못 지급된 보험급여액에 해당하는 금액을 징수하는 처분을 하여야 할 공익상 필요와 그로 인하여 당사자가 입게 될 기득권과 신뢰의 보호 및 법률생활 안정의 침해 등의 불이익을 비교·교량한 후, 그 공익상 필요가 당사자가 입게 될 불이익을 정당화할 만큼 강한 경우에 한하여 보험급여를 받은 당사자로부터 잘못 지급된 보험급여액에 해당하는 금액을 징수하는 처분을 하여야 한다(대법원 2014. 4. 10. 선고 2011두31697 판결, 대법원 2014. 10. 27. 선고 2012두17186 판결 등 참조). 나아가 산재법상 각종 보험급여 등의 지급결정이 적법한지를 판단하는 기준과 그 처분이 잘못되었음을 전제로 하여 이미 지급된 보험급여액에 해당하는 금액을 징수하는 처분이 적법한지를 판단하는 기준이 동일하다고 할 수는 없으므로, 지급결정이 적법하게 취소되었다고 하여 그에 기한 징수처분도 반드시 적법하다고 판단하여야 하는 것은 아니다(대법원 2014. 7. 24. 선고 2013두27159 판결 참조) (대법원 2017. 6. 29. 선고 2014두39012 판결).

장해보상연금을 받던 사람이 재요양 후에 장해등급이 변경되어 장해보상연금의 지급 대상에서 제외되었음에도 장해보상연금을 받았다면 특별한 사정이 없는 한 이는 보험급여가 잘못 지급된 경우에 해당하지만, 이 경우 장해등급이 변경되었다고 하려면 장해등급 변경 결정이 있어야 할 것이므로, 장해등급 변경 결정 이후에 지급된 장해보상연금만 산업재해보상보험법 제84조 제1항에 따른 부당이득의 징수 대상이 된다고 할 것이다. 다만 장해보상연금을 받던 사람이 산업재해보상보험법 제51조에 따른 재요양 후에 장해상태가 호전됨으로써 장해등급이 변경되어 장해보상연금을 수령할 수는 없게 되었으나 산업재해보상보험법 시행령 제58조 제2항 제2호에서 정한 차액을 지급받을 수 있는 경우에는 여전히 그 금액을 장해보상일시금으로 수령할 수 있는 지위에 있으므로 그 금액의 범위 안에서는 부당이득의 징수 대상이 되지 않는다고 할 것이다(대법원 2013. 2. 14. 선고 2011두12054 판결).

대법원은 피재 근로자 본인으로부터 징수하여야 할 부당이득 보험급여상당액을 유족급여에서 충당하는 것은 산재보험급여에 대해 양도나 압류가 금지되고 상계가 금지되는 취지를 몰각하는 것으로서 허용되지 않는다고 판시하였다.

산재보험법상의 유족급여는 피재 근로자의 사망 당시 그에 의하여 부양되고 있던 유족의 생활보장 등을 목적으로 하여 민법과는 다른 입장에서 수급권자를 정한 것으로서 피재 근로자 본인이 피고에 대하여 가지는 보험급여와는 그 성격이 다르고, 수급권자인 유족은 상속인으로서가 아니라 산재보험법의 관련 규정에 의하여 직접 자기의 고유의 권리로서 유족급여의 수급권을 취득하는 것으로 보아야 한다. 그리고 산재보험법상의 보험급여를 받을 권리는 양도나 압류가 금지되고(산재보험법 제55조 제2항) 이에 따라 상계 역시 금지되는 것(민법 제497조)임에도, 피고가 산재보험법 제53조의2의 규정에 의하여 피재 근로자의 유족에게 지급할 유족급여를 피재 근로자 본인으로부터 징수할 부당이득 보험급여 상당액에 충당한다면 명문의 규정도 없이 사실상 유족급여에 대하여 상계를 허용하는 결과에 이르게 되므로 산재보험법 제55조 제2항이나 민법 제497조의 규정 취지는 몰각되고 말 것이다. 이러한 점들에 비추어 볼 때, 보험급여를 받은 자가 산재보험법 제99조 제2항 내지 제4항의 규정에 의한 신고의무를 이행하지 아니함으로써 부당하게 보험급여를 지급받은 경우라도, 그의 사망 후 피고가 그 유족에게 산재보험법 제43조에 의하여 유족급여를 지급함에 있어서는 산재보험법 제53조의2의 규정에 의하여 그 지급할 유족급여에서 부당이득을 받은 수급권자로부터 징수할 부당이득금을 충당할 수는 없다고 봄이 상당하다(대법원 2006. 2. 23. 선고 2005두11845 판결).

나. 보험가입자, 산재보험 의료기관, 직업훈련기관의 연대책임

법 제84조 제1항 제1호의 경우, 즉 보험급여를 받은 사람이 거짓이나 그 밖의 부정한 방법으로 보험급여를 받은 경우 보험급여의 지급이 보험가입자·산재보험 의료기관 또는 직업훈련기관의 거짓된 신고, 진단, 증명으로 인한 것이면 그 보험가 입자·산재보험의료기관 또는 직업훈련기관도 연대하여 책임을 진다(법 제 84조 제2항).

산업재해보상보험법령에서 근로자의 요양급여 신청에 대한 공단의 결정에 앞서 재 해발생 경위에 관한 보험가입자의 확인이나 의견제출 기회 부여를 필수적 절차로 규정한 것은, 근로자가 입은 재해가 사업주의 지배·관리 영역에서 발생한 경우라 면 사업주는 재해발생 경위를 비교적 정확하게 파악할 수 있고, 사업주는 업무상 재해 인정과 관련하여 근로자의 이해와 상충되는 법적·경제적인 이해관계를 가지 기도 하므로 사업주의 확인이나 의견을 일응 신뢰할 수 있음을 고려한 것이다. 그 리고 산업재해보상보험법 제84조 제1항, 제2항에서 '거짓이나 그 밖의 부정한 방법 으로 보험급여를 받은 경우' 공단의 징수 범위를 급여액에 해당하는 금액의 2배에 해당하는 금액으로 정하고, 지급이 보험가입자 등의 거짓된 신고 등으로 인한 경우 보험가입자 등도 보험급여를 지급받은 자와 연대하여 책임을 지도록 정한 것은, 보 험급여 결정 과정에서 사업주의 신고와 진술이 차지하는 중요성을 고려하여 사업 주가 근로자가 재해발생 경위를 거짓으로 꾸며 요양신청을 한다는 사정을 알면서 도 그러한 재해발생 경위가 사실인 것처럼 적극적으로 확인해 주는 행위에 대하여 엄격한 제재를 가함으로써, 사업주와 근로자가 결탁하여 부정한 방법으로 보험급 여를 받는 것을 억제하고 궁극적으로 산업재해보상보험 재정의 건전성을 도모하기 위한 것이다.

따라서 산업재해보상보험법 제84조 제2항에 따라 보험급여를 받은 자와 연대하여 징수의무를 부담하는 '보험가입자'에는 해당 사실의 실질에 비추어 보험가입자임이 인정되는 자는 물론, 해당 사실의 실질에 비추어 보험가입자의 요건을 갖추지 못하 였더라도 공단에 대한 관계에서 스스로 사업주로 행세하면서 재해발생 경위를 확 인해 준 자도 포함된다(대법원 2016. 7. 27. 선고 2016두36079 판결).

다. 산재보험의료기관·약국에 대한 징수

공단은 산재보험 의료기관이나 법 제46조 제1항에 따른 약국이 다음 각 호의 어느 하나에 해당하면 그 진료비나 약제비에 해당하는 금액을 징수하여야 한다. 다만, 제1호의 경우에는 그 진료비나 약제비의 2배에 해당하는 금액(제44조 제1항에 따라 과징금을 부과하는 경우에는 그 진료비에 해당하는 금액)을 징수한다(법 제84조 제3항).

1. 거짓이나 그 밖의 부정한 방법으로 진료비나 약제비를 지급받은 경우
2. 제40조 제5항 또는 제91조의9 제3항에 따른 요양급여의 산정 기준 및 제77조 제2항에 따른 조치비용 산정 기준을 위반하여 부당하게 진료비나 약제비를 지급받은 경우
3. 그 밖에 진료비나 약제비를 잘못 지급받은 경우

공단은 거짓이나 그 밖의 부정한 방법으로 보험급여, 진료비 또는 약제비를 받은 자(제2항에 따라 연대책임을 지는 자를 포함한다)가 부정수급에 대한 조사가 시작되기 전에 부정수급 사실을 자진 신고한 경우에는 그 보험급여액, 진료비 또는 약제비에 해당하는 금액을 초과하는 부분은 징수를 면제할 수 있다.

라. 부정수급자 명단공개

공단은 제84조 제1항 제1호 또는 같은 조 제3항 제1호에 해당하는 자(이하 "부정수급자"라 한다)로서 매년 직전 연도부터 과거 3년간 다음 각 호의 어느 하나에 해당하는 자의 명단을 공개할 수 있다. 이 경우 같은 조 제2항에 따른 연대책임자의 명단을 함께 공개할 수 있다(법 제84조의2 제1항).

1. 부정수급 횟수가 2회 이상이고 부정수급액의 합계가 1억원 이상인 자
2. 1회의 부정수급액이 2억원 이상인 자

부정수급자 또는 연대책임자의 사망으로 명단 공개의 실효성이 없는 경우 등 대통령령으로 정하는 경우에는 제1항에 따른 명단을 공개하지 아니할 수 있다(법 제84조의2 제2항). 공단은 이의신청이나 그 밖의 불복절차가 진행 중인 부당이득징수 결정처분에 대해서는 해당 이의신청이나 불복절차가 끝난 후 명단을 공개할 수 있다(법 제84조의2 제3항).

공단은 제1항에 따른 공개대상자에게 미리 그 사실을 통보하고 소명의 기회를

주어야 한다(법 제84조의2 제4항).

5. 구상권 행사

가. 제3자에 대한 근로복지공단의 구상권

공단은 제3자의 행위에 따른 재해로 근로자(또는 유족)에게 보험급여를 지급한 경우에는 그 급여액의 한도 안에서 급여를 받은 사람의 제3자에 대한 손해배상청구권을 대위(代位)한다(법 제87조 제1항 전문). 다만, 보험가입자인 둘 이상의 사업주가 같은 장소에서 하나의 사업을 분할하여 각각 행하다가 그 중 사업주를 달리하는 근로자의 행위로 재해가 발생하면 그러하지 아니하다(법 제87조 제1항 후문). 여기에서 "제3자"라 함은 피해근로자와의 사이에 산업재해보험관계가 없는 자로서 피해근로자에 대하여 불법행위 등으로 인한 손해배상책임을 지는 자를 말한다(대법원 1978. 2. 14. 선고 77다1967 판결, 대법원 1986. 4. 8. 선고 85다카2429 판결).

산재보험급여의 수급권자가 동일한 손해에 관하여 산재보험급여를 받고, 손해배상도 받는 것은 중복보상에 해당하여 타당하지 않고, 수급권자가 산재보험급여를 받음으로써 근로자에게 가해를 한 제3자의 책임이 면제되는 것도 타당하지 않기 때문에 근로복지공단이 수급권자의 손해배상청구권을 대위할 수 있도록 한 것이다.

나. 구상권의 제한

1) 제3자가 사업주인 경우

근로복지공단이 사업주에 대해 구상권을 행사한다면 사업주가 산재보험을 가입한 의미가 없다고 볼 수 있으므로 피해근로자의 사업주에 대해서는 구상권을 행사할 수 없다고 본다.

산업재해보상보험법 제54조 제1항 본문은 '원고 공단은 제3자의 행위로 인한 재해로 인하여 보험급여를 지급한 경우에는 그 급여액의 한도 안에서 급여를 받은 자의 제3자에 대한 손해배상청구권을 대위한다.'고 규정하고 있는바, 여기서 제3자라 함은 보험자, 보험가입자(사업주) 및 해당 수급권자를 제외한 자로서 피해 근로자와 산재보험관계가 없는 자로서 피해 근로자에 대하여 불법행위책임 내지 자동차손해배상보장법이나 민법 또는 국가배상법의 규정에 의하여 손해배상책임을 지는 자를 말한다(대법원 2003. 12. 26. 선고 2003다13307 판결).

2) 원수급인이 산재보험가입자인 경우 재해근로자의 사용자인 하수급인이 제3자에 해당하는지

고용보험 및 산업재해보상보험의 보험료징수 등에 관한 법률 제9조 제1항에 따라 하수급인에게 고용된 근로자에 대해서도 원수급인이 사업주로서 산재보험에 가입하였는데, 하수급인의 근로자가 하수급인의 행위로 업무상 재해를 입은 경우에 근로복지공단은 원수급인은 물론 하수급인에 대해서도 법 제87조 제1항에 따른 제3자에 대한 손해배상청구권을 대위행사할 수 없다.

가해자가 하수급인이라고 하더라도 직·간접적인 산업재해보상보험관계 내에서 업무에 통상 수반하는 위험이 현실화된 것이라면 그러한 업무상 재해에 대한 최종 보상책임을 근로복지공단으로 하여금 부담하도록 하는 것이 산업재해보상보험의 사회보험적 내지 책임보험적 성격에 부합할 뿐만 아니라 이러한 경우를 가해자가 원수급인인 경우와 달리 취급할 만한 합리적인 이유가 있다고 볼 수도 없는 점 등을 고려하면, 건설업 등 대통령령으로 정하는 사업이 여러 차례의 도급에 의하여 시행되는 때에는 하수급인에게 고용된 근로자가 하수급인의 행위로 인하여 업무상 재해를 입은 경우 그 하수급인은 '보험료징수법 제9조 제1항에 의한 보험가입자인 원수급인과 함께 직·간접적으로 재해 근로자와 산업재해보상보험관계를 가지는 자'로서 산업재해보상보험법 제87조 제1항이 정한 '제3자'에서 제외된다고 보는 것이 타당하다(대법원 2016. 5. 26. 선고 2014다204666 판결).

3) 제3자가 동료 근로자인 경우

재해의 원인을 제공한 제3자가 재해근로자의 동료 근로자로서 같은 사업주에 의하여 고용된 경우에는 근로복지공단이 구상권을 행사할 수 없다.

여기에서 구상권 행사의 상대방인 '제3자'란 재해 근로자와 산업재해보상보험관계가 없는 사람으로서 재해 근로자에 대하여 불법행위 등으로 손해배상책임을 지는 사람을 말한다(대법원 1986. 4. 8. 선고 85다카2429 판결 등 참조).

동료 근로자에 의한 가해행위로 다른 근로자가 재해를 입어 그 재해가 업무상 재해로 인정되는 경우에 그러한 가해행위는 사업장이 갖는 하나의 위험이라고 볼 수 있으므로, 그 위험이 현실화하여 발생한 업무상 재해에 대해서는 근로복지공단이 궁극적인 보상책임을 져야 한다고 보는 것이 산업재해보상보험의 사회보험적 또는 책임보험적 성격에 부합한다. 이러한 사정을 감안하면 근로자가 동일한 사업주에 의하여 고용된 동료 근로자의 행위로 인하여 업무상의 재해를 입은 경우에 그 동료 근로자는 보험가입자인 사업주와 함께 직간접적으로 재해 근로자와 산업재해보상보험관계를 가지는 사람으로서 산재보험법 제87조 제1항에서 정한 '제3자'에서 제외된다고 봄이 타당하다(대법원 2004. 12. 24. 선고 2003다33691 판결 참조). (대법원 2022. 8. 19. 선고 2021다263748 판결)[20]

다. 대위의 범위

근로복지공단이 제3자의 불법행위로 재해근로자에게 보험급여를 지급한 다음 재해근로자의 제3자에 대한 손해배상청구권을 대위할 수 있는 범위는 보험급여 중 제3자의 책임비율에 해당하는 금액이다.

업무상 재해가 사업주와 제3자의 공동불법행위로 인하여 발생하고 그 손해 발생에 재해근로자의 과실이 경합된 경우, 근로복지공단이 재해근로자의 제3자에 대한 손해배상청구권을 대위할 수 있는 범위는 보험급여에서 재해근로자의 과실비율 상당액을 공제한 다음, 여기서 다시 재해근로자가 배상받을 손해액 중 사업주의 과실비율 상당액을 공제한 차액이다.

산업재해보상보험법(이하 '산재보험법'이라 한다) 제87조의 문언과 입법 취지, 산업재해보상보험(이하 '산재보험'이라 한다) 제도의 목적과 사회보장적 성격, 재해근로자(유족 등 보험급여 수급자를 포함한다)와 근로복지공단(이하 '공단'이라 한다) 및 불법행위자 사이의 이익형량 등을 종합하여 보면, 공단이 제3자의 불법행위로 재해근로자에게 보험급여를 한 다음 산재보험법 제87조 제1항에 따라 재해근로자의 제3자에 대한 손해배상청구권을 대위할 수 있는 범위는 제3자의 손해배상액을 한도로 하여 보험급여 중 제3자의 책임비율에 해당하는 금액으로 제한된다. 따라서 보험급여 중 재해근로자의 과실비율에 해당하는 금액에 대해서는 공단이 재해근로자를 대위할 수 없으며 이는 보험급여 후에도 여전히 손해를 전보받지 못한 재해근로자를 위해 공단이 종국적으로 부담한다고 보아야 한다. 이와 같이 본다면 산재보험법에 따라 보험급여를 받은 재해근로자가 제3자를 상대로 손해배상을 청구할 때 그 손해 발생에 재해근로자의 과실이 경합된 경우에, 재해근로자의 손해배상청구액은 보험급여와 같은 성질의 손해액에서 먼저 보험급여를 공제한 다음 과실상계를 하는 '공제 후 과실상계' 방식으로 산정하여야 한다.

---

20) 자살한 소외인과 피고는 동일한 사업주에 의하여 고용된 동료 근로자인데, 피고의 직장내 성희롱, 성추행으로 소외인이 자살하게 된 경우 근로복지공단은 피고에 대해 소외인의 가족이 가지는 손해배상청구권을 대위할 수 없다고 판단한 사례

또한 산업재해가 산재보험 가입 사업주와 제3자의 공동불법행위로 인하여 발생한 경우에도 공단이 재해근로자의 제3자에 대한 손해배상청구권을 대위할 수 있는 범위는 제3자의 손해배상액을 한도로 하여 보험급여 중 제3자의 책임비율에 해당하는 금액으로 제한됨은 위와 같다. 따라서 공단은 보험급여 중 재해근로자의 과실비율에 해당하는 금액에 대해서 재해근로자를 대위할 수 없고 재해근로자를 위해 위 금액을 종국적으로 부담한다. 재해근로자가 가입 사업주와 제3자의 공동불법행위를 원인으로 가입 사업주나 제3자를 상대로 손해배상을 청구하는 경우에도 그 손해 발생에 재해근로자의 과실이 경합된 때에는 '공제 후 과실상계' 방식으로 손해배상액을 산정하여야 한다(대법원 2022. 3. 24. 선고 2021다241618 전원합의체 판결).

라. 수급권자가 제3자로부터 손해배상을 받은 경우 공단의 보험급여 지급책임의 면제

1) 공단의 보험급여 지급책임의 면제

수급권자가 제3자로부터 동일한 사유로 이 법의 보험급여에 상당하는 손해배상을 받으면 공단은 그 배상액을 대통령령으로 정하는 방법에 따라 환산한 금액의 한도 안에서 이 법에 따른 보험급여를 지급하지 아니한다(법 제87조 제2항).

보험급여 수급권자가 제3자로부터 손해배상을 받은 경우에, 그 손해배상금을 법 제87조 제2항에 따라 보험급여를 지급하지 않는 금액은 수급권자가 지급받은 금품의 가액(이 법에 따라 보험급여를 산정할 당시의 가액을 말한다)을 말하되, 요양서비스를 제공받은 경우에는 그 요양에 드는 비용으로 환산한 금액을 말한다(시행령 제81조, 제76조).

2) 공단의 유족급여 지급과 공동상속인들의 손해배상청구권

근로자가 업무상 재해로 사망함에 따라 공단이 수급권자에게 유족급여를 지급하였다고 하더라도 유족급여 수급권자와 공동상속인들이 일치하는 것은 아니므로 수급권자에 대한 유족급여 지급으로써 다른 공동상속인들에 대한 손해배상책임까지 소멸하는 것은 아니다. 따라서 공단은 기지급한 유족급여액의 한도 내에서 유족급여를 받은 수급권자가 제3자에 대해 가지고 있는 일실수입 상당 손해배상채권을 대위할 수 있을 뿐이고, 수급권자가 아닌 공동상속인들은 재해의 원인을 제공한 자에게 위 규정과 관계없이 각자의 상속분 비율에 따라 상속받은 손해배상채권을 행사할 수 있다.

근로자가 업무상 재해로 인하여 사망함에 따라 공단이 구 산재보험법에 의한 유족급여를 수급권자에게 지급하였다 하더라도, 수급권자가 아닌 망인의 공동상속인들이 상속한 손해배상채권과 그 유족급여의 수급권은 그 귀속주체가 서로 상이하여 위와 같은 상호보완적 관계를 인정할 수 없으므로, 수급권자에 대한 유족급여의 지급으로써 그 수급권자가 아닌 다른 공동상속인들에 대한 손해배상책임까지 위 조항에 의하여 당연히 소멸된다고 할 수는 없다.

그리고 구 산재보험법 제54조 제1항 본문은 "공단은 제3자의 행위에 의한 재해로 인하여 보험급여를 지급한 경우에는 그 급여액의 한도 안에서 급여를 받은 자의 제3자에 대한 손해배상청구권을 대위한다"고 규정하고 있다. 이는, 위와 같이 보험급여와 손해배상이 상호보완적 관계에 있는 경우에만 보험급여의 지급으로써 제3자에 대한 손해배상채권이 전보되어 소멸될 수 있음을 전제로 하여, 실제로 보험급여를 통하여 손해배상채권이 전보되어 소멸된 범위 내에서 공단이 그 채권을 대위할 수 있도록 규정한 것으로 봄이 상당하므로, 근로자가 업무상 재해로 인하여 사망함에 따라 공단이 수급권자에게 유족급여를 지급한 경우, 공단이 위 규정에 의하여 대위할 수 있는 손해배상채권은 유족급여액의 한도 안에서 당해 수급권자가 망인으로부터 상속한 제3자에 대한 일실수입 상당 손해배상채권에 한할 뿐이고(대법원 1987. 7. 21. 선고 86다카2948 판결, 대법원 2002. 4. 12. 선고 2000다45419 판결 등 참조), 수급권자가 아닌 망인의 공동상속인들은 위 규정과 관계없이 각자의 상속분 비율에 따라 상속받은 손해배상채권을 행사할 수 있다고 할 것이다.

위와 같은 구 산재보험법상 보험급여의 법적 성질, 수급권자의 법적 지위와 수급권의 법적 성질, 구 산재보험법상 보험급여에 의한 손해배상책임의 면제 및 공단의 손해배상청구권 대위의 법리 등을 종합하면, 근로자가 업무상 재해로 인하여 사망함에 따라 발생되는 망인의 일실수입 상당 손해배상채권은 모두가 그 공동상속인들에게 각자의 상속분 비율에 따라 공동상속되고, 공단이 구 산재보험법에 의하여 수급권자에게 지급하는 유족급여는 당해 수급권자가 상속한 일실수입 상당 손해배상채권을 한도로 하여 그 손해배상채권에서만 공제하는 것으로 해석하여야 할 것이고, 이와 달리 망인의 일실수입 상당 손해배상채권에서 유족급여를 먼저 공제한 후 그 나머지 손해배상채권을 공동상속인들이 각자의 상속분 비율에 따라 공동상속하는 것으로 해석할 것은 아니라 할 것이다. 구 산재보험법상 유족급여의 수급권자가 아닌 망인의 공동상속인들이 수급권자와 함께 동거하는 등으로 사실상 유족급여의 이익을 함께 향수하는 경우가 있을 수 있으나, 이는 어디까지나 사실상의 이익을 향수하는데 그치는 것일 뿐 다른 공동상속인들이 법률상 그 수급권자를 상대로 유족급여의 분배를 청구할 권리를 갖고 있는 것은 아닌 이상, 그러한 사정이 있다고 하여 그 유족급여를 망인의 일실수입 상당 손해배상채권에서 공제한 후 그 나머지만을 다른 공동상속인들이 공동상속하는 것으로 해석할 수는 없다(대법원 2009. 5. 21. 선고 2008다13104 전원합의체 판결).

마. 수급권자가 제3자에 대한 손해배상청구권의 행사를 포기한 경우

수급권자 및 보험가입자는 제3자의 행위로 재해가 발생하면 지체 없이 공단에 신고하여야 한다(법 제87조 제3항).

제3자의 불법행위에 의하여 재해를 당한 근로자가 제3자로부터 일실수입 상당 손해배상과 관련하여 일정한 금원을 지급받고 나머지 청구를 포기 또는 면제하기로 하였거나 혹은 이를 전혀 지급받지 않은 채 제3자의 일실수입 상당 손해배상의무 전부를 면제해 준 경우, 근로자가 그 재해로 인하여 제3자로부터 배상받을 수 있는 진정한 일실수입 상당 손해배상액이 근로자가 지급받을 수 있는 장해급여액(장해보상일시금 상당액)을 초과한다면 근로자가 장해보상일시금과 장해보상연금 중 어느 쪽을 선택하였는가와는 무관하게 근로복지공단의 장해급여 지급의무는 모두 소멸한다.

제3자의 불법행위에 의한 재해로 인하여 산업재해보상보험법상의 보험급여 지급의무가 발생한 경우 보험급여의 수급권자가 보험급여와 제3자에 의한 손해배상에 의하여 중복전보를 받는 것과 유책의 제3자가 그 책임을 면탈하는 것을 방지하고 보험재정의 확보를 꾀하려는 데 목적이 있는 산업재해보상보험법 제54조 제2항의 입법 취지와 그 규정 내용에 비추어 볼 때, 보험급여의 수급권자가 제3자로부터 자신의 재산상 손해배상과 관련된 일정한 금원을 지급받고 나머지 청구를 포기 또는 면제하기로 하였거나 혹은 이를 전혀 지급받지 않은 채 제3자의 재산상 손해배상의무 전부를 면제하여 주었다면, 수급권자가 그 재해로 인하여 제3자로부터 배상받을 수 있는 진정한 재산상 손해액(보험급여 항목과 관련된 범위에 국한된다)의 한도 내에서 근로복지공단은 보험급여의 지급의무를 면하게 된다고 볼 것이고(대법원 1978. 2. 14. 선고 76다2119 전원합의체 판결, 2000. 8. 18. 선고 2000두918 판결 등 참조), 산업재해보상보험법상 장해급여인 장해보상일시금과 장해보상연금은 지급방법에 차이가 있을 뿐 그 전체로서의 가치는 동일하므로 장해급여 지급의무 소멸 범위를 판단함에 있어 양자는 동일하게 취급되어야 한다(대법원 2001. 7. 13. 선고 2000두6268 판결, 2001. 11. 30. 선고 2001다666 판결, 헌법재판소 2005. 11. 24. 선고 2004헌바97 결정 등 참조).

따라서 제3자의 불법행위에 의하여 재해를 당한 근로자가 제3자로부터 일실수입 상당 손해배상과 관련하여 일정한 금원을 지급받고 나머지 청구를 포기 또는 면제하기로 하였거나 혹은 이를 전혀 지급받지 않은 채 제3자의 일실수입 상당 손해배상의무 전부를 면제해 준 경우, 근로자가 그 재해로 인하여 제3자로부터 배상받을 수 있는 진정한 일실수입 상당 손해배상액이 근로자가 지급받을 수 있는 장해급여액(장해보상일시금 상당액)을 초과한다면 근로자가 장해보상일시금과 장해보상연금 중 어느 쪽을 선택하였는가와는 무관하게 근로복지공단의 장해급여 지급의무는 모두 소멸한다고 할 것이고, 산업재해보상보험법 제42조 제3항 단서가 장해보상연금을 원칙적인 장해급여 지급방법으로 규정하고 있다고 하여 달리 볼 것은 아니다 (대법원 2007. 6. 15. 선고 2005두7501 판결).

바. 근로복지공단의 자동차보험회사에 대한 위자료청구권 대위행사

법 제87조 제1항 본문에서 정한 '급여를 받은 자의 제3자에 대한 손해배상청구권은 근로복지공단이 지급한 보험급여와 동일한 성질의 것으로서 상호 보완의 관계에 있는 것에 한하고 근로복지공단이 산재보험법에 따라 지급한 보험급여에 기하여 피해자의 보험자에 대한 위자료청구권을 대위할 수는 없다.

[1] 자동차손해배상 보장법(이하 '자동차손배법'이라고 한다) 제3조에 기한 보험자의 배상책임은 사고와 상당인과관계 있는 법률상 손해 일체를 내용으로 하는 것으로서, 사망사고의 경우 배상의 대상이 되는 손해에는 치료비 등 적극적 손해, 일실수입 등 소극적 손해 및 정신적 손해 모두를 포함하고, 자동차손배법 제5조에 기하여 책임보험자가 피해자에게 지급하여야 할 금액은 자동차손배법 시행령에 정한 책임보험금의 한도 내에서 피해자가 실제로 입은 손해액이므로, 자동차손배법 시행령 제3조 제1항 제1호에 따라 책임보험자가 지급하여야 할 금액인 '피해자에게 발생한 손해액'도 적극적 손해, 소극적 손해 및 정신적 손해를 모두 포함하는 것으로 해석하여야 한다.
[2] 산업재해보상보험법(이하 '산재보험법'이라고 한다) 제87조 제1항 본문은 "공단은 제3자의 행위에 따른 재해로 보험급여를 지급한 경우에는 그 급여액의 한도 안에서 급여를 받은 자의 제3자에 대한 손해배상청구권을 대위한다."라고 규정하고 있다. 여기서 '급여를 받은 자의 제3자에 대한 손해배상청구권'은 근로복지공단이 지급한 보험급여와 동일한 성질의 것으로서 상호보완의 관계에 있는 것에 한한다. 그런데 자동차손해배상 보장법에 기한 배상책임의 대상이 되는 위자료는 산재보험법이 규정한 보험급여에 의하여 전보되지 아니하는 손해이므로, 근로복지공단이 산재보험법에 따라 지급한 보험급여에 기하여 피해자의 보험자에 대한 위자료청구권

을 대위할 수 없다.

[3] 자동차손해배상 보장법 제5조 제1항은 피해자가 사망한 경우에는 손해배상을 받을 권리를 가진 자를 피해자로 규정하고 있으므로, 피재자의 유족이 지출한 장례비 손해는 같은 법 시행령 제3조 제1항 제1호에 규정된 '피해자에게 발생한 손해액'에 포함된다.

[4] 피해자가 책임보험자를 상대로 자동차손해배상 보장법(이하 '자동차손배법'이라고 한다)에 의한 직접청구권을 행사하는 경우에 책임보험자가 피해자에게 지급하여야 할 금액은 자동차손배법 시행령 제3조 제1항 제1호에 정한 책임보험금의 한도 내에서 피해자가 실제로 입은 손해액이므로, 근로복지공단이 유족급여와 장의비를 지급한 경우 책임보험자에 대하여 대위할 수 있는 금액은 책임보험금의 한도 내에서 피해자가 실제로 입은 손해액 가운데 위자료를 제외한 나머지 손해액에 한한다. 자동차손배법 시행령 제3조 제1항 제1호 단서는 자동차사고로 피해자가 사망한 경우 피해자에게 발생한 손해액이 2천만 원 미만인 때에도 2천만 원의 책임보험금을 지급하도록 규정하고 있으나, 이는 피해자에게 발생한 적극적 손해, 소극적 손해 및 정신적 손해의 손해액을 합친 금액이 2천만 원에 미치지 못할 때에도 피해자에게 최소한 2천만 원의 손해배상액이 지급되도록 하려는 데 취지가 있는 것이지 피해자의 정신적 손해에 대한 손해배상청구권을 대위할 지위에 있지 않은 근로복지공단에게 그 부분까지 구상권을 행사할 수 있다는 뜻은 아니라고 보아야 한다(대법원 2017. 10. 12. 선고 2017다231119 판결).

사. 구상금협의조정기구

공단은 제87조에 따라 자동차손해배상 보장법 제2조 제7호 가목에 따른 보험회사등(이하 이 조에서 "보험회사등"이라 한다)에게 구상권을 행사하는 경우 그 구상금 청구액을 협의·조정하기 위하여 보험회사등과 구상금협의조정기구를 구성하여 운영할 수 있다(법 제87조의2 제1항).

공단과 보험회사등은 제1항에 따른 협의·조정을 위하여 상대방에게 필요한 자료의 제출을 요구할 수 있다. 이 경우 자료의 제출을 요구받은 상대방은 특별한 사정이 없으면 그 요구에 따라야 한다(법 제87조의2 제2항).

6. 수급권의 보호

근로자의 보험급여를 받을 권리는 근로자가 퇴직하여도 소멸되지 아니한다(법 제88조 제1항).

보험급여를 받을 권리는 양도 또는 압류하거나 담보로 제공할 수 없다(법 제88조 제2항).

제82조 제2항에 따라 지정된 보험급여수급계좌의 예금 중 대통령령으로 정하는 액수[21] 이하의 금액에 관한 채권은 압류할 수 없다.

7. 수급권의 대위

보험가입자(보험료징수법 제2조 제5호에 따른 하수급인을 포함한다)가 소속 근로자의 업무상의 재해에 관하여 이 법에 따른 보험급여의 지급 사유와 동일한 사유로 민법이나 그 밖의 법령에 따라 보험급여에 상당하는 금품을 수급권자에게 미리 지급한 경우로서 그 금품이 보험급여에 대체하여 지급한 것으로 인정되는 경우에 보험가입자는 대통령령으로 정하는 바에 따라 그 수급권자의 보험급여를 받을 권리를 대위한다(법 제89조).

보험가입자가 보험급여 수급권자의 보험급여 수급권을 대위하여 보험급여를 지급받으려는 경우에는 법에 따른 보험급여의 지급 사유와 동일한 사유로 보험급여에 상당하는 금품을 수급권자에게 지급하였음을 증명하는 서류를 첨부하여 공단에 청구하여야 한다(시행령 제82조 제1항).

공단은 보험가입자가 보험급여 수급권을 대위하여 청구하면 그 보험급여 수급권자가 해당 보험급여에 상당하는 금품을 받았는지를 확인하여야 한다(시행령 제82조 제2항).

보험가입자가 법 제89조에 따라 보험급여 수급권자에게 장해급여 또는 유족급여에 상당하는 금품을 지급한 경우에는 각각 장해보상일시금 또는 유족보상일시금에 상당하는 금품을 지급한 것으로 본다(시행령 제82조 제3항).

---

21) 산재보험법 시행령 제81조의2(보험급여에 대한 압류 금지) 법 제88조 제3항에서 "대통령령으로 정하는 액수"란 법 제82조 제2항 본문에 따라 보험급여수급계좌에 입금된 금액 전액을 말한다.

제10절 노무제공자에 대한 산업재해보상보험 특례

1. 노무제공자에 대한 특례규정 신설의 취지

기존 산재보험법에 따르면 택배기사, 퀵서비스기사 등 15개 직종 79만여 명의 특수형태근로종사자가 산업재해보상보험을 적용받기 위해서는 하나의 업체에서 일정한 소득이나 종사시간 등 '특정 사업에의 전속성' 요건을 충족하여야 하였다.

이에 따라 라이더가 배달앱 등 온라인 플랫폼 등을 통해 복수의 사업에 노무를 제공하는 경우와 같이 플랫폼 종사자가 복수 사업에 노무를 제공하는 경우에는 전속성 요건을 충족하지 못하여 산업재해 보호의 사각지대가 발생하고 있었다. 또한 특수형태근로종사자가 '특정 사업에의 전속성' 요건을 충족하더라도, 주된 사업장 외의 보조사업장에서 업무상 재해를 입은 경우에는 산업재해보상보험이 적용되지 않았다.

이에 국회는 2022. 6. 10. 산업재해보상보험법을 개정하여(2023. 7. 1. 시행) 산업재해보상보험의 전속성 요건을 폐지하고, 기존 특수형태근로종사자 및 온라인 플랫폼 종사자 등을 포괄하는 개념으로 "노무제공자"의 정의를 신설하여 산업재해보상보험의 적용을 받을 수 있도록 하였다.

개정법을 통해 확대된 산재보험적용대상 직종은 보험설계사, 건설기계조종사, 방문강사, 골프장캐디, 택배기사, 퀵서비스기사, 대출모집인, 신용카드모집인, 대리기사(탁송기사, 대리주차원, 비전속 플랫폼 종사자 모두 포함), 방문판매원, 대여제품방문점검원, 가전제품배송설치기사, 건설현장 화물차주, 화물차주(일시적 노무제공 포함), 소프트웨어기술자, 방과후학교강사, 유치원 · 어린이집 강사, 관광통역안내사, 어린이통학버스 기사 등 18개 직종이다.

산재보험법은 제3장의 4에서 노무제공자에 대한 특례규정을 두고 있다.

2. 산재보험법상 노무제공자에 관한 규정상 용어의 정의

가. 노무제공자

"노무제공자"란 자신이 아닌 다른 사람의 사업을 위하여 ① 노무제공자가 사업주로부터 직접 노무제공을 요청받거나, ② 노무제공자가 사업주로부터 일하는 사람의 노무제공을 중개·알선하기 위한 전자적 정보처리시스템(이하 "온라인 플랫폼"이라 한다)을 통해 노무제공을 요청받는 방법에 따라 자신이 직접 노무를 제공하고 그 대가를 지급받는 사람으로서 업무상 재해로부터의 보호 필요성, 노무제공 형태 등을 고려하여 대통령령으로 정하는 직종에 종사하는 사람을 말한다(법 제91조의15 제1호).

나. 플랫폼 종사자

"플랫폼 종사자"란 온라인 플랫폼을 통해 노무를 제공하는 노무제공자를 말한다(법 제91조의15 제2호).

다. 플랫폼 운영자

"플랫폼 운영자"란 온라인 플랫폼을 이용하여 플랫폼 종사자의 노무제공을 중개 또는 알선하는 것을 업으로 하는 자를 말한다(법 제91조의15 제3호).

라. 플랫폼 이용 사업자

"플랫폼 이용 사업자"란 플랫폼 종사자로부터 노무를 제공받아 사업을 영위하는 자를 말한다. 다만, 플랫폼 운영자가 플랫폼 종사자의 노무를 직접 제공받아 사업을 영위하는 경우 플랫폼 운영자를 플랫폼 이용 사업자로 본다(법 제91조의15 제4호).

마. 보수

"보수"란 노무제공자가 이 법의 적용을 받는 사업에서 노무제공의 대가로 지급받은 소득세법 제19조에 따른 사업소득 및 같은 법 제21조에 따른 기타소득에서 대통령령으로 정하는 금품을 뺀 금액을 말한다. 다만, 노무제공의 특성에 따라 소득확인이 어렵다고 대통령령으로 정하는 직종의 보수는 고용노동부장관이 고시하는 금액으로 한다(법 제91조의15 제5호).

바. 평균보수

"평균보수"란 이를 산정하여야 할 사유가 발생한 날이 속하는 달의 전전달 말일부터 이전 3개월 동안 노무제공자가 재해가 발생한 사업에서 지급받은 보수와 같은 기간 동안 해당 사업 외의 사업에서 지급받은 보수를 모두 합산한 금액을 해당 기간의 총 일수로 나눈 금액을 말한다. 다만, 노무제공의 특성에 따라 소득확인이 어렵거나 소득의 종류나 내용에 따라 평균보수를 산정하기 곤란하다고 인정되는 경우에는 고용노동부장관이 고시하는 금액으로 한다(법 제91조의15 제6호).

3. 노무제공자에 대한 산업재해보상보험제도의 적용

법 제5조 제2호에도 불구하고 노무제공자는 산재보험법의 적용을 받는 근로자로 본다. 즉 근로기준법상의 근로자에 해당하지 않더라도 산재보험법의 적용을 받는 근로자로 본다.

법 제6조에도 불구하고 노무제공자의 노무를 제공받는 사업은 이 법의 적용을 받는 사업으로 본다. 즉 근로자를 사용하는 사업 또는 사업장이 아니더라도 노무제공자의 노무를 제공받는 사업은 산재보험법이 적용된다.

4. 노무제공자에 대한 보험급여 산정기준

노무제공자의 평균보수 산정사유 발생일은 다음 각 호의 어느 하나에 해당하는 날로 한다(법 제91조의17 제1항, 시행령 제83조의8).

1. 사망 또는 부상의 원인이 되는 사고가 발생한 날
2. 질병이 확인된 날. 이 경우 질병이 확인된 날은 그 질병이 보험급여의 지급 대상이 된다고 확인될 당시에 발급된 진단서나 소견서의 발급일로 하되, 그 질병의 검사·치료의 경과 등이 진단서나 소견서의 발급과 시간적·의학적 연속성이 있는 경우에는 그 요양을 시작한 날로 한다.

노무제공자에 대해 제3장 및 제3장의 2에 따른 보험급여에 관한 규정을 적용할 때에는 "임금"은 "보수"로, "평균임금"은 "평균보수"로 본다(법 제91조의17 제2항). 업무상 재해를 입은 노무제공자가 평균보수 산정기간 동안 근로자(일용근로자로서 제23조 제1호 각 목에 해당하지 않는 사람은 제외한다)로서 지급받은 임금이 있는 경우에는 그 기간의 보수와 임금을 합산한 금액을 해당 기간의 총일수로 나누어 평균보수를 산정한다(법 제91조의17 제3항). 노무제공자에 대한 보험급여를 산정하는 경우 해당 노무제공자의 평균보수를 산정하여야 할 사유가 발생한 날부터 1년이 지난 이후에는 매년 소비자물가변동률에 따라 평균보수를 증감한다(법 제91조의17 제4항).

노무제공자에 대한 보험급여의 산정에 관하여는 제36조 제5항 및 제6항은 적용하지 아니한다.[22)]

5. 노무제공자에 대한 업무상 재해의 인정기준

노무제공자에 대한 업무상의 재해의 인정기준은 근로자에 대한 업무상 재해의 인정기준에 관한 제37조 제1항부터 제4항까지의 규정을 적용하되 구체적인 인정기준은 노무제공 형태 등을 고려하여 대통령령으로 정한다(법 제91조의18). 시행령 제83조의10은 노무제공자에 대한 업무상 재해의 인정기준에 관하여, "시행령 제27조(업무수행 중의 사고), 제28조(시설물 등의 결함 등에 따른 사고), 제30조(행사 중의 사고), 제31조(특수한 장소에서의 사고), 제32조(요양 중의 사고), 제33조(제3자의 행위에 따른 사고), 제34조(업무상 질병의 인정기준), 제35조(출퇴근 중의 사고), 제35조의2(출퇴근 재해 적용 제외 직종) 및 제36조(자해행위에 따른 업무상의 재해의 인정기준)를 적용한다"고 규정하고 있다.

6. 노무제공자에 대한 휴업급여

노무제공자에 대해서는 제54조에도 불구하고 제52조에 따라 산정한 1일당 휴업급여 지급액이 대통령령으로 정하는 최저 휴업급여 보장액(이하 "최저 휴업급여 보장액"이라 한다)보다 적으면 최저 휴업급여 보장액을 1일당 휴업급여 지급액으로 한다(법 제91조의19 제1항).

"대통령령으로 정하는 최저 휴업급여 보장액"이란 보험료징수법 제48조의6 제8

---

22) 제36조(보험급여의 종류와 산정기준 등)
⑤ 보험급여(진폐보상연금 및 진폐유족연금은 제외한다)를 산정할 때 해당 근로자의 근로 형태가 특이하여 평균임금을 적용하는 것이 적당하지 아니하다고 인정되는 경우로서 대통령령으로 정하는 경우에는 대통령령으로 정하는 산정 방법에 따라 산정한 금액을 평균임금으로 한다.
⑥ 보험급여를 산정할 때 진폐 등 대통령령으로 정하는 직업병으로 보험급여를 받게 되는 근로자에게 그 평균임금을 적용하는 것이 근로자의 보호에 적당하지 아니하다고 인정되면 대통령령으로 정하는 산정 방법에 따라 산정한 금액을 그 근로자의 평균임금으로 한다.

항에 따라 공단에 신고된 노무제공자의 월 보수액을 고려하여 매년 위원회의 심의를 거쳐 고용노동부장관이 정하여 고시하는 금액을 말한다. 현재「노무제공자 최저휴업급여 보장액」(고용노동부고시 제2023-28호, 2023. 6. 29. 제정)은 노무제공자의 최저휴업급여 보장액을 1일 41,150원으로 정하고 있다(유효기간 2024. 12. 31.).

재요양을 받는 노무제공자에 대해서는 제56조 제1항에 따라 산정한 1일당 휴업급여 지급액이 최저 휴업급여 보장액보다 적거나 재요양 당시 평균보수 산정의 대상이 되는 보수가 없으면 최저 휴업급여 보장액을 1일당 휴업급여 지급액으로 한다(법 제91조의19 제2항).

장해보상연금을 지급받는 노무제공자가 재요양하는 경우에는 1일당 장해보상연금액과 제2항 또는 제56조 제1항에 따라 산정한 1일당 휴업급여 지급액을 합한 금액이 장해보상연금의 산정에 적용되는 평균보수의 100분의 70을 초과하면 그 초과하는 금액 중 휴업급여에 해당하는 금액은 지급하지 아니한다(법 제91조의19 제3항).

최저휴업급여 보장액을 1일당 휴업급여 지급액으로 하는 노무제공자가 그 요양기간 중 일정기간 또는 단시간 취업을 하는 경우에는 제53조 제1항 단서에도 불구하고 최저휴업급여 보장액(별표 1 제2호에 따라 감액하는 경우에는 그 감액한 금액)에서 취업한 날에 대한 보수를 뺀 금액을 부분휴업급여로 지급할 수 있다(법 제91조의19 제4항).

7. 노무제공자의 보험급여 지급을 위한 평균보수 산정

노무제공자의 보험급여는 보험료징수법에 따라 공단에 신고된 해당 노무제공자의 보수를 기준으로 평균보수를 산정한 후 그에 따라 지급한다(법 제91조의20 제1항).

수급권자는 신고 누락 등으로 인하여 제1항에 따라 산정된 평균보수가 실제 평균보수와 다르게 산정된 경우에는 보험료징수법으로 정하는 바에 따라 보수에 대한 정정신고를 거쳐 이 법에 따른 평균보수 및 보험급여의 정정청구를 할 수 있다(법 제91조의20 제2항).

8. 플랫폼 운영자에 대한 정보제공요청

공단은 플랫폼 종사자에 관한 보험사무의 효율적 처리를 위하여 플랫폼 운영자에게 해당 온라인 플랫폼의 이용 및 보험관계의 확인에 필요한 다음 각 호의 자료 또는 정보의 제공을 요청할 수 있다. 이 경우 요청을 받은 플랫폼 운영자는 정당한 사유가 없으면 그 요청에 따라야 한다(법 제91조의21).

1. 플랫폼 이용 사업자 및 플랫폼 종사자의 온라인 플랫폼 이용 개시일 또는 종료일
2. 플랫폼 이용 사업자의 보험관계와 관련된 사항으로서 사업장의 명칭·주소 등 대통령령으로 정하는 정보
3. 플랫폼 종사자의 보험관계 및 보험급여의 결정과 지급 등과 관련된 사항으로서 플랫폼 종사자의 이름·직종·보수·노무제공 내용 등 대통령령으로 정하는 자료 또는 정보

제11절　근로복지사업

　고용노동부 장관은 근로자의 복지 증진을 위하여 업무상의 재해를 입은 근로자의 원활한 사회 복귀를 촉진하기 위한 요양이나 외과 후 처치에 관한 시설과 의료재활이나 직업재활에 관한 시설설치·운영, 장학사업 등 재해근로자와 그 유족의 복지 증진을 위한 사업, 그 밖에 근로자의 복지 증진을 위한 시설의 설치·운영 사업을 한다(법 제92조 제1항).

　근로복지공단은 이에 따라 저소득근로자에 대한 생활안정자금 융자사업, 저소득근로자에 대한 문화·여가지원사업, 어린이집 운영, 신용보증지원사업, 임금채권보장사업, 산재근로자 복지지원 등의 사업을 하고 있다.

　고용노동부장관은 공단 또는 재해근로자의 복지 증진을 위하여 설립된 법인 중 고용노동부장관의 지정을 받은 법인(이하 "지정법인"이라 한다)에 제1항에 따른 사업을 하게 하거나 같은 항 제1호에 따른 보험시설의 운영을 위탁할 수 있다(법 제92조 제2항).

　공단은 제37조 제1항 제2호에 따른 업무상 질병에 대하여 요양 신청을 한 경우로서 요양급여의 결정에 걸리는 기간 등을 고려하여 대통령령으로 정하는 사람에 대하여 국민건강보험법 제44조에 따른 요양급여 비용의 본인 일부 부담금에 대한 대부사업을 할 수 있다(법 제93조 제1항). 공단은 제1항에 따라 대부를 받은 사람에

게 지급할 이 법에 따른 요양급여가 있으면 그 요양급여를 대부금의 상환에 충당할 수 있다.

고용노동부장관은 보험가입자에 대하여 장해급여 또는 진폐보상연금을 받은 사람을 그 적성에 맞는 업무에 고용하도록 권고할 수 있다(법 제94조).


```
┌─────────┐
│ 제12절  │  산업재해보상보험 및 예방기금
└─────────┘
```

고용노동부장관은 보험사업, 산업재해 예방 사업에 필요한 재원을 확보하고, 보험급여에 충당하기 위하여 산업재해보상보험및예방기금(이하 "기금"이라 한다)을 설치한다(법 제95조 제1항). 기금은 보험료, 기금운용 수익금, 적립금, 기금의 결산상 잉여금, 정부 또는 정부 아닌 자의 출연금 및 기부금, 차입금, 그 밖의 수입금을 재원으로 하여 조성한다(법 제95조 제2항). 정부는 산업재해 예방 사업을 수행하기 위하여 회계연도마다 기금지출예산 총액의 100분의 3의 범위에서 제2항에 따른 정부의 출연금으로 세출예산에 계상(計上)하여야 한다(법 제95조 제3항).

기금은 보험급여의 지급 및 반환금의 반환, 차입금 및 이자의 상환, 공단에의 출연, 산업안전보건법 제12조에 따른 용도, 재해근로자의 복지 증진, 한국산업안전보건공단법에 따른 한국산업안전보건공단에 대한 출연, 보험료징수법 제4조에 따른 업무를 위탁받은 자에의 출연, 그 밖에 보험사업 및 기금의 관리와 운용에 사용한다(법 제96조).

제13절 심사청구 및 재심사청구

1. 심사청구

가. 심사청구

다음 각 호의 어느 하나에 해당하는 공단의 결정 등(이하 "보험급여 결정등"이라 한다)에 불복하는 자는 공단에 심사청구를 할 수 있다(법 제103조).

1. 제3장, 제3장의 2 및 제3장의 3에 따른 보험급여에 관한 결정
2. 제45조 및 제91조의6 제4항에 따른 진료비에 관한 결정
3. 제46조에 따른 약제비에 관한 결정
4. 제47조 제2항에 따른 진료계획 변경 조치등
5. 제76조에 따른 보험급여의 일시지급에 관한 결정
5의2. 제77조에 따른 합병증 등 예방관리에 관한 조치
6. 제84조에 따른 부당이득의 징수에 관한 결정
7. 제89조에 따른 수급권의 대위에 관한 결정

근로자가 근로복지공단에 청구하는 심사청구서 양식은 다음과 같다.

■ 산업재해보상보험 심사업무처리규정 [별지 제1호서식]　　　　　　　　(앞 면)

산업재해보상보험
심 사 청 구 서

※ 고용 · 산재보험 토탈서비스(http://total.kcomwel.or.kr)에서도 제출할 수 있습니다.

접수번호			접수일			처리기한: 60일

청구인	① 성　명		② 생년월일 (사업자등록번호)		③ 재해자와의 관　계	
	④ 주　소	(전화번호) (휴대전화)				
대리인	⑤ 성　명		⑥ 생년월일		⑦ 재해자와의 관　계	
	⑧ 주　소	(전화번호) (휴대전화)				

재해를 입 은 사 람	⑨ 성　명		⑩ 생년월일	
	⑪ 사업장명		⑫ 사업장소재지	

원처분 내 용	⑬ 결정기관	지역본부(지사)장	⑭ 결 정 년 월 일	년　　　월　　　일
	⑮ 결정내용		⑯ 결 정 을 안 날	년　　　월　　　일

⑰ 원처분기관의 고지 유무 및 그 내용	
⑱ 청구취지 및 이유	(별지의 기재와 같음)

산업재해보상보험법 제103조 및 같은 법 시행령 제96조에 따라 위와 같이 심사청구합니다.

20　　　년　　　월　　　일

　　　　청구인　　　　　　　　　　　　　　(서명 또는 인)
　　　　위 대리인　　　　　　　　　　　　　(서명 또는 인)

근로복지공단 이사장　귀하

첨부서류:
　1. 청구의 취지 및 이유
　2. 위임장(대리인을 선임한 경우에 한합니다.)
　3. 증거조사 신청서(증거조사를 신청할 때에 한합니다.)
　4. 구술심리 신청서(구술심리를 신청할 때에 한합니다.)
※ 뒷면 작성방법을 참고하여 주시기 바랍니다.

※ 이 청구서는 아래와 같이 처리됩니다. (뒷 면)

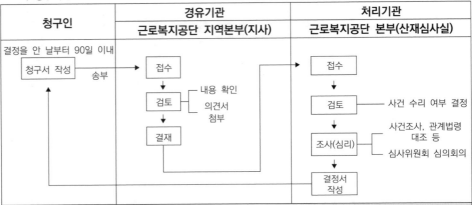

작 성 방 법

1. ①~② 청구인이
 - 재해자인 경우에는 그 재해자의 성명 및 생년월일을,
 - 재해자의 유족인 경우에는 유족의 성명 및 생년월일을,
 - 재해자가 소속한 사업장의 사업주인 경우에는 그 사업주의 성명 및 생년월일을 기재합니다.
2. ④ 청구인이 공단의 결정서를 받을 수 있는 주소지를 기재합니다.
3. ⑬ 결정기관은 청구인이 청구한 사건과 관련하여 결정을 한 공단 소속기관(지사 또는 지역본부)을 기재합니다.
4. ⑭ "⑬항"의 결정기관에서 불승인(또는 부지급, 납부고지) 등 결정된 날(발송일자)을 기재합니다.
5. ⑯ "결정을 안 날"이라 함은 공단 소속기관의 불승인(또는 부지급, 납부고지) 등의 결정서를 받은 날을 말하며, 이
 와 다를 경우에는 부득이한 사유가 있었다는 객관적인 증거자료를 함께 제출하여야 합니다.
 - "공단 소속기관의 결정서를 받은 날"이라 함은 우편 등에 의하여 청구인, 청구인의 가족, 공동주택인 경우에는 경
 비원, 사업주인 경우에는 그 사업장 직원 또는 건물관리원 등이 수령한 날을 말하며, 일반적으로 공단 소속기관에
 서 우편물을 발송한 날부터 3일 이내가 됩니다.
6. ⑰ 공단 소속기관의 결정통지서 상 "처분이 있음을 안 날로부터 90일 이내에 공단 소속기관을 경유하여 심사청구
 를 할 수 있음"을 고지를 받은 경우에는"심사청구를 할 수 있음을 고지 받았음"이라고 기재하고, 이러한 고지를 받
 지 않았을 경우에는 "고지받지 못하였음"으로 기재합니다.
7. ⑱ 다음 『작성예시』의 내용을 참고하여 별도로 작성 · 첨부합니다.

예시)
 - 청구인: 성명　　(생년월일)，　주 소
 ⇒ 청구인은 근로복지공단 ○○지역본부(지사)에서 20 ． ． ．자로 처분을 받았으며 이에 불복하여
　　다음과 같이 심사를 청구합니다.
 - 청구취지
 ⇒ 원처분기관이 20 ． ． ．자로 청구인에게 행한　처분을 취소한다는 결정을 구합니다.
 - 이 유
 ⇒ 청구이유와 사실관계, 의학적 인과관계 등이 있음을 객관적으로 기재하고 근거자료를 제시
　　　　　　　　　　　　　　　　20 ． ． ．

　　　　　　　　　　　　　　　　　　　　　　　청구인 ○ ○ ○ (서명 또는 인)

나. 심사청구기관-산업재해보상보험심사위원회

심사청구는 근로복지공단이 담당한다. 심사청구를 할 사람은 그 보험급여 결정 등을 한 공단의 소속 기관[지역본부(지사)]을 거쳐 공단에 제기하여야 하고, 보험급여 결정 등이 있음을 안 날부터 90일 이내에 하여야 한다(법 제103조 제2항, 제3항). 심사청구서를 받은 공단의 소속 기관은 5일 이내에 의견서를 첨부하여 공단에 보내야 한다(법 제103조 제4항).

산재보험급여 결정 등에 대하여는 행정심판법에 따른 행정심판을 제기할 수 없다(법 제103조 제5항).

심사청구를 심의하기 위하여 공단에 관계 전문가 등으로 구성되는 산업재해보상보험심사위원회(이하 "심사위원회"라 한다)를 두고, 심사위원회 위원의 제척·기피·회피에 관하여는 재심사위원회 위원에 관한 제108조를 준용한다(법 제104조).

공단은 제103조 제4항에 따라 심사청구서를 받은 날부터 60일 이내에 심사위원회의 심의를 거쳐 심사청구에 대한 결정을 하여야 한다. 다만, 부득이한 사유로 그 기간 이내에 결정을 할 수 없으면 한 차례만 20일을 넘지 아니하는 범위에서 그 기간을 연장할 수 있다(법 제105조 제1항). 결정기간을 연장할 때에는 최초의 결정기간이 끝나기 7일 전까지 심사청구인 및 보험급여 결정을 한 공단의 소속 기관에 알려야 한다(법 제105조 제3항).

제1항 본문에도 불구하고 심사청구 기간이 지난 후에 제기된 심사청구 등 다음과 같은 사유에 해당하는 경우에는 심사위원회의 심의를 거치지 아니할 수 있다(법 제105조 제2항, 시행령 제102조 제1항).

1. 법 제38조에 따른 업무상질병판정위원회의 심의를 거쳐 업무상 질병의 인정 여부가 결정된 경우
2. 진폐인 경우
3. 이황화탄소 중독인 경우
4. 제97조 제1항에 따른 각하 결정 사유에 해당하는 경우
5. 그 밖에 심사청구의 대상이 되는 보험급여 결정등이 적법한지를 명백히 알 수 있는 경우

공단은 심사청구의 심리를 위하여 필요하면 청구인의 신청 또는 직권으로 청구인 또는 관계인을 지정 장소에 출석하게 하여 질문하거나 의견을 진술하게 하거

나, 청구인 또는 관계인에게 증거가 될 수 있는 문서나 그 밖의 물건을 제출하게 하거나, 전문적인 지식이나 경험을 가진 제3자에게 감정하게 하거나, 소속 직원에게 사건에 관계가 있는 사업장이나 그 밖의 장소에 출입하여 사업주·근로자, 그 밖의 관계인에게 질문하게 하거나, 문서나 그 밖의 물건을 검사하게 하거나, 심사청구와 관계가 있는 근로자에게 공단이 지정하는 의사·치과의사 또는 한의사의 진단을 받게 할 수 있다(법 제105조 제4항).

다. 심사청구에 대한 불복

산업재해보상보험법 제88조 제1항, 제90조 제1항, 제3항, 제94조 제2항의 규정에 의하면, 보험급여에 관한 결정에 대하여는 심사청구 및 재심사청구를 할 수 있고, 심사청구 및 재심사청구를 거치지 아니하고 바로 행정소송을 제기할 수 있으며, 임의적으로 심사청구 및 재심사청구를 모두 거친 후에 비로소 행정소송을 제기할 수도 있을 뿐만 아니라, 임의적으로 심사청구만을 하여 그 결정을 받은 후 바로 행정소송을 제기할 수도 있다(대법원 2002. 11. 26. 선고 2002두6811 판결).

대법원은 '산재보험법 규정의 내용, 형식 및 취지 등에 비추어 보면, 산재보험법상 심사청구에 관한 절차는 보험급여 등에 관한 처분을 한 피고로 하여금 스스로의 심사를 통하여 당해 처분의 적법성과 합목적성을 확보하도록 하는 피고 내부의 시정절차에 해당하므로 처분청이 스스로 당해 처분의 적법성과 합목적성을 확보하고자 행하는 자신의 내부 시정절차에서는 당초 처분의 근거로 삼은 사유와 기본적 사실관계의 동일성이 인정되지 아니하는 사유라고 하더라도 이를 처분의 적법성과 합목적성을 뒷받침하는 처분사유로 추가·변경할 수 있다'고 판시하였다.

산업재해보상보험법(이하 '산재보험법'이라고 한다)은 피고의 보험급여에 관한 결정 등에 대한 불복에 관하여 다음과 같이 정하고 있다. 피고의 그 결정에 불복하는 이는 피고에 심사청구를 할 수 있고(제103조 제1항), 피고는 심사청구를 심의하기 위하여 피고 안에 산업재해보상심사위원회(이하 '심사위원회'라고 한다)를 둔다(제104조). 피고는 심사위원회의 심의를 거쳐 심사청구에 대한 결정을 하여야 하고, 심사청구기간이 지난 후에 제기된 심사청구 등 대통령령으로 정하는 사유에 해당하는 경우에는 심사위원회의 심의를 거치지 아니할 수 있다(제105조 제1항, 제2항). 나아가 심사청구에 대한 결정에 불복하는 이는 산업재해보상보험재심사위원회(이하 '재심사위원회'라고 한다)에 재심사청구를 할 수 있는데(제106조 제1항), 재심사청구를 심리·재결하기 위하여 고용노동부에 재심사위원회를 둔다(제107조 제1항). 재심사위원회의 재결은 공단을 기속하고(제109조 제2항. 한편 심사위원회의 심의 결과에 대하여는 그것이 공단을 기속한다는 취지의 규정을 찾아볼 수 없다), 재심 사청구에 대한 재결은 행정소송법 제18조(행정심판과의 관계)를 적용함에 있어서 행정심판에 대한 재결로 본다는 것이다(제111조 제2항).

이러한 산재보험법 규정의 내용, 형식 및 취지 등에 비추어 보면, 산재보험법상 심 사청구에 관한 절차는 보험급여 등에 관한 처분을 한 피고로 하여금 스스로의 심 사를 통하여 당해 처분의 적법성과 합목적성을 확보하도록 하는 피고 내부의 시정 절차에 해당한다고 보아야 한다.

따라서 처분청이 스스로 당해 처분의 적법성과 합목적성을 확보하고자 행하는 자 신의 내부 시정절차에서는 당초 처분의 근거로 삼은 사유와 기본적 사실관계의 동 일성이 인정되지 아니하는 사유라고 하더라도 이를 처분의 적법성과 합목적성을 뒷받침하는 처분사유로 추가·변경할 수 있다고 봄이 타당하다.

3. 위와 같은 사실관계와 법리에 의하면, 피고는 이 사건 처분에 관하여 산재보험 법 소정의 심사청구에 대한 자신의 심리·결정 절차를 통하여 '원고의 상병이 업무 상 재해인 소음성 난청으로 보기 어렵다는 것'을 처분사유로 추가하였는데 이는 원 고의 상병과 업무 사이에 상당인과관계가 없다는 취지를 당연히 포함하는 것이라 고 할 것이다. 그렇다면 이러한 경우에 있어서 추가된 사유인 '이 사건 상병과 업 무 사이의 상당인과관계 부존재'는 당초 처분의 근거로 삼은 사유인 '소멸시효 완 성'과 사이에 기본적 사실관계의 동일성이 인정되는지 여부와 상관없이 이 사건 처 분의 적법성의 근거가 되는 것으로서 그 취소소송에서 당초부터 판단대상이 되는 처분사유에 해당한다고 보아야 한다.

따라서 원심이 위와 같은 상당인과관계 부존재를 이 사건 처분의 처분사유 중 하 나로 보고 그 적법성을 판단한 것은 정당하고, 거기에 상고이유의 주장과 같이 행 정처분에 있어서의 처분사유 추가·변경에 관한 법리를 오해하거나 재판을 받을 원고의 권리를 침해하는 위법이 있다고 할 수 없다. 상고이유의 주장은 받아들일 수 없다(대법원 2012. 9. 13. 선고 2012두3859 판결).

2. 재심사청구

가. 재심사청구

제105조 제1항에 따른 심사청구에 대한 결정에 불복하는 자는 제107조에 따른 산업재해보상보험재심사위원회에 재심사청구를 할 수 있다. 다만, 판정위원회의 심의를 거친 보험급여에 관한 결정에 불복하는 자는 제103조에 따른 심사청구를 하지 아니하고 재심사청구를 할 수 있다(법 제106조 제1항).

나. 당사자

재심사청구의 당사자는 "재심사청구의 대상인 보험급여결정 등에 불복하여 그 취소 또는 변경을 구할 수 있는 법률상 이익이 있는 자"이고, 재심사청구인이 사망한 경우에는 그 청구인이 보험급여의 수급권자이면 유족이, 그 밖의 자이면 상속인 또는 보험급여에 관련된 권리·이익을 승계한 자가 각각 청구인의 지위를 승계한다.

재심사청구의 피청구인은 근로복지공단의 각 지역본부장 또는 각 지사장이다.

재심사청구서 양식은 다음과 같다.

[별지 제1호서식]　　　　　　　　　　　　　　　　　　　　　　　　　　(앞 면)

산 업 재 해 보 상 보 험 재 심 사 청 구 서			처리기간
			60일

청구인	① 성　명		② 주민등록번호		③ 근로자와의 관계	
	④ 주　소				(전화번호)	

대리인	⑤ 성　명		⑥ 주민등록번호		⑦ 근로자와의 관계	
	⑧ 주　소				(전화번호)	

재해를 입 은 근로자	⑨ 성　명		⑩ 주민등록번호	
	⑪ 주　소			
	⑫ 사업장명		⑬ 사업장소재지	

⑭ 원처분기관	근로복지공단 지역본부(지사)장	⑮ 원처분일자	20 . . .	⑯ 원처분안날	20 . . .
⑰ 심사결정 기관명	근로복지공단	⑱ 심사결정서를 받은날	20 . . .	⑲ 심사결정이 있음을 안날	20 . . .

⑳ 보험급여 등의 결정(조치)내용	
㉑ 심사결정기관의 고지 유무 및 그 내용	
㉒ 재심사청구 취지 및 이유	(별지 기재와 같음)

[필수] 재심사 청구를 위한 개인정보 수집·이용 동의	☐ **동의함** ☐ **동의하지 않음**

※ 귀하는 개인정보 이용에 대한 동의를 거부할 권리가 있습니다. 위 동의에 거부하더라도 산재보험 재심사청구
　신청에 대한 제한은 발생하지 않으나, 동의 거부 시 심의를 위한 증거자료의 제한으로 결과 처분 시 불이익
　을 받으실 수 있습니다.

이용 목적	이용 항목	보존기간
재심사청구서 심의	청구인 제출 자료 및 근로복지공단 내 보관 중인 관련 자료 등 심의 내용을 뒷받침할 수 있는 모든 형태의 증빙 자료 (의무기록, 검사결과, 과거병력 자료 등)	5년
	성명　　　　　　　(서명 또는 인)	

산업재해보상보험법 제106조 및 같은 법 시행령 제105조의 규정에 따라 위와 같이 재심사를 청구합니다.

　　　　　　　　　　　　　　　　　　　　　년　　　　월　　　　일

　　　　　　　　　　청구인(대리인)　　　　　　　　(서명 또는 날인)

산업재해보상보험재심사위원회위원장 귀하

【첨부 서류】 1. 청구의 취지 및 이유 1부	수수료
2. 위임장(대리인인 경우에 한함) 1부	없 음
3. ☐ 출근부 또는 업무일지, ☐ 진료기록지, ☐ 진단서 또는 소견서, ☐ 건강보험수진내역 등 과거병력자료, 　　☐ 의료영상(☐ 필름, ☐ CD, ☐ 의학영상정보시스템 영상전송), ☐ 기타	

(뒷 면)

1. ①~④ 청구인의 성명, 주민등록번호, 주소 및 근로자와의 관계를 기재합니다.

2. ⑤~⑧ 대리인을 통하여 청구하는 경우 대리인의 "1항" 관련 내용을 기재합니다.

   - 청구인의 배우자(사실혼 관계 포함), 직계 존·비속 또는 형제자매

   - 변호사, 공인노무사 기타 다른 법령의 규정에 의하여 청구를 할 수 있는 자

3. ⑨~⑬ 재해를 입은 근로자에 대한 인적 사항과 소속 사업장명, 소재지를 기재합니다.

4. ⑭ 최초에 요양(휴업·장해·유족급여 등 보험급여를 말함) 등을 받고자 신청한 원처분기관 즉, 근로복지공단 소속의 지역본부(또는 지사)를 기재합니다.

5. ⑮ 청구인의 신청에 대하여 "⑭항"의 원처분기관에서 불승인(또는 부지급) 등 결정된 날(발송일자)을 기재합니다.

6. ⑯ "원처분안날"이라 함은 우편 등에 의하여 청구인, 청구인의 가족, 공동주택인 경우에는 경비원 등이 원처분의 결정 통지서를 수령한 날을 말하며, 일반적으로 원처분기관에서 우편물을 발송한 날로부터 3일 이내가 됩니다.

7. ⑰ 심사결정 기관은 "근로복지공단"입니다.

8. ⑱ "심사결정서를 받은 날"이라 함은 우편 등에 의하여 청구인, 청구인의 가족, 공동주택인 경우에는 경비원 등이 수령한 날을 말하며, 일반적으로 근로복지공단에서 우편물을 발송한 날로부터 3일 이내가 됩니다.

9. ⑲ "심사결정이 있음을 안날"이라 함은 심사결정서를 받은 날을 말하며, 이와 다를 경우에는 부득이한 사유가 있었다는 객관적인 증거 자료를 함께 제출하여야 합니다.

10. ⑳ "(   )"내의 보험급여 결정 내용은 일반적으로 다음과 같은 내용이나, 이와 다를 경우에는 원처분기관으로부터 처분을 받은 주요 결정 등의 내용을 기재합니다.

   - 요양, 재요양, 치료연기, 척추기기고정술, 요양급여, 평균임금 정정, 휴업급여, 장해급여, 장해연금, 간병급여, 유족급여 및 장의비, 유족연금 등

11. ㉑"심사결정 기관의 고지유무 및 그 내용"은 심사결정서상 고지를 받은 경우에는 "처분이 있음을 안날로부터 90일 이내에 원처분기관을 경유하여 재심사 청구를 할 수 있음을 고지 받았음"이라고 기재하고, 이러한 고지를 받지 않았을 경우에는 "받지 않았음"으로 기재합니다.

12. ㉒ "재심사청구 취지 및 이유"는 다음 『예시』의 내용을 참고하여 별도로 작성·첨부합니다.

예시)

- 청구인: 성명   (주민등록번호   )
          주소
  ⇒ 청구인은 근로복지공단 ○○지역본부(지사)에서 20 . . 자로 요양불승인처분을 받았으며 이에 대하여 근로복지공단 이사장에게 심사청구를 하였으나 이유 없다고 기각결정하였으므로 이에 불복하여 다음과 같이 재심사를 청구합니다.

- 청구취지
  ⇒ 원처분기관이 20 . . 자로 청구인에게 행한 요양불승인처분을 취소한다는 재결을 구합니다.

- 이 유
  ⇒ 청구인은 20 . . 부터 ○○회사에 입사하여 (언제, 어디서, 무엇을 하다가, 어디에) 재해를 입었으나 원처분기관은 (업무상이 아니라는) 이유로 불승인 한 처분은 다음과 같은 사유로 부당하다고 생각되므로 이 처분의 취소를 구하는 바입니다.(이유와 사실관계, 의학적인 인과관계가 있음을 객관적으로 기재하고 필요한 근거자료를 제시)

20 . . .

청구인 ○ ○ ○ (서명 또는 인)

다. 재심사청구의 심사기관-산업재해보상보험재심사위원회

1) 산업재해보상보험재심사위원회

재심사청구는 그 보험급여 결정등을 한 공단의 소속 기관을 거쳐 제107조에 따른 산업재해보상보험재심사위원회에 제기하여야 한다(법 제106조 제2항).

산업재해보상보험 재심사위원회는 산재보험급여와 관련한 근로복지공단의 심사 결정에 불복하여 제기되는 재심사청구에 대하여 심리·재결하는 특별행정심판기관이다. 재심사위원회는 위원장 1명을 포함한 90명 이내의 위원으로 구성하되, 위원 중 2명은 상임위원으로, 1명은 당연직위원으로 한다(법 제107조 제2항).

2) 재심사위원회 위원의 구성

재심사위원회의 위원 중 5분의 2에 해당하는 위원은 제5항 제2호부터 제5호까지에 해당하는 사람 중에서 근로자 단체 및 사용자 단체가 각각 추천하는 사람으로 구성한다. 이 경우 근로자 단체 및 사용자 단체가 추천한 사람은 같은 수로 하여야 한다(법 제107조 제3항).

근로자단체나 사용자단체가 각각 추천하는 사람이 위촉하려는 전체 위원 수의 5분의 1보다 적은 경우에는 근로자단체와 사용자단체가 추천하는 위원 수를 전체 위원 수의 5분의 2 미만으로 할 수 있다(법 제107조 제4항).

재심사위원회의 위원장 및 위원은 다음 각 호의 어느 하나에 해당하는 사람 중에서 고용노동부장관의 제청으로 대통령이 임명한다. 다만, 당연직위원은 고용노동부장관이 소속 3급의 일반직 공무원 또는 고위공무원단에 속하는 일반직 공무원 중에서 지명하는 사람으로 한다(법 제107조 제5항).

1. 3급 이상의 공무원 또는 고위공무원단에 속하는 일반직 공무원으로 재직하고 있거나 재직하였던 사람
2. 판사·검사·변호사 또는 경력 10년 이상의 공인노무사
3. 고등교육법 제2조에 따른 학교에서 부교수 이상으로 재직하고 있거나 재직하였던 사람
4. 노동 관계 업무 또는 산업재해보상보험 관련 업무에 15년 이상 종사한 사람
5. 사회보험이나 산업의학에 관한 학식과 경험이 풍부한 사람

3) 재심사위원회 위원의 임기

재심사위원회 위원(당연직위원은 제외한다)의 임기는 3년으로 하되 연임할 수 있

고, 위원장이나 위원의 임기가 끝난 경우 그 후임자가 임명될 때까지 그 직무를 수행한다(법 제107조 제7항). 재심사위원회의 위원은 다음 각 호의 어느 하나에 해당하는 경우 외에는 그 의사에 반하여 면직되지 아니한다(법 제107조 제8항).

1. 금고 이상의 형을 선고받은 경우
2. 오랜 심신 쇠약으로 직무를 수행할 수 없게 된 경우
3. 직무와 관련된 비위사실이 있거나 재심사위원회 위원직을 유지하기에 적합하지 아니하다고 인정되는 비위사실이 있는 경우

라. 제척기간

재심사청구는 심사청구에 대한 결정이 있음을 안 날부터 90일 이내에 제기하여야 한다. 다만, 제1항 단서에 따라 심사청구를 거치지 아니하고 재심사청구를 하는 경우에는 보험급여에 관한 결정이 있음을 안 날부터 90일 이내에 제기하여야 한다(법 제106조 제3항).

마. 심사청구에 관한 규정 준용

재심사청구에 대한 심리·재결에 관하여는 제105조 제1항 및 같은 조 제3항부터 제5항까지를 준용한다. 이 경우 "공단"은 "재심사위원회"로, "심사위원회의 심의를 거쳐 심사청구"는 "재심사청구"로, "결정"은 "재결"로, "소속 직원"은 "재심사위원회의 위원"으로 본다(법 제109조 제1항).

바. 기속력

재심사위원회의 재결은 공단을 기속(羈束)한다(법 제109조 제2항).

사. 소멸시효 중단의 효력

제103조 및 제106조에 따른 심사청구 및 재심사청구의 제기는 시효의 중단에 관하여 민법 제168조에 따른 재판상의 청구로 본다(제111조 제1항). 제106조에 따른 재심사청구에 대한 재결은 행정소송법 제18조를 적용할 때 행정심판에 대한 재결로 본다(제111조 제2항).

아. 행정심판법의 준용

제103조 및 제106조에 따른 심사청구 및 재심사청구에 관하여 이 법에서 정하고 있지 아니한 사항에 대하여는 행정심판법에 따른다(제111조 제3항).

제14절 보칙

1. 불이익 처우의 금지

사업주는 근로자가 보험급여를 신청한 것을 이유로 근로자를 해고하거나 근로자에게 불이익한 처우를 하여서는 아니된다(법 제111조의2). 보험급여 신청을 이유로 사업주가 근로자를 해고하거나 그 밖에 불이익한 처우를 한 경우 사업주는 2년 이하의 징역 또는 2천만원 이하의 벌금에 처해진다(법 제127조 제1항 제3호).

2. 시효

가. 소멸시효 기간

1) 3년의 소멸시효가 적용되는 권리

법 제36조 제1항에 따른 보험급여를 받을 권리, 법 제45조에 따른 산재보험 의료기관의 권리, 법 제46조에 따른 약국의 권리, 법 제89조에 따른 보험가입자의 권리, 법 제90조 제1항에 따른 국민건강보험공단·지방자치단체의 선지급한 요양급여 금액을 청구할 권리는 3년의 시효기간이 경과하면 소멸한다(법 제112조 제1항 본문).

2) 5년의 소멸시효가 적용되는 권리

법 제36조 제1항에 따른 보험급여를 받을 권리 중 장해급여, 유족급여, 장례비, 진폐보상연금 및 진폐유족연금을 받을 권리는 5년의 시효가 적용된다(법 제112조 제1항 단서).

나. 민법의 준용

소멸시효에 관하여 산재보험법에 규정된 것 외에는 민법에 따른다(법 제112조 제2항).

다. 소멸시효의 중단

1) 보험급여 청구에 따른 시효중단

소멸시효는 제36조 제2항에 따른 보험급여의 청구로 중단된다. 이 경우 제5조 제1호에 따른 업무상 재해 여부의 판단이 필요한 최초의 청구의 경우에는 그 청구로 인한 시효중단의 효력은 제36조 제1항에서 정한 다른 보험급여에도 미친다(법 제113조).

위 규정은 2007. 12. 14. 산업재해보상보험법이 법률 제8694호로 전부개정되면서 후문이 추가된 것이다. 이로써 근로자 또는 유족이 하나의 보험급여 신청을 하였음에도 다른 보험급여에 관하여는 소멸시효가 진행되는 문제가 개선되었다.

대법원은 과거에 요양급여 청구를 하였다가 요양불승인처분을 받고 이에 대한 취소를 구하는 행정소송을 제기하였다고 하더라도 그 시효중단의 효력이 휴업급여 청구에까지 미친다고 볼 수는 없다고 판시하였다(대법원 2006. 2. 23. 선고 2005두13384 판결 등).

그러나 대법원은 대법원 2008. 9. 18. 선고 2007두2173 전원합의체 판결을 통해 요양급여 청구가 불승인되어 행정소송이 이어졌던 사안에 대해 "요양 불승인에 대한 취소소송이 확정될 때까지 휴업급여청구권을 행사할 수 없었던 사실상의 장애사유가 있었다고 보아야 한다"고 하면서 근로복지공단의 소멸시효항변은 허용될 수 없다고 판시하였다.

> (가) 채무자의 소멸시효에 기한 항변권의 행사도 우리 민법의 대원칙인 신의성실의 원칙과 권리남용금지의 원칙의 지배를 받으므로, 채무자가 시효완성 전에 채권자의 권리행사나 시효중단을 불가능 또는 현저히 곤란하게 하였거나 그러한 조치가 불필요하다고 믿게 하는 행동을 하였거나, 객관적으로 채권자가 권리를 행사할 수 없는 사실상의 장애사유가 있었거나, 일단 시효완성 후에 채무자가 시효를 원용하지 아니할 것 같은 태도를 보여 채권자로 하여금 그와 같이 신뢰하게 하였거나, 채권자를 보호할 필요성이 크고 같은 조건의 그 채권자들 중 일부가 이미 채무의 변제를 수령하는 등 채무이행의 거절을 인정함이 현저히 부당하거나 불공평하게 되는 등의 특별한 사정이 있는 경우에는, 채무자가 소멸시효의 완성을 주장하는 것이 신의성실의 원칙에 반하여 권리남용으

로서 허용될 수 없다.

(나) 근로자가 입은 부상이나 질병이 업무상 재해에 해당하는지 여부에 따라 요양급여 신청의 승인, 휴업급여청구권의 발생 여부가 차례로 결정되고, 따라서 근로복지공단의 요양불승인처분의 적법 여부는 사실상 근로자의 휴업급여청구권 발생의 전제가 된다고 볼 수 있는 점 등에 비추어, 근로자가 요양불승인에 대한 취소소송의 판결확정시까지 근로복지공단에 휴업급여를 청구하지 않았던 것은 이를 행사할 수 없는 사실상의 장애사유가 있었기 때문이라고 보아야 하므로, 근로복지공단의 소멸시효 항변은 신의성실의 원칙에 반하여 허용될 수 없다(대법원 2008. 9. 18. 선고 2007두2173 전원합의체 판결).

대법원은 시효중단사유인 보험급여청구에 대한 근로복지공단의 결정이 있을 때까지는 청구의 효력이 계속된다고 보아야 하고, 근로복지공단의 결정이 있을 때 중단사유가 종료되어 새로이 3년의 시효기간이 진행된다고 판시하였다(대법원 2019. 4. 25. 선고 2015두39897 판결).

2) 심사청구, 재심사청구의 제기에 따른 시효중단

산재보험법 제111조는 "제103조 및 제106조에 따른 심사청구 및 재심사청구의 제기는 시효의 중단에 관하여 민법 제168조에 따른 재판상의 청구로 본다."라고 정하고 있다. 따라서 심사청구, 재심사청구를 제기하였을 때는 민법 제168조에 다른 재판상 청구와 마찬가지로 시효중단의 효력이 있다.

제111조(다른 법률과의 관계)

① 제103조 및 제106조에 따른 심사청구 및 재심사청구의 제기는 시효의 중단에 관하여 민법 제168조에 따른 재판상의 청구로 본다.

② 제106조에 따른 재심사청구에 대한 재결은 행정소송법 제18조를 적용할 때 행정심판에 대한 재결로 본다.

③ 제103조 및 제106조에 따른 심사청구 및 재심사청구에 관하여 이 법에서 정하고 있지 아니한 사항에 대하여는 행정심판법에 따른다.

민법 제170조는 제1항에서 "재판상의 청구는 소송의 각하, 기각 또는 취하의 경우에는 시효중단의 효력이 없다."라고 정하고 있으므로 심사청구나 재심사청구가 기각되거나 취하된 경우에는 시효중단의 효력이 없다. 그러나 이러한 경우에도 당초 보험급여를 신청할 때의 시효중단의 효력은 심사청구 또는 재심사청구의 시효

중단효력과 별도로 인정될 수 있다.

산재보험법이 보험급여 청구에 대하여는 재판상의 청구로 본다는 규정을 두고 있지 않은 점, 보험급여 청구에 따라 발생한 시효중단의 효력이 보험급여 결정에 대한 임의적 불복절차인 심사청구 등에 따라 소멸한다고 볼 근거가 없는 점을 고려하면, 산재보험법상 고유한 시효중단 사유인 보험급여 청구에 따른 시효중단의 효력은 심사청구나 재심사청구에 따른 시효중단의 효력과는 별개로 존속한다고 보아야 한다. 따라서 심사청구 등이 기각된 다음 6개월 안에 다시 재판상의 청구가 없어 심사청구 등에 따른 시효중단의 효력이 인정되지 않는다고 하더라도, 보험급여 청구에 따른 시효중단의 효력은 이와 별도로 인정될 수 있다(대법원 2019. 4. 25. 선고 2015두39897 판결).

그 밖에 소멸시효에 관하여는 민법이 적용되므로 민법상 소멸시효에 관한 제168조, 제169조, 제170조, 제171조, 제172조, 제173조, 제174조, 제175조, 제176조, 제177조, 제178조, 제179조, 제180조, 제181조, 제182조, 제183조, 제184조가 적용된다.

라. 근로복지공단의 소멸시효 항변이 권리남용에 해당하는 경우

1) 진폐증의 경우

분진작업장에서 일하다 진폐증 판정을 받고 요양하다가 사망한 근로자들의 유족이 근로복지공단을 상대로 장해급여 또는 미지급급여를 청구하였는데, 피고 공단은 해당 근로자들이 아직 치유 중이었으므로 장해급여 지급대상이 아니고, 요양 승인 당시로부터 3년 내에 장해급여 청구를 하지 않아 소멸시효로 권리가 소멸하였다고 주장하였다.

해당 사안에 대해 서울행정법원은, '산업재해보상보험법 제113조 후문의 규정은 2007. 12. 14. 산업재해보상보험법이 법률 제8694호로 전부 개정되면서 신설된 규정이고, 재해근로자들이 요양급여를 청구할 당시에는 위와 같이 시효중단의 효력을 확장하는 규정이 존재하지 않음이 명백하므로 요양급여 청구로 장해급여의 소멸시효중단의 효력이 있다고 볼 수 없다'고 판시하면서도 "(i) 진폐증 진단을 받아 요양 중인 근로자의 장해급여청구에 대하여 근로복지공단은 그 지급을 거부하여 왔으므로 진폐증 또는 합병증으로 요양 중인 근로자들이 권리행사를 해도 피고가 이를 거부할 것이 명백하여 권리행사를 하지 못한 것에 <u>사실상의 장애사유가 있다</u><u>고 볼 수 있고</u>, (ii) 이 사건 재해근로자들의 진폐증에 의한 요양신청에 관하여 피고는 요양을 승인하고 이를 통지하였을 뿐, 장해등급에 대해서는 어떠한 통지나 안내를 하지 않았으며, (iii) <u>요양 중이어서 장해급여를 지급할 수 없다고 하면서도</u><u>요양승인결정이 있었던 때로부터 3년이 지나 장해급여청구권이 시효로 소멸하였</u><u>다고 주장하는 피고의 태도는 모순적이라고 하여 피고의 소멸시효 주장은 신의성</u><u>실 원칙에 반하여 권리남용으로 허용될 수 없다</u>"고 판단하였다(2018. 11. 9. 선고 2018구단53767 판결, 피고 근로복지공단이 항소하였고, 항소심에서 원고들이 소를 취하하였다).

2) 소음성 난청의 경우

구 산재보험법 시행규칙 제48조 별표5는 소음성 난청의 치유시기를 "소음작업장을 떠난 날"로 규정하고 있었다. 그런데 대법원 2014. 9. 4. 선고 2014두7374 판결과 원심인 서울고등법원 2014. 4. 18. 선고 2012누21248 판결은 장해급여청구권의 소멸시효는 "감각신경성 난청에 관하여 더는 치료의 효과를 기대할 수 없다는 확진을 받은 때부터 기산된다"고 하여 위 시행규칙은 모법의 규율범위를 벗어난 것으로 위법하다고 판결하였다.

위 대법원 판결 이후 근로복지공단은 '소음성 난청 업무처리기준'을 제정하고 소음성 난청 치유시기를 '소음성 난청 진단일'로 변경하였다. 그러자 소음성 난청을 원인으로 뒤늦게 장해급여청구 소송을 제기한 사례가 많았는데, 이에 대해 근로복지공단은 "대법원 판결이 선고된 2014. 9. 4.에 사실상의 장애가 해소되어 권리행사가 가능하게 되었다"며 소멸시효 도과의 항변을 하였다.

이 사안에 대해 서울고등법원은 "① 원고가 이 사건 관련 판례의 선고사실을 이 사건 관련 판례가 선고될 무렵에 곧바로 알게 되어 자신의 권리를 행사할 수 없는 장애사유가 해소된 것으로 인식하였다고 볼 만한 근거가 없는 점, ② 이 사건 관련 판례의 선고로 이 사건 조항의 대외적 구속력이 확정적으로 부인되기는 하였으나, 피고는 2016. 1. 14.경 제정·시행한 '소음성 난청 업무처리기준'에서 소음성 난청 치유시기를 '소음작업장을 떠난 날'에서 '소음성 난청 진단일'로 변경하였고, 같은 해 3. 28.에 이르러서야 비로소 이 사건 조항을 삭제하여 2016. 1. 14. 또는 2016. 3. 28. 무렵까지도 이 사건 조항이 유효한 것으로 업무가 처리되었던 것으로 보이는 점에서, 이 사건의 경우 개별 사건에서 매우 특수한 사정이 있어 그 권리행사 기간을 연장하여 인정하는 것이 부득이한 경우에 해당한다고 볼 수 있다. 따라서 원고가 2015. 12. 8. 이 사건 상병으로 진단을 받고 같은 해 12. 10. 장해급여를 청구한 것은 피고의 소멸시효 항변을 배제할 만한 "상당한 기간 내에 권리를 행사한 것으로 보는 것이 타당하다"고 판시하였다(서울고등법원 2017. 9. 14. 선고 2017누47269 판결, 대법원에서 심리불속행기각).

3) 공단 직원의 부당한 반려요청 권유에 따라 재요양급여신청을 철회한 경우

대법원은 2014. 7. 10. 선고 2013두8332 판결에서 원고는 2001. 3. 15. 업무상 부상을 당하고, 2006. 6. 부상이 재발하여 2007. 7. 23. 공단에 재요양급여신청을 하였다가 피고 직원의 권유로 반려요청을 하였는데, 피고 직원의 부당한 반려요청 권유가 없었다면 원고는 2007. 7. 23. 신청한 재요양급여를 받고 재요양 승인기간의 휴업급여도 받았을 것이므로 피고 공단의 소멸시효완성 주장은 신의성실의 원칙에 반하여 권리남용으로서 허용되지 않는다고 판단한 원심의 판단이 적법하다고 인정하였다.

원심은, 2006. 8. 9.부터 2007. 1. 7.까지의 휴업급여청구권은 소멸시효가 완성되었으나, 원고는 2001. 3. 15. 업무상 사유로 부상을 당하였다가 2006. 6.경 재발한 부상에 관하여 2007. 7. 23. 피고에게 재요양급여 신청을 하였다가 피고 직원의 권유로 반려요청을 하였는데, 당시 피고의 직원은 '재요양으로 수술을 받기 전에 재요양 신청을 하는 것이 일반적인데, 원고는 이미 1년 정도 전인 2006. 8. 10. 연골절제술을 받은 이후에 재요양 신청을 하였으므로 재요양을 승인하기 어렵다'라는 취지로 원고에게 반려요청을 할 것을 권유한 점, 피고 직원의 부당한 반려 요청 권유가 없었다면 원고는 2007. 7. 23. 신청한 재요양급여를 받고 재요양 승인기간의 휴업급여도 받았을 것으로 보이는 점 등 판시 사정을 종합하여 볼 때, 피고는 원고의 휴업급여청구의 권리행사나 시효중단을 불가능 또는 현저히 곤란하게 하였거나 객관적으로 원고의 휴업급여청구의 권리행사에 사실상 장애사유가 존재한 경우로서 피고의 소멸시효 완성 주장은 신의성실의 원칙에 반하여 권리남용으로서 허용되지 아니한다고 판단하였다.
나아가 원심은 2007. 1. 8.부터 2007. 2. 12.까지의 휴업급여청구권은 원고가 2010. 1. 8. 피고에게 재요양급여 신청을 하였으므로 산업재해보상보험법 제113조 전문에 따라 2007. 1. 8.부터 2007. 2. 12.까지의 치료에 관한 재요양급여청구권의 소멸시효가 중단되었고, 그 소멸시효 중단의 효력은 산업재해보상보험법 제113조 후문에 따라 위 기간에 관한 휴업급여청구권에도 미친다고 판단하였다.
앞서 본 법리와 기록에 비추어 살펴보면, 원심의 이와 같은 판단은 정당하고, 거기에 상고이유 주장과 같이 산업재해보상보험법에 관한 법리와 권리남용에 관한 법리를 오해하는 등의 위법이 없다(대법원 2014. 7. 10. 선고 2013두8332 판결).

4) 근로복지공단이 유족급여 및 장의비청구서 제출이 불필요하다고 믿게 하는 행동을 한 경우

대법원은 산업연수생으로 근무하던 중 회사 기숙사에서 잠을 자다가 사망한 베트남 근로자의 아내가 유족급여 등의 지급을 청구하였으나, 근로복지공단이 망인의 사망일 이후 3년이 지난 시점에 지급 청구서를 제출하여 산업재해보상보험법에 따른 보험급여를 받을 권리의 소멸시효가 완성되었다는 이유로 부지급 처분을 한 사안에서, 근로복지공단이 유족급여 등 지급청구권의 시효완성 전에 유족 측에게 별도의 유족급여 및 장의비 청구서 제출이 불필요하다고 믿게 하는 행동을 했다고 볼 여지가 충분하다는 이유로, 소멸시효 완성을 주장하며 이를 거절하는 것은 신의성실 원칙에 반하여 권리남용으로서 허용될 수 없다고 판시하였다.

피고의 보상팀 직원 소외 3 등이 유족인 원고의 유족급여 및 장의비 청구서가 제출되지 않은 상태에서 소외 2가 제출한 중대재해발생신고서를 근거로 이 사건 재해가 업무상 재해에 해당하는지를 조사하였고, 특히 망인의 동생을 유족 자격으로 피고의 보상팀으로 불러서 조사하는 과정에서 그로부터 '산재보상 관계를 제외하고 합의하였다'는 답변을 듣고서도 그 무렵 유족급여 및 장의비 청구서를 별도로 제출받지 않았다면, 망인의 유족 측으로서는 유족급여 및 장의비 청구서를 제출하지 않더라도 피고가 이 사건 재해가 업무상 재해에 해당하는지를 조사하여 업무상 재해에 해당한다고 결정되면 유족급여 등을 지급하는 것으로 받아들였을 것으로 보여, 피고는 이 사건 유족급여 등 지급청구권의 시효완성 전에 유족 측에게, 이 사건 유족급여 등 지급청구권을 행사함에 있어서 유족급여 및 장의비 청구서의 제출이 불필요하다고 믿게 하는 행동을 하였다고 볼 여지가 충분하다고 할 것이므로, 피고가 소멸시효의 완성을 주장하여 이 사건 유족급여 및 장의비의 지급을 거절하는 것은 신의성실의 원칙에 반하여 권리남용으로서 허용될 수 없다. 나아가, 피고가 업무상 재해 결정을 한 이후에 대구외국인노동상담소장 또는 주한베트남대사에게 위에서 본 바와 같은 내용의 서면을 보냈고, 망인의 부모가 자신들에게 유족보상 및 장의비를 지급해 달라는 취지가 기재된 서면을 제출한 적이 있다고 하여 이와 달리 볼 것도 아니다. 결국 이 사건 유족급여 등 지급청구권이 시효로 소멸하였다고 볼 수 없다는 이유로 이 사건 처분이 위법하다고 한 원심의 판단은 그 이유설시에 부적절한 점이 있으나, 이 사건 처분이 위법하다는 결론에 있어서는 정당하다. 상고이유는 받아들일 수 없다(대법원 2011. 11. 24. 선고 2011두11013 판결).

제2장

**고용보험 및
산업재해보상보험의
보험료징수 등에 관한
법률**

제2장
고용보험 및 산업재해보상보험의
보험료징수 등에 관한 법률

1. 고용보험 및 산업재해보상보험의 보험료징수 등에 관한 법률의 제정과 목적

고용보험 및 산업재해보상보험의 보험료징수 등에 관한 법률(이하 "보험료징수법") 제정 이전에는 고용보험법과 산업재해보상보험법에서 보험관계의 성립·소멸, 보험료의 납부 및 징수 등에 관한 사항을 별도로 규정하고 있었다.

보험료징수법은 고용보험과 산업재해보상보험의 보험관계의 성립·소멸, 보험료의 납부·징수 등에 필요한 사항을 통합 규정하여 보험사무의 효율성을 높이기 위하여 2003. 12. 31. 법률 제7047호로 제정되어 2005. 1. 1.부터 시행되었다.

이하 이 장에서는 고용보험 및 산업재해보상보험의 보험료징수 등에 관한 법률을 "보험료징수법"이라 하고, 동법 시행령을 "보험료징수법 시행령", 동법 시행규칙을 "보험료징수법 시행규칙"이라 한다.

2. 용어의 정의

가. 보험

보험료징수법에서 "보험"이란 고용보험법에 따른 고용보험 또는 산업재해보상보험법에 따른 산업재해보상보험을 말한다.

나. 근로자

보험료징수법에서 "근로자"란 근로기준법에 따른 근로자를 말한다(보험료징수법 제2조 제1호, 제2호). 근로기준법상 "근로자"란 직업의 종류와 관계없이 임금을 목적으로 사업이나 사업장에 근로를 제공하는 사람을 말한다(근로기준법 제2조 제1항 제1호).

다. 보수

"보수"란 소득세법 제20조에 따른 근로소득에서 소득세법 제12조 제3호에 따른 비과세 근로소득을 제외한 금액을 말한다(법 제2조 제3호, 시행령 제2조의2).

다만 고용보험료를 징수하는 경우에는 근로자가 휴직이나 그 밖에 이와 비슷한 상태에 있는 기간 중에 사업주 외의 자로부터 지급받는 금품 중 노동조합 및 노동관계조정법 제24조에 따라 단체협약으로 정하거나 사용자의 동의를 받아 근로계약에 따른 소정의 근로를 제공하지 아니하고 노동조합의 업무에 종사하는 자가 노동조합으로부터 급여의 명목으로 지급받는 금품은 보수로 본다[법 제2조 제3호 단서, 고용보험료 산정범위에 속하는 금품 I(고용노동부고시 제2022-116호)].

라. 원수급인

"원수급인"이란 사업이 여러 차례의 도급에 의하여 행하여지는 경우에 최초로 사업을 도급받아 행하는 자를 말한다. 다만, 발주자가 사업의 전부 또는 일부를 직접 하는 경우에는 발주자가 직접 하는 부분(발주자가 직접 하다가 사업의 진행경과에 따라 도급하는 경우에는 발주자가 직접 하는 것으로 본다)에 대하여 발주자를 원수급인으로 본다(보험료징수법 제2조 제4호).

마. 하수급인

"하수급인"이란 원수급인으로부터 그 사업의 전부 또는 일부를 도급받아 하는 자와 그 자로부터 그 사업의 전부 또는 일부를 도급받아 하는 자를 말한다(보험료 징수법 제2조 제5호).

바. 정보통신망

"정보통신망"이란 정보통신망 이용촉진 및 정보보호 등에 관한 법률(이하 "정보통신망법")에 따른 정보통신망을 말한다(보험료징수법 제2조 제6호).

정보통신망법 제2조 제1항 제1호는 "정보통신망이란 전기통신사업법 제2조 제2호에 따른 전기통신설비를 이용하거나 전기통신설비와 컴퓨터 및 컴퓨터의 이용기술을 활용하여 정보를 수집·가공·저장·검색·송신 또는 수신하는 정보통신체제를 말한다."고 정의하고 있다.

사. 보험료등

"보험료등"이란 고용보험료, 산재보험료, 보험료징수법에 따른 가산금·연체금·체납처분비 및 제26조에 따른 징수금을 말한다(보험료징수법 제2조 제7호).

3. 기준보수

사업의 폐업·도산 등으로 근로자, 예술인 또는 노무제공자의 보수 또는 보수액을 산정·확인하기 곤란한 경우 등 대통령령으로 정하는 사유가 있는 경우, 또는 예술인(고용보험법 제77조의2 제2항 제2호 본문에 따른 소득 기준을 충족하는 예술인으로서 대통령령으로 정하는 사람과 같은 호 단서에 따른 단기예술인은 제외한다) 및 노무제공자(같은 법 제77조의6 제2항 제2호 본문에 따른 소득 기준을 충족하는 노무제공자로서 대통령령으로 정하는 사람과 같은 호 단서에 따른 단기노무제공자는 제외한다)의 보수액이 기준보수보다 적은 경우 고용노동부장관이 정하여 고시하는 금액(이하 "기준보수"라 한다)을 근로자, 고용보험법 제77조의2 제1항에 따른 예술인(이하 "예술인"이라 한다)이나 같은 법 제77조의6 제1항에 따른 노무제공자(이하 "노무제공자"라 한다)의 보수 또는 보수액으로 할 수 있다(보험료징수법 제3조 제1항).

보험료징수법 제3조 제1항에 따라 고용노동부는 근로자, 예술인, 노무제공자의 보수를 다음과 같이 고시하고 있다.

근로자의 기준보수 고시

[시행 2024. 1. 1.] [고용노동부고시 제2023-71호, 2023. 12. 27., 일부개정.]

고용노동부(고용보험기획과), 044-202-7358

Ⅰ. 기준보수

가. 월 단위의 기준보수액은 다음 세목과 같다.

(1) 지역을 구분하여 적용하는 산업분류별 기준보수액

(단위: 원)

구분	C. 제조업	G. 도매 및 소매업	H. 운수 및 창고업	I. 숙박 및 음식점업	L. 부동산업	M. 전문, 과학 및 기술 서비스업	N. 사업시설 관리, 사업지원 및 임대 서비스업	P. 교육 서비스업	Q. 보건업 및 사회복지 서비스업	R. 예술, 스포츠 및 여가관련 서비스업	S. 협회 및 단체, 수리 및 기타 개인 서비스업
서울	2,666,149	2,568,528	2,779,089	2,143,773	2,233,567	2,732,742	2,466,453	2,214,408	2,396,744	2,139,257	2,520,020
부산	2,764,920	2,360,340	2,896,502	2,093,014	2,135,186	2,669,662	2,120,243	2,212,517	2,265,480	2,141,533	2,287,544
대구	2,552,798	2,312,678	2,129,457	2,084,971	2,241,853	2,349,678	2,119,151	5,145,289	2,219,446	2,124,700	2,201,259
인천	2,841,859	2,355,608	2,633,047	2,099,046	2,335,927	2,811,443	2,281,258	2,172,383	2,314,194	2,606,673	2,223,273
광주	3,002,945	2,409,424	2,741,981	2,088,993	2,222,382	2,368,467	2,870,243	2,135,159	2,257,815	2,093,252	2,370,746
대전	2,812,384	2,306,834	2,409,595	2,070,897	2,112,388	2,506,172	2,376,343	2,095,025	2,321,317	2,065,283	2,506,862
울산	3,101,508	2,391,740	2,617,943	2,082,961	2,629,223	2,797,353	2,217,704	2,167,471	2,160,236	2,101,056	2,167,081
경기	2,974,607	2,472,750	2,346,934	2,103,945	2,321,057	2,769,962	2,324,127	2,159,536	2,231,830	2,311,371	2,482,420
강원	2,695,372	2,140,941	2,317,000	2,120,788	2,199,652	2,557,091	2,536,966	2,117,141	2,284,624	2,145,616	2,293,065
충북	3,346,401	2,278,767	2,272,420	2,095,025	2,348,309	2,611,800	2,353,208	2,180,763	2,287,678	2,177,166	2,261,557
충남	3,252,814	2,297,637	2,560,453	2,070,897	2,391,732	2,908,999	2,368,715	2,150,154	2,237,557	2,103,045	2,224,437
전북	2,924,701	2,178,407	2,498,108	2,080,950	2,060,740	2,354,301	2,172,191	2,144,873	2,374,335	2,079,390	2,328,354
전남	2,910,194	2,183,488	2,330,993	2,071,037	2,444,419	2,555,776	2,184,036	2,449,997	2,316,153	2,060,740	2,326,953
경북	2,962,747	2,240,285	2,138,793	2,078,940	2,139,311	2,527,480	2,243,698	2,076,929	2,245,532	2,205,289	2,238,298
경남	3,081,497	2,316,217	2,373,459	2,060,740	2,134,826	2,678,166	2,631,543	2,074,919	2,205,466	2,060,740	2,389,983
제주	2,666,546	2,139,695	2,678,526	2,242,119	2,060,740	2,742,379	2,187,472	2,353,387	2,235,957	2,147,931	2,269,674
세종	2,471,209	2,132,119	2,151,489	2,060,740	2,060,74	2,262,307	2,319,500	2,309,163	2,101,575	2,070,897	2,213,009

(2) 지역을 구분하지 아니하고 적용하는 산업분류별 기준보수액

(단위: 원)

산업분류	기준보수액
A. 농업, 임업 및 어업	2,578,501
B. 광업	2,885,730

D. 전기, 가스, 증기 및 공기조절 공급업	2,611,623
E. 수도, 하수 및 폐기물처리, 원료 재생업	2,745,903
F. 건설업	4,786,620
J. 정보통신업	2,868,139
K. 금융 및 보험업	2,617,013
O. 공공행정, 국방 및 사회보장 행정	2,586,094
T. 가구 내 고용활동 및 달리 분류되지 않은 자가소비 생산활동	2,081,067
U. 국제 및 외국기관	3,339,108

* 산업분류는 「통계법」에 따라 통계청장이 고시하는 한국표준산업분류표에 따름

나. 시간단위의 기준보수액은 월 단위 기준보수액을 209시간(상시근로자수 5인 미만 사업의 경우, 주 44시간일 때 226시간 적용 등)으로 나누어 산출한 금액으로 한다.

Ⅱ. 행정사항

1. 시행일

   이 고시는 2024년 1월 1일부터 시행한다.

2. 유효기간

   이 고시는 「훈령·예규 등의 발령 및 관리에 관한 규정」에 따라 2024년 12월 31일까지 효력을 가진다.

노무제공자의 기준보수 및 보수액에서 제외하는 필요경비 고시

[시행 2024. 7. 1.] [고용노동부고시 제2024-32호, 2024. 6. 30., 일부개정.]

고용노동부(소득기반 고용보험 확대TF), 044-202-7964

1. 노무제공자의 기준보수

「고용보험법」 제77조의6에 따른 노무제공자의 월단위 기준보수액: 월 1,330,000원

2. 노무제공자의 보수액에서 제외하는 필요경비

가. 공제 산식: {(사업소득 또는 기타소득) − (사업소득 또는 기타소득 중 「소득세법」 제12조제2호 또는 제5호에 따른 비과세소득)} × (직종별 공제율)

나. 직종별 공제율

예술인의 기준보수 및 보수액에서 제외하는 필요경비 고시

[시행 2022. 1. 1.] [고용노동부고시 제2021-125호, 2022. 1. 1., 일부개정.]

고용노동부(고용보험기획과), 044-202-7358

1. 예술인의 기준보수

「고용보험법」 제77조의2에 따른 예술인의 월단위 기준보수액: 월 800,000원

2. 예술인의 보수액에서 제외되는 필요경비

가. 공제율: 분야별 차등없이 25%

나. 공제 산식: {(사업소득 또는 기타소득) − (사업소득 또는 기타 소득 중 소득세법 제12조제2호 또는 제5호에 따른 비과세 소득)} × 25%

3. 행정사항

가. 시행일: 이 고시는 2022년 1월 1일부터 시행한다.

나. 재검토기한(3년): 고용노동부 장관은 이 고시에 대하여 2022년 1월 1일 기준으로 매 3년이 되는 시점(매 3년째의 12월 31일까지를 말한다)마다 그 타당성을 검토하여 개선 등의 조치를 하여야 한다.

다. 이 고시는 노동시장 여건 변화 등에 따라 변경될 수 있다.

기준보수는 사업의 규모, 근로·노무 형태, 보수·보수액 수준 등을 고려하여 고용보험법 제7조에 따른 고용보험위원회의 심의를 거쳐 시간·일 또는 월 단위로 정하되, 사업의 종류별 또는 지역별로 구분하여 정할 수 있다(보험료징수법 제3조 제2항). 통상근로자로서 월정액으로 보수를 지급받는 근로자, 예술인, 노무제공자에게는

월 단위 기준보수를 적용하고, 단시간근로자, 근로시간에 따라 보수를 지급받는 근로자(시간급근로자), 근로일에 따라 일당 형식의 보수를 지급받는 근로자(일급근로자)에게는 주당 소정근로시간을 실제 근로한 시간으로 보아 시간 단위 기준보수를 적용한다. 다만, 시간급근로자 또는 일급근로자임이 명확하지 아니하거나 주당 소정근로시간을 확정할 수 없는 경우에는 월 단위 기준보수를 적용한다(보험료징수법 시행령 제3조).

4. 고용보험과 산재보험사업의 수행주체

고용보험법 및 산재보험법에 따른 보험사업에 관하여 이 법에서 정한 사항은 고용노동부장관으로부터 위탁을 받아 근로복지공단이 수행한다. 다만, 보험료 등(개산보험료, 확정보험료, 제26조에 따른 징수금 제외)의 고지 및 수납, 보험료 등의 체납관리에 해당하는 징수업무는 국민건강보험공단이 고용노동부장관으로부터 위탁을 받아 수행한다(보험료징수법 제4조).

국민건강보험공단은 각 보험료의 징수업무를 수행할 뿐, 보험료의 귀속주체는 근로복지공단이므로 사업주가 고용·산재보험료 부과처분에 대해 납부의무 부존재 확인의 소를 제기할 때에는 근로복지공단을 상대방으로 제기하여야 한다. 사업주가 당연가입자가 되는 고용보험 및 산재보험에서 보험료 납부의무 부존재확인의 소는 공법상의 법률관계 자체를 다투는 소송으로서 공법상 당사자소송이다(대법원 2016. 10. 13. 선고 2016다221658 판결).

고용산재보험료징수법 제4조는 고용보험법 및 산업재해보상보험법에 따른 보험사업에 관하여 이 법에서 정한 사항은 고용노동부장관으로부터 위탁을 받아 근로복지공단이 수행하되, 보험료의 체납관리 등의 징수업무는 피고가 고용노동부장관으로부터 위탁을 받아 수행한다고 규정하고 있다. 따라서 고용·산재보험료의 귀속주체, 즉 사업주가 위 각 보험료 납부의무를 부담하는 상대방은 근로복지공단이라고 할 것이고, 피고는 단지 위 각 보험료의 징수업무를 수행하는 데에 불과하므로, 고용·산재보험료 납부의무의 부존재확인의 소는 근로복지공단을 피고로 하여 제기하여야 한다. 그리고 행정소송법상 당사자소송에서 원고가 피고를 잘못 지정한 때에는 법원은 원고의 신청에 의하여 결정으로써 피고의 경정을 허가할 수 있는 것이므로(행정소송법 제44조 제1항, 제14조), 원고가 피고를 잘못 지정한 것으로 보이는 경우 법원으로서는 마땅히 석명권을 행사하여 원고로 하여금 정당한 피고로

경정하게 하여 소송을 진행하도록 하여야 한다(대법원 2006. 11. 9. 선고 2006다
23503 판결 등 참조).

이러한 법리에 비추어 보면, 이 사건 보험료 납부의무의 부존재확인 청구의 피고는
그 보험료의 귀속주체인 근로복지공단이 되어야 하므로 제1심법원으로서는 마땅히
석명권을 행사하여 원고로 하여금 정당한 피고로 경정하도록 한 다음 소송을 진행
하였어야 한다. 그럼에도 불구하고 원심이 제1심판결의 잘못을 바로잡지 아니한 것
은 잘못이다(대법원 2016. 10. 13. 선고 2016다221658 판결).

5. 정보통신망을 이용한 신고 또는 신청

보험료징수법에 따른 신고 또는 신청은 고용노동부장관이 정하여 고시하는 정
보통신망(이하 "고용·산재정보통신망"이라 한다)을 이용하여 할 수 있다. 이 때 고용·
산재정보통신망에 입력된 때에 신고 또는 신청이 된 것으로 본다(보험료징수법 제4
조의2). 근로복지공단은 고용보험, 산업재해보상보험, 임금채권보장업무 및 석면피
해구제분담금 관련 서비스를 "고용·산재보험토탈서비스"(total.comwel.or.kr)를 통해
제공하고 있다. 사업주등이 토탈서비스를 통하여 이용할 수 있는 서비스는 다음
각 호와 같다(고용·산재정보통신망 이용에 관한 고시).

1. 전자신고
2. 전자고지
3. 전자통지
4. 전자납부
5. 정보조회
6. 민원증명원발급
7. 전자심사청구
8. 사이버상담
9. API서비스(고용보험법 제77조의7에 따른 노무제공플랫폼사업자 및 산업재해보상보
    험법 제91조의15에 따른 플랫폼 운영자에게만 해당한다.)

제 2 절   보험관계의 성립 및 소멸

1. 보험가입자

가. 고용보험

1) 당연가입

고용보험법을 적용받는 사업의 사업주와 근로자는 당연히 고용보험법에 따른 고용보험의 가입자가 된다(보험료징수법 제5조 제1항).

고용보험법 제8조와 구 고용보험법(2007. 5. 11. 법률 제8429호로 전부 개정되기 전의 것) 제7조, 산업재해보상보험법 제6조와 구 산업재해보상보험법(2007. 4. 11. 법률 제8373호로 전부 개정되기 전의 것) 제5조, 구 고용보험 및 산업재해보상보험의 보험료징수 등에 관한 법률(2009. 12. 30. 법률 제9896호로 개정되기 전의 것) 제5조 제1항, 제3항, 제7조 제1호, 제2호, 제13조 제1항, 제17조 제1항, 제2항, 제19조 제1항, 제2항, 제4항의 내용을 종합해 보면, 고용보험과 산업재해보상보험의 보험관계는 법령에서 예외로 규정한 사업을 제외하고는 사업 개시로 당연히 성립하고, 보험관계가 성립하면 사업주는 보험료 신고·납부 의무를, 보험자는 보험급여 지급의무를 부담하게 된다. 사업주의 보험료 신고·납부 의무와 보험자의 보험급여 지급의무는 위와 같이 법령의 규정에 의하여 부담하는 것이므로, 사업주는 보험관계 성립을 인식하지 못하여 보험급여를 청구하지 않았다고 하여 보험료 신고·납부 의무를 면할 수 없고, 보험자도 보험관계 성립에 대한 착오로 보험료를 징수하지 않았다고 하여 보험급여 지급을 거절할 수 없다(대법원 2014. 2. 13. 선고 2011두6745 판결).

다음 각 호의 어느 하나에 해당하는 사람에게는 고용보험법이 적용되지 않는다(고용보험법 제10조 제1항).

1. 해당 사업에서 소정(所定)근로시간이 대통령령으로 정하는 시간 미만인 근로자(1개월 소정근로시간이 60시간 미만이거나, 1주간 소정근로시간이 15시간 미만인 근로자)
2. 국가공무원법과 지방공무원법에 따른 공무원. 다만, 대통령령으로 정하

는 바에 따라 별정직공무원, 국가공무원법 제26조의5 및 지방공무원법 제25조의5에 따른 임기제공무원은 본인의 의사에 따라 고용보험(제4장에 한정)에 가입할 수 있다.

3. 사립학교교직원 연금법의 적용을 받는 사람

4. 그 밖에 대통령령으로 정하는 사람

이때 고용보험법 제10조 제1항 제4호의 "대통령령이 정하는 사람"이란 별정우체국법에 따른 별정우체국 직원, 농업·임업 및 어업 중 법인이 아닌 자가 상시 4명 이하의 근로자를 사용하는 사업에 종사하는 근로자를 말한다. 다만, 이에 해당하는 사람이라도 본인의 의사로 고용노동부령으로 정하는 바에 따라 고용보험에 가입을 신청하는 사람은 고용보험에 가입할 수 있다.

65세 이후에 고용(65세 전부터 피보험 자격을 유지하던 사람이 65세 이후에 계속하여 고용된 경우는 제외한다)되거나 자영업을 개시한 사람에게는 실업급여에 관한 제4장 및 육아휴직급여에 관한 제5장을 적용하지 아니한다(고용보험법 제10조 제2항).

사업주는 보험료징수법과 시행령에 따라 하여야 할 사항을 대리인을 선임하여 할 수 있는데, 대리인을 선임하거나 해임하면 근로복지공단에 신고하여야 한다(보험료징수법 시행령 제5조). 보험료징수법 시행령과 시행규칙은 대리인의 자격에 관하여 별도로 제한을 두고 있지 않으나, 근로복지공단의 <적용 및 부과업무처리규정> 제147조는 다음과 같이 대리인의 자격을 제한하고 있다.

제147조(대리인의 선임 등)
① 사업주, 고용법 제77조의2제3항에 따른 발주자 또는 원수급인, 노무제공플랫폼사업자, 플랫폼 운영자(이하 "사업주등"이라 한다)는 영 제5조에 따라 다음 각 호의 어느 하나에 해당하는 사람을 대리인으로 선임할 수 있다. <개정 2022.6.9., 2023.8.1.>
  1. 개인 대표자: 배우자, 직계존속·비속 또는 형제자매, 임직원, 변호사, 노무사
  2. 법인: 임직원, 변호사, 노무사

---

2) 임의가입

고용보험법 제8조 단서는 산업별 특성 및 규모를 고려하여 다음과 같은 소규모 공사, 가구 내 고용활동 등에 대해서는 고용보험을 적용하지 않도록 하고 있다.

1. 다음 각 목의 어느 하나에 해당하는 공사. 다만, 건설산업기본법 제2조

제7호에 따른 건설사업자, 주택법 제4조에 따른 주택건설사업자, 전기공
사업법 제2조 제3호에 따른 공사업자, 정보통신공사업법 제2조 제4호에
따른 정보통신공사업자, 소방시설공사업법 제2조 제1항 제2호에 따른 소
방시설업자, 국가유산수리 등에 관한 법률 제14조에 따른 국가유산수리
업자가 시공하는 공사는 제외한다.
가. 고용보험 및 산업재해보상보험의 보험료징수 등에 관한 법률 시행령
제2조 제1항 제2호에 따른 총공사금액이 2천만원 미만인 공사
나. 연면적이 100제곱미터 이하인 건축물의 건축 또는 연면적이 200제
곱미터 이하인 건축물의 대수선에 관한 공사
 2. 가구 내 고용활동 및 달리 분류되지 아니한 자가소비 생산활동

위 고용보험법 제8조 단서에 따라 고용보험법을 적용하지 아니하는 사업의 사
업주라 하더라도 근로자 과반수의 동의를 받아 공단의 승인을 받으면 고용보험에
가입할 수 있다(보험료징수법 제5조 제2항).

3) 보험계약의 해지
당연가입의 대상이 아니어서 공단의 승인을 받아 고용보험에 가입한 경우, 사업
주가 보험계약을 해지할 때에도 공단의 사전승인을 받아야 하며, 해지는 그 보험
계약이 성립한 보험연도가 끝난 후에 가능하다(보험료징수법 제5조 제5항). 사업주는
임의가입한 고용보험계약을 해지할 때에도 근로자 과반수의 동의를 받아야 한다
(보험료징수법 제5조 제6항).

4) 공단의 보험관계 직권 소멸
근로복지공단은 사업 실체가 없는 등의 사유로 보험관계를 계속 유지할 수 없다
고 인정하는 경우 그 보험관계를 소멸시킬 수 있다.

나. 산재보험

1) 당연가입
산업재해보상보험법의 적용을 받는 사업의 사업주는 당연히 산업재해보상보험
의 보험가입자가 된다.

법의 적용을 받는 사업의 사업자등록 명의인이나 그 사업에 관하여 보험가입자가

되었음을 근로복지공단에 신고한 자는 달리 특별한 사정이 없는 한 당해 사업의 실제 사업주로 추정되는 것이고, 사업자등록 명의인이 당해 사업의 경영에 실질적으로 관여한 바 없다는 점은 그와 같은 사정을 주장하는 자가 입증하여야 한다. 또한, 이 경우 사업자등록 명의인 등이 당해 사업의 경영에 실질적으로 관여하였는지 여부는 사업자금의 조달 방법, 영업으로 인한 손익의 귀속, 투자나 납품 등 중요계약의 체결 여부의 결정 등 당해 사업의 운영 전반에 관계된 여러 사정들을 두루 살펴 종합적으로 판단하여야 할 것이고, 그가 사업장에 상주하거나 정기적으로 출근하면서 노무나 회계 등 일상적 업무에 일일이 개입하지 아니하였다 하여 당해 사업의 경영에 실질적으로 관여한 바 없다고 쉽사리 단정하여서는 아니 된다(대법원 2004. 2. 26. 선고 2003두13823 판결).

대법원은, 근로자를 사용하는 모든 사업 또는 사업장의 사업주는 당연히 산재보험의 가입자가 되는 것이므로 산재보험에 있어서 보험가입자인 사업주에 해당하는지 여부는 해당 사실의 실질에 의하여 결정되는 것일 뿐 근로복지공단의 결정에 의하여 보험가입자 지위가 발생하는 것이 아니므로 공단이 산재보험적용사업장 변경신청을 거부하는 통지를 하였다고 하더라도 이는 항고소송의 대상이 되는 행정처분이 되지 않는다고 판시하였다.

① 산업재해보상보험법 제6조, 고용산재보험료징수법 제5조 제3항, 제7조 제2호 등에 의하면, 원칙적으로 근로자를 사용하는 모든 사업 또는 사업장의 사업주는 당연히 산업재해보상보험(이하 '산재보험'이라고 한다)의 보험가입자가 되는데, 산재보험에 있어서 보험가입자인 사업주와 보험급여를 받을 근로자에 해당하는지 여부는 해당 사실의 실질에 의하여 결정되는 것일 뿐이고(대법원 1999. 2. 24. 선고 98두2201 판결 참조) 피고의 결정에 의하여 보험가입자(당연가입자) 지위가 발생하는 것은 아닌 점, ② 피고는 재해근로자의 요양신청을 심사하는 과정에서 그의 사업주를 특정하게 되나, 이는 요양승인 여부를 결정하는 중간 단계에서 이루어지는 내부적인 판단에 불과할 뿐이어서, 그러한 판단 자체가 사업주의 구체적인 권리·의무에 직접적 변동을 초래하지 아니한 점, ③ 고용산재보험료징수법 제15조 제2항, 제26조 제1항 제1호, 제11조 등에 의하면, 특정한 업무상 재해와 관련하여 사업주로 지목된 자는 향후 산재보험료가 증액될 수 있고, 만약 산재보험관계 성립신고를 게을리한 상태에서 업무상 재해가 발생한 경우에는 근로자에게 지급된 보험급여액 중 일부를 징수당할 가능성이 있으나, 이러한 경우 사업주는 보험료 부과처분이나 보험급여액 징수처분을 항고소송으로 다툴 수 있는 점 등을 종합하면, 이

사건 신청과 같은 내용의 조리상 신청권이 인정된다고 볼 수도 없다. 따라서 피고가 이러한 내용의 신청을 거부하였다 하더라도 이로 인하여 원고의 권리나 법적 이익에 어떤 영향을 미치는 것은 아니라 할 것이므로, 이 사건 통지는 항고소송의 대상이 되는 행정처분이 되지 아니한다(대법원 2016. 7. 14. 선고 2014두47426 판결).

2) 임의가입

산업재해보상보험법 제6조 단서에 따라 산업재해보상보험법의 적용을 받지 않는 사업의 사업주도 공단의 승인을 받아 산재보험에 가입할 수 있다(보험료징수법 제5조 제3항). 산재보험 가입에 대하여는 근로자의 동의가 필요하지 않다.

3) 보험계약의 해지

공단의 승인을 받아 산재보험에 가입한 경우 사업주가 보험계약을 해지할 때에도 공단의 사전승인을 받아야 하며, 해지는 그 보험계약이 성립한 보험연도가 끝난 후에 가능하다(보험료징수법 제5조 제5항).

4) 보험관계 소멸

근로복지공단은 사업 실체가 없는 등의 사유로 보험관계를 계속 유지할 수 없다고 인정하는 경우에는 그 보험관계를 소멸시킬 수 있다(보험료징수법 제5조 제7항).

2. 보험의 의제가입

사업주 및 근로자가 고용보험의 당연가입자가 되는 사업이 사업규모 변동 등의 사유로 고용보험법 제8조 단서에 따른 적용제외사업에 해당하게 된 경우 그 사업주 및 근로자는 그 날부터 제5조 제2항에 따라 고용보험에 가입한 것으로 본다(보험료징수법 제6조 제1항). 당연가입되었던 것을 임의가입을 한 것으로 보게 되는 것이다.

산재보험 역시 동일하다. 제5조 제3항에 따라 그 사업주가 산재보험의 당연가입자가 되는 사업이 사업규모의 변동 등의 사유로 산재보험법 제6조 단서에 따른 적용제외사업에 해당하게 되었을 때에는 그 사업주는 그 날부터 제5조 제4항에 따라 산재보험에 임의가입한 것으로 본다(보험료징수법 제6조 제2항).

제5조 제1항부터 제4항까지의 규정에 따른 사업주가(즉 고용보험과 산재보험에 당연가입하거나 임의가입한 사업주) 그 사업을 운영하다가 근로자를 고용하지 아니하게 되었을 때에는 그 날부터 1년의 범위에서 근로자를 사용하지 아니한 기간에도 보험에 가입한 것으로 본다(보험료징수법 제6조 제3항). 위와 같이 의제가입을 한 사업주

가 보험계약을 해지할 때에는 미리 공단의 승인을 받아야 하며, 그 보험계약이 성립한 보험연도가 끝난 후에 해지가 가능하다(보험료징수법 제6조 제4항).

3. 보험관계의 성립일

가. 당연가입의 경우

보험관계는 사업주 및 근로자가 고용보험의 당연가입자가 되는 사업의 경우에는 그 사업이 시작된 날 성립하고, 고용보험법 제8조 단서에 따라 고용보험법이 적용되지 않는 사업이 제5조 제1항에 따라 사업주 및 근로자가 고용보험의 당연가입자가 되는 사업에 해당하게 된 경우에는 그 해당하게 된 날 성립한다(보험료징수법 제7조 제1호, 제2호).

고용보험법 제8조와 구 고용보험법(2007. 5. 11. 법률 제8429호로 전부 개정되기 전의 것) 제7조, 산업재해보상보험법 제6조와 구 산업재해보상보험법(2007. 4. 11. 법률 제8373호로 전부 개정되기 전의 것) 제5조, 구 고용보험 및 산업재해보상보험의 보험료징수 등에 관한 법률(2009. 12. 30. 법률 제9896호로 개정되기 전의 것) 제5조 제1항, 제3항, 제7조 제1호, 제2호, 제13조 제1항, 제17조 제1항, 제2항, 제19조 제1항, 제2항, 제4항의 내용을 종합해 보면, 고용보험과 산업재해보상보험의 보험관계는 법령에서 예외로 규정한 사업을 제외하고는 사업 개시로 당연히 성립하고, 보험관계가 성립하면 사업주는 보험료 신고·납부 의무를, 보험자는 보험급여 지급의무를 부담하게 된다. 사업주의 보험료 신고·납부 의무와 보험자의 보험급여 지급의무는 위와 같이 법령의 규정에 의하여 부담하는 것이므로, 사업주는 보험관계 성립을 인식하지 못하여 보험급여를 청구하지 않았다고 하여 보험료 신고·납부 의무를 면할 수 없고, 보험자도 보험관계 성립에 대한 착오로 보험료를 징수하지 않았다고 하여 보험급여 지급을 거절할 수 없다.
제5조 제3항에 따라 사업주가 산재보험의 당연가입자가 되는 사업의 경우에는 그 사업이 시작된 날(산재보험법 제6조 단서에 따른 사업이 제5조 제3항에 따라 사업주가 산재보험의 당연가입자가 되는 사업에 해당하게 된 경우에는 그 해당하게 된 날) 성립한다(대법원 2014. 2. 13. 선고 2011두6745 판결).

나. 임의가입의 경우

제5조 제2항 또는 제4항에 따라 보험에 가입한 사업의 경우에는 공단이 그 사업

의 사업주로부터 보험가입승인신청서를 접수한 날의 다음 날 성립한다(보험료징수법 제7조 제3호).

다. 사업의 일괄적용을 받는 사업의 경우

제8조 제1항에 따라 일괄적용을 받는 사업의 경우에는 처음 하는 사업이 시작된 날 성립한다(보험료징수법 제7조 제3호).

라. 도급사업의 일괄적용을 받는 경우

제9조 제1항 단서 및 제2항에 따라 보험에 가입한 하수급인의 경우에는 그 하도급공사의 착공일에 성립한다(보험료징수법 제7조 제5호).

4. 복수 사업의 일괄적용

가. 건설업에 대한 일괄적용 의제

고용보험과 산재보험의 당연가입자인 사업주가 여러 개의 사업을 하고 있는 경우, (i) 각 사업의 사업주가 동일하고, (ii) 각각의 사업의 기간이 정하여져 있으며, (iii) 각 사업이 한국표준산업분류표의 대분류에 따른 건설업에 해당하면, 보험료징수법을 적용할 때 그 사업 전부를 하나의 사업으로 본다(보험료징수법 제8조 제1항).

나. 임의 일괄적용

제8조 제1항에 따른 일괄적용을 받는 사업주 외의 사업주가 제1항 제1호의 요건, 즉 동일한 사업주가 각각의 사업을 할 경우(산재보험의 경우에는 고용노동부장관이 정하는 사업종류가 같은 경우로 한정한다)에는 사업 전부를 하나의 사업으로 보아 일괄적용을 받을 수 있다(보험료징수법 제8조 제2항). 사업주는 일괄적용에 대해 공단의 승인을 받아야 하며, 승인을 받은 경우에는 공단이 그 사업의 사업주로부터 일괄적용관계 승인신청서를 접수한 날의 다음 날부터 일괄적용을 받는다. 이 경우 일괄적용관계가 해지되지 아니하면 그 사업주는 그 보험연도 이후의 보험연도에도 계속 그 사업 전부에 대하여 일괄적용을 받는다(보험료징수법 제8조 제2항).

일괄적용 승인신청서 양식은 다음과 같다.

■ 고용보험 및 산업재해보상보험의 보험료징수 등에 관한 법률 시행규칙 [별지 제6호서식]
〈개정 2021. 12. 31.〉

고용 · 산재보험토탈서비스(total.comwel.or.kr)에서도 신청(신고)할 수 있습니다.

<table>
<tr><td>[　]고용보험
[　]산재보험</td><td>일괄적용</td><td>[　]승인신청서
[　]성립신고서</td></tr>
</table>

※ 뒤쪽의 유의사항 및 작성방법을 읽고 작성하기 바라며, 색상이 어두운 난은 신청인(신고인)이 적지 않습니다. (앞쪽)

접수번호		접수일		처리기한: 7일

사업장관리번호(일괄적용)		

대표자	성 명		주민(외국인)등록번호	
	주 소			전화번호

본사 사업장	상호 · 법인명		대규모기업	[　]해당　[　]비해당
	소 재 지			전화번호
	우편물 수령지			전화번호
	E - mail		팩스번호	휴대전화
	사업자등록번호		법인등록번호	
	사업종류		(주생산품명 · 제공되는 서비스명:　　　)	
	총 상시근로자 수		총 피보험자 수	
	주된(본사)사업우편물 수령지			

건설업	건설업면허관련	면허종류	면허번호	등록일자
	공사현장			
	공사기간	(실제착공일:　　　)	공사금액	

일반사업	사업장관리번호	지점 · 지사 · 공장명	소재지	사업종류

일괄적용 현황	총 상시근로자 수		총 피보험자 수	

고용보험 성립일(일괄적용)		고용업종코드
산재보험 성립일(일괄적용)		산재업종코드

「고용보험 및 산업재해보상보험의 보험료징수 등에 관한 법률 시행령」 제6조제2항 및 같은 법 시행규칙 제4조, 제7조제4항에 따라 위와 같이 신청(신고)합니다.

년　월　일

신청 · 신고인(사업주)　(서명 또는 인)
보험사무대행기관　(서명 또는 인)

근로복지공단 ○○○○지역본부(지사)장　귀하

공단의 승인을 받아 일괄적용을 받고 있는 사업주가 일괄적용관계를 해지하려는 경우에는 공단의 승인을 받아야 한다. 해지의 효력은 다음 보험연도의 보험관계부터 발생한다(보험료징수법 제8조 제3항).

제1항에 따라 일괄적용 의제를 받는 사업주가 건설업을 하지 않게 된 경우에는 제2항에 따라 일괄적용 승인을 받은 것으로 보아 보험료징수법을 적용하며, 사업주가 그 일괄적용관계를 해지하려는 경우에는 공단의 승인을 받아야 하고, 일괄적용관계 해지의 효력은 다음 보험연도의 보험관계부터 발생한다(보험료징수법 제8조 제4항).

5. 도급사업의 일괄적용

건설업이 여러 차례의 도급에 의하여 시행되는 경우에는 원수급인을 고용보험과 산재보험의 사업주로 본다(법 제9조 제1항, 보험료징수법 시행령 제7조 제1항).

대법원은 "법 제9조 제1항에서 정한 도급사업 일괄적용의 대상이 되는 건설업에 해당하는지 여부는 통계청장이 고시하는 한국표준산업분류표에 의하여야 한다"고 판시하였다(대법원 2011. 10. 13. 선고 2009두18905 판결).

예외적으로 하수급인이 (i) 건설산업기본법 제2조 제7호에 따른 건설사업자, (ii) 주택법 제4조에 따른 주택건설사업자, (iii) 전기공사업법 제2조 제3호에 따른 공사업자, (iv) 정보통신공사업 제2조 제4호에 따른 정보통신공사업자, (v) 소방시설공사업법 제2조 제1항 제2호에 따른 소방시설업자, (vi) 국가유산수리 등에 관한 법률 제2조 제5호에 따른 국가유산수리업자 중 하나에 해당하고(보험료징수법 시행령 제7조 제2항), 근로복지공단의 승인을 받은 경우에는 하수급인이 사업주로 인정받을 수 있다(보험료징수법 제9조 제1항). 이때 원수급인이 하수급인을 사업주로 인정받도록 하려면 하수급인과 보험료 납부의 인계·인수에 관한 서면계약(전자문서로 된 계약서를 포함한다)을 체결하고 하도급공사의 착공일부터 30일 이내에 하수급인의 사업주 인정 승인을 공단에 신청해야 한다(보험료징수법 시행령 제7조 제3항).

그러나 공단은 (i) 하도급공사의 착공 후 15일부터 승인신청 전까지 업무상의 재해가 발생한 경우, (ii) 하도급공사의 착공 후 승인신청 전까지 업무상의 재해가 발생한 경우로서 해당 재해와 관련하여 법 제26조 제1항 제1호에 따라 원수급인으로부터 보험급여액을 징수해야 하는 경우에는 하수급인의 사업주 인정승인을 하지 않는다(보험료징수법 시행령 제7조 제4항). 업무상 재해가 발생한 후에 원수급인이 산재보험법상의 사업주로서의 책임을 사후적으로 회피하고자 하는 것을 방지하기 위이다.

보험료징수법 시행령 제7조 제4항 각호의 사유는 그 성질이 업무상의 재해에 관한 것으로서 해당 사유가 있더라도 산업재해보상보험에 한정하여 하수급인의 인정승인을 받지 못할 뿐이고, 고용보험에 있어서는 하수급인의 인정승인을 받을 수 있다는 주장이 있을 수 있다. 그러나 보험료징수법 시행령 제7조 제4항에서 "산업재해보상보험"으로 그 규정범위를 한정하고 있지 아니한 이상 시행령 제7조 제4항 각호의 사유가 있다면 고용보험에 있어서도 하수급인의 사업주 인정 승인을 할 수 없다고 보는 것이 타당하다.

건설업이 여러 차례의 도급에 의하여 시행되는 경우이지만, 국내에 영업소를 두지 아니하는 외국의 사업주로부터 하도급을 받아 시행되는 경우라면 국내에 영업소를 둔 최초 하수급인을 이 법을 적용받는 사업주로 본다(보험료징수법 제9조 제2항).

6. 보험관계의 소멸일

보험관계는 (i) 사업이 폐업되거나 끝난 날의 다음 날, (ii) 제5조 제5항(제6조 제4항에서 준용되는 경우를 포함한다)에 따라 보험계약을 해지하는 경우에는 그 해지에 관하여 공단의 승인을 받은 날의 다음 날에 소멸한다(보험료징수법 제10조 제1호, 제2호). (iii) 사업 실체가 없는 등의 사유로 계속하여 보험관계를 유지할 수 없다고 인정하여 공단이 보험관계를 소멸시키는 경우에는 그 소멸을 결정·통지한 날의 다음 날에 소멸한다(보험료징수법 제10조 제3호).

사업주가 사업을 운영하다가 근로자를 고용하지 아니하게 되었을 때는 근로자를 사용하지 아니한 첫날부터 1년이 되는 날의 다음 날에 소멸한다(보험료징수법 제10조 제4호).

7. 보험관계의 성립신고, 소멸신고, 변경신고

가. 보험관계의 성립신고와 소멸신고

1) 당연가입의 경우

당연히 보험가입자가 된 경우에는 보험관계가 성립한 날부터 14일 이내에, 사업의 폐업·종료 등으로 인하여 보험관계가 소멸한 경우에는 그 보험관계가 소멸한 날부터 14일 이내에 공단에 보험관계의 성립 또는 소멸신고를 해야 한다(보험료징수법 제11조 제1항 본문).

보험관계성립신고서 양식은 다음과 같다.

■ **고용보험 및 산업재해보상보험의 보험료징수 등에 관한 법률 시행규칙**
[별지 제2호서식] 〈개정 2021. 7. 1.〉

국민연금	[ ]당연적용사업장 해당신고서
건강보험	[ ]사업장(기관) 적용신고서
고용보험	[ ]보험관계 성립신고서 [ ]보험가입신청서(근로자 종사 사업장)
산재보험	[ ]보험관계 성립신고서 [ ]보험가입신청서(근로자 종사 사업장)

※ 2쪽의 유의사항 및 작성방법을 읽고 작성하기 바라며, 색상이 어두운 난은 신고인(신청인)이 적지 않습니다.　　　　(4쪽 중 1쪽)

접수번호		접수일		처리기간 국민연금·건강보험 3일, 고용·산재보험 5일		

공통	사업장	사업장관리번호			명칭	사업장 형태 [ ]법인 [ ]개인	
		소재지	우편번호(　　)				
		우편물 수령지	우편번호(　　)			전자우편주소	
		전화번호		(휴대전화)		팩스번호	
		업태		종목	(주생산품)		업종코드
		사업자등록번호		법인등록번호			
		환급(반환) 계좌 사전신고	은행명		계좌번호		[ ] 자동이체 계좌와 동일
			예금주명		* 보험료 정산 등 환급(반환)금액 발생 시 지급될 계좌입니다. (지급 관련하여 통장사본 등 추가 서류를 요청할 수 있습니다.)		
	사용자 (대표자)	성명		주민(외국인)등록번호		전화번호	
		주소					
	보험료 자동이체신청	은행명		계좌번호			
		예금주명		예금주 주민등록번호(사업자 등록번호)			
		합산자동이체 적용여부 [ ] 적용 [ ] 미적용		이체희망일 [ ] 납기일 [ ] 납기전월 말일(월별보험료)			
		※ 고용·산재보험 건설업 일시납 개산보험료 및 1기 분납 보험료는 자동이체 처리되지 않음에 유의하여 주시기 바랍니다.					
	전자고지 신청	고지방법 [ ]전자우편 [ ]휴대전화 [ ]전자문서교환시스템 [ ]인터넷홈페이지(사회보험통합징수포털)					
		수신처(전자우편주소, 휴대전화번호 또는 아이디)					
		수신자 성명		수신자 주민등록번호			

국민연금/건강보험	건설현장사업장 [ ]해당 [ ]비해당		건설현장 사업기간	~

연금(고용)보험료 지원 신청	「국민연금법」 제100조의3 또는 「고용보험 및 산업재해보상보험의 보험료징수 등에 관한 법률」 제21조에 따라 아래와 같이 연금(고용)보험료 지원을 신청합니다(근로자 수가 10명 미만인 사업(장)만 해당합니다). 국민연금 [ ] 고용보험 [ ]

국민연금	근로자수	가입대상자수	적용 연월일(YYYY.MM.DD)
	분리적용사업장 [ ]해당 [ ]비해당	본점사업장관리번호	

건강보험	적용대상자수		본점사업장관리번호	적용 연월일		
	사업장 특성부호		회계종목(공무원 및 교직원기관만 작성)	1	2	3

고용보험	상시근로자수		피보험자수		성립일	
	보험사무대행기관 (명칭)			(번호)		
	주된 사업장	명 칭		사업자등록번호		
		우선지원대상기업 [ ]해당 [ ]비해당		관리번호		

산재보험	상시근로자수		성립일		사업종류코드	
	사업의 형태	[ ] 계속 [ ] 기간이 정해져 있는 사업(사업기간: －)				
	성립신고일(가입신청일) 현재 산업재해발생여부			[ ]있음 [ ]없음		
	주된 사업장 여부	[ ]해당 [ ]비해당		주된 사업장 관리번호		
	원사업주 사업장관리번호 또는 사업개시번호 (사내하도급 수급사업주인 경우만 적습니다)					

행정정보 공동이용 동의서

본인은 이 건 업무처리와 관련하여 담당 직원이 「전자정부법」 제36조제1항에 따른 행정정보의 공동이용을 통해 담당 직원 확인사항의 행정정보를 확인하는 것에 동의합니다. *동의하지 않는 경우에는 신고인(신청인)이 직접 관련 서류를 제출해야 합니다.

신고인(신청인)　　　　　　　　　　　　　　　　　　　　(서명 또는 인)

위와 같이 신고(신청)합니다.　　　　　　　　　　　　　　　년　　　월　　　일

신고인 · 신청인(사용자 · 대표자)　　　　　　　　　　　　(서명 또는 인)

[　]보험사무대행기관(고용 · 산재보험만 해당)　　　　　　(서명 또는 인)

국민연금공단 이사장/국민건강보험공단 이사장/근로복지공단 ○○지역본부(지사)장 귀하

210mm×297mm[백상지(80g/㎡) 또는 중질지(80g/㎡)]

신고인 (신청인) 제출서류	1. 근로자 과반수의 동의서 1부(고용보험 임의적용 가입신청의 경우에만 제출합니다) 2. 통장 사본 1부(자동이체 신청의 경우에만 제출합니다)	수수료 없음
담당 직원 확인사항	1. 사업자등록증 2. 주민등록표 초본[고용 · 산재보험의 경우로서, 신고인(신청인)이 개인인 경우만 해당합니다]. 다만, 신고인(신청인)이 직접 신고서(신청서)를 제출하면서 신분증명서(주민등록증, 운전면허증, 여권을 말합니다)를 제시하는 경우에는 그 신분증명서의 확인으로 주민등록표 초본의 확인을 갈음합니다. 3. 법인 등기사항증명서[신고인(신청인)이 법인인 경우만 해당합니다]	

유의사항

1. 국민연금, 건강보험의 건설현장사업장은 건설일용근로자만 가입된 사업장을 말하고, 건설현장사업장으로 적용받으려는 사업장이 일괄경정 고지신청서(해당 기관 서식)를 제출하고 사업장 자격관리 등을 위해 해당 기관이 운영하는 정보통신망(EDI)에 가입하면 일괄경정고지를 받을 수 있습니다.
2. 전자고지는 「국민건강보험법」 제79조에 따라 송달의 효력이 발생하며, 별도의 우편고지서는 발송하지 않습니다.
3. 건설업 및 벌목업의 경우는 「고용보험 및 산업재해보상보험의 보험료징수 등에 관한 법률」 제19조에 따른 확정보험료 신고 · 납부기한부터 30일 이내에 고용보험료 지원을 신청하기 바랍니다.
4. 연금 · 고용보험료 지원 대상_사업장은 전년도의 월평균 근로자 수가 10명 미만이거나 신청 직전 3개월 동안(지원신청이 속한 연도로 한정하며, 보험관계성립일 이후 3개월이 지나지 않은 경우에는 그 기간 동안) 연속하여 근로자 수가 10명 미만이고, 신청월 말일 기준으로 10명 미만이어야 합니다.
   ※ 법인사업장은 법인 단위로 10명 미만 여부를 판단하나, 공동주택관리사무소의 경우 「고용보험 및 산업재해보상보험의 보험료징수 등에 관한 법률 시행령」 제12조제2항에 따라 관리사무소 현장별로 10명 미만 여부를 판단합니다.
5. 신청 연도의 근로자 수가 3개월 연속 10명 이상인 경우 4개월째부터 해당 연도 말까지 연금(고용)보험 지원 대상에서 제외됩니다.
6. 연금 · 고용보험료 지원은 국민연금 및 고용보험의 자격취득이 된 사람으로 한정하여 이루어지므로 현재까지 자격취득이 안 된 근로자는 반드시 해당 기관에 자격취득신고서(일용근로자의 경우 근로내용확인신고서)를 제출해야 혜택을 받을 수 있습니다. (신고관련 문의: 국번없이 국민연금 1355, 고용보험 1588-0075)
7. 연금 · 고용보험료 지원 대상에 해당하는 경우에 신청 월부터 해당 연도 말까지 지원되며, 매월 해당 월의 보험료가 납부기한 이내에 모두 납부된 경우에만 보험료가 지원됩니다. 따라서 납부기한이 지나서 납부하거나 일부만 납부한 월에는 지원을 받을 수 없습니다.
8. 연금 · 고용보험료는 근로자의 보수(액) 수준 등에 따라 사용자와 근로자의 연금보험료와 고용보험료 부담분의 일부가 지원됩니다. 다만, 근로자의 재산(「지방세법」 제105조에 따른 토지, 건축물, 주택, 항공기 및 선박) 및 「소득세법」 제4조제1항제1호에 따른 종합소득이 보건복지부장관(고용노동부장관)이 고시한 기준 이상에 해당할 경우 지원대상에서 제외되며, 해당 근로자의 지원 여부를 결정하기 위해 국민연금 · 근로복지공단은 해당 근로자의 재산 및 종합소득자료를 수집하여 확인합니다.
9. 연금 · 고용보험료를 지원받고 있는 사업(장)에 신규로 자격을 취득한 근로자가 있을 경우 연금 · 고용보험료 지원신청이 없어도 해당 가입자가 보험료 지원요건을 충족할 경우 연금 · 고용보험료를 지원받을 수 있습니다(고용보험의 경우 건설업 및 벌목업은 해당하지 않습니다).
10. 연금 · 고용보험료 지원 대상 요건에 해당되지 않음이 추후 확인된 경우에는 이미 지원한 금액에 대해 국가가 환수할 수 있습니다.
11. 국민연금공단과 근로복지공단에서 국민연금과 고용보험의 지원 여부를 확인하여 처리 결과를 각각 통보합니다.
12. 국민연금의 경우 18세 미만의 근로자도 사업장가입자입니다. 다만, 본인이 원하지 않으면 가입하지 않을 수 있습니다.
13. 고용 · 산재보험 신고(신청) 시 "건설업 및 임금 중 벌목업(「고용보험 및 산업재해보상보험의 보험료징수 등에 관한 법률」 제8조에 따른 일괄적용 대상 사업은 제외합니다)"의 경우에는 별도 서식을 이용하여 근로복지공단에 제출하여 주시기 바랍니다.
14. 자동이체 신청 시 고용 · 산재보험료의 처리 대상은 월별보험료 및 분할납부보험료(2~4기)이며, 일시납부하는 개산보험료와 분할납부보험료(1기)는 자동이체 처리되지 않습니다. 합산자동이체는 월납보험료를 합산 출금합니다(고용 · 산재보험 일시납, 분할납부보험료는 제외).
15. 산재보험 적용사업(장)은 「임금채권보장법」 및 「석면피해구제법」(①상시근로자수가 20명 이상인 사업주(건설업은 제외), ②건설업 사업주(「고용보험 및 산업재해보상보험의 보험료징수 등에 관한 법률」 제8조제1항의 적용을 받지 않는 건설공사는 제외)을 당연히 적용받게 됩니다.
16. 4대 사회보험료 고지서는 한 장의 고지서에 합산된 금액(보험별 금액도 표기)으로 발송합니다. 월별보험료를 합산고지하며 고용 · 산재보험의 일시납부하는 개산보험료와 분할납부보험료는 합산고지 대상이 아닙니다. 보험별 각각의 고지서를 받기 원하시면 지사로 신청하기 바랍니다.

	작성방법
공통 사항	1. "사용자 · 대표자"란은 개인사업의 경우 개인사업주, 법인의 경우 대표자 인적사항을 적습니다. 2. "업태와 종목"란은 사업자등록증 상의 업태와 종목을 적습니다. 3. "환급(반환)계좌 사전신고"는 사업장 환급(반환)금 발생 시 지급받을 은행의 은행명, 계좌번호 등을 적습니다. 4. "자동이체신청"란의 예금주 주민등록번호는 계좌개설 시 주민등록번호로 등록되었으면 그 주민등록번호를, 사업자등록 번호로 등록되었으면 그 사업자등록번호를 적습니다. "합산자동이체 적용여부"는 4대 사회보험료 모두 합산하여 출 금 원하는 경우 적용에 "[√]"표시, 원하지 않는 경우는 미적용에 "[√]"표시를 합니다. 원하는 "이체희망일"에 "[√]"표 시하며, 월별보험료인 경우 납기전월 말일을 선택할 수 있습니다. 5. "전자고지 신청"란은 전자고지를 받으려는 방법에 해당하는 부분에 "[√]"표시를 하고, 전자우편이나 휴대전화를 선택 한 경우에는 "수신처"에 전자고지를 받으려는 정확한 전자우편주소 또는 휴대전화번호를 적으며, 전자문서교환시스템 을 선택한 경우에는 "건강보험 Web EDI, 사회보험 EDI" 중 하나를 선택하여 적습니다.
국민 연금	1. "적용 연월일"란에는 사업장이 1명 이상의 근로자를 사용하게 된 날을 적습니다. 2. "근로자수"란에는 법인의 대표자는 포함하고, 개인사업장의 사용자는 포함하지 마십시오. 3. "가입대상자수"란에는 사업장의 18세 이상 60세 미만의 근로자와 사용자를 더하되, 18세 미만 근로자도 가입을 희망 하면 포함합니다. 4. "분리적용사업장"이란 이미 국민연금에 가입된 본점(모사업장)으로부터 분리하여 별개의 사업장으로 가입한 경우를 말 하며, 이러한 분리적용사업장으로 가입하려는 경우에만 본점 명세를 적습니다.
건강 보험	1. "적용 연월일"란에는 사업장이 1명 이상의 근로자를 사용하게 된 날을 적습니다. 2. "회계종목"란은 공무원 및 교직원사업장만 회계종목 사항을 적습니다. ※ 사업장 특성부호: 1. 공무원사업장 3. 사립학교교직원사업장 5. 군 기관 7. 일반근로자사업장 3. 관할 단위사업장 및 부서가 있을 때에는 3쪽의 "단위사업장 현황" 및 "영업소 현황"을 적고, 고용보험의 경우 보험관 계 성립사업장이 둘 이상일 때에는 4쪽의"신고대상사업장 현황"을 계속 적습니다.
고용 보험	1. "상시근로자수", "피보험자수"란은 성립 또는 가입 사업 단위의 내용을 적습니다. 2. "우선지원 대상기업"란은 「고용보험법 시행령」 제12조에 따른 "우선지원 대상기업에 해당하는 기업"인지 여부를 적습니다. 3. "주된 사업장 관리번호"란은 주된 사업장의 보험관계가 이미 성립한 경우에만 적습니다. 4. 제출된 서식만으로 사실 여부의 확인이 곤란한 경우 관련 서류의 보완 요구가 있을 수 있습니다.
산재 보험	※ "원사업주 사업장관리번호 또는 사업개시번호"란은 사내하도급 근로자를 고용하여 사내하도급을 수행하는 수급사업주 가 원사업주의 산재보험 사업장관리번호(원사업주가 일괄적용 사업장인 경우에는 원사업주의 사업개시번호)를 적습니 다(건설업은 제외). 1. "사내하도급"이란 원사업주로부터 업무를 도급받거나 업무의 처리를 수탁한 사업주가 자신의 의무를 이행하기 위해 원 사업주의 사업장에서 해당 업무를 수행하는 것을 말합니다. 2. "수급사업주"란 업무를 도급받거나 업무의 처리를 위탁받은 사업주를 말합니다. 3. "원사업주"란 업무를 도급하거나 업무의 처리를 위탁한 사업주를 말합니다. 여러 차례의 도급이 있는 경우에는 최상위 의 원사업주를 말합니다. 4. "사내하도급 근로자"란 수급사업주가 원사업주로부터 도급받거나 위탁 받은 일을 완성하거나 업무를 처리하기 위해 고 용한 근로자를 말합니다. 5. 원사업주가 다수 있는 경우에는 사내하도급 근로자가 가장 많은 사업장의 원사업주 원수급 사업장관리번호를 적습니다. 6. 제출된 서식만으로 사실 여부 확인이 어려우면 관련 서류의 보완 요구가 있을 수 있습니다(원사업주는 수급사업주에 게 사업장관리번호 제공에 협조해야 함).

처리절차

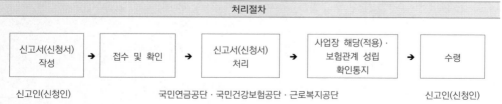

신고인(신청인)　　　　　　　국민연금공단 · 국민건강보험공단 · 근로복지공단　　　　　　　신고인(신청인)

(4쪽 중 3쪽)

공동대표자 현황

번호	성 명	주민(외국인)등록번호	취임일	주 소	전화번호
				우편번호( )	
				우편번호( )	
				우편번호( )	
				우편번호( )	
				우편번호( )	
				우편번호( )	
				우편번호( )	

단위사업장 현황(건강보험)

번호	단위사업장기호	단위사업장명	소 재 지	전화번호

영업소 현황(건강보험)

번호	영업소기호	영업소명	소 재 지	전화번호

유의사항 및 작성방법

1. 관할 단위사업장 및 부서가 있을 때에는 "단위사업장현황", "영업소현황"을 작성합니다.

2. 영업소기호는 사업장에서 영업소별로 부여하여 관리하기 바랍니다.

3. 색상이 어두운 난은 국민건강보험공단에서 작성하므로 신고인(신청인)이 적지 않습니다.

※ 고용보험의 보험관계성립사업장이 둘 이상인 경우에만 작성하며, 색상이 어두운 난은 신고인(신청인)
　이 적지 않습니다.

(4쪽 중 4쪽)

성립 또는 가입 사업 현황(고용보험)

사업장(2)	명칭	[ ] 근로자 종사 사업(장) [ ] 예술인 종사 사업(장) [ ] 노무제공자 종사 사업(장)		전화번호				
	소재지							
	업태	종목　　　　(주생산품:　　　)		업종코드				
	상시근로자 수　　　　명	피보험자 수　　　　명		사업자등록번호				
	예술인 수　　　　명	노무제공자 수　　　　명						
	보험관계성립일			보험사무대행기관번호				
	사업장관리번호							

사업장(3)	명칭	[ ] 근로자 종사 사업(장) [ ] 예술인 종사 사업(장) [ ] 노무제공자 종사 사업(장)		전화번호				
	소재지							
	업태	종목　　　　(주생산품:　　　)		업종코드				
	상시근로자 수　　　　명	피보험자 수　　　　명		사업자등록번호				
	예술인 수　　　　명	노무제공자 수　　　　명						
	보험관계성립일			보험사무대행기관번호				
	사업장관리번호							

사업장(4)	명칭	[ ] 근로자 종사 사업(장) [ ] 예술인 종사 사업(장) [ ] 노무제공자 종사 사업(장)		전화번호				
	소재지							
	업태	종목　　　　(주생산품:　　　)		업종코드				
	상시근로자 수　　　　명	피보험자 수　　　　명		사업자등록번호				
	예술인 수　　　　명	노무제공자 수　　　　명						
	보험관계성립일			보험사무대행기관번호				
	사업장관리번호							

사업장(5)	명칭	[ ] 근로자 종사 사업(장) [ ] 예술인 종사 사업(장) [ ] 노무제공자 종사 사업(장)		전화번호				
	소재지							
	업태	종목　　　　(주생산품:　　　)		업종코드				
	상시근로자 수　　　　명	피보험자 수　　　　명		사업자등록번호				
	예술인 수　　　　명	노무제공자 수　　　　명						
	보험관계성립일			보험사무대행기관번호				
	사업장관리번호							

국민연금공단에서 운영하는 "4대사회보험정보연계센터" 사이트(https://www.4insure.or. kr/)를 이용하면 고용보험, 산재보험, 국민연금, 건강보험 관련 신고를 함께 처리할 수 있다.

2) 단기종료사업, 적용대상인지 여부가 불명확한 사업의 경우

보험관계 성립일부터 14일 이내에 종료되는 사업은 사업이 종료되는 날 전날까지 성립신고를 하여야 한다.

산업재해보상보험법 시행령 제2조 제1항으로 정하는 산재보험법 적용제외사업 중 사업을 시작할 때에 산업재해보상보험법 적용대상인지 여부가 명확하지 아니하여 대통령령으로 정하는 바에 따라 해당사업에서 일정기간 사용한 상시근로자 수를 바탕으로 하여 같은 법의 적용대상 여부가 정하여지는 사업은 그 일정기간의 종료일부터 14일 이내에 성립신고를 하여야 한다(보험료징수법 제11조 제1항 단서).

3) 일괄적용 사업의 경우

제8조 제1항에 따라 일괄적용 의제 및 임의일괄적용 대상 사업의 경우에는 처음 하는 사업을 시작하는 날부터 14일 이내에, 일괄적용을 받고 있는 사업이 사업의 폐업·종료 등으로 일괄적용관계가 소멸한 경우에는 소멸한 날부터 14일 이내에 공단에 일괄적용관계의 성립 또는 소멸신고를 하여야 한다.

나. 보험관계의 변경신고

보험에 가입한 사업주는 그 이름, 사업의 소재지, 사업주의 이름 및 주민등록번호, 사업의 명칭 및 소재지, 사업의 종류, 사업자등록번호(법인인 경우에는 법인등록번호를 포함한다), 건설공사 또는 벌목업 등 기간의 정함이 있는 사업의 경우 사업의 기간에 변경이 있는 경우 그 변경일부터 14일 이내에 공단에 신고하여야 한다(보험료징수법 제12조, 시행령 제9조). 다만 고용보험법 시행령 제12조에 따른 우선지원대상 기업의 해당 여부에 변경이 있는 경우 상시근로자 수에 변경이 있으면 다음 보험연도 첫날부터 14일 내에 신고하여야 한다(보험료징수법 제12조, 시행령 제9조 제6호).

보험관계변경신고서 양식은 다음과 같다.

■ 고용보험 및 산업재해보상보험의 보험료징수 등에 관한 법률 시행규칙
　[별지 제13호서식] 〈개정 2021. 7. 1.〉

[ ]국민연금 사업장 내용 변경 신고서
[ ]건강보험 사업장(기관) 변경신고서
[ ]고용보험 보험관계 변경신고서(근로자 종사 사업장)
[ ]산재보험 보험관계 변경신고서(근로자 종사 사업장)

※ 뒤쪽의 유의사항 및 작성방법을 읽고 작성하기 바라며, 색상이 어두운 난은 신고인이 적지 않습니다.　　(앞쪽)

접수번호	접수일자		처리기간	3일

사업개시번호	고용보험		산재보험	

사업장	사업장관리번호		전화번호(유선/이동전화)	
	명칭			
	소재지			

보험사무 대행기관 (고용 · 산재)	명칭		번호	

사용자(대표자)	성명		주민(외국인)등록번호	

사용자 (대표자/ 공동 대표자)	변경항목	변 경 일	변 경 전	변 경 후
	성명			
	주민(외국인)등록 번호			
	주소			
	전화번호			

사업장	변경항목	변 경 일	변 경 내 용	
	명칭			
	전화번호			
	휴대전화			
	FAX번호			
	전자우편주소			
	소재지			
	우편물 수령지			
	사업자등록번호			
	법인등록번호			
	종류(업종)			
	사업의 기간			
	그 밖의 사항			

건강보험증 수령지	[ ]사업장 주소지　　[ ]해당 직장가입자 주민등록표 등본의 주소지

위와 같이 신고합니다.

년　　　월　　　일

신고인(가입자)　　　　　　　　　　　(서명 또는 인)

[ ]보험사무대행기관(고용 · 산재보험만 해당)　　　(서명 또는 인)

국민연금공단 이사장/국민건강보험공단 이사장/근로복지공단 ○○지역본부(지사)장 귀하

210mm×297mm[백상지(80g/㎡) 또는 중질지(80g/㎡)]

(뒤쪽)

신고인 제출서류	없음	
담당 직원 확인사항	1. 사업자등록증(사업장이 변경되는 경우만 해당합니다) 2. 주민등록표 초본(고용·산재보험의 사업주가 변경된 경우로서, 신고인이 개인인 경우만 해당합니다). 다만, 신고인이 직접 신고서를 제출하면서 신분증명서(주민등록증, 운전면허증, 여권을 말합니다)를 제시하는 경우에는 그 신분증명서의 확인으로 주민등록표 초본의 확인을 갈음합니다. 3. 법인 등기사항증명서(신고인이 법인인 경우만 해당합니다)	수수료 없음

행정정보 공동이용 동의서

본인은 이 건 업무처리와 관련하여 담당 직원이 「전자정부법」 제36조제1항에 따른 행정정보의 공동이용을 통해 담당 직원 확인사항란의 제1호 및 제2호의 행정정보를 확인하는 것에 동의합니다. *동의하지 않는 경우에는 신고인이 직접 관련 서류를 제출해야 합니다.

신고인   (서명 또는 인)

작성 방법

1. 사용자(대표자/공동대표자)의 성명 및 주민(외국인)등록번호는 개인사업의 경우 개인사업주, 법인의 경우 대표자 인적사항을 주민등록표 등본(외국인등록증 또는 국내거소신고증)상의 성명 및 주민등록번호(외국인등록번호 또는 국내거소신고번호)를 적습니다.
2. 사용자(대표자/공동대표자) 및 사업장의 변경내용에 해당되는 부분에 변경일자를 적습니다.
3. 변경 전 내용과 변경 후 내용을 적습니다.
   예) 명칭변경: ○○○주식회사(변경 전)→□□□□주식회사(변경 후)
4. "종류(업종)"란에는 해당 사업장의 사업내용이 무엇인지 구체적으로 적습니다.

처리 절차

신고서 제출	→	접수 및 확인	→	신고서 처리	→	사업장 내용변경 확인 통지	→	수령
신고인				근로복지공단				

제 3 절 보험료와 보험료율

1. 보험료

가. 고용보험료와 산재보험료

보험사업에 드는 비용에 충당하기 위하여 보험가입자로부터 고용안정·직업능력
개발사업 및 실업급여의 보험료(이하 "고용보험료"라 한다)와 산재보험의 보험료(이하
"산재보험료"라 한다)를 징수한다.

나. 고용보험료

1] 사업주

사업주가 부담하여야 하는 고용보험료는 그 사업에 종사하는 고용보험 가입자
인 근로자의 개인별 보수총액(제13조 제2항 단서에 따른 보수로 보는 금품의 총액과 보수의
총액은 제외한다)에 다음 각 호의 보험료율을 각각 곱하여 산출한 각각의 금액을 합
한 금액으로 한다(보험료징수법 제13조 제4항).

1. 제14조 제1항에 따른 고용안정·직업능력개발사업의 보험료율
2. 실업급여의 보험료율의 2분의 1

2] 근로자

고용보험 가입자인 근로자가 부담하여야 하는 고용보험료는 자기의 보수총액에
제14조 제1항에 따른 실업급여의 보험료율(1.8%)에 1/2을 곱한 금액, 즉 보수총액
의 0.9%이다(보험료징수법 제13조 제2항 본문). 다만, 사업주로부터 제2조 제3호 본문
에 따른 보수를 지급받지 아니하는 근로자는 제2조 제3호 단서에 따라 보수로 보
는 금품의 총액에 제14조 제1항에 따른 실업급여의 보험료율을 곱한 금액을 부담
하여야 하고, 제2조 제3호 단서에 따른 휴직이나 그 밖에 이와 비슷한 상태에 있
는 기간 중에 사업주로부터 제2조 제3호 본문에 따른 보수를 지급받는 근로자로서
고용노동부장관이 정하여 고시하는 사유에 해당하는 근로자는 그 기간에 지급받
는 보수의 총액에 제14조 제1항에 따른 실업급여의 보험료율을 곱한 금액을 부담
하여야 한다(보험료징수법 제13조 제2항 단서).

고용보험법 제10조 제2항에 따라 65세 이후에 고용(65세 전부터 피보험자격을 유지하던 사람이 65세 이후에 계속하여 고용된 경우는 제외한다)되거나 자영업을 개시한 자에 대하여는 고용보험료 중 실업급여의 보험료를 징수하지 아니한다(보험료징수법 제13조 제3항).

다. 산재보험료

산재보험료는 근로자 부담분이 없고, 사업주가 전액 부담한다.

사업주가 부담하여야 하는 산재보험료는 그 사업주가 경영하는 사업에 종사하는 근로자의 개인별 보수총액에 다음 각 호에 따른 산재보험료율을 곱한 금액을 합한 금액으로 한다(보험료징수법 제13조 제5항).

1. 제14조 제3항부터 제6항까지에 따라 같은 종류의 사업에 적용되는 산재
   보험료율
2. 제14조 제7항에 따른 산재보험료율(통상적인 경로와 방법으로 출퇴근하는 중
   발생한 사고에 관한 산재보험료율)

다만, 산재보험법 제37조 제4항에 해당하는 경우(출퇴근 경로와 방법이 일정하지 아니한 직종으로 대통령령으로 정하는 경우)에는 보험료징수법 제14조 제3항부터 제6항까지에 따라 같은 종류의 사업에 적용되는 산재보험료율만을 곱하여 산정한다(보험료징수법 제13조 제5항 단서).

제17조 제1항에 따른 보수총액의 추정액 또는 제19조 제1항에 따른 보수총액을 결정하기 곤란한 경우에는 대통령령으로 정하는 바에 따라 고용노동부장관이 정하여 고시하는 노무비율을 사용하여 보수총액의 추정액 또는 보수총액을 결정할 수 있다(보험료징수법 제13조 제6항).

2. 보험료율

가. 보험료율의 결정

1) 고용보험료율

고용보험료율은 보험수지의 동향과 경제상황 등을 고려하여 3%의 범위에서 고용안정·직업능력개발사업의 보험료율 및 실업급여의 보험료율로 구분하여 대통령령으로 정한다(보험료징수법 제14조 제1항).

보험료징수법 시행령 제12조 제1항은 고용안정·직업능력개발사업 보험료율은 상시근로자의 수에 따라, 실업급여의 보험료율은 근로자수와 무관하게 동일한 비율을 정하고 있다. 고용안정·직업능력개발사업 보험료율은 상시근로자수가 많을수록 높게 적용된다.

1. 고용안정·직업능력개발사업의 보험료율: 다음 각 목의 구분에 따른 보험료율

    가. 상시근로자수가 150명 미만인 사업주의 사업: 25/10,000

    나. 상시근로자수가 150명 이상인 사업주의 사업으로서 우선지원대상기업의 범위에 해당하는 사업: 45/10,000

    다. 상시근로자수가 150명 이상 1천명 미만인 사업주의 사업으로서 나목에 해당하지 않는 사업: 65/10,000

    라. 상시근로자수가 1천명 이상인 사업주의 사업으로서 나목에 해당하지 않는 사업 및 국가·지방자치단체가 직접 하는 사업: 85/10,000

2. 실업급여의 보험료율: 18/1,000

고용보험료율을 결정하거나 변경하려면 고용보험법 제7조에 따른 고용보험위원회의 심의를 거쳐야 한다(보험료징수법 제14조 제2항).

2) 산재보험료율

산재보험법 제37조 제1항 제1호(업무상 사고), 제2호(업무상질병) 및 같은 항 제3호 가목(사업주가 제공한 교통수단이나 그에 준하는 교통수단을 이용하는 등 사업주의 지배관리하에서 출퇴근하는 중 발생한 사고)에 따른 업무상의 재해에 관한 산재보험료율은 매년 6월 30일 현재 과거 3년 동안의 보수총액에 대한 산재보험급여 총액의 비율을 기초로 하여, 산재보험법에 따른 연금 등 산재보험급여에 드는 금액, 재해예방 및 재해근로자의 복지증진에 드는 비용 등을 고려하여 사업의 종류별로 구분하여 고용노동부령으로 정한다(보험료징수법 제14조 제3항).

고용노동부장관이 제14조 제3항에 따라 산재보험료율을 정하는 경우에는 특정 사업 종류의 산재보험료율이 전체 사업의 평균 산재보험료율의 20배를 초과하지 아니하도록 하여야 하고(보험료징수법 제14조 제5항), 제3항에 따라 정한 특정 사업 종류의 산재보험료율이 인상되거나 인하되는 경우에는 직전 보험연도 산재보험료율의 100분의 30의 범위에서 조정하여야 한다(보험료징수법 제14조 제6항).

2024년도 사업종류별 산재보험료율(고용노동부고시 제2024-1호, 2024. 1. 5. 일부개정, 시행)은 다음과 같다.

2024년도 사업종류별 산재보험료율

1. 2024년도 사업종류별 산재보험료율

[단위: 천분율(‰)]

사업 종류	요율	사업 종류	요율
1. 광업		**4. 건 설 업**	35
석탄광업 및 채석업	185	**5. 운수 · 창고 · 통신업**	
석회석 · 금속 · 비금속 · 기타광업	57	철도 · 항공 · 창고 · 운수관련서비스업	8
2. 제조업		육상 및 수상운수업	18
식료품 제조업	16	통신업	9
섬유 및 섬유제품 제조업	11	**6. 임 업**	58
목재 및 종이제품 제조업	20	**7. 어 업**	27
출판 · 인쇄 · 제본업	9	**8. 농 업**	20
화학 및 고무제품 제조업	13	**9. 기타의 사업**	
의약품 · 화장품 · 연탄 · 석유제품 제조업	7	시설관리 및 사업지원 서비스업	8
기계기구 · 금속 · 비금속광물제품 제조업	13	기타의 각종사업	8
금속제련업	10	전문 · 보건 · 교육 · 여가관련 서비스업	6
전기기계기구 · 정밀기구 · 전자제품 제조업	6	도소매 · 음식 · 숙박업	8
선박건조 및 수리업	24	부동산 및 임대업	7
수제품 및 기타제품 제조업	12	국가 및 지방자치단체의 사업	9
3. 전기 · 가스 · 증기 · 수도사업	7	**0. 금융 및 보험업**	5
		* 해외파견자: 14/1,000	

2. 2024년도 통상적인 경로와 방법으로 출퇴근하는 중 발생한 재해에 관한 산재보험료율: 전 업종 0.6/1,000 동일

이 경우 산재보험법 제37조 제1항 제3호 나목(그 밖에 통상적인 경로와 방법으로 출퇴근하는 중 발생한 사고)에 따른 업무상의 재해를 이유로 지급된 보험급여액은 산재보험급여 총액에 포함시키지 아니한다(보험료징수법 제14조 제3항 2문). 통상적 경로와 방법으로 출퇴근하는 중 발생한 재해와 관련한 산재보험료율은 보험료징수법 시행규칙 별표2에서 다음과 같이 정하고 있다.

■ 고용보험 및 산업재해보상보험의 보험료징수 등에 관한 법률 시행규칙
 [별표2] 〈신설 2017. 12. 28.〉

통상적 경로와 방법의 출퇴근 중 발생한 재해 관련 산재보험료율의 구성과 산정방법
(제12조의2 관련)

1. 법 제14조 제7항에 따른 통상적인 경로와 방법으로 출퇴근하는 중 발생한 재해에 대한 산재보험료율은 다음의 방법으로 산정하되 구체적인 산정 기준은 각 목에 따른다.

> 통상적 경로와 방법의 출퇴근 중 발생한 재해 관련 산재보험료율(100%) =
> [산재보험급여지급률 + 추가지출률](85%) + 부가보험료율(15%)

  가. 산재보험급여지급률
    1) "산재보험급여지급률"이란 매년 6월 30일 현재를 기준으로 과거 3년간의 보수총액에 대한 산재보험급여총액의 비율을 말한다.
    2) 산재보험급여총액은 「산업재해보상보험법」 제37조 제1항 제3호 나목에 따른 통상적인 경로와 방법으로 출퇴근하는 중 발생한 업무상 재해를 이유로 지급된 보험급여액의 총액을 말한다.
    3) 「산업재해보상보험법」 제57조에 따른 장해보상연금과 같은 법 제62조에 따른 유족보상연금은 일시금으로 환산하여 최초로 연금이 지급되는 연도의 산재보험급여총액에 포함하고, 이후 5년차 지급액분까지는 연금이 지급된 연도의 산재보험급여총액에 포함하지 않으며, 6년차 지급액분부터는 각각 지급연도의 산재보험급여 총액에 포함한다.
  나. 추가지출률
    1) "추가지출률"이란 해당 보험연도의 보수총액 추정액에 대한 해당 보험연도에 추가로 지급될 산재보험급여액 등에 대한 조정액의 비율을 말한다.
    2) 조정액에는 「산업재해보상보험법」에 따라 해당 보험연도에 지급될 연금, 산재보험급여의 개선 등에 따라 해당 보험연도에 추가로 지급될 금액 및 장래의 보험급여에 대비하기 위한 적립금을 포함한다.

다. 부가보험료율: 해당 보험연도의 총수입보험료 추정액에 대한 산재보험사업에 소요될 비용의 비율을 말한다.

2. 통상적 경로와 방법의 출퇴근 중 재해 관련 산재보험료율은 다음의 방법에 따라 결정한다.

　가. 산재보험급여지급률·추가지출률 및 부가보험료율의 산정은 각각 소수점 이하 다섯째자리에서 반올림한다.

　나. 통상적 경로와 방법의 출퇴근 중 재해 관련 산재보험료율은 소수점 이하 다섯째자리에서 반올림하여 결정한다.

동일한 사업주가 하나의 장소에서 보험료징수법 제14조 제3항에 따른 사업의 종류가 다른 사업을 둘 이상 하는 경우에는 그 중 근로자 수 및 보수총액 등의 비중이 큰 주된 사업(이하 "주된 사업")에 적용되는 산재보험료율을 그 장소의 모든 사업에 적용한다(보험료징수법 시행령 제14조 제1항).

주된 사업의 결정은 다음 각 호의 순서에 따른다.

1. 근로자 수가 많은 사업

2. 근로자 수가 같거나 그 수를 파악할 수 없는 경우에는 보수총액이 많은 사업

3. 제1호 및 제2호에 따라 주된 사업을 결정할 수 없는 경우에는 매출액이 많은 제품을 제조하거나 서비스를 제공하는 사업

보험료징수법 시행령에 따라 고시된 산업재해보상보험 보험료율표에서는 동일한 보험료율이 적용되는 사업을 종류별로 구체적으로 예시하고 있고, 보험료율표상 같은 사업종류에 해당하는 복수의 사업을 하나의 사업장에서 하고 있다면, 다른 사업 종류에 해당하는 복수의 사업을 하나의 사업장에 하고 있는 경우에 적용되는 보험료징수법 시행령 제14조가 적용될 여지가 없다(대법원 2009. 8. 20. 선고 2009두7363 판결).

근로복지공단은 사용자의 산재보험관계 성립신고서에 기재된 사업종류를 변경할 수 있다. 이때, 근로복지공단이 사업주에 대하여 하는 개별사업장의 사업종류 변경결정은 공권력 행사인 처분에 해당한다(대법원 2020. 4. 9. 선고 2019두61137 판결).

산재보험의 보험관계가 성립한 후 3년이 지나지 아니한 사업에 대한 산재보험료율은 고용노동부령으로 정하는 바에 따라 산업재해보상보험및예방심의위원회의 심의를 거쳐 고용노동부장관이 사업의 종류별로 따로 정한다(보험료징수법 제14조 제4항).

산재보험법 제37조 제1항 제3호 나목에 따른 업무상의 재해에 관한 산재보험료율은 사업의 종류를 구분하지 아니하고 그 재해로 인하여 같은 법에 따른 연금 등 산재보험급여에 드는 금액, 재해예방 및 재해근로자의 복지증진에 드는 비용 등을 고려하여 고용노동부령으로 정한다(보험료징수법 제14조 제7항).

나. 보험료율의 특례

1) 고용보험료율의 인상 및 인하

"대통령령으로 정하는 사업"으로서 매년 9월 30일 현재 고용보험의 보험관계가 성립한 후 3년이 지난 사업의 경우에 그 해 9월 30일 이전 3년 동안의 그 실업급여 보험료에 대한 실업급여 금액의 비율이 "대통령령으로 정하는 비율"에 해당하는 경우에는 제14조 제1항에도 불구하고 그 사업에 적용되는 실업급여 보험료율의 100분의 40의 범위에서 대통령령으로 정하는 기준에 따라 인상하거나 인하한 비율을 그 사업에 대한 다음 보험연도의 실업급여 보험료율로 할 수 있다(보험료징수법 제15조 제1항).

다만, 보험료징수법 제15조 제1항의 "대통령령으로 정하는 사업"과 "대통령령으로 정하는 비율"에 관하여 보험료징수법 시행령은 아직 정하고 있지 않다.

2) 산재보험료율의 인상 및 인하(개별실적요율)

대통령령으로 정하는 사업으로서 매년 6월 30일 현재 산재보험의 보험관계가 성립한 후 3년이 지난 사업의 경우에 그 해 6월 30일 이전 3년 동안의 산재보험료(제13조 제5항 제2호에 따른 산재보험료율을 곱한 금액은 제외한다)에 대한 산재보험급여 금액(산업재해보상보험법 제37조 제1항 제3호 나목에 따른 업무상의 재해를 이유로 지급된 보험급여는 제외)의 비율이 85%를 넘거나, 75% 이하인 경우에는 그 사업에 적용되는 산재보험료율의 100분의 50의 범위에서 사업 규모를 고려하여 대통령령으로 정하는 바에 따라 인상하거나 인하한 비율(이하 "개별실적요율"이라 한다)을 제13조 제5항 제2호에 따른 산재보험료율과 합하여 그 사업에 대한 다음 보험연도의 산재보험료율로 할 수 있다(보험료징수법 제15조 제2항).

개별실적요율제도는 동종사업의 보험료율을 적용함에 있어 재해방지를 위해 노력한 사업주와 그렇지 아니한 사업주 간의 형평의 원칙을 실현하기 위하여 당해사업의 보험료에 대한 보험급여액의 비율이 일정비율에 해당하면 산재보험료율을 인상 또는 인하하는 제도이다.

보험료징수법 제15조 제2항에서 "대통령령으로 정하는 사업"이란 다음 각 호의 사업을 말한다(보험료징수법 시행령 제15조 제1항).

1. 건설업 중 일괄적용을 받는 사업으로서 해당 보험연도의 2년 전 보험연도의 총공사금액이 60억원 이상인 사업. 이 경우 총공사금액은 법 제11조 제1항 및 제3항에 따라 각각 신고한 공사금액에서 법 제9조 제1항 단서에 따라 공단의 승인을 받은 하수급인(하수급인 사업주로 인정받은 경우)이 시행하는 공사금액을 제외한 금액으로 한다.
2. 건설업 및 벌목업을 제외한 사업으로서 상시근로자 수가 30명 이상인 사업.

이때 상시근로자 수는 법 제16조의10 제3항부터 제5항까지, 같은 조 제7항 및 법 제48조의5 제2항에 따른 신고를 기준으로 하여 제2조 제1항 제3호 가목에 따라 산정하되, 그 산정기간은 기준보험연도의 전년도 7월 1일부터 기준보험연도 6월 30일까지로 한다.

공단은 사업주가 보험관계성립신고 및 소멸신고, 보수총액신고, 학생연구자의 산재보험료 신고 등을 하지 않거나 그 신고한 내용이 사실과 다른 경우에는 사실을 기초로 하여 총공사금액 또는 상시근로자 수를 산정할 수 있다(보험료징수법 시행령 제15조 제2항).

기준보험연도 6월 30일 이전 3년의 기간 중에 제1항에 따른 산재보험료율 적용 사업의 종류가 변경되면 그 사업에 대해서는 개별실적요율을 적용하지 않는다. 다만, 사업종류가 변경된 경우라도 기계설비·작업공정 등 해당 사업의 주된 작업실태가 변경되지 않았다고 인정되는 경우에는 개별실적요율을 적용한다(보험료징수법 시행령 제15조 제3항).

산업재해보상보험법령에서 사업종류별로 보험료율을 정하는 개별실적요율제를 두고 있는 이유는 보험료율은 경제활동의 동질성과 재해발생 위험성의 상이 여부에 따라 업종별로 정하는 것이 원칙이지만 같은 업종이라 할지라도 개별사업장별로 재해율이 현격한 차이를 나타내는 경우에는 개별사업장의 재해실적이나 안전보건실태에 따라 보험료율을 정하는 것이 산재보험료의 공평부담의 원칙에 부합되기 때문이다(대법원 2006. 4. 2. 선고 2003두3789 판결).

하나의 사업장에서 영위되던 둘 이상의 사업 중 일부가 분리된 경우에도 위 법령의 취지에 배치되지 않는 범위 내에서는 분리된 사업에 대하여, 분리 이전에 적용되던 개별실적요율을 승계하여 적용할 수 있다.

산재보험료의 징수에 관한 관련 법령상 개별실적요율 제도의 취지, 그리고 고용보험 및 산업재해보상보험의 보험료징수 등에 관한 법률 제15조에서 '보험관계 성립 후 3년 경과'라는 요건을 '사업주'가 아닌 '사업'을 기준으로 하고 있는 점, 동일한 사업주가 하나의 장소에서 산재보험료율이 다른 사업을 둘 이상 하는 경우에는 그 중 근로자 수 및 보수총액 등의 비중이 큰 주된 사업에 적용되는 산재보험료율을 그 장소의 모든 사업에 적용하도록 되어 있는 점(고용보험 및 산업재해보상보험의 보험료징수 등에 관한 법률 시행령 제14조 제1항) 등을 종합하여 보면, 하나의 사업장에서 영위되던 둘 이상의 사업 중 일부가 분리된 경우에도 위 법령의 취지에 배치되지 않는 범위 내에서는 분리된 사업에 대하여, 분리 이전에 적용되던 개별실적요율을 승계하여 적용할 수 있다고 보는 것이 타당하다. 즉, 하나의 사업장에서 둘 이상의 사업이 영위되어 그 중 주된 사업의 산재보험료율이 전체 사업에 적용되고, 그 사업장 내 사업 전체의 종전 3년간의 재해실적 등을 종합하여 일반보험료율보다 할인된 개별실적요율이 적용되다가, 회사분할 등에 의하여 주된 사업이 분리되어 그 사업부문에 관한 종전 사업의 권리·의무가 포괄적으로 승계되고, 그 사업부문의 재해발생위험률이 분리 전 전체 사업의 재해발생위험률보다 높지 않다는 등의 요건이 충족되는 경우에는 특별한 사정이 없는 한, 분리 전에 적용되던 개별실적요율이 분리된 사업에도 그대로 승계적용될 수 있다고 보는 것이 위 법령의 취지에 부합한다. 이 경우 개별실적요율의 승계요건이 되는 사실에 대한 증명책임은 그 요율을 승계적용할 것을 주장하는 측에서 부담한다고 보는 것이 타당하다(대법원 2013. 6. 27. 선고 2012두11782 판결).

개별실적요율에 따른 산재보험료율의 인상 및 인하비율은 다음과 같다.

■ **보험료징수법 시행령 [별표1]**

<u>산재보험료율의 인상 및 인하 비율(제18조제1항 관련)</u>

산재보험료에 대한 산재보험급여 금액의 백분율(보험수지율)	산재보험료율의 인상 및 인하 비율
5%까지의 것	20.0%를 인하한다
5%를 넘어 10%까지의 것	18.4%를 인하한다
10%를 넘어 20%까지의 것	16.1%를 인하한다
20%를 넘어 30%까지의 것	13.8%를 인하한다

30%를 넘어 40%까지의 것	11.5%를 인하한다
40%를 넘어 50%까지의 것	9.2%를 인하한다
50%를 넘어 60%까지의 것	6.9%를 인하한다
60%를 넘어 70%까지의 것	4.6%를 인하한다
70%를 넘어 75%까지의 것	2.3%를 인하한다
75%를 넘어 85%까지의 것	0
85%를 넘어 90%까지의 것	2.3%를 인상한다
90%를 넘어 100%까지의 것	4.6%를 인상한다
100%를 넘어 110%까지의 것	6.9%를 인상한다
110%를 넘어 120%까지의 것	9.2%를 인상한다
120%를 넘어 130%까지의 것	11.5%를 인상한다
130%를 넘어 140%까지의 것	13.8%를 인상한다
140%를 넘어 150%까지의 것	16.1%를 인상한다
150%를 넘어 160%까지의 것	18.4%를 인상한다
160%를 넘는 것	20.0%를 인상한다

3) 사망사고의 반영

개별실적요율 적용 사업 중 대통령령으로 정하는 규모 이상의 사업의 경우 매년 6월 30일 이전 3년 동안에 업무상 사고로 사망한 사람(해당 사업에서 직접 고용한 근로자, 수급인·관계수급인의 근로자 및 파견근로자가 해당 사업에서 업무수행 중 사고로 사망한 경우를 모두 포함한다)의 수가 세 명 이상인 경우에는 해당 사업주의 산업안전보건법 제57조 제1항 또는 같은 조 제3항 위반 여부 등을 고려하여 대통령령으로 정하는 바에 따라 개별실적요율을 달리 적용할 수 있다(보험료징수법 제15조 제4항, 보험료징수법 시행령 제18조 제4항).

"대통령령으로 정하는 규모 이상의 사업"이라 함은 다음 각 호의 사업을 말한다(보험료징수법 시행령 제18조 제3항).

1. 제15조 제1항 제1호의 사업 즉 건설업 중 법 제8조 제1항 및 제2항에 따라 일괄적용을 받는 사업으로서 해당 보험연도의 2년 전 보험연도의 총

공사금액이 60억원 이상인 사업

2. 건설업(건설장비운영업은 제외한다) 및 벌목업을 제외한 사업으로서 상시근로자수가 500명 이상인 사업. 이 경우 상시근로자수는 법 제16조의10 제3항부터 제5항까지 및 제7항에 따른 신고를 기준으로 하여 제2조 제1항 제3호 가목에 따라 산정하며, 그 산정기간은 기준보험연도의 전년도 7월 1일부터 기준보험연도 6월 30일까지로 한다.

위 조항은 중대재해로 인한 사망사고 발생의 경우 개별실적요율 적용에 불이익을 부여함으로써 사망사고를 예방하기 위하여 2021. 4. 13. 신설되었다.

보험료징수법 시행령 별표1의2는 업무상사고로 사망한 사람 수를 고려하여 산재보험료율의 인하율을 일정비율만큼 줄여 산정하도록 하고 있다.

■ **고용보험 및 산업재해보상보험의 보험료징수 등에 관한 법률 시행령**
  [별표1의2] 〈신설 2021. 12. 31.〉

  업무상 사고로 사망한 사람 수 등을 고려한 개별실적요율의 적용 기준(제18조제5항 관련)

1. 법 제15조 제2항에 따른 개별실적요율 적용 사업 중 제18조제3항 각 호에 해당하는 사업으로서 기준보험연도 6월 30일 이전 3년 동안에 업무상 사고로 사망한 사람(해당 사업에서 직접 고용한 근로자, 수급인·관계수급인의 근로자 및 파견근로자가 해당 사업에서 업무수행 중 사고로 사망한 경우를 모두 포함한다. 이하 제2호에서 같다)의 수가 3명 이상인 사업인 경우의 개별실적요율은 별표 1에 따른 산재보험료율의 인하율을 사망한 사람의 수에 따라 다음 각 목의 비율만큼 줄여 산정한 요율로 한다.
  가. 사망자가 3명인 경우: 40퍼센트
  나. 사망자가 4명인 경우: 60퍼센트
  다. 사망자가 5명인 경우: 80퍼센트
  라. 사망자가 6명 이상인 경우: 100퍼센트

2. 제1호에도 불구하고 법 제15조제2항에 따른 개별실적요율 적용 사업 중 제18조 제3항 각 호에 해당하는 사업이 기준보험연도 6월 30일 이전 3년 동안에 업무상 사고로 사망한 사람의 수가 3명 이상인 사업에 해당하고, 해당 사업장이 「산업안전보건법」 제57조 제1항 또는 제3항을 위반한 사유로 같은 법 시행령 제10조 제1항 제4호 또는 제5호에 따른 공표 대상 사업장에 해당하는 경우의 개별실적요율은 별표 1에 따른 산재보험료율의 인하율을 사망한 사람의 수에 따라 다음 각 목의 비율만큼 줄여 산정한 요율로 한다.

> 가. 사망자가 3명인 경우: 50퍼센트
> 나. 사망자가 4명인 경우: 70퍼센트
> 다. 사망자가 5명인 경우: 90퍼센트
> 라. 사망자가 6명 이상인 경우: 100퍼센트

4) 수급인, 관계수급인, 파견사업주의 근로자에게 발생한 업무상 재해의 반영

제15조 제2항에 따른 개별실적요율을 산정할 때 수급인·관계수급인(산업안전보건법 제2조 제8호 및 제9호에 따른 수급인·관계수급인을 말한다[23]) 또는 파견사업주(파견근로자보호 등에 관한 법률 제2조 제3호에 따른 파견사업주를 말한다[24])의 근로자에게 발생한 업무상 재해가 다음 각 호의 어느 하나에 해당할 경우에는 그로 인하여 지급된 산재보험급여 금액을 재해발생의 책임 등을 고려하여 해당 근로자에 대한 도급인, 수급인 또는 사용사업주(파견근로자보호 등에 관한 법률 제2조 제4호에 따른 사용사업주를 말한다[25])의 산재보험급여 금액에 포함한다 (보험료징수법 제15조 제3항).

1. 도급인이 산업안전보건법 제58조(유해한 작업의 도급금지) 또는 제59조(도급의 승인)에 따른 의무를 위반하여 도급한 기간 중 수급인의 근로자에게 발생한 업무상 재해

2. 산업안전보건법 제60조(도급의 승인시 하도급금지)에 따른 의무를 위반하여 하도급한 기간 중 관계수급인의 근로자에게 발생한 업무상 재해

3. 도급인이 산업안전보건법 제62조부터 제65조까지의 의무(안전보건총괄책임자 지정의무, 도급인의 안전조치 및 보건조치, 도급에 따른 산업재해예방조치, 도

---

23) 산업안전보건법
　　제2조(정의) 이 법에서 사용하는 용어의 뜻은 다음과 같다.
　　8. "수급인"이란 도급인으로부터 물건의 제조·건설·수리 또는 서비스의 제공, 그 밖의 업무를 도급받은 사업주를 말한다.
　　9. "관계수급인"이란 도급이 여러 단계에 걸쳐 체결된 경우에 각 단계별로 도급받은 사업주 전부를 말한다.
24) 파견근로자 보호 등에 관한 법률
　　제2조(정의) 이 법에서 사용하는 용어의 뜻은 다음과 같다.
　　3. "파견사업주"란 근로자파견사업을 하는 자를 말한다.
25) 파견근로자 보호 등에 관한 법률
　　제2조(정의) 이 법에서 사용하는 용어의 뜻은 다음과 같다.
　　4. "사용사업주"란 근로자파견계약에 따라 파견근로자를 사용하는 자를 말한다.

급인의 안전 및 보건에 관한 정보제공의무)를 위반하여 관계수급인의 근로자에게 발생한 업무상 재해

4. 파견근로자(파견근로자보호 등에 관한 법률 제2조 제5호에 따른 파견근로자를 말한다[26])에게 발생한 업무상 재해

위 조항은 도급·사용 사업장이 도급·파견 제한 의무를 위반하는 등 산업재해 발생에 책임이 있는 경우, 수급·파견 근로자에게 발생한 산업재해를 도급·사용 사업장의 개별실적요율에 반영하여 위험의 외주화를 방지하고자 2021. 4. 13. 신설되었다.

5) 재해예방활동의 반영

대통령령으로 정하는 사업으로서 산재보험의 보험관계가 성립한 사업의 사업주가 해당 사업 근로자의 안전보건을 위하여 재해예방활동을 실시하고 이에 대하여 고용노동부장관의 인정을 받은 때에는 그 사업에 대하여 적용되는 제13조 제5항 제1호에 따른 산재보험료율의 100분의 30의 범위에서 대통령령으로 정하는 바에 따라 인하한 비율을 제13조 제5항 제2호에 따른 산재보험료율[27])과 합하여 그 사업에 대한 다음 보험연도의 산재보험료율(이하 "산재예방요율"이라 한다)로 할 수 있다(보험료징수법 제15조 제5항).

산재예방요율을 적용할 때 인정되는 재해예방활동의 내용은 다음과 같다(보험료징수법 제15조 제6항, 시행령 제18조의2 제1항).

1. 산업안전보건법 제36조 제1항에 따른 건설물, 기계·기구·설비, 원재료, 가스, 증기, 분진, 근로자의 작업행동 또는 그 밖의 업무로 인한 유해·위험요인에 관한 위험성평가의 실시
2. 고용노동부장관이 정하여 고시하는 재해예방 관련 교육의 이수와 사업장에서의 재해를 예방하기 위한 산재예방계획의 수립

위 각 활동에 따른 산재보험료율 인하율은 다음 각호의 구분에 따른 계산식에

---

26) 파견근로자 보호 등에 관한 법률
   제2조(정의) 이 법에서 사용하는 용어의 뜻은 다음과 같다.
   5. "파견근로자"란 파견사업주가 고용한 근로자로서 근로자파견의 대상이 되는 사람을 말한다.
27) 산재보험법 제37조 제1항 제3호 나목의 통상적인 경로와 방법으로 출퇴근하는 중 발생한 사고에 따른 업무상 재해에 관한 산재보험료율(보험료징수법 시행규칙 제12조의2에 따라 고용노동부령으로 정함).

따라 산출된 비율로 하되, 소수점 이하 넷째자리에서 반올림한다.

1. 제1항 제1호의 경우:
$$\frac{20 \times 전년도\ 재해예방활동의\ 인정일수}{100 \times 365}$$

2. 제1항 제2호의 경우:
$$\frac{20 \times 전년도\ 재해예방활동의\ 인정일수}{100 \times 365}$$

각 재해예방활동에 따른 인정기간은 제1항 제1호의 경우 3년, 제1항 제2호의 경우 1년이다.

보험료징수법 제15조 제2항(개별실적요율)과 제5항(재해예방활동 인정에 따른 요율)에 따른 산재보험료율을 모두 적용받을 수 있는 사업의 경우에는 제14조 제3항 및 제4항에 따라 그 사업에 적용되는 산재보험료율에 제2항 및 제5항에 따라 각각 인상 또는 인하한 비율을 합하여(인상 및 인하한 비율이 동시에 발생한 경우에는 같은 값만큼 서로 상계하여 계산한다) 얻은 값만큼을 인상하거나 인하한 비율을 그 사업에 대한 다음 보험연도 산재보험료율로 한다(보험료징수법 제15조 제7항).

산재예방요율을 적용받는 사업이 다음 각 호의 어느 하나에 해당하는 경우, 재해예방활동의 인정이 취소된다(보험료징수법 제15조 제8항).

1. 거짓이나 그 밖의 부정한 방법으로 재해예방활동의 인정을 받은 경우
2. 재해예방활동의 인정기간 중 산업안전보건법 제2조 제2호에 따른 중대재해가 발생한 경우. 다만, 산업안전보건법 제5조에 따른 사업주의 의무와 직접적으로 관련이 없는 재해로서 다음 재해는 제외한다(시행령 제18조의5 제1항).
가. 산업재해보상보험법 시행령 제30조에 따른 행사 중의 사고로 인한 재해
나. 산업재해보상보험법 시행령 제31조에 따른 특수한 장소에서의 사고로 인한 재해
다. 산업재해보상보험법 시행령 제32조에 따른 요양 중의 사고로 인한 재해
라. 산업재해보상보험법 시행령 제33조에 따른 제3자의 행위에 따른 사고로 인한 재해
마. 산업재해보상보험법 시행령 제35조에 따른 출퇴근 중의 사고로 인한 재해

바. 그 밖에 사업주의 의무와 직접적으로 관련이 없는 재해로서 고용노
동부장관이 정하여 고시하는 재해

3. 그 밖에 재해예방활동의 목적을 달성한 것으로 인정하기 곤란한 경우 등
다음 각 목의 어느 하나에 해당하는 경우

가. 재해예방활동의 인정기간 중 산업안전보건법 제10조에 따라 산업재
해 발생건수, 재해율 또는 그 순위 등이 공표된 사업장으로서 같은 법
시행령 제10조에 해당하는 경우

나. 제18조의2 제1항 제1호에 따른 위험성평가에 따른 조치가 고용노동
부장관이 정하여 고시하는 기준을 충족하지 못한 경우

보험료징수법 제15조 제8항 제1호에 따라 재해예방활동의 인정이 취소된 사업
의 경우에는 산재예방요율 적용을 취소하고, 산재예방요율을 적용받은 기간에 대
한 산재보험료를 다시 산정하여 부과하여야 한다(보험료징수법 제15조 제9항).

재해예방활동의 인정이 취소된 사업에 대하여는 해당 보험연도 재해예방활동의
인정기간 비율에 따라 산재예방요율을 적용하여 다음 보험연도의 산재보험요율을
산정한다(보험료징수법 제15조 제10항).

고용노동부장관은 재해예방활동의 인정에 관한 업무를 산업안전공단에 위탁할
수 있다(보험료징수법 제15조 제11항, 시행령 제18조의7).

제 4 절 보험료의 납부와 징수

1. 보험료의 납부

가. 원천공제

사업주는 고용보험 가입자인 근로자가 부담하는 고용보험료에 상당하는 금액을
근로자의 보수에서 원천공제할 수 있다(보험료징수법 제16조 제1항). 사업주는 고용보
험료에 상당하는 금액을 원천공제하였으면 공제계산서를 그 근로자에게 발급하여
야 한다(보험료징수법 제16조 제2항).

도급사업의 일괄적용에 관한 제9조 제1항 및 제2항에 따라 고용보험과 산재보험의 사업주가 되는 원수급인 또는 하수급인은 자기가 고용하는 고용보험 가입자 외의 근로자를 고용하는 하수급인에게 위임하여 그 근로자가 부담하는 보험료에 상당하는 금액을 근로자의 보수에서 원천공제하게 할 수 있다(보험료징수법 제16조 제3항). 고용보험료원천공제의 위임은 서면으로 해야 하고(시행규칙 제16조 제1항), 고용보험료 원천공제를 위임받은 하수급인은 보험료징수법 시행규칙 별지 제20호 서식의 하수급인 원천공제대장을 매월 작성·보관하여야 하며(시행규칙 제16조 제2항), 원천공제액을 원수급인에게 인도하는 경우에는 시행규칙 별지 제21호 소식의 하수급인 원천공제액 인도서를 작성하여 발급해야 한다(시행규칙 제16조 제3항).

보험료징수법 제13조 제2항 단서에 따라 제2조 제3호 본문의 보수(소득세법 제20조에 따른 근로소득에서 대통령령으로 정하는 금품을 뺀 금액)를 지급받지 않는 근로자는 제2조 제3호 단서에 따라 보수로 보는 금품의 총액에 제14조 제1항에 따른 실업급여의 보험료율을 곱한 금액을 부담하여야 하고, 제2조 제3호 단서에 따른 휴직이나 기타 이와 비슷한 상태에 있는 기간 중에 사업주로부터 제2조 제3호 본문에 따른 보수를 지급받는 근로자로서 고용노동부장관이 정하여 고시하는 사유에 해당하는 근로자는 그 기간에 지급받는 보수의 총액에 제14조 제1항에 따른 실업급여의 보험료율을 곱한 금액을 부담하여야 한다. 이와 같이 근로자가 자신의 실업급여 보험료를 부담하는 경우에는 사업주가 해당 보험료를 신고·납부하고, 근로자는 그 보험료 해당액을 사업주에게 지급한다(보험료징수법 제16조 제4항).

나. 보험료의 부과·징수, 보험료의 대행납부

고용·산재보험료는 공단이 매월 사업주에게 부과하고, 건강보험공단이 이를 징수한다(보험료징수법 제16조의2). 건설업 등 대통령령으로 정하는 사업의 경우에는 제17조(개산보험료) 및 제19조(확정보험료)에 따라 근로복지공단에 신고·납부하며, 근로복지공단이 징수한다.

국가, 지방자치단체, 공공기관 운영에 관한 법률에 따른 공공기관, 그 밖에 국가 또는 지방자치단체가 출연한 기관은 건설공사를 발주할 때 그 공사금액에 보험료가 명시되어 있고 원수급인이 동의하면 공단의 승인을 받아 원수급인의 보험료를 대행하여 낼 수 있다(보험료징수법 시행령 제10조 제1항). 이때 보험료를 대행하여 내는 자는 다음 각호의 사항이 변경되면 지체없이 공단에 신고하여야 한다.

1. 보험료 대행납부자의 명칭, 소재지 및 대표자의 이름
2. 공사금액, 공사기간 및 공사내용

공단은 보험료 대행납부가 필요없게 되거나 그 밖에 정당한 사유가 있는 경우에는 고용노동부령으로 정하는 바에 따라 보험료 대행납부의 승인을 취소할 수 있다(보험료징수법 시행령 제10조 제3항). 공단이 보험료대행납부의 승인을 취소하면 지체없이 그 취소사실을 보험료 대행납부자와 원수급인에게 알려야 한다(제10조 제4항).

다. 월별보험료의 산정

1) 월별보험료 산정

공단이 매월 부과하는 고용·산재보험료(이하 "월별보험료"라 한다)는 근로자 또는 예술인의 개인별 월 평균보수에 고용보험료율 및 산재보험료율을 각각 곱한 금액을 합산하여 산정한다(보험료징수법 제16조의3 제1항). 근로자 또는 예술인의 개인별 월 평균보수는 다음 각호의 구분에 따라 금액을 산정하여 사업주가 공단에 법 제16조의10에 따라 보수총액신고를 한 금액으로 한다(보험료징수법 시행령 제19조의3 제1항).

1. 보험연도의 전년도에 근로 또는 노무제공이 개시된 경우: 전년도 보수총액을 전년도에 근로 또는 노무제공을 한 개월 수로 나눈 금액
2. 해당 보험연도에 근로 또는 노무제공이 개시된 경우: 근로 또는 노무제공이 개시된 날부터 1년 동안에 지급하기로 한 보수총액을 근로 또는 노무제공을 한 개월 수로 나눈 금액. 다만, 근로계약 기간 또는 예술인 복지법 제4조의4에 따른 문화예술용역 관련 계약 기간이 1년 이내인 경우에는 그 계약 기간에 지급하기로 한 보수총액을 근로 또는 노무제공을 한 개월 수로 나눈 금액

다만, 월 평균보수를 산정하기 곤란한 일용근로자(고용보험법 제2조 제6호), 단기예술인(고용보험법 제77조의2 제2항 제2호), 예술인(고용보험법 시행령 제104조 제2항 제2호에 따른 소득기준을 충족하는 예술인) 등에 대한 월별보험료는 월별보험료를 산정하는 월의 전월(前月)에 사업주가 지급한 보수 또는 보수액으로 한다(보험료징수법 제16조의3 제1항 단서, 보험료징수법 시행령 제19조의3 제4항).

2) 월 중간 고용관계변동에 따른 월별보험료의 산정

다음 각 호의 어느 하나에 해당하는 경우 월별보험료는 해당 월의 다음 달부터 산정한다. 다만, 매월 1일에 다음 각 호의 어느 하나에 해당하는 경우에는 그 달부터 산정한다(보험료징수법 제16조의4, 시행령 제19조의4).

1. 근로자가 월의 중간에 새로이 고용된 경우
2. 근로자가 월의 중간에 동일한 사업주의 하나의 사업장에서 다른 사업장으로 전근되는 경우
3. 근로자의 휴업 · 휴직, 근로기준법 제74조 제1항부터 제3항까지의 규정에 따른 출산전후휴가 또는 유산 · 사산 휴가, 그 밖에 근로자가 근로를 제공하지 않은 상태로서 고용노동부장관이 인정하는 사유가 월의 중간에 종료된 경우

3) 휴업 · 휴직의 경우 보험료 산정의 특례

근로자가 근로기준법 제46조 제1항에 따른 휴업수당을 받는 등 근로자의 휴업 · 휴직, 근로기준법 제74조 제1항부터 제3항까지의 규정에 따른 출산전후휴가 또는 유산 · 사산 휴가, 그 밖에 근로자가 근로를 제공하지 않은 상태로서 고용노동부장관이 인정하는 사유에 해당하는 경우에는 위 기간 중의 보수를 산재보험료를 산정할 때 월평균보수 또는 보수총액에서 제외하고 보험료를 산정한다(보험료징수법 제16조의5, 시행령 제19조의5).

4) 조사 등에 따른 월별보험료의 산정

공단은 사업주가 제16조의10 제1항부터 제5항까지의 규정에 따른 보수총액신고를 하지 아니하거나, 신고한 내용이 사실과 다른 때에는 사업주에게 미리 알리고 그 사실을 조사하여 다음 각 호의 어느 하나에 해당하는 금액을 기준으로 월평균보수를 결정하여 월별보험료를 산정할 수 있다(보험료징수법 제16조의6).

1. 공단이 조사하여 산정한 금액
2. 사업주가 공단 또는 국세청 등 유관기관에 근로자의 보수 등을 신고한 사실이 있는 경우에는 그 금액
3. 근로자의 보수 등에 관한 자료를 확인하기 곤란한 경우에는 기준보수

공단은 제1항에 따라 보험료를 산정한 이후에 사업주가 월 평균보수 등을 정정하여 신고하는 경우에는 사실 여부를 조사하여 월별보험료를 재산정할 수 있다.

라. 월별보험료의 납부기한

사업주는 그 달의 월별보험료를 다음 달 10일까지 납부하여야 한다(보험료징수법 제16조의7 제1항). 다만, 제16조의6(조사 등에 따른 월별보험료산정) 및 제16조의9 제2항 (사업주가 보수총액을 신고하지 아니하거나 사실과 다르게 신고한 경우)에 따라 산정된 보험료는 건강보험공단이 정하여 고지한 기한까지 납부하여야 한다(보험료징수법 제16의7 제2항).

마. 월별보험료의 고지

건강보험공단은 사업주에게 다음 각 호의 사항을 적은 문서로써 납부기한 10일 전까지 월별보험료의 납입을 고지하여야 한다(법 제16조의8).

1. 징수하고자 하는 보험료 등의 종류
2. 납부하여야 할 보험료 등의 금액
3. 납부기한 및 장소

건강보험공단은 제1항에 따른 납입의 고지를 하는 경우에는 사업주가 신청한 때에는 전자문서교환방식 등에 의하여 전자문서로 고지할 수 있다. 전자문서로 고지한 경우 고용노동부령으로 정하는 정보통신망에 저장하거나 납부의무자가 지정한 전자우편주소에 입력된 때에 그 사업주에게 도달된 것으로 본다.

연대납부의무자 중 1명에게 한 고지는 다른 연대납부의무자에게도 효력이 있는 것으로 본다. 건강보험공단은 제22조의5에 따른 제2차 납부의무자에게 납부의무가 발생한 경우 납입의 고지를 하여야 하며, 원납부의무자인 법인인 사업주 및 사업양도인에게 그 사실을 통지하여야 한다(보험료징수법 제16조의8 제5항).

2. 보험료의 정산

공단은 사업주가 신고한 근로자의 개인별 보수총액에 보험료율을 곱한 금액을 합산하여 사업주가 실제로 납부하여야 할 보험료를 산정한다. 이 경우 제48조의2 제6항 또는 제48조의4 제3항에 따른 보험료납부자가 사업주, 예술인 또는 노무제공자의 보험료를 원천공제하여 납부한 경우는 제외한다(보험료징수법 제16조의9 제1항).

공단은 사업주가 제16조의10 제1항·제2항 또는 제4항에 따른 보수총액을 신고하지 아니하거나 사실과 다르게 신고한 경우에는 제16조의6 제1항을 준용하여 공

단이 조사하여 산정한 금액, 사업주가 공단 또는 국세청 등 유관기관에 근로자의
보수 등을 신고한 사실이 있는 경우에는 그 금액, 근로자의 보수 등에 관한 자료
를 확인하기 곤란한 경우에는 기준보수를 기준으로 월 평균보수를 결정하여 월별
보험료를 산정한다(보험료징수법 제16조의9 제2항).

건강보험공단은 사업주가 이미 납부한 보험료가 산정한 보험료보다 더 많은 경
우에는 그 초과액을 사업주에게 반환하고, 부족한 경우에는 그 부족액을 사업주로
부터 징수하여야 한다(보험료징수법 제16조의9 제3항). 건강보험공단이 사업주로부터
부족액을 징수하는 경우에는 정산을 실시한 달의 보험료에 합산하여 징수한다. 다
만, 그 부족액이 정산을 실시한 달의 보험료를 초과하는 경우에는 그 부족액을 2
등분하여 정산을 실시한 달의 보험료와 그 다음 달의 보험료에 각각 합산하여 징
수한다(보험료징수법 제16조의9 제4항).

3. 보수총액 등의 신고

가. 정기 보수총액신고

사업주는 전년도에 근로자, 예술인 또는 노무제공자에게 지급한 보수총액 등을
매년 3월 15일까지 공단에 신고하여야 한다. 이 경우 제48조의2 제6항 또는 제48
조의4 제3항에 따른 보험료납부자가 사업주, 예술인 또는 노무제공자의 보험료를
원천공제하여 납부한 경우는 제외한다(보험료징수법 제16조의10 제1항).

사업주는 사업의 폐지·종료 등으로 보험관계가 소멸한 때에는 그 보험관계가
소멸한 날부터 14일 이내에 근로자, 예술인 또는 노무제공자에게 지급한 보수총액
등을 공단에 신고하여야 한다(보험료징수법 제16조의10 제2항).

나. 중간 보수총액신고

사업주는 다음 각 호의 어느 하나에 해당하는 때에는 그 근로자·예술인·노무제
공자의 성명 및 주소지 등을 해당 근로자를 고용한 날 또는 해당 예술인·노무제공
자의 노무제공 개시일이 속하는 달의 다음 달 15일까지 공단에 신고하여야 한다.
다만, 1개월 동안 소정근로시간이 60시간 미만인 사람 등 대통령령으로 정하는 근
로자에 대해서는 신고하지 아니할 수 있다(보험료징수법 제16조의10 제3항).

1. 근로자를 새로 고용한 때
2. 고용보험법 제77조의2 제1항에 따른 문화예술용역 관련 계약을 체결한 때
3. 고용보험법 제77조의6 제1항에 따른 노무제공계약을 체결한 때

다. 종료일 신고

사업주는 다음 각 호의 어느 하나에 해당하는 때에는 그 근로자·예술인·노무제 공자에게 지급한 보수총액, 고용관계 또는 문화예술용역 관련 계약·노무제공계약 의 종료일 등을 해당 고용관계 또는 계약이 종료된 날이 속하는 달의 다음 달 15 일까지 공단에 신고하여야 한다(보험료징수법 제16조의10 제4항).

1. 근로자와 고용관계를 종료한 때
2. 예술인과 문화예술용역 관련 계약을 종료한 때
3. 노무제공자와 노무제공계약을 종료한 때

라. 휴직 및 전보 신고

사업주는 근로자, 예술인 또는 노무제공자가 휴직하거나 다른 사업장으로 전보 되는 등 대통령령으로 정하는 사유가 발생한 때에는 그 사유 발생일부터 14일 이 내에 그 사실을 공단에 신고하여야 한다(보험료징수법 제16조의10 제5항).

사업주 또는 발주자·원수급인이 고용보험법 제15조, 제77조의2 제3항, 제77조 의5 제1항, 제77조의10 제1항에 따라 제3항부터 제5항까지의 사항을 고용노동부 장관에게 신고한 경우에는 제3항부터 제5항까지의 규정에 따른 신고를 생략할 수 있다(보험료징수법 제16조의10 제7항).

마. 정보통신망을 이용한 신고

제1항부터 제5항까지의 사항을 신고하여야 하는 사업주는 해당 신고를 정보통 신망을 이용하거나 콤팩트디스크(Compact Disc) 등 전자적 기록매체로 제출하는 방 식으로 하여야 한다. 다만, 대통령령으로 정하는 규모에 해당하는 사업주는 해당 신고를 문서로 할 수 있다(보험료징수법 제16조의10 제8항).

바. 수정신고

제16조의10 제1항 또는 제2항에 따른 보수총액신고서를 그 신고기한 내에 제출한 사업주는 보수총액신고서에 적은 보수총액이 실제로 신고하여야 하는 보수총액과 다른 경우에는 제16조의6 제1항 및 제16조의9 제2항에 따라 공단이 사업주에 대하여 사실을 조사하겠다는 뜻을 미리 알리기 전까지 보수총액을 수정하여 신고할 수 있다. 이 경우 보수의 수정신고 사항 및 신고절차에 관하여 필요한 사항은 고용노동부령으로 정한다(보험료징수법 제16조의11).

사. 신용카드 납부

납부의무자는 보험료등을 대통령령으로 정하는 보험료납부대행기관을 통하여 신용카드, 직불카드 등(이하 이 조에서 "신용카드등"이라 한다)으로 납부할 수 있다. 신용카드등으로 보험료등을 납부하는 경우에는 보험료납부대행기관의 승인일을 납부일로 본다. 보험료납부대행기관은 납부의무자로부터 신용카드등에 의한 보험료등 납부대행 용역의 대가로 납부대행 수수료를 받을 수 있다.

보험료납부대행기관이란 정보통신망을 이용하여 신용카드, 직불카드 등에 의한 결제를 수행하는 기관으로서 다음 각 호의 어느 하나에 해당하는 기관을 말한다.

1. 민법 제32조에 따라 금융위원회의 허가를 받아 설립된 금융결제원
2. 시설, 업무수행능력, 자본금 규모 등을 고려하여 공단 또는 국민건강보험법 제13조에 따른 국민건강보험공단이 법 제4조에 따라 위탁받은 징수업무별로 각각 지정하는 기관

4. 건설업 등의 개산보험료의 신고와 납부

가. 개산보험료의 의의

개산보험료란 근로자에게 지급할 연간 임금총액의 추정액에 사업장의 고용보험료율과 산재보험료율을 곱해 산정한 보험료로서 일정사업(건설업, 벌목업)의 사업주가 매 보험연도 1일부터 70일 이내에 미리 납부해야 하는 보험료를 말한다. "추정보험료"라고도 한다. 사업주는 매 보험연도 초에 개산보험료를 납부한 후에 다음 보험연도 초일부터 3월 31일까지 확정보험료를 신고하여 부족액이 있으면 추가

납부를 하고, 초과하는 금액이 있으면 근로복지공단으로부터 개산보험료와 확정보험료의 차액을 돌려받게 된다.

사회보험으로서의 고용보험과 산재보험의 성격상 사업주로부터 보험료를 미리 확보하기 위한 제도라고 할 수 있다.

나. 개산보험료의 산정

개산보험료는 보험연도 1년 동안에 사용할 근로자에게 지급할 보수총액의 추정액(해당 보험연도 보수총액의 추정액이 전년도 보수총액의 100분의 70이상 100분의 130 이하인 경우에는 전년도에 사용한 근로자에게 지급한 보수총액)에 고용보험료율 및 산재보험료율을 각각 곱하여 산정한 금액이다(보험료징수법 제17조 제1항).

보수총액의 추정액은 다음과 같다.

1) 건설공사의 보수총액의 추정액은 총 공사금액에 노무비율을 곱한 금액으로 한다. 다만 노무비율에 따라 산정된 보수총액의 추정액이 도급금액의 100분의 90을 넘으면 도급금액의 100분의 90을 보수총액의 추정액으로 한다(보험료징수법 시행령 제11조 제2항 제1호).

   건설공사의 노무비율은 산정 시점이 속하는 연도(이하 "기준보험연도"라 한다)의 6월 30일 이전 3년 동안 건설업을 하는 각 사업주의 총공사금액을 합산한 전체 총공사금액에서 같은 사업주가 근로자에게 지급한 보수총액을 합산한 전체 보수총액이 차지하는 비율 등을 고려하여 고용노동부장관이 정하여 고시하되, 일반 건설공사와 하도급공사의 노무비율을 구분하여 정한다(보험료징수법 시행령 제11조 제1항 제1호).

2) 벌목업의 보수총액 추정액은 벌목재적량에 노무비율을 곱한 금액으로 한다(보험료징수법 시행령 제11조 제3항).

   벌목업의 노무비율은 기준보험연도의 6월 30일 이전 3년 동안 벌목업을 하는 각 사업주가 벌목공사에 지출한 비용을 합산한 전체 비용에서 같은 사업주가 근로자에게 지급한 보수총액을 합산한 전체 보수총액이 차지하는 비율 등을 고려하여 고용노동부장관이 정하여 고시하되, 단위 벌목재적량(伐木材積量)당 지급하는 보수액으로 정한다(보험료징수법 시행령 제11조 제1항 제2호).

다. 개산보험료의 신고·납부·징수

건설업, 벌목업 사업주는 보험연도마다 그 1년 동안(보험연도 중에 보험관계가 성립한 경우에는 그 성립일부터 그 보험연도 말일까지의 기간)에 사용할 근로자에게 지급할 보수총액의 추정액에 고용보험료율 및 산재보험료율을 각각 곱하여 산정한 금액을 그 보험연도의 3월 31일(보험연도 중에 보험관계가 성립한 경우에는 그 보험관계의 성립일부터 70일, 건설공사 등 기간이 정하여져 있는 사업으로서 70일 이내에 끝나는 사업의 경우에는 그 사업이 끝나는 날의 전날)까지 공단에 신고·납부하여야 한다(보험료징수법 제17조 제1항 본문).

다만, 그 보험연도의 개산보험료 신고·납부 기한이 제19조에 따른 확정보험료 신고·납부 기한보다 늦은 경우에는 그 보험연도의 확정보험료 신고·납부 기한을 그 보험연도의 개산보험료 신고·납부 기한으로 한다(보험료징수법 제17조 제1항 단서).

개산보험료와 확정보험료의 신고는 다음과 같은 보험료징수법 시행규칙 별지 제23호 서식으로 신고한다.

■ 보험료징수법 시행규칙 [별지 제23호]

( )년도 고용·산재보험(임금채권부담금 등) 보험료신고서

처리기간 5일 (앞쪽)

※ 뒤쪽의 유의사항과 작성방법을 읽고 작성하기 바라며, [ ]에는 해당되는 곳에 "√" 표시를 합니다.

접수번호		접수일		

신고 사업장

사업장관리번호 :
사업장명칭 :
전화번호 :
대표자 :
휴대전화 :

공사명(건설공사) :
소재지 :
FAX :
E-mail :

( )년도 확정보험료

구분		산정기간	①보수총액	②보험료율	③확정보험료액(①×②)	개산보험료액		⑥추가납부할 금액(③-④)	⑦초과액(⑥-③)	
						④신고액	⑤납부액		충당액	반환액
산재보험	근로자 (임금채권부담금 등 포함)	~		/1,000						
	노무제공자			/1,000						
	계									
고용보험	실업급여	~		/1,000						
	고용안정·직업능력개발			/1,000						
	계									

( )년도 개산보험료(추정보험료)

구분		산정기간	⑧보수총액	⑨보험료율	⑩개산보험료액(⑧×⑨)	⑪분할납부 여부	
산재보험	근로자 (임금채권부담금 등 포함)	~		/1,000		[ ]일시납부 [ ]분할납부	
	노무제공자			/1,000			
	계						
고용보험	실업급여	~		/1,000		[ ]일시납부 [ ]분할납부	
	고용안정·직업능력개발			/1,000			
	계						

※ 확정보험료 보수총액 대비 개산보험료 보수총액 감소(30% 초과) 사유
[ ]근로자 감소 [ ]휴업 [ ]그 밖의 사유:

※ 분할납부는 개산보험료로 한정하며, 분할납부를 원하는 경우 일시납부를 하는 경우 3% 할인
경우 [ ]분할납부에 표시하시기 바랍니다.
※ 일시납부를 하는 경우 3% 할인

( )년도 확정보험료 산정 기초 보수총액

구분	산재보험		고용보험	
	인원	보수총액	인원	보수총액
1월	명	원	명	원
2월	명	원	명	원
3월	명	원	명	원
4월	명	원	명	원
5월	명	원	명	원
6월	명	원	명	원
7월	명	원	명	원
8월	명	원	명	원
9월	명	원	명	원
10월	명	원	명	원
11월	명	원	명	원
12월	명	원	명	원
합계	명	원	명	원
월평균	명	원	명	원

※ 퇴직보험 등에 가입한 사업장은 별도로 임금채권부담금 경감이 임금채권부담금을 경감받으시기 바랍니다.

「고용보험 및 산업재해보상보험의 보험료징수 등에 관한 법률 시행령」 제20조, 제26조 및 같은 법 시행규칙 제17조, 제22조제1항에 따라 위와 같이 신고합니다.

년 월 일

신고인(보험가입자) [ ] (서명 또는 인)
[ ]보험사무대행기관 (서명 또는 인)

근로복지공단 ○○지역본부(지사)장 귀하

297mm×210mm[백상지 80g/㎡(재활용품)]

공단은 사업주가 제1항에 따른 신고를 하지 아니하거나 그 신고가 사실과 다른 경우에는 그 사실을 조사하여 개산보험료를 산정·징수하되, 이미 낸 금액이 있을 때에는 그 부족액을 징수하여야 한다(보험료징수법 제17조 제2항).

라. 개산보험료의 분할납부 및 경감

사업주는 제1항의 개산보험료를 분할납부할 수 있다(보험료징수법 제17조 제3항). 분할납부는 연 4분기로 구분하여 4회로 분할납부할 수 있다. 다만 해당보험연도 7월 1일 이후에 보험관계가 성립된 사업이나 건설공사 등 기간의 정함이 있는 사업으로서 그 기간이 6개월 미만인 사업은 분할납부할 수 없다(보험료징수법 시행령 제22조).

사업주가 분할납부할 수 있는 개산보험료를 납부기한까지 전액 납부하는 경우에는 그 개산보험료 금액의 100분의 5의 범위에서 고용노동부령으로 정하는 금액을 경감한다(보험료징수법 제17조 제4항). 보험료징수법 시행규칙 제18조의2는 위 금액을 "사업주가 전액 납부하는 개산보험료 금액의 100분의 3에 해당하는 금액"으로 정하고 있다.

마. 개산보험료의 경정청구

개산보험료를 신고한 사업주는 이미 신고한 개산보험료가 이 법에 따라 신고하여야 할 개산보험료를 초과할 때(제18조 제2항의 경우는 제외)에는 제1항에 따른 기한이 지난 후 1년 이내에 최초에 신고한 개산보험료의 경정(更正)을 공단에 청구할 수 있다(보험료징수법 제17조 제5항).

5. 보험료율의 인상 또는 인하 등에 따른 조치

공단은 보험료율이 인상 또는 인하된 때에는 월별보험료 및 개산보험료를 증액 또는 감액 조정하고, 월별보험료가 증액된 때에는 건강보험공단이, 개산보험료가 증액된 때에는 공단이 각각 징수한다(보험료징수법 제18조 제1항). 이 경우 사업주에 대한 통지, 납부기한 등 필요한 사항은 대통령령으로 정한다.

공단은 사업주가 보험연도 중에 사업의 규모를 축소하여 실제의 개산보험료 총액이 이미 신고한 개산보험료 총액보다 30% 이상 감소하게 된 경우에는 사업주의 신청을 받아 그 초과액을 감액할 수 있다(보험료징수법 제18조 제2항).

6. 건설업 등의 확정보험료의 신고·납부 및 정산

가. 확정보험료의 의의

확정보험료란 당해 보험연도에 근로자에게 실제로 지급한 임금총액에 고용보험료율, 산재보험료율을 각 적용하여 산정한 보험료이다.

나. 확정보험료의 산정

확정보험료는 매 보험연도의 말일(보험연도 중에 보험관계가 소멸한 경우에는 그 소멸한 날의 전날)까지 사용한 근로자에게 지급한 보수총액(지급하기로 결정된 금액을 포함)에 고용보험료율 및 산재보험료율을 각각 곱하여 산정한다(보험료징수법 제19조 제1항 본문).

다. 확정보험료의 신고·납부

사업주는 다음 보험연도의 3월 31일(보험연도 중에 보험관계가 소멸한 사업의 경우에는 그 소멸한 날부터 30일)까지 확정보험료신고서를 제출하고 납부서에 따라 확정보험료를 납부하여야 한다(보험료징수법 제19조 제1항 본문). 다만, 사업주가 국가 또는 지방자치단체인 경우에는 그 보험연도의 말일(보험연도 중에 보험관계가 소멸한 사업의 경우에는 그 소멸한 날부터 30일)까지 신고할 수 있다(보험료징수법 제19조 제1항).

이미 납부하거나 추가징수한 개산보험료의 금액이 제1항의 확정보험료의 금액을 초과하는 경우에 공단은 그 초과액을 사업주에게 반환하여야 하며, 부족한 경우에 사업주는 그 부족액을 다음 보험연도의 3월 31일(보험연도 중에 보험관계가 소멸한 사업의 경우에는 그 소멸한 날부터 30일)까지 납부하여야 한다. 다만, 사업주가 국가 또는 지방자치단체인 경우에는 그 보험연도의 말일(보험연도 중에 보험관계가 소멸한 사업의 경우에는 그 소멸한 날부터 30일)까지 납부할 수 있다(보험료징수법 제19조 제2항).

그 보험연도의 확정보험료 신고·납부 기한이 다음 보험연도의 확정보험료 신고·납부 기한보다 늦은 경우에는 다음 보험연도의 확정보험료 신고·납부 기한을 그 보험연도의 확정보험료 신고·납부 기한으로 한다(보험료징수법 제19조 제3항).

라. 확정보험료의 징수

공단은 사업주가 제1항에 따른 신고를 하지 아니하거나 그 신고가 사실과 다른 경우에는 사실을 조사하여 확정보험료의 금액을 산정한 후 개산보험료를 내지 아니한 사업주에게는 그 확정보험료 전액을 징수하고, 개산보험료를 낸 사업주에 대하여는 이미 낸 개산보험료와 확정보험료의 차액이 있을 때 그 초과액을 반환하거나 부족액을 징수하여야 한다. 이 경우 사실조사를 할 때에는 미리 조사계획을 사업주에게 알려야 한다(보험료징수법 제19조 제4항).

마. 확정보험료 수정신고

다음 보험연도의 3월 31일까지 확정보험료를 신고한 사업주는 이미 신고한 확정보험료가 이 법에 따라 신고하여야 할 확정보험료보다 적은 경우에는 제4항 후단에 따른 근로복지공단의 조사계획 통지 전까지 확정보험료 수정신고서를 제출할 수 있다(보험료징수법 제19조 제5항).

7. 보험료 납부방법의 변경시기

사업종류의 변경으로 보험료 납부방법이 변경되는 경우에는 사업종류의 변경일 전일을 변경 전 사업 폐지일로, 사업종류의 변경일을 새로운 사업성립일로 본다(보험료징수법 제19조의2).

8. 보험료징수의 특례

공단은 제17조 제2항(조사에 따라 개산보험료를 징수하는 경우) 및 제19조 제4항(조사에 따라 확정보험료를 징수하는 경우)에 따라 보험료를 징수할 때에 (i) 공단이 사업주에게 결산서 등 보험료 산정에 필요한 기초자료의 제출을 두 번 이상 요구하였으나 이에 응하지 아니하거나, (ii) 제출된 자료가 현저히 믿기 어려워 보완을 요구하였음에도 보완하지 아니한 경우에는 그 사업주의 적용대상 사업과 규모, 보수수준 및 매출액 등이 비슷한 같은 종류의 사업을 기준으로 고용노동부령으로 정하는 바에 따라 그 사업의 보험료를 산정·부과하여 징수할 수 있다(보험료징수법 제20조, 시행령 제27조).

9. 보험료의 감면

가. 고용보험료 지원 및 경감

1) 고용보험료의 지원

국가는 근로자가 다음 각 호의 요건을 모두 충족하는 경우 그 사업주와 근로자가 제13조 제2항 및 제4항에 따라 각각 부담하는 고용보험료의 일부를 예산의 범위에서 지원할 수 있다(보험료징수법 제21조 제1항).

1. 대통령령으로 정하는 규모 미만의 사업에 고용되어 대통령령으로 정하는 금액 미만의 보수를 받을 것
2. 대통령령으로 정하는 재산이 대통령령으로 정하는 기준 미만일 것
3. 소득세법 제4조 제1항 제1호의 종합소득이 대통령령으로 정하는 기준 미만일 것

2) 지원금의 환수

국가는 제21조에 따른 고용보험료의 지원을 받은 자가 다음 각 호의 어느 하나에 해당하는 경우에는 그 지원금액의 전부 또는 일부를 환수할 수 있다. 다만, 환수할 금액이 대통령령으로 정하는 금액 미만인 경우에는 환수하지 아니한다(보험료징수법 제21조의2).

1. 거짓 또는 부정한 방법으로 지원받은 경우
2. 지원대상이 아닌 자가 지원받은 경우

환수대상이 되는 지원금은 공단이 국세 체납처분의 예에 따라 징수한다.

3) 보험료의 경감

고용노동부장관은 천재지변이나 그 밖에 대통령령으로 정하는 특수한 사유가 있어 보험료를 경감할 필요가 있다고 인정하는 보험가입자에 대하여 고용보험법 제7조에 따른 고용보험위원회 또는 산업재해보상보험법 제8조에 따른 산업재해보상보험및예방심의위원회의 심의를 거쳐 보험료와 이 법에 따른 그 밖의 징수금을 경감할 수 있다. 이 경우 경감비율은 100분의 50의 범위에서 대통령령으로 정한다(보험료징수법 제22조의2).

공단은 제16조의10 제1항에 따른 보수총액 또는 제17조 제1항에 따른 개산보험

료를 기한까지 고용·산재정보통신망을 통하여 신고하는 사업주에 대하여는 그 월별보험료 또는 개산보험료에서 대통령령으로 정하는 금액을 경감할 수 있다. 다만, 월별보험료 또는 개산보험료가 10만원 미만인 경우에는 그러하지 아니하다.

공단은 월별보험료 또는 개산보험료를 자동계좌이체의 방법으로 내는 사업주에게는 대통령령으로 정하는 바에 따라 월별보험료 또는 개산보험료를 경감하거나 추첨에 따라 경품을 제공하는 등 재산상의 이익을 제공할 수 있다.

나. 노무제공자의 산재보험료의 면제 특례

산업재해보상보험법 제91조의15 제1호에 따른 노무제공자(이하 "산재보험 노무제공자"라 한다)로부터 노무를 제공받는 사업주가 다음 각 호의 어느 하나에 해당하는 신고를 한 때에는 산재보험 노무제공자 노무제공 신고일(산재보험 노무제공자로부터 최초로 노무를 제공받은 날 및 산재보험 노무제공자의 업무내용 등에 대한 신고를 말한다. 이하 같다) 이전의 산재보험료 및 이에 대한 가산금·연체금(이하 "산재보험료등"이라 한다)의 전부 또는 일부를 면제할 수 있다(보험료징수법 제22조의3 제1항).

1. 제7조에 따라 성립한 보험관계의 신고 및 제48조의6 제8항에 따른 해당 산재보험 노무제공자에 대한 노무제공 신고
2. 사업주가 이미 제7조에 따라 성립한 보험관계의 신고를 한 경우에는 제48조의6 제8항에 따른 해당 산재보험 노무제공자에 대한 노무제공 신고

위 규정은 보험료징수법 부칙(법률 제17858호, 2021. 1. 5.) 제2조에 따라 2022. 12. 31.까지 효력을 가진다.

10. 제2차 납부의무

법인의 재산으로 그 법인이 납부하여야 하는 보험료, 이 법에 따른 그 밖의 징수금과 체납처분비를 충당하여도 부족한 경우에는 해당 법인이 납부하여야 하는 보험료의 납부기간 만료일(제17조 및 제19조에 따른 신고가 있는 경우에는 해당 규정에 따른 납부기간 만료일을 말한다) 현재의 무한책임사원 또는 과점주주(국세기본법 제39조[28])

---

28) 국세기본법

　제39조(출자자의 제2차 납세의무) 법인(대통령령으로 정하는 증권시장에 주권이 상장된 법인은 제외한다. 이하 이 조에서 같다)의 재산으로 그 법인에 부과되거나 그 법인이 납부할 국세 및

각 호의 어느 하나에 해당하는 자)가 그 부족한 금액에 대하여 제2차 납부의무를 진다. 다만, 과점주주의 경우에는 그 부족한 금액을 그 법인의 발행주식 총수(의결권이 없는 주식은 제외한다) 또는 출자총액으로 나눈 금액에 해당 과점주주가 실질적으로 권리를 행사하는 주식 수(의결권이 없는 주식은 제외한다) 또는 출자액을 곱하여 산출한 금액을 한도로 한다(보험료징수법 제22조의5 제1항).

사업이 양도·양수된 경우에 양도일 이전에 양도인에게 부과 결정된 보험료(제17조 및 제19조에 따라 신고된 보험료를 포함한다), 이 법에 따른 그 밖의 징수금 및 체납처분비를 양도인의 재산으로 충당하여도 부족한 경우에는 사업의 양수인이 그 부족한 금액에 대하여 양수한 재산의 가액을 한도로 제2차 납부의무를 진다. 이 경우 양수인의 범위 및 양수한 재산의 가액은 대통령령으로 정한다(보험료징수법 제22조의5 제2항).

11. 보험료 등 과납액의 충당 및 반환

공단은 보험료등의 납부의무자가 잘못 낸 금액을 반환하고자 하는 때에는 다음 각 호의 순위에 따라 보험료등과 제21조의2에 따른 환수금(이하 "환수금"이라 한다)에 우선 충당하고 나머지 금액이 있으면 그 납부의무자에게 반환결정하고, 건강보험공단이 그 금액을 지급한다(보험료징수법 제23조 제1항 본문). 다만, 제17조, 제19조 및 제26조의 개산보험료, 확정보험료 및 징수금에 따른 나머지 금액은 근로복지공단이 지급한다.

강제징수비에 충당하여도 부족한 경우에는 그 국세의 납세의무 성립일 현재 다음 각 호의 어느 하나에 해당하는 자는 그 부족한 금액에 대하여 제2차 납세의무를 진다. 다만, 제2호에 따른 과점주주의 경우에는 그 부족한 금액을 그 법인의 발행주식 총수(의결권이 없는 주식은 제외한다. 이하 이 조에서 같다) 또는 출자총액으로 나눈 금액에 해당 과점주주가 실질적으로 권리를 행사하는 주식 수(의결권이 없는 주식은 제외한다) 또는 출자액을 곱하여 산출한 금액을 한도로 한다.
1. 무한책임사원으로서 다음 각 목의 어느 하나에 해당하는 사원
   가. 합명회사의 사원
   나. 합자회사의 무한책임사원
2. 주주 또는 다음 각 목의 어느 하나에 해당하는 사원 1명과 그의 특수관계인 중 대통령령으로 정하는 자로서 그들의 소유주식 합계 또는 출자액 합계가 해당 법인의 발행 주식 총수 또는 출자총액의 100분의 50을 초과하면서 그 법인의 경영에 대하여 지배적인 영향력을 행사하는 자들(이하 "과점주주"라 한다)
   가. 합자회사의 유한책임사원
   나. 유한책임회사의 사원
   다. 유한회사의 사원

1. 제28조 제1항에 따른 체납처분비
2. 월별보험료, 개산보험료 또는 확정보험료
3. 제25조 제1항 및 제3항에 따른 연체금
4. 제24조에 따른 가산금
5. 제26조 제1항에 따른 보험급여액의 징수금
6. 환수금

잘못 낸 금액이 고용보험과 관련될 때에는 고용보험료, 관련 징수금, 환수금 및 체납처분비에 충당하고, 산재보험과 관련되는 경우에는 산재보험료, 관련 징수금 및 체납처분비에 충당하여야 하며, 같은 순위의 보험료, 환수금, 이 법에 따른 그 밖의 징수금과 체납처분비가 둘 이상 있을 때에는 납부기한이 빠른 보험료, 환수금, 이 법에 따른 그 밖의 징수금과 체납처분비를 선순위로 한다(보험료징수법 제23조 제2항).

보험가입자가 수급권자에게 산재보험급여 지급사유와 동일한 사유로 민법 기타 법령에 따라 보험급여에 상당하는 금품을 미리 지급함에 따라 산업재해보상보험법 제89조에 의하여 근로복지공단이 보험가입자에게 산재보험급여를 지급할 때에는 보험료징수법 제23조 제1항 각 호의 순위에 따라 산재보험료, 이 법에 따른 그 밖의 징수금과 체납처분비(산재보험 관련 징수금과 체납처분비로 한정한다)에 우선 충당하고 그 잔액을 사업주에게 지급하여야 한다(보험료징수법 제23조 제3항).

공단은 잘못 낸 금액을 보험료, 환수금, 이 법에 따른 그 밖의 징수금과 체납처분비에 충당하거나 반환할 때에는 다음 각 호의 어느 하나에 규정된 날의 다음 날부터 충당하거나 반환하는 날까지의 기간에 대하여 대통령령으로 정하는 이자율에 따라 계산한 금액을 그 잘못 낸 금액에 가산하여야 한다(보험료징수법 제23조 제4항).

1. 착오납부, 이중납부, 납부 후 그 부과의 취소 또는 경정결정으로 인한 초과액은 그 납부일
2. 제16조의9 제3항에 따라 반환하는 경우에는 다음 각 목의 구분에 따른 날
   가. 사업주가 제16조의10 제1항·제2항 또는 제4항에 따른 신고기한 내에 신고한 경우에는 그 신고기한부터 7일
   나. 사업주가 제16조의10 제1항·제2항 또는 제4항에 따른 신고기한을 지나 신고한 경우에는 그 신고한 날부터 7일
   다. 사업주가 제16조의10 제1항·제2항 또는 제4항에 따른 신고를 하지

아니한 경우에는 공단이 제16조의9 제2항에 따라 보험료를 산정한 날이
속하는 달의 말일

3. 제18조 제2항에 따라 보험료를 감액한 경우의 초과액은 개산보험료 감
   액신청서 접수일부터 7일

4. 제19조 제2항 또는 제4항에 따라 반환하는 경우에는 확정보험료신고서
   접수일부터 7일

공단은 제1항에 따라 반환결정한 금액을 반환하려는 경우로서 사업주의 사망,
행방불명, 그 밖에 대통령령으로 정하는 사유로 사업주에게 반환할 수 없는 경우
에는 그 반환할 금액 중 제13조 제2항에 따라 근로자(제16조의2 제2항에 따른 사업의
근로자는 제외한다. 이하 이 항 및 제6항에서 같다)가 부담한 고용보험료에 대해서는 해당
근로자의 신청에 따라 그 근로자에게 직접 반환할 것을 결정하고, 건강보험공단이
그 금액을 지급한다(보험료징수법 제23조 제5항).

공단은 근로자가 거짓이나 그 밖의 부정한 방법으로 제5항에 따른 반환금을 수
령한 경우에는 그 금액을 환수한다. 다만, 환수할 금액이 3천원 미만인 경우에는
환수하지 아니한다(보험료징수법 제23조 제6항).

공단은 산업재해보상보험법 제40조 제2항에 따라 근로자가 요양한 산재보험 의
료기관에 진료비를 지급하거나 같은 조 제4항 제2호에 따라 약제를 지급하는 약국
에 약제비를 지급할 때에는 그 의료기관 또는 약국이 산재보험가입자로서 내야 하
는 산재보험료, 이 법에 따른 그 밖의 징수금과 체납처분비에 우선 충당하고 그
잔액을 지급할 수 있다. 이 경우 충당의 순위는 제23조 제1항 각 호의 순위에 따
른다(보험료징수법 제23조의2).

12. 보험료 납부를 위한 수단

가. 가산금의 징수

공단은 사업주가 정해진 기한까지 확정보험료를 신고하지 아니하거나, 신고한
확정보험료가 사실과 달라 공단이 사실을 조사하여 확정보험료 금액을 산정하여
보험료를 징수하는 경우에는 그 징수하여야 할 보험료의 10%에 상당하는 가산금
을 부과하여 징수한다. 다만, 가산금이 3,000원 미만이거나 확정보험료를 신고하
지 아니한 사유가 천재지변이나 기타 부득이한 사유에 해당하는 등 가산금을 징수

하는 것이 적절하지 아니하다고 인정되는 경우 또는 대통령령으로 정하는 금액을 초과하는 부분에 대하여는 그러하지 아니하다(보험료징수법 제24조 제1항).

제24조 제1항에도 불구하고 공단은 제19조 제5항에 따라 확정보험료 수정신고서를 제출한 사업주에게는 가산금의 100분의 50을 경감한다(보험료징수법 제24조 제3항).

나. 연체금

건강보험공단은 사업주가 제16조의7, 제17조 및 제19조에 따른 납부기한까지 보험료 또는 이 법에 따른 그 밖의 징수금을 내지 아니한 경우에는 그 납부기한이 지난 날부터 매 1일이 지날 때마다 체납된 보험료, 그 밖의 징수금의 1500분의 1에 해당하는 금액을 가산한 연체금을 징수한다. 이 경우 연체금은 체납된 보험료 등의 1천분의 20을 초과하지 못한다(보험료징수법 제25조 제1항).

제25조 제1항에 따른 연체금은 다음 각 호의 어느 하나에 규정된 날부터 산정한다(보험료징수법 제25조 제2항).

1. 제16조의3, 제16조의6 제1항, 제16조의9 제1항 및 제2항, 제48조의3 제2항, 제48조의6 제2항에 따라 산정된 보험료에 대하여는 제16조의7에 따른 납부기한의 다음 날

2. 제17조 제1항 및 제19조 제2항에 따른 보험료에 대하여는 제17조 제1항, 제19조 제2항 및 제3항에 따른 납부기한의 다음 날

3. 제16조의9 제3항, 제17조 제2항 및 제19조 제4항에 따른 징수금에 대하여는 제16조의7, 제17조 제1항, 제19조 제2항 및 제3항에 따른 납부기한의 다음 날

4. 제18조에 따른 보험료에 대하여는 공단이 제27조 제1항에 따라 통지한 납부기한의 다음 날

건강보험공단은 사업주가 보험료 또는 이 법에 따른 그 밖의 징수금을 내지 아니하면 납부기한 후 30일이 지난 날부터 매 1일이 지날 때마다 체납된 보험료, 그 밖의 징수금의 6천분의 1에 해당하는 연체금을 제1항에 따른 연체금에 더하여 징수한다. 이 경우 연체금은 체납된 보험료, 그 밖의 징수금의 1천분의 50을 넘지 못한다(보험료징수법 제25조 제3항).

건강보험공단은 제1항 및 제3항에도 불구하고 채무자 회생 및 파산에 관한 법률

제140조에 따른 징수의 유예가 있거나 그 밖에 연체금을 징수하는 것이 적절하지 아니하다고 인정되어 대통령령으로 정하는 경우에는 제1항 및 제3항에 따른 연체금을 징수하지 아니할 수 있다(보험료징수법 제25조 제4항).

13. 보험료 및 보험급여액 징수

가. 산재보험가입자로부터의 보험급여액 징수

공단은 다음 각 호의 어느 하나에 해당하는 재해에 대하여 산재보험급여를 지급하는 경우에는 대통령령으로 정하는 바에 따라 그 급여에 해당하는 금액의 전부 또는 일부를 사업주로부터 징수할 수 있다(보험료징수법 제26조 제1항).

1. 사업주가 제11조에 따른 보험관계 성립신고를 게을리한 기간 중에 발생한 재해
2. 사업주가 산재보험료의 납부를 게을리한 기간 중에 발생한 재해

보험관계신고를 태만히 한 사업주에 대하여 보험급여액을 징수하는 제도의 목적, 신고일에 발생한 재해에 대하여 신고와 재해 발생의 시간적 선후에 관한 입증상의 분쟁을 피하고 사업주가 14일 이내의 신고기간을 도과한 채 신고를 태만히 하다가 신고를 한 경우 그 신고와 재해 발생의 선후를 막론하고 일률적으로 불이익을 줌으로써 신고의무이행을 독려하려는 관계 법령의 취지 등을 종합하여 보면, 법 제72조 제1항 제1호 소정의 '보험가입신고를 태만히 한 기간 중에 발생한 재해'라 함은 법 시행령 제78조 제1항의 문언과 같이 '보험가입신고를 하여야 할 기한이 만료되는 날의 다음날부터 보험가입신고를 한 날을 포함시킨 기간 중에 발생한 재해'를 의미한다고 봄이 상당하다(대법원 2008. 7. 10. 선고 2007두3589 판결).

공단은 제1항에 따라 산재보험급여액의 전부 또는 일부를 징수하기로 결정하였으면 지체 없이 그 사실을 사업주에게 알려야 한다(보험료징수법 제26조 제2항).

나. 징수금 징수우선순위

납부기한이 지난 보험료, 환수금 또는 이 법에 따른 그 밖의 징수금과 체납처분비를 징수(고용보험 관련 징수금과 산재보험 관련 징수금을 모두 징수하는 경우에는 각 보험별 총징수금액의 비율에 따라 징수한다)하는 경우 그 징수순위는 다음 순위에 따른다. 이

경우 같은 순위에 해당하는 징수금이 둘 이상 있을 때에는 납부기한이 빠른 징수금을 선순위로 한다(보험료징수법 제26조의2).

1. 제28조 제1항에 따른 체납처분비
2. 월별보험료, 개산보험료 또는 확정보험료
3. 제25조 제1항 및 제3항에 따른 연체금
4. 제24조에 따른 가산금
5. 제26조 제1항에 따른 보험급여액의 징수금
6. 환수금

다. 징수금 통지 및 독촉

공단 또는 건강보험공단은 보험료(제17조 제1항 및 제19조 제2항에 따른 개산보험료는 제외한다) 또는 이 법에 따른 그 밖의 징수금을 징수하는 경우에는 납부의무자에게 그 금액과 납부기한을 문서로 알려야 한다. 다만, 제22조의2 제3항에 따라 자동계좌이체의 방법으로 보험료를 내는 사업주가 동의하는 경우에는 고용노동부령으로 정하는 바에 따라 정보통신망을 이용한 전자문서로 알릴 수 있으며, 이 경우 그 전자문서는 그 사업주가 지정한 컴퓨터 등에 입력된 때에 도달된 것으로 본다(보험료징수법 제27조 제1항).

건강보험공단은 납부의무자가 보험료 등을 납부기한까지 내지 아니하면 기한을 정하여 해당 보험료 등을 낼 것을 독촉하여야 한다(보험료징수법 제27조 제2항). 건강보험공단은 제2항에 따라 독촉을 하는 경우에는 독촉장을 발급하여야 한다. 이 경우의 납부기한은 독촉장 발급일부터 10일 이상의 여유가 있도록 하여야 한다(보험료징수법 제27조 제3항).

건강보험공단은 납부의무자의 신청이 있으면 제2항에 따른 독촉을 전자문서교환방식 등에 의하여 전자문서로 할 수 있다(보험료징수법 제27조 제4항). 전자문서로 독촉한 경우 고용노동부령으로 정하는 정보통신망에 저장하거나 납부의무자가 지정한 전자우편주소에 입력된 때에 그 사업주에게 도달한 것으로 본다. 제28조의4에 따른 연대납부의무자 중 1명에게 한 독촉은 다른 연대납부의무자에게도 효력이 있는 것으로 본다(보험료징수법 제27조 제6항).

라. 납부기한 전 징수

공단 또는 건강보험공단은 사업주에게 다음 각 호의 어느 하나에 해당하는 사유가 있는 경우에는 납부기한 전이라도 이미 납부의무가 확정된 보험료, 이 법에 따른 그 밖의 징수금을 징수할 수 있다. 다만 보험료와 이 법에 따른 그 밖의 징수금의 총액이 500만원 미만인 경우에는 그러하지 아니하다(보험료징수법 제27조의2 제1항).

1. 국세를 체납하여 체납처분을 받은 경우
2. 지방세 또는 공과금을 체납하여 체납처분을 받은 경우
3. 강제집행을 받은 경우
4. 어음법 및 수표법에 따른 어음교환소에서 거래정지처분을 받은 경우
5. 경매가 개시된 경우
6. 법인이 해산한 경우

공단 또는 건강보험공단은 제1항에 따라 납부기한 전에 보험료와 이 법에 따른 그 밖의 징수금을 징수할 때에는 새로운 납부기한 및 납부기한의 변경사유를 적어 사업주에게 알려야 한다. 이 경우 이미 납부 통지를 하였을 때에는 납부기한의 변경을 알려야 한다(보험료징수법 제27조의2 제2항).

마. 보험료의 분할납부

사업주는 다음 각 호의 어느 하나에 해당하는 경우에는 납부기한이 지난 보험료와 이 법에 따른 그 밖의 징수금에 대하여 분할납부를 승인하여 줄 것을 건강보험공단에 신청할 수 있다(보험료징수법 제27조의3 제1항).

1. 제5조 제1항 또는 제3항에 따른 보험의 당연가입자인 사업주로서 제7조에 따른 보험관계 성립일부터 1년 이상이 지나서 제11조에 따른 보험관계 성립신고를 한 경우
2. 제39조에 따라 납부기한이 연장되었으나 연장된 납부기한이 지나 3회 이상 체납한 경우

건강보험공단은 제1항에 따라 신청한 사업주에 대하여 납부능력을 확인하여 보험료와 이 법에 따른 그 밖의 징수금의 분할납부를 승인할 수 있다(보험료징수법 제27조의3 제3항).

건강보험공단은 제3항에 따라 분할납부 승인을 받은 사업주가 다음 각 호의 어느 하나에 해당하게 된 경우에는 분할납부의 승인을 취소하고 분할납부의 대상이 되는 보험료와 이 법에 따른 그 밖의 징수금을 한꺼번에 징수할 수 있다(보험료징수법 제27조의3 제4항).

1. 분할납부하여야 하는 보험료와 이 법에 따른 그 밖의 징수금을 정당한 사유 없이 두 번 이상 내지 아니한 경우
2. 제27조의2 제1항 각 호의 어느 하나에 해당하는 사유가 발생한 경우

바. 징수금 체납처분

건강보험공단은 제27조 제2항 및 제3항에 따른 독촉을 받은 자가 그 기한까지 보험료나 이 법에 따른 그 밖의 징수금을 내지 아니한 경우에는 고용노동부장관의 승인을 받아 국세 체납처분의 예에 따라 이를 징수할 수 있다(보험료징수법 제28조 제1항).

건강보험공단은 국세 체납처분의 예에 따라 압류한 재산을 공매하는 경우에 전문지식이 필요하거나 그 밖의 특수한 사정이 있어 직접 공매하기에 적당하지 아니하다고 인정하면 대통령령으로 정하는 바에 따라 한국자산관리공사로 하여금 압류한 재산의 공매를 대행하게 할 수 있다. 이 경우 공매는 근로복지공단이 한 것으로 본다(보험료징수법 제28조 제2항).

건강보험공단은 한국자산관리공사로 하여금 공매를 대행하게 하는 경우에 수수료를 지급할 수 있다(보험료징수법 제28조 제3항).

사. 법인합병으로 인한 납부의무의 승계

법인이 합병한 경우에 합병 후 존속하는 법인 또는 합병으로 설립되는 법인은 합병으로 소멸된 법인에 부과되거나 그 법인이 내야 하는 보험료와 이 법에 따른 그 밖의 징수금과 체납처분비를 낼 의무를 진다(보험료징수법 제28조의2).

아. 상속으로 인한 납부의무의 승계

상속이 개시된 때에 그 상속인(포괄적 유증을 받은 자를 포함한다) 또는 민법 제1053조에 따른 상속재산관리인은 피상속인에게 부과되거나 그 피상속인이 내야 하는

보험료, 이 법에 따른 그 밖의 징수금과 체납처분비를 상속받은 재산의 한도에서 낼 의무를 진다(보험료징수법 제28조의3 제1항).

상속인이 2명 이상이면 각 상속인은 피상속인에게 부과되거나 그 피상속인이 내야 하는 보험료, 이 법에 따른 그 밖의 징수금과 체납처분비를 민법 제1009조·제1010조·제1012조 및 제1013조에 따른 상속분에 따라 나누어 계산한 후, 상속받은 재산의 한도에서 연대하여 낼 의무를 진다. 이 경우 각 상속인은 그 상속인 중에서 피상속인의 보험료, 이 법에 따른 그 밖의 징수금과 체납처분비를 낼 대표자를 정하여 건강보험공단에 신고하여야 한다(보험료징수법 제28조의3 제2항).

상속인의 존재 여부가 분명하지 아니할 때에는 상속인에게 하여야 하는 보험료, 이 법에 따른 그 밖의 징수금과 체납처분비의 납부 고지·독촉 또는 그 밖에 필요한 조치는 상속재산관리인에게 하여야 한다(법 제28조의3 제3항). 상속인의 존재 여부가 분명하지 아니하고 상속재산관리인도 없으면 건강보험공단은 피상속인의 주소지를 관할하는 법원에 상속재산관리인의 선임(選任)을 청구할 수 있다(보험료징수법 제28조의3 제4항).

상속으로 납부의무가 승계될 경우 피상속인에 대한 처분 또는 절차는 상속인 또는 상속재산관리인에 대하여도 효력이 있다(보험료징수법 제28조의3 제5항).

자. 연대납부의무

공동사업에 관계되는 보험료, 이 법에 따른 그 밖의 징수금과 체납처분비는 공동사업자가 연대하여 낼 의무를 진다(법 제28조의4 제1항). 법인이 분할 또는 분할합병되는 경우 분할되는 법인에 대하여 분할일 또는 분할합병일 이전에 부과되거나 납부의무가 성립한 보험료, 이 법에 따른 그 밖의 징수금과 체납처분비는 다음 각 호의 법인이 연대하여 낼 책임을 진다(보험료징수법 제28조의4 제2항).

1. 분할되는 법인
2. 분할 또는 분할합병으로 설립되는 법인
3. 분할되는 법인의 일부가 다른 법인과 합병하여 그 다른 법인이 존속하는 경우 그 다른 법인

법인이 분할 또는 분할합병으로 해산되는 경우 해산되는 법인에 대하여 부과되거나 그 법인이 내야 하는 보험료, 이 법에 따른 그 밖의 징수금과 체납처분비는 분할 또는 분할합병으로 설립되는 법인, 분할되는 법인의 일부가 다른 법인과 합

병하여 그 다른 법인이 존속하는 경우 그 다른 법인이 연대하여 낼 책임을 진다(보험료징수법 제28조의4 제3항).

이 법에 따른 보험료, 그 밖의 징수금과 체납처분비의 연대납부의무에 관하여는 민법 제413조(연대채무의 내용), 제414조(각 연대채무자에 대한 이행청구), 제415조(채무자에 생긴 무효, 취소), 제416조(이행청구의 절대적 효력)까지, 제419조(면제의 절대적 효력), 제421조(소멸시효의 절대적 효력), 제423조(효력의 상대성의 원칙), 제425조(출재채무자의 구상권), 제426조(구상요건으로서의 통지), 제427조(상환무자력자의 부담부분)까지의 규정을 준용한다(보험료징수법 제28조의5).

차. 고액·상습체납자 인적사항 공개

건강보험공단은 이 법에 따른 납부기한의 다음 날부터 1년이 지난 보험료와 이 법에 따른 그 밖의 징수금과 체납처분비의 총액이 5천만원 이상인 체납자가 납부능력이 있음에도 불구하고 체납한 경우에는 그 인적사항(체납자의 성명·상호, 나이, 주소, 체납자가 법인인 경우 법인의 대표자), 체납액의 종류·납부기한·금액·체납요지 등을 공개할 수 있다(보험료징수법 제28조의6, 시행령 제40조의4).

다만 체납된 보험료, 보험료징수법상 징수금과 체납처분비와 관련하여 행정심판 또는 행정소송이 계류 중인 경우, 그 밖에 체납된 금액의 일부납부 등 다음과 같은 대통령령으로 정하는 사유가 있을 때에는 그러하지 아니하다(보험료징수법 제28조의6 제1항, 시행령 제40조의4 제3항).

1. 체납된 보험료와 그 밖의 징수금 및 체납처분비(이하 "체납액"이라 한다)의 100분의 30 이상을 해당 보험연도에 납부한 경우
2. 채무자 회생 및 파산에 관한 법률 제243조에 따른 회생계획인가의 결정에 따라 체납액의 징수를 유예받고 그 유예기간 중에 있거나 체납액을 회생계획의 납부일정에 따라 내고 있는 경우
3. 재해 등으로 재산에 심한 손실을 입어 사업이 중대한 위기에 처한 경우 등으로서 법 제28조의6 제2항에 따른 보험료정보공개심의위원회가 체납자의 인적사항등을 공개할 실익이 없다고 인정하는 경우

체납자의 인적사항등에 대한 공개 여부를 심의하기 위하여 건강보험공단에 보험료정보공개심의위원회를 둔다(보험료징수법 제28조의6 제2항).

건강보험공단은 보험료정보공개심의위원회의 심의를 거쳐 인적사항등의 공개가

결정된 자에 대하여 공개대상자임을 알림으로써 소명할 기회를 주어야 하며, 통지일부터 6개월이 지난 후 보험료정보공개심의위원회로 하여금 체납액의 납부이행 등을 고려하여 체납자 인적사항등의 공개 여부를 재심의하게 한 후 공개대상자를 선정한다(보험료징수법 제28조의6 제3항). 체납자 인적사항등의 공개는 관보에 게재하거나, 고용·산재정보통신망 또는 건강보험공단 게시판에 게시하는 방법에 따른다.

카. 국세기본법 준용

보험료, 이 법에 따른 그 밖의 징수금의 체납처분 유예를 위한 납부담보의 제공에 관하여는 국세징수법 제18조부터 제23조까지의 규정을 준용한다. 이 경우 "세법"은 "이 법"으로, "납세담보"는 "납부담보"로, "세무서장"은 "건강보험공단"으로, "납세보증보험증권"은 "납부보증보험증권"으로, "납세보증서"는 "납부보증서"로, "납세담보물"은 "납부담보물"로, "국세·가산금과 체납처분비"는 "보험료, 이 법에 따른 그 밖의 징수금과 체납처분비"로 본다(보험료징수법 제28조의7).

타. 징수금 결손처분

건강보험공단은 다음 각 호의 어느 하나에 해당하는 사유가 있을 때에는 고용노동부장관의 승인을 받아 보험료와 이 법에 따른 그 밖의 징수금을 결손처분할 수 있다(보험료징수법 제29조).

1. 체납처분이 끝나고 체납액에 충당된 배분금액이 그 체납액보다 적은 경우
2. 소멸시효가 완성된 경우
3. 징수할 가능성이 없다고 인정하여 대통령령으로 정하는 경우

건강보험공단은 제1항 제3호에 따라 결손처분을 한 후 압류할 수 있는 다른 재산을 발견한 경우에는 지체 없이 그 처분을 취소하고 다시 체납처분을 하여야 한다(보험료징수법 제29조 제2항).

파. 보험료징수의 우선순위

고용·산재보험료와 이 법에 따른 그 밖의 징수금은 국세 및 지방세를 제외한 다른 채권보다 우선하여 징수한다. 다만, 보험료 등의 납부기한 전에 전세권·질권·저당권 또는 동산·채권 등의 담보에 관한 법률에 따른 담보권의 설정을 등기하거

나 등록한 사실이 증명되는 재산을 매각하여 그 매각대금 중에서 보험료 등을 징수하는 경우에 그 전세권·질권·저당권 또는 동산·채권 등의 담보에 관한 법률에 따른 담보권에 의하여 담보된 채권에 대하여는 그러하지 아니하다(보험료징수법 제30조).

하. 산재보험료 및 부담금 징수 등에 관한 특례

공단 또는 건강보험공단은 이 법에 따른 산재보험료 및 산재보험과 관련된 그 밖의 징수금, 임금채권보장법 제9조·제16조에 따른 부담금 및 그 밖의 징수금과 석면피해구제법 제31조 제1항 제1호의 자에 대한 분담금 및 그 밖의 징수금을 통합하여 징수하여야 한다(보험료징수법 제31조 제1항).

사업주는 이 법에 따른 산재보험료, 임금채권보장법 제9조에 따른 부담금 및 석면피해구제법 제31조 제1항 제1호의 자에 대한 분담금(이하 "부담금"이라 한다)을 통합하여 신고하고 내야 한다(보험료징수법 제31조 제2항).

제1항 및 제2항에 따라 사업주가 산재보험료 및 부담금(각각에 대한 연체금 및 가산금을 포함한다. 이하 이 조에서 같다)을 낸 경우에는 그 총액 중에서 사업주가 내야 할 산재보험료와 부담금의 비율만큼 산재보험료와 부담금을 낸 것으로 본다(보험료징수법 제31조 제3항).

공단 또는 건강보험공단은 제1항 및 제2항에 따라 징수하거나 납부된 산재보험료 및 부담금을 산업재해보상보험법 제95조에 따라 설치된 기금, 임금채권보장법 제17조에 따라 설치된 기금 및 석면피해구제법 제24조에 따라 설치된 기금에 각각 납입하여야 한다(보험료징수법 제31조 제4항).

제 5 절 **보험사무대행기관**

1. 보험사무대행기관

가. 보험사무대행기관의 의의

소규모사업주로서는 고용보험, 산재보험 관련 각종 신고업무가 난해하고 인력이 부족하여 보험관련 업무를 수행하는 데에 상당한 부담을 느낄 수 있다. 보험료징수법은 이에 소규모사업주의 보험사무처리의 부담을 덜어주고 사무처리능력을 보완하는 등 편의제공을 위하여 공인노무사, 세무사 등 일정자격자로 하여금 근로복지공단의 인가를 받아 보험가입자로부터 보험사무를 위탁받아 처리할 수 있도록 하고 있다. 이와 같이 근로복지공단의 인가를 받은 후 보험가입자로부터 보험사무를 위탁받아 수행하는 개인 또는 법인을 "보험사무대행기관"이라 한다.

사업주 등을 구성원으로 하는 단체로서 특별법에 따라 설립된 단체, 민법 제32조(비영리법인의 설립과 허가)에 따라 고용노동부장관의 허가를 받아 설립된 법인 및 그 밖에 관계법률에 따라 주무관청의 인가 또는 허가를 받거나 등록 등을 한 법인, 공인노무사법 제5조에 따라 등록한 사람으로서 공인노무사법 제2조에 따른 직무를 2년 이상 하고 있는 사람, 세무사법 제6조에 따라 등록을 하고 같은 법 제2조에 따른 직무를 2년 이상 하고 있는 사람으로서 고용노동부장관이 정하는 교육(보험사무대행기관 인가교육)을 이수한 사람은 사업주로부터 위임을 받아 보험료 신고, 고용보험 피보험자에 관한 신고 등 사업주가 지방고용노동관서 또는 공단에 대하여 하여야 할 보험에 관한 사무(이하 "보험사무"라 한다)를 대행할 수 있다(보험료징수법 제33조 제1항, 동법 시행령 제44조).

사업주 등을 구성원으로 하는 단체로서 특별법에 따라 설립된 단체로는 중·소기업협회, 상공회의소, 건설협회 등이 있고, 민법 제32조의 규정에 의하여 고용노동부장관의 허가를 받아 설립된 법인으로는 한국경영자총협회(경총)를 예로 들 수 있으며, 관계법률에 따라 주무관청의 인허가를 받거나 등록 등을 한 법인으로는 전경련, 연합단체인 노동조합, 노무법인 등이 있다.

나. 보험사무를 위임할 수 있는 사업주

이 경우 보험사무를 위임할 수 있는 사업주는 보험료징수법 제5조의 보험가입자, 보험료징수법 제48조의2 제1항에 따라 고용보험의 적용을 받는 예술인을 상대방으로 하여 문화예술용역 관련계약을 체결한 사업의 사업주, 보험료징수법 제48조의3 제1항에 따라 고용보험의 적용을 받는 노무제공자를 상대방으로 하여 노무제공계약을 체결한 사업의 사업주, 보험료징수법 제48조의6 제1항에 따라 산재보험 노무제공자의 노무제공을 받는 사업의 사업주이다(보험료징수법 시행령 제45조 제1항).

다. 보험사무대행기관에 위임할 수 있는 업무의 범위

사업주가 보험사무대행기관에 위임할 수 있는 업무의 범위는 다음과 같다(보험료 징수법 제33조 제1항, 동법 시행령 제46조).

1. 법 제16조의10에 따른 보수총액 등의 신고
2. 개산보험료·확정보험료의 신고·수정신고에 관한 사무
3. 고용보험 피보험자의 자격 관리에 관한 사무
4. 보험관계의 성립·변경·소멸의 신고
5. 그 밖에 사업주가 지방노동관서 또는 공단에 대하여 하여야 할 보험에 관한 사무

산재보험급여의 청구 및 수령, 실업급여의 청구 및 수령, 심사청구, 재심사청구, 고용안정, 직업능력개발사업의 지원금 신청 및 수령, 보험료의 임의수령 및 대행 납부 등 수납대행업무는 보험사무대행기관이 대행할 수 없다.

라. 보험사무대행기관 인가

사업주 등을 구성원으로 하는 단체로서 특별법에 따라 설립된 단체, 민법 제32 조에 따라 고용노동부장관의 허가를 받아 설립된 법인 및 그 밖에 대통령령으로 정하는 기준에 해당하는 법인, 공인노무사 또는 세무사 등이 제1항에 따라 보험사 무를 대행하려는 경우에는 대통령령으로 정하는 바에 따라 공단의 인가를 받아야 한다(보험료징수법 제33조 제2항). 보험사무를 대행하고자 하는 자는 대행사무의 내 용, 수탁대상지역 등의 사항 등을 적은 인가신청서에 다음 각호의 서류를 첨부하 여 공단에 제출하여야 한다(시행령 제47조 제1항).

1. 관계 법률에 따라 주무관청의 인가 또는 허가를 받거나 등록 등을 한 법 인의 경우: 주무관청의 인가 또는 허가를 받거나 등록 등을 한 사실을 증명하는 서류 사본
2. 공인노무사 등록을 한 사람으로서 그 직무를 2년 이상 하고 있거나, 세 무사 등록을 한 사람으로서 그 직무를 2년 이상 하고 있는 개인의 경우: 위 요건에 해당하는 사람임을 증명하는 서류 사본
3. 법인 또는 단체의 경우: 정관 또는 규약 사본

4. 사업주와의 보험사무위임계약을 할 때 사용할 규약(이하 "보험사무위임처리
　규약"이라 한다) 사본

보험사무위임처리규약에는 다음 각호의 사항이 포함되어야 한다(보험료징수법 시
행령 제47조 제2항).

1. 보험사무 처리의 위임 및 그 위임의 해지 절차
2. 보험사무 처리의 방법 및 절차
3. 보험사무대행기관의 회계처리 방법 및 절차
4. 고용보험 피보험자의 자격 관리 및 산재보험 적용 근로자의 고용관계 관
　리에 관한 사항
5. 보수총액 및 보험료의 신고·납부책임에 관한 사항

마. 인가사항의 변경신고

인가를 받은 법인등(이하 "보험사무대행기관"이라 한다)이 인가받은 사항을 변경하려
고 하는 경우 수탁대상지역, 보험사무위임처리규약에 관하여는 공단의 인가를 받
아야 하며, 소재지 등 고용노동부령으로 정하는 사항은 공단에 신고하여야 한다(보
험료징수법 제33조 제3항, 동법 시행령 제47조 제4항).

바. 업무폐지신고

보험사무대행기관이 제33조 제1항에 따른 업무의 전부 또는 일부를 폐지하려면
공단에 신고하여야 한다(보험료징수법 제33조 제4항).

사. 인가의 취소

공단은 보험사무대행기관이 다음 각 호의 어느 하나에 해당하는 경우에는 그 인
가를 취소할 수 있다. 다만, 제1호에 해당하는 경우에는 인가를 취소하여야 한다
(보험료징수법 제33조 제5항).

1. 거짓이나 그 밖의 부정한 방법으로 인가를 받은 경우
2. 정당한 사유 없이 계속하여 2개월 이상 보험사무를 중단한 경우
3. 보험사무를 거짓이나 그 밖의 부정한 방법으로 운영한 경우

4. 그 밖에 이 법 또는 이 법에 따른 명령을 위반한 경우

업무가 전부 폐지되거나 인가가 취소된 보험사무대행기관은 폐지신고일 또는 인가취소일부터 1년의 범위에서 대통령령으로 정하는 기간 동안은 보험사무대행기관으로 다시 인가받을 수 없다(보험료징수법 제33조 제6항).

2. 보험사무대행기관에 대한 통지의 효력

공단은 보험료, 이 법에 따른 그 밖의 징수금의 납입의 통지 등을 보험사무대행기관에 함으로써 그 사업주에 대한 통지를 갈음한다(보험료징수법 제34조).

3. 보험사무대행기관의 의무

공단이 보험료징수법 제24조에 따른 확정보험료 신고 해태 또는 신고한 확정보험료가 사실과 달라 부과되는 가산금, 제25조에 따른 보험료 또는 징수금 연체에 따른 연체금 및 제26조에 따른 산재보험급여에 해당하는 금액을 징수하는 경우에 그 징수사유가 보험사무대행기관의 귀책사유로 인한 것일 때에는 그 한도 안에서 보험사무대행기관이 해당 금액을 내야 한다(보험료징수법 제35조).

4. 보험사무대행기관의 장부비치

보험사무대행기관은 대통령령으로 정하는 바에 따라 보험사무 위임사업주별 징수업무 처리장부, 사업별 피보험자의 신고 등 징수업무 외의 보험사무 처리장부 및 관계서류, 보험사무대행기관과 사업주 간의 보험사무 위임 관계서류를 사무소에 갖추어 두어야 한다(보험료징수법 제36조, 동법 시행령 제51조). 위 서류들은 전자문서 및 전자거래기본법 제2조 제1호에 따른 전자문서로 작성하여 갖추어 둘 수 있다(보험료징수법 시행령 제51조 제2항).

5. 보험사무대행기관에 대한 지원

공단은 보험사무대행기관이 제33조 제1항에 따라 보험사무를 대행한 경우에는 다음과 같은 징수비용과 그 밖의 지원금을 교부할 수 있다(보험료징수법 제37조).

1. 상시근로자수가 30명 미만인 사업주로부터 보험사무를 위임받아 보험

료, 그 밖의 징수금을 납부하도록 한 경우 그에 따른 지원금("징수사무대
행지원금")

2. 상시근로자수가 30명 미만인 사업주로부터 보험사무를 위임받아 고용보
   험 및 산재보험의 피보험자 관리 및 보수총액 신고 등의 보험사무 처리
   업무를 한 경우 그에 따른 지원금("피보험자관리등대행지원금")
3. 상시근로자수가 30명 미만인 사업주로부터 보험사무를 위임받아 고용보
   험 및 산재보험의 보험관계 성립신고를 한 경우 그에 따른 지원금("적용
   촉진장려금")

다만 보험사무대행기관에 보험사무를 위임한 사업주의 지원금 산정기준년도의
전전년도 과세소득이 3억원 이상인 경우에는 보험사무대행지원금을 지급하지 않
는다(보험료징수법 시행령 제52조 제1항 단서).

보험사무대행지원금은 보험사무를 위임한 사업주의 보험료와 그 밖의 징수금의
납부 실적, 보험사무를 위임한 사업주의 규모, 피보험자격의 취득·상실 등 피보험
자 관리 실적 또는 위임기간 등을 고려하여 고용노동부장관이 정하는 기준에 따라
지급하되, 징수사무대행지원금은 반기마다 지급하고, 피보험자관리등대행지원금
및 적용촉진장려금은 분기마다 지급한다(시행령 제52조 제2항). 사업주의 보험료와
그 밖의 징수금의 납부 실적을 산정할 때 보험사무대행기관이 법 제33조 제4항에
따라 보험연도 중에 업무의 폐지를 신고하면 해당 반기 첫 날부터 폐지일이 있는
분기 중간 월의 15일까지 납부기한이 끝나는 보험료와 그 밖의 징수금을 낸 실적
을 기준으로 하되, 보험사무를 위임한 사업주가 법 제28조에 따른 체납처분에 따
라 낸 금액은 제외한다(시행령 제52조 제3항).

제2항에 따른 위임기간은 보험사무대행기관이 제45조 제3항에 따라 공단에 보
험사무 위임신고를 한 날부터 산정한다(시행령 제52조 제4항).

보험사무대행기관은 보험사무대행지원금을 지급받으려는 경우에는 징수사무대
행지원금은 매 반기, 피보험자관리등대행지원금 및 적용촉진장려금은 매 분기가
끝나는 날(법 제33조 제4항에 따라 업무의 폐지신고를 한 경우에는 폐지일을 말한다) 이후 고
용노동부령으로 정하는 바에 따라 공단에 보험사무대행지원금 지급을 신청하여야
한다(시행령 제52조 제5항).

6. 보험사무대행기관에 대한 지원 제한

공단은 보험사무대행기관이 보험료, 그 밖의 징수금의 징수에 손실을 초래하면 그 손실에 해당하는 금액을 징수사무대행지원금과 피보험자관리등대행지원금에서 감액할 수 있다(보험료징수법 시행령 제53조 제1항).

공단은 보험사무대행기관이 고용보험 피보험자격의 취득·상실신고 등을 게을리 하여 관할 직업안정기관의 장으로부터 시정명령을 두 번 이상 받고도 응하지 아니 한 경우에는 해당 보험사무대행기관에 대한 피보험자관리등대행지원금의 100분의 50을 감액하고, 시정명령을 세 번 이상 받고도 응하지 아니한 경우에는 피보험자 관리등대행지원금을 지급하지 아니한다(보험료징수법 제53조 제2항).

제 6 절 보칙

---

1. 보험료 수납절차

이 법에 따른 보험료와 그 밖의 징수금의 수납방법 및 그 절차 등에 관하여 필요한 사항은 고용노동부령으로 정한다(보험료징수법 제38조).

2. 납부기한 연장

공단 또는 건강보험공단은 천재지변 등 고용노동부령으로 정하는 사유로 이 법에 규정된 신고·신청·청구나 그 밖의 서류의 제출·통지 또는 납부·징수를 정하여진 기한까지 할 수 없다고 인정될 때에는 그 기한을 연장할 수 있다(보험료징수법 제39조).

"천재지변 등 고용노동부령으로 정하는 사유"란 다음 각 호의 어느 하나에 해당하는 사유를 말한다(보험료징수법 시행규칙 제40조).

  1. 천재지변 등으로 법에 규정된 신고·신청 등을 정해진 기한까지 할 수 없는 경우

2. 법에 따른 납부기한 또는 납부서·납입고지서에 적힌 납부기한의 말일이 금융회사 또는 체신관서의 휴무일인 경우

3. 정전, 프로그램의 오류, 그 밖의 부득이한 사유로 금융회사 또는 체신관서의 정보처리장치의 정상적인 가동이 불가능한 경우

4. 법 제22조의2 제3항(법 제48조의2 제8항 제3호, 제48조의3 제8항 제3호 및 제48조의6 제13항 제3호에서 준용하는 경우를 포함한다)에 따라 월별보험료 또는 개산보험료를 자동계좌이체의 방법으로 낸 경우로서 정보통신망의 장애 등 사업주의 책임 없는 사유로 납부기한까지 이체되지 않은 경우

5. 그 밖에 고용노동부장관이 인정하는 부득이한 사유가 있는 경우

3. 자료제공요청

공단 또는 건강보험공단은 보험관계의 성립 및 소멸, 고용보험료의 지원, 보험료의 부과·징수, 보험료의 정산, 그 밖에 이 법에 따른 연체금 또는 징수금의 징수 등을 위하여 근로소득자료·국세·지방세·토지·건물·건강보험·국민연금 등 대통령령으로 정하는 자료를 제공받거나 관련 전산망을 이용하려는 경우에는 관계기관의 장에게 사용목적 등을 적은 문서로 협조를 요청할 수 있다. 이 경우 관계기관의 장은 정당한 사유가 없으면 그 요청에 따라야 한다(보험료징수법 제40조 제1항).

공단은 산재보험 노무제공자에 대한 보험료의 부과·징수 등을 위하여 산재보험 노무제공자의 노무를 제공받는 사업의 도급인(산업안전보건법 제2조 제7호에 따른 도급인을 말한다), 보험업법에 따른 보험회사 등 대통령령으로 정하는 기관·단체에 산재보험 노무제공자의 월 보수액 등 보험료 부과·징수 등에 필요한 내용으로서 대통령령으로 정하는 자료 또는 정보의 제공을 요청할 수 있다. 이 경우 요청을 받은 기관·단체는 특별한 사유가 없으면 그 요청에 따라야 한다(보험료징수법 제40조 제2항).

제1항 또는 제2항에 따라 공단 또는 건강보험공단에 제공되는 자료에 대하여는 수수료 및 사용료 등을 면제한다(보험료징수법 제40조 제3항).

4. 소멸시효

보험료, 이 법에 따른 그 밖의 징수금을 징수하거나 그 반환받을 수 있는 권리는 3년간 행사하지 아니하면 시효로 인하여 소멸한다(보험료징수법 제41조 제1항). 그 밖의 사항에 관하여는 민법의 소멸시효에 관한 규정을 준용한다.

5. 소멸시효의 중단

보험료, 보험료징수법에 따른 징수금, 보험료 반환청구권 및 징수금 반환청구권의 소멸시효는 다음 각 호의 사유로 중단된다(보험료징수법 제42조 제1항).

가. 제16조의8에 따른 건강보험공단의 사업주에 대한 월별보험료의 고지
나. 제23조 제1항 또는 제2항에 따른 보험료 등 과납액의 반환 청구
다. 제27조에 따른 징수금의 통지 또는 독촉
라. 제28조에 따른 징수금의 체납처분 절차에 따라 하는 교부청구 또는 압류

보험료징수법 제27조에 의한 통지에 의하여 시효가 중단되는 부분은 통지된 부분 및 그 액수에 한정되고 그 이외의 보험료 등을 징수하는 권리에 대하여는 시효가 중단됨이 없이 계속진행된다(대법원 2012. 11. 15. 선고 2010두15469 판결).

위 사유에 따라 중단된 소멸시효는 다음 각 호의 기한 또는 기간이 지난 때부터 새로 진행한다.

가. 제16조의8에 따라 고지한 월별보험료의 납부기한
나. 독촉에 의한 납부기한
다. 제27조 제1항에 따라 알린 납부기한
라. 교부청구 중의 기간
마. 압류기간

6. 보험료 정산에 따른 권리의 소멸시효

제16조의9 제3항에 따라 사업주가 과오납한 보험료를 건강보험공단으로부터 반환받을 권리 및 건강보험공단이 부족한 보험료를 징수할 권리의 소멸시효는 다음 보험연도의 첫날(보험연도 중에 보험관계가 소멸한 사업의 경우에는 보험관계가 소멸한 날)부터 진행한다(보험료징수법 제43조 제1항).

제19조 제2항에 따라 건설업 등의 사업주가 납부한 개산보험료 금액이 확정보험료 금액을 초과하여 반환받을 권리, 제19조 제4항에 따라 확정보험료를 신고하지 아니하거나 그 신고가 사실과 다르지만 개산보험료 금액이 확정보험료 금액을 초과하여 사업주가 반환받을 권리 및 제19조 제4항에 따라 개산보험료 금액이 확정보험료 금액보다 부족하여 공단이 부족액을 징수할 권리의 각 소멸시효는 다음 보험연도의 첫날(보험연도 중에 보험관계가 소멸한 사업의 경우에는 보험관계가 소멸한 날)

부터 진행한다(보험료징수법 제43조 제2항).

7. 보고 및 조사

가. 보고

공단 또는 건강보험공단은 보험료의 성실신고 및 보험사무 대행기관의 지도 등을 위하여 필요하다고 인정되는 다음과 같은 경우에는 이 법을 적용받는 사업의 사업주, 그 사업에 종사하는 근로자, 보험사무 대행기관 및 보험사무 대행기관이었던 자에 대하여 문서로 이 법 시행에 필요한 보고 및 관계 서류의 제출을 요구할 수 있다(보험료징수법 제44조, 시행령 제55조).

1. 보험관계의 성립·변경 또는 소멸 등 보험관계의 확인이 필요한 경우
2. 근로자 수, 보수총액 및 사업종류 등 보험료의 산정 및 징수와 관련된 사항에 대한 확인이 필요한 경우
3. 보험사무대행기관이 보험사무를 위법 또는 부당하게 처리하거나 그 처리를 게을리하는지 확인이 필요한 경우
4. 보험사무대행지원금의 지급과 관련하여 사실관계의 확인이 필요한 경우

공단의 요구에 불응하여 보고를 하지 아니하거나 거짓으로 보고한 자에 대해서는 보험료징수법 제50조 제1항 제4호에 따라 300만원 이하의 과태료가 부과된다.

나. 조사권한

공단은 보험료의 성실신고 및 보험사무대행기관의 지도 등을 위하여 필요하다고 인정되어 대통령령으로 정하는 경우에는 소속 직원으로 하여금 근로자를 고용하고 있거나 고용하였던 사업주의 사업장 또는 보험사무대행기관, 보험사무대행기관이었던 자의 사무소에 출입하여 관계인에 대하여 질문을 하거나 관계 서류를 조사하게 할 수 있다(보험료징수법 제45조 제1항). 이 경우 공단직원은 그 권한을 표시하는 증표를 지니고 이를 관계인에게 내보여야 한다(보험료징수법 제45조 제3항).

공단이 조사를 하는 경우 해당 사업주 등에게 조사의 일시 및 내용 등 조사에 필요한 사항을 미리 알려야 한다. 다만, 긴급한 경우나 사전 통지 시 그 목적을 달성할 수 없다고 인정되는 경우에는 그러하지 아니하다(보험료징수법 제45조 제2항).

공단은 조사를 마치면 해당 사업주 등에게 조사 결과를 서면으로 알려야 한다 (보험료징수법 제45조 제4항).

공단 직원의 질문에 거짓으로 답변한 자 또는 조사를 거부·방해 또는 기피한 자에 대해서는 300만원 이하의 과태료가 부과된다(보험료징수법 제50조 제1항 제5호).

8. 소액처리

공단 또는 건강보험공단은 이 법에 따라 징수하여야 할 금액이나 제23조 제1항 본문에 따라 지급하여야 할 금액이 1건당 2천원 미만인 경우에는 징수 또는 지급 하지 아니한다(보험료징수법 제45조의2).

9. 업무의 위임, 위탁

이 법에 따른 고용노동부장관의 권한은 대통령령으로 정하는 바에 따라 그 일부를 지방고용노동관서의 장에게 위임할 수 있다(보험료징수법 제46조 제1항). 고용노동부장관은 재해예방활동 인정의 취소에 관한 권한을 지방고용노동관서의 장에게 위임하고 있다(보험료징수법 시행령 제56조 제1항).

공단 또는 건강보험공단은 보험료, 그 밖의 징수금 수납에 관한 업무, 보험료 등 잘못 낸 금액의 반환금 지급에 관한 업무, 위 각 업무에 부대되는 업무를 체신관서 또는 금융기관에 위탁할 수 있다(보험료징수법 제46조 제2항, 시행령 제56조 제2항).

제 7 절 특례

보험료징수법은 제47조부터 제49조의5까지 각종 특례규정을 두고 있는데, 고용보험과 산재보험에 있어서의 특례가 혼재되어 있다. 산재보험에 관한 특례는 해외파견자(제47조)와 현장실습생(제48조), 학생연구자(제48조의5), 산재보험노무제공자(제48조의6), 플랫폼 운영자(제48조의7), 중·소기업 사업주(제49조), 산재보험관리기구(제49조의5)에 관한 특례가 있고, 고용보험에 관한 특례는 예술인(제48조의2)과 노무제공자(제48조의3), 노무제공플랫폼사업자(제48조의4), 자영업자(제49조의2), 국민기초생활보장법상의 수급자(제49조의3)에 관한 특례가 있다.

이하에서는 산재보험 적용의 특례규정을 먼저 설명하고, 고용보험 적용의 특례규정을 나중에 설명한다.

1. 산재보험 적용의 특례

가. 해외파견자

1) 해외파견자에 대한 산재보험료

보험가입자가 대한민국 밖의 지역에서 하는 사업에 근로시키기 위하여 파견하는 사람(이하 "해외파견자")에 대하여 공단에 보험가입신청을 하여 승인을 받으면 해외파견자를 그 가입자의 대한민국 영역 안의 사업에 사용하는 근로자로 보아 산재보험법이 적용된다(산재보험법 제122조 제1항).

이때 산재보험료 산정의 기초가 되는 보수액은 그 사업에 사용되는 같은 직종 근로자의 보수나 그 밖의 사정을 고려하여 고용노동부장관이 정하는 금액으로 하고, 산재보험료율은 해외파견자의 재해율 및 재해보상에 필요한 금액 등을 고려하여 고용노동부장관이 정하여 고시한다(보험료징수법 제47조 제1항).

2) 해외파견자에 대한 산재보험가입신청

산재보험 가입자의 해외파견자에 대한 보험가입 신청 및 승인, 보험료의 신고 및 납부 등에 필요한 사항은 보험료징수법 시행규칙으로 정하고 있다(보험료징수법 제47조 제2항, 시행규칙 제42조). 해외파견자에 대한 산재보험가입을 신청하려는 사업주는 다음 각 호의 사항을 적은 해외파견자 산재보험가입신청서를 근로복지공단에 제출하여야 한다.

1. 해외파견자의 명단
2. 해외파견 사업장의 명칭 및 소재지
3. 해외파견기간
4. 해외파견자의 업무 내용
5. 해외파견자의 보수 지급 방법 및 지급액

해외파견자 산재보험가입신청서식은 다음과 같다(시행규칙 별지 제53호).

■ **고용보험 및 산업재해보상보험의 보험료징수 등에 관한 법률 시행규칙**
   [별지 제53호서식] 〈개정 2021. 12. 31.〉

고용 · 산재보험 토탈서비스(total.comwel.or.kr)에서도 신청할 수 있습니다.

[　]일반사업　[　]건설업 등 해외파견자 산재보험가입신청서

※ 2쪽의 유의사항과 작성방법을 읽고 작성하기 바라며, [　]에는 해당되는 곳에 "√" 표를 합니다.　　(3쪽 중 1쪽)

접수번호	접수일	처리기간 5일

신청인 (사업주)	국내사업장 사업장관리번호	
	상호(법인명)	전화번호
	소재지	
	대표자	

해 외 파 견 (예정)자 가 입 신 청 내 역	성명	주민등록번호
	파견사업장(공사)명	출국일
	파견예정기간	공사기간
	보수지급방법　국내사업장[　]　해외사업장[　]	월평균(예상)보수액
	업무내용	※ 성립일
	성명	주민등록번호
	파견사업장(공사)명	출국일
	파견예정기간	공사기간
	보수지급방법　국내사업장[　]　해외사업장[　]	월평균(예상)보수액
	업무내용	※ 성립일
	성명	주민등록번호
	파견사업장(공사)명	출국일
	파견예정기간	공사기간
	보수지급방법　국내사업장[　]　해외사업장[　]	월평균(예상)보수액
	업무내용	※ 성립일

※ 해외파견(예정)자 인원이 많은 경우 제2쪽에 계속 적기 바랍니다.

「고용보험 및 산업재해보상보험의 보험료징수 등에 관한 법률」 제47조제2항 및 같은 법 시행규칙 제42
조제1항에 따라 위와 같이 신청합니다.

　　　　　　　　　　　　　　　　　　　　　　　　　　　　　　년　　　　　월　　　　　일

　　　　　　　　　　신청인(보험가입자)　　　　　　　　　　　　　(서명 또는 인)

　　　　　　　　　　[　]보험사무대행기관　　　　　　　　　　　(서명 또는 인)

근로복지공단 ○○지역본부(지사)장 귀하

※ 처리 사항(아래 사항은 민원인이 적지 않습니다)

해외사업장 사업장관리번호	
해외사업장 보험관계 성립일	

해외파견자에 대한 산재보험관계의 성립 및 소멸에 관하여는 제5조 제4항(보험가입자) · 제5항 · 제7항(임의가입), 제7조 제3호(보험관계의 성립일) 및 제10조(보험관계의 소멸일)를 준용한다(보험료징수법 제47조 제3항).

나. 현장실습생에 대한 산재보험 특례

산재보험법 제6조 및 산재보험법 시행령 제2조의 규정에 의한 산재보험적용사업장에서 직업교육훈련이나 현장실습수업 등을 이수하고 있는 현장실습생은 근로자로 본다(보험료징수법 제48조, 고용노동부고시 <현장실습생에 대한 산업재해보상보험 적용범위> 제2조).

산재보험의 적용을 받는 현장실습생의 산재보험료 산정의 기초가 되는 보수액은 현장실습생이 받은 모든 금품을 합산하여 산정한다. 산재보험료 산정이 어려운 경우에는 고용노동부장관이 정하여 고시하는 금액(<현장실습생에 대한 산업재해보상보험 적용범위>, 고용노동부고시 제2024-39호, 2024. 6. 28. 일부개정)으로 할 수 있다(보험료징수법 제48조 제1항).

다. 학생연구자에 대한 산재보험 특례

1) 학생연구자에 대한 산재보험료 산정

연구실 안전환경 조성에 관한 법률 제2조 제8호에 따른 연구활동종사자(연구활동에 종사하는 사람으로서 각 대학 · 연구기관 등에 소속된 연구원 · 대학생 · 대학원생 및 연구보조원 등) 중 같은 조 제1호에 따른 대학 · 연구기관 등이 수행하는 연구개발과제에 참여하는 학생 신분의 연구자를 학생연구자라 한다.

연구실 안전환경 조성에 관한 법률 제2조 제1호에 따른 대학 · 연구기관 등은 산재보험법의 적용을 받는 사업으로 보고, 학생연구자는 산재보험법 적용에 있어서 근로자로 본다(산재보험법 제12조의2 제1항, 제2항).

산재보험의 적용을 받는 학생연구자(이하 이 조에서 "학생연구자"라 한다)에 대한 산재보험료 산정의 기초가 되는 보수액은 고용노동부장관이 정하여 고시하는 금액으로 하고, 산재보험료율은 그 사업이 적용받는 사업의 산재보험료율로 한다.

<학생연구자에 대한 산재보험료 및 보험급여산정의 기초가 되는 보수액 및 평균임금>(고용노동부고시 제2021-102호, 2021. 12. 30. 제정)은 학생연구자의 보수액과 평균임금을 다음과 같이 고시하고 있다.

(단위: 원)

구분	보수액(월)	평균임금(1일)
학사 학위 과정(전문학사 과정을 포함한다)	300,000	10,000
석사 학위 과정(전문기술석사, 학·석사통합과정을 포함한다)	1,000,000	33,330
박사 학위 과정(석·박사통합과정을 포함한다)	1,250,000	41,660

학생연구자에 대한 산재보험료는 고용노동부장관이 고시한 월 단위 보수액에 해당 사업의 산재보험료율을 곱하여 산정한다(보험료징수법 시행규칙 제42조의4 제3항). 이 경우 해당 월의 중간에 학생연구자에 해당하거나 해당하지 않게 된 경우 해당 학생연구자에 대한 그 달의 보험료는 일수에 비례하여 계산한 금액으로 한다.

2] 학생연구자의 산재보험료 신고·납부

연구실 안전환경 조성에 관한 법률 제2조 제1호에 따른 대학·연구기관등(이하 "대학·연구기관등"이라 한다)은 산재보험법 제123조의2 제2항에 따라 산재보험의 적용을 받는 학생연구자의 명단을 적은 별지 제56호서식의 학생연구자 명단 신고서를 다음 각 호의 구분에 따른 기한까지 매년 두 차례 공단에 제출해야 한다(보험료징수법 시행규칙 제42조의4 제1항).

1. 3월 31일 기준 학생연구자 명단: 4월 15일
2. 9월 30일 기준 학생연구자 명단: 10월 15일

대학·연구기관등은 제1항에 따라 제출한 학생연구자 명단이 변경된 경우에는 해당 사유가 발생한 날이 속하는 달의 다음 달 15일까지 학생연구자 명단 변경신고서에 학생연구자의 변경사항을 적어 공단에 제출해야 한다.

학생연구자에 대한 산재보험료의 부과·징수, 고지의 내용 및 절차는 일반근로자의 산재보험료 부과·징수·고지에 관한 법 제16조의2 제1항, 제16조의7 및 제16조의8에서 정하는 바에 따른다.

보험료징수법 시행규칙 서식 56의 학생연구자 명단신고서 양식은 다음과 같다.

■ 고용보험 및 산업재해보상보험의 보험료징수 등에 관한 법률 시행규칙
   [별지 제56호서식] 〈개정 2023. 6. 30.〉

고용 · 산재보험 토탈서비스(total.comwel.or.kr)에서도 신고할 수 있습니다.

학생연구자 명단 신고서(년 □3월 □9월)

※ 작성방법을 읽고 작성하기 바라며, 색상이 어두운 난은 신고인 적지 않습니다.

접수번호		접수일		처리기간: 5일	
사업장관리번호					
명칭				전자우편주소	
소재지				우편번호	
전화번호				팩스번호	
사업자등록번호				법인등록번호	
연번	성명	주민등록번호	학과명	학위과정 부호	휴대전화번호
1					
2					
3					
4					
5					

※ 학위과정 부호: 1(박사과정, 석사 · 박사통합과정), 2(전문기술석사과정, 석사과정, 학사 · 석사통합과정), 3(전문학사 · 학사과정)

「고용보험 및 산업재해보상보험의 보험료징수 등에 관한 법률」 제48조의5제2항 및 같은 법 시행규칙 제42조의4제1항에 따라 위와 같이 신고합니다.

년   월   일

신고인(대표자)
(서명 또는 인)

근로복지공단 ○○지역본부(지사)장 귀하

작성방법

1. 학생연구자의 명단은 다음 각 목의 제출 기한일 기준에 따라 작성합니다.
   가. 3월 말 기준 학생연구자 명단: 4월 15일까지 제출
   나. 9월 말 기준 학생연구자 명단: 10월 15일까지 제출
2. 학생연구자의 명단은 휴학생 · 수료생 및 졸업 후 학위과정 진학이 확정되고 상위 학위과정의 첫 번째 학기 시작 전까지 현행 학위과정 중 수행한 연구개발과제를 계속해서 수행하는 사람을 포함하여 작성하며, 이러한 사람의 학위과정은 수료 또는 졸업 직전의 학위과정을 적습니다. 예를 들어, 석사과정 수료 후 대학 등에 연구생으로 등록하여 연구개발과제에 참여하는 학생은 석사과정으로 적습니다.

라. 노무제공자에 대한 산재보험 특례

1] 노무제공자의 의의

산재보험법 제91조의15는 노무제공자에 관하여 다음과 같이 정의하고 있다.

제91조의15(노무제공자 등의 정의) 이 장에서 사용하는 용어의 뜻은 다음과 같다.
1. "노무제공자"란 자신이 아닌 다른 사람의 사업을 위하여 다음 각 목의 어느 하나에 해당하는 방법에 따라 자신이 직접 노무를 제공하고 그 대가를 지급받는 사람으로서 업무상 재해로부터의 보호 필요성, 노무제공 형태 등을 고려하여 대통령령으로 정하는 직종에 종사하는 사람을 말한다.
  가. 노무제공자가 사업주로부터 직접 노무제공을 요청받은 경우
  나. 노무제공자가 사업주로부터 일하는 사람의 노무제공을 중개·알선하기 위한 전자적 정보처리시스템(이하 "온라인 플랫폼"이라 한다)을 통해 노무제공을 요청받는 경우

산재보험법상 노무제공자에 관한 규정은 2022. 6. 10. 법률 제18928호로 신설되었고, 2023. 7. 1.부터 시행되었다. 개정 전 산재보험법에 따르면 특수형태근로종사자가 산업재해보상보험을 적용받기 위해서는 '특정 사업에의 전속성' 요건을 충족하여야 했는데, 배달앱 등 온라인 플랫폼 등을 통해 복수의 사업에 노무를 제공하는 경우에는 이러한 요건을 충족하지 못하여 산업재해 보호의 사각지대가 존재하였고 특수형태근로종사자가 '특정 사업에의 전속성' 요건을 충족하더라도, 주된 사업장 외의 보조사업장에서 업무상 재해를 입은 경우에는 산업재해보상보험이 적용되지 않는 문제가 있었다.

이에 산업재해보상보험의 전속성 요건을 폐지하고, 기존 특수형태근로종사자 및 온라인 플랫폼 종사자 등을 포괄하는 개념으로 "노무제공자"의 정의를 신설하여 산업재해보상보험의 적용을 받을 수 있도록 하며, 이로 인하여 새롭게 보험의 적용을 받는 사람들의 노무제공 특성에 맞는 보험 적용·징수 체계와 급여·보상 제도를 마련함으로써 산업재해보상보험을 통한 보호 범위를 보다 확대하려는 취지에서 노무제공자 개념이 신설되었고, 보험료징수법에도 노무제공자에 대한 보험료 납부의무가 규정되었다.

산재보험법 제91조의16은 노무제공자는 산재보험법을 적용받는 근로자로 보고,

노무제공자의 노무를 제공받는 사업은 산재보험법의 적용을 받는 사업으로 보고 있다.

2) 노무제공자 산재보험의 보험가입자

산재보험 노무제공자의 노무를 제공받는 사업의 사업주는 당연히 산재보험의 보험가입자가 된다(보험료징수법 제48조의6 제1항).

3) 산재보험 노무제공자에 대한 산재보험료 산정

공단이 제16조의2 제1항에 따라 매월 부과하는 산재보험 노무제공자의 월별보험료(산재보험료에 한정한다)는 사업주가 매월 지급하는 보수액에 산재보험료율을 곱한 금액으로 한다(보험료징수법 제48조의6 제2항).

산재보험 노무제공자의 월 보수액은 소득세법 제19조에 따른 사업소득 및 같은 법 제21조에 따른 기타소득에서 대통령령으로 정하는 금품을 뺀 금액으로 한다. 다만, 노무제공특성에 따라 소득확인이 어렵다고 대통령령으로 정하는 직종의 월 보수액은 고용노동부장관이 고시하는 다음 금액으로 한다(보험료징수법 제48조의6 제3항). 여기에서 "노무제공특성에 따라 소득확인이 어렵다고 대통령령으로 정하는 직종"이란 산업재해보상보험법 시행령 제83조의5 제2호(건설기계관리법 제3조 제1항에 따라 등록된 건설기계를 직접 운전하는 사람) 및 제13호(화물자동차 운수사업법 제2조 제1호에 따른 화물자동차 중 고용노동부령으로 정하는 자동차를 운전하는 사람)에 해당하는 산재보험 노무제공자가 종사하는 직종을 말한다.

소득확인이 어려운 직종의 노무제공자에 대한 산재보험료 및 보험급여 산정의 기초가 되는 월 보수액 및 평균보수 등

[시행 2023. 7. 1.] [고용노동부고시 제2023-29호, 2023. 6. 30., 일부개정]

(단위: 원)

직종	월 보수액	평균보수(일)
• 「건설기계관리법」 제3조제1항에 따라 등록된 건설기계를 직접 운전하는 사람(산재보험법 시행령 제83조의5제2호에 해당하는 사람) • 「화물자동차 운수사업법」 제2조제1호에 따른 화물자동차	2,479,444	82,648

중 고용노동부령으로 정하는 자동차를 운전하는 사람(산재보험법 시행령 제83조의5제13호에 해당하는 사람) 「산재보험법 시행령」 제83조의5제13호에서 "고용노동부령으로 정하는 자동차를 운전하는 사람"이란 「자동차등록규칙」 별표 1 제2호에 따른 자동차 중 다음 각 호에 해당하는 자동차를 운전하는 사람을 말한다. 　1. 특수용도형 화물자동차 중 살수차류 　2. 특수용도형 화물자동차 중 굴절식 및 직진식 카고크레인류 　3. 특수작업형 특수자동차 중 고소작업자동차류		
• 「체육시설의 설치·이용에 관한 법률」 제7조에 따라 직장 체육시설로 설치된 골프장 또는 같은 법 제19조에 따라 체육시설업의 등록을 한 골프장에서 골프경기를 보조하는 골프장 캐디(산재보험법 시행령 제83조의5제4호에 해당하는 사람)	2,699,994	90,000

4) 노무제공자에게 휴업사유가 발생한 경우

제48조의6 제3항 단서에 따른 직종에 종사하는 노무제공자가 부상·질병 등 대통령령으로 정하는 휴업의 사유가 발생하여 노무를 제공할 수 없을 때에는 사업주가 그 사유가 발생한 날부터 14일 이내에 그 사실을 공단에 신고하여야 한다. 사업주가 해당 기한 내 신고하지 아니한 경우에는 산재보험 노무제공자가 신고할 수 있다(보험료징수법 제48조의6 제4항, 시행령 제56조의9).

"부상·질병 등 대통령령으로 정하는 휴업의 사유"란 다음 각 호의 어느 하나에 해당하는 휴업의 사유를 말한다.

1. 산재보험 노무제공자가 부상을 당하거나 질병에 걸려 휴업을 하는 경우
2. 여성 산재보험 노무제공자가 임신 또는 출산으로 휴업을 하는 경우
3. 산재보험 노무제공자가 8세 이하 또는 초등학교 2학년 이하의 자녀(입양한 자녀를 포함한다)를 양육하기 위하여 휴업을 하는 경우
4. 사업주의 귀책사유로 휴업을 하는 경우
5. 사업주가 천재지변, 전쟁 또는 이에 준하는 재난이나 감염병의 예방 및 관리에 관한 법률 제2조 제1호에 따른 감염병의 확산으로 불가피하게 휴업을 하는 경우

노무제공자에게 위와 같은 사유가 발생한 경우 해당 사유가 발생한 기간은 보험료를 부과하지 아니할 수 있다(보험료징수법 제48조의6 제4항).

5) 산재보험노무제공자의 산재보험료율 고시

산재보험 노무제공자의 산재보험료율은 재해율 등을 고려하여 산업재해보상보험법 제8조에 따른 산업재해보상보험및예방심의위원회의 심의를 거쳐 고용노동부장관이 달리 정할 수 있다(보험료징수법 제48조의6 제5항).

고용노동부는 <노무제공자 직종별 산재보험료율>(고용노동부고시 제2023-27호)을 고시하여 직종별 산재보험료율을 다음과 같이 정하고 있다.

노무제공자 직종	요율 (단위: ‰)
1. 보험을 모집하는 사람으로서 다음 각 목의 어느 하나에 해당하는 사람(「산업재해보상보험법」 시행령 제93조의5제1호에 해당하는 사람) 가. 「보험업법」 제83조제1항제1호에 따른 보험설계사 나. 「새마을금고법」 및 「신용협동조합법」에 따른 공제의 모집을 전업으로 하는 사람 다. 「우체국예금·보험에 관한 법률」에 따른 우체국보험의 모집을 전업으로 하는 사람	5
2. 「건설기계관리법」 제3조 제1항에 따라 등록된 건설기계를 직접 운전하는 사람(「산업재해보상보험법 시행령」 제83조의5 제2호에 해당하는 사람)	
3. 「화물자동차 운수사업법」 제2조제1호에 따른 화물자동차 중 고용노동부령으로 정하는 자동차를 운전하는 사람(「산업재해보상보험법 시행령」 제83조의5제13호에 해당하는 사람) 「산업재해보상보험법 시행령」 제83조의5제3호에서 "고용노동부령으로 정하는 자동차를 운전하는 사람"이란 「자동차등록규칙」 별표 1 제2호에 따른 자동차 중 다음 각 호에 해당하는 자동차를 운전하는 사람을 말한다. 　1. 특수용도형 화물자동차 중 살수차류 　2. 특수용도형 화물자동차 중 굴절식 및 직진식 카고크레인류 　3. 특수작업형 특수자동차 중 고소작업자동차류	34
4. 「통계법」 제22조에 따라 통계청장이 고시하는 직업에 관한 표준분류(이하 "한국표준직업분류표"라 한다)의 세세분류에 따른 학습지 방문강사, 교육교구 방문강사 등 회원의 가정 등을 직접 방문하여 아동이나 학생 등을 가르치는 사람(「산업재해보상보험법 시행령」 제83조의5제3호에 해당하는 사람)	7

내용	
5. 「체육시설의 설치·이용에 관한 법률」 제7조에 다라 직장체육시설로 설치된 골프장 또는 같은 법 제19조에 따라 체육시서업의 등록을 한 골프장에서 골프경기를 보조하는 골프장 캐디(「산업재해보상보험법 시행령」 제83조의5제4호에 해당하는 사람)	5
6. 한국표준직업분류표의 세분류에 따른 택배원으로서 다음 각 목의 어느 하나에 해당하는 사람(「산업재해보상보험법 시행령」 제83조의5제5호에 해당하는 사람) 가. 「생활물류서비스산업발전법」 제2조제6호가목에 따른 택배서비스종사자로서 집화 또는 배송(설치를 수반하는 배송을 포함한다) 업무를 하는 사람 나. 가목 외에 택배사업(소화물을 집화·수송 과정을 거쳐 배송하는 사업을 말한다)에서 집화 또는 배송 업무를 하는 사람	17
7. 한국표준직업분류표의 세분류에 따른 택배원으로서 퀵서비스업의 사업주로부터 업무를 의뢰받아 배송 업무를 하는 사람. 다만, 제5호 또는 제14호에 해당하는 사람은 제외한다.(「산업재해보상보험법 시행령」 제83조의5제6호에 해당하는 사람)	17
8. 「대부업 등의 등록 및 금융이용자 보호에 관한 법률」 제3조제1항 단서에 따른 대출모집인(「산업재해보상보험법 시행령」 제83조의5제7호에 해당하는 사람)	5
9. 「여신전문금융업법」 제14조의2제1항제2호에 따른 신용카드회원모집인(「산업재해보상보험법 시행령」 제83조의5제8호에 해당하는 사람)	5
10. 다음 각 목의 어느 하나에 해당하는 사업자로부터 업무를 의뢰받아 자동차를 운전하는 사람(「산업재해보상보험법 시행령」 제83조의5제9호에 해당하는 사람) 가. 대리운전업자(자동차 이용자의 요청에 따라 그 이용자와 동승하여 해당 자동차를 목적지까지 운전하는 사업의 사업주를 말한다) 나. 탁송업자(자동차 이용자의 요청에 따라 그 이용자와 동승하지 않고 해당 자동차를 목적지까지 운전하는 사업의 사업주를 말한다) 다. 대리주차업자(자동차 이용자의 요청에 따라 그 이용자를 대신하여 해당 자동차를 목적지까지 운전하는 사업의 사업주를 말한다)	18
11. 「방문판매 등에 관한 법률」 제2조 제2호에 따른 방문판매원 또는 같은 조 제8호에 따른 후원방문판매원으로서 방문판매업무를 하는 사람. 다만, 다음 각 목의 어느 하나에 해당하는 경우는 제외한다(「산업재해보상보험법 시행령」 제83조의5 제10호에 해당하는 사람). 가. 방문판매는 하지 않고 자가 소비만 하는 경우 나. 제3호 또는 제11호에 해당하는 경우	8
12. 한국표준직업분류표의 세세분류에 따른 대여 제품 방문점검원(「산업재해보상보험법 시행령」 제83조의5제11호에 해당하는 사람)	7
13. 한국표준직업분류표의 세분류에 따른 가전제품 설치 및 수리원으로서 가전제품의 판매를 위한 배송 업무를 주로 수행하고 가전제품의 설치·시운전 등을 통해 작동상태를 확인하는 사람(「산업재해보상보험법 시행령」 제83조의5제12	7

호에 해당하는 사람)	
14. 「화물자동차 운수사업법」 제2조제11호에 따른 화물차주로서 다음 각 목의 어느 하나에 해당하는 자동차를 운전하는 사람. 다만, 제5호, 제12호 또는 제13호에 해당하는 사람은 제외한다.(「산업재해보상보험법 시행령」 제83조의5 제14호에 해당하는 사람) 가. 「자동차관리법」 제3조제1항제3호에 따른 화물자동차 나. 「자동차관리법」 제3조제1항제4호에 따른 특수자동차 중 견인형 자동차 또는 특수작업형 사다리차(이사 등을 위하여 높은 건물에 필요한 물건을 올리기 위한 자동차를 말한다)	17
15. 「소프트웨어 진흥법」 제2조제3호에 따른 소프트웨어사업에서 노무를 제공하는 같은 조 제10호에 따른 소프트웨어기술자(「산업재해보상보험법 시행령」 제83조의5제15호에 해당하는 사람)	5
16. 다음 각 목의 어느 하나에 해당하는 강사(「산업재해보상보험법 시행령」 제83조의5제16호에 해당하는 사람) 가. 「초·중등교육법」 제2조에 따른 학교에서 운영하는 방과후학교의 과정을 담당하는 강사 나. 「유아교육법」 제2조제2호에 따른 유치원에서 운영하는 같은 조 제6호에 따른 방과후 과정을 담당하는 강사 다. 「영유아보육법」 제2조제3호에 따른 어린이집에서 운영하는 같은 법 제29조 제4항에 따른 특별활동프로그램을 담당하는 강사	6
17. 「관광진흥법」 제38조제1항 단서에 따른 관광통역안내의 자격을 가진 사람으로서 외국인 관광객을 대상으로 관광안내를 하는 사람(「산업재해보상보험법 시행령」 제83조의5제17호에 해당하는 사람)	6
18. 「도로교통법」 제2조제23호에 따른 어린이통학버스를 운전하는 사람(「산업재해보상보험법 시행령」 제83조의5제18호에 해당하는 사람)	18

6) 산재보험 노무제공자에 대한 산재보험료 부담주체

노무제공자의 산재보험료는 사업주와 산재보험 노무제공자가 각각 2분의 1씩 부담한다. 다만, 사용종속관계의 정도 등을 고려하여 대통령령으로 정하는 직종에 종사하는 산재보험 노무제공자의 경우에는 사업주가 부담한다(보험료징수법 제48조의6 제6항).

산재보험 노무제공자의 재해율, 월 보수액, 산재보험료율 및 노무제공 형태 등을 고려하여 대통령령으로 정하는 산재보험 노무제공자와 해당 사업주에 대해서는 제2항에 따른 산재보험료를 대통령령으로 정하는 바에 따라 감면할 수 있다(보험료징수법 제48조의6 제7항). 보험료징수법 시행령 제56조의11 제1항은 다음과 같이 산재보험료 감경대상자와 면제대상자를 정하고 있다.

1. 산재보험료 감경 대상자: 산업재해보상보험법 시행령 제83조의5 각 호 에 해당하는 사람이 종사하는 직종의 재해율이 전체 업종의 평균재해율 (고용노동부장관이 보험연도의 직전 연도 말일을 기준으로 산정하여 공고한 것을 말 한다)의 2분의 1 이상인 직종 중에서 산재보험료의 부담 수준, 노무제공 자의 규모 등을 고려하여 고용노동부장관이 정하여 고시하는 직종에 종 사하는 사람과 그 사람으로부터 노무 제공을 받는 사업의 사업주

2. 산재보험료 면제 대상자: 산재보험 노무제공자의 월 보수액이 고용노동 부장관이 정하여 고시하는 금액 미만인 사람. 다만, 산업재해보상보험법 시행령 제83조의5 제2호(건설기계관리법 제3조제1항에 따라 등록된 건설기계를 직접 운전하는 사람) 및 제13호(화물자동차 운수사업법 제2조 제1호에 따른 화물자 동차 중 고용노동부령으로 정하는 자동차를 운전하는 사람)에 해당하는 직종에 종사하는 사람은 제외한다.

7) 노무제공자에 대한 월 보수액 신고의무

사업주는 대통령령으로 정하는 바에 따라 산재보험 노무제공자의 월 보수액 등 을 공단에 신고하여야 한다. 다만, 사업주가 신고하지 아니하면 대통령령으로 정 하는 바에 따라 산재보험 노무제공자가 신고할 수 있다. 사업주가 노무제공자의 월 보수액 등을 신고하지 아니하거나 거짓신고를 하면 300만원 이하의 과태료가 부과된다(보험료징수법 제50조 제1항 제6호). 산재보험 노무제공자가 월 보수액을 정정 하려는 경우에는 시행규칙 별지 제56호의4 서식의 "산재보험 노무제공자 월 보수 액 신고서(종사자용)"에 보수지급명세서 등 소득증명서류를 첨부하여 공단에 제출 하여야 한다(보험료징수법 시행규칙 제42조의7).

사업주의 노무제공자 월 보수액 신고서 서식은 다음과 같다(보험료징수법 시행규칙 별지 제55호의2).

■ **고용보험 및 산업재해보상보험의 보험료징수 등에 관한 법률 시행규칙**
　[별지 제55호의2서식] 〈개정 2023. 6. 30.〉

고용 · 산재보험 토탈서비스(total.comwel.or.kr)에서도 신고할 수 있습니다.

□ **고용보험**　　　**노무제공자 월 보수액 신고서(　　년　　월)**
□ **산재보험**

※ 작성방법을 읽고 작성하기 바랍니다.

접수번호			접수일		처리기간	1일
사업장	사업장관리번호 또는 노무제공플랫폼(온라인 플랫폼) 등록번호			이용개시번호(노무제공플랫폼 및 온라인 플랫폼의 경우에만 적습니다)		
	명칭					
	소재지				우편번호(　　　　)	
	전화번호				팩스번호	
	보험사무 대행기관	번호			명칭	

구분	보험구분	성명	주민등록번호 (외국인등록번호)	직종 부호	자격 취득일	월 보수액
1	□고용　□산재					
2	□고용　□산재					
3	□고용　□산재					
4	□고용　□산재					
5	□고용　□산재					
6	□고용　□산재					
7	□고용　□산재					
8	□고용　□산재					
9	□고용　□산재					
10	□고용　□산재					
월말 현재 노무제공자 수		명				

　「고용보험 및 산업재해보상보험의 보험료징수 등에 관한 법률 시행령」 제56조의6제7항, 제56조의12 제1항, 제56조의13, 제56조의15제1항 · 제2항 및 같은 법 시행규칙 제42조의2, 제42조의6제1항, 제42조의7제1항, 제42조의11제1항에 따라 위와 같이 월 보수액을 신고합니다.

　　　　　　　　　　　　　　　　　　　　　　　　　　　　　　　년　　　월　　　일

　　신고인(사업주)　　　　　　　(서명 또는 인) / [　]보험사무대행기관　　　(서명 또는 인)

근로복지공단 ○○지역본부[지사]장 귀하

8) 노무제공자에 대한 산재보험료 납부의무

사업주는 산재보험 노무제공자가 부담하여야 하는 산재보험료와 사업주가 부담하여야 하는 산재보험료를 납부하여야 한다. 사업주는 산재보험 노무제공자가 부담하여야 하는 산재보험료를 대통령령으로 정하는 바에 따라 그 산재보험 노무제공자의 보수에서 원천공제하여 납부할 수 있다. 이 경우 사업주는 공제계산서를 산재보험 노무제공자에게 발급하여야 한다. 산재보험 노무제공자의 보험관계의 변경신고 등에 필요한 사항은 고용노동부령으로 정한다.

마. 플랫폼 운영자에 대한 산재보험 특례

1) 플랫폼 종사자, 플랫폼 운영자, 플랫폼 이용사업자의 의의

온라인플랫폼을 통해 노무를 제공하는 노무제공자를 "플랫폼 종사자"라 하고, 온라인플랫폼을 이용하여 플랫폼 종사자의 노무제공을 중개 또는 알선하는 것을 업으로 하는 자를 "플랫폼 운영자"라 한다(산재보험법 제91조의15 제2호, 제3호). 플랫폼 종사자로부터 노무를 제공받아 사업을 영위하는 자를 "플랫폼 이용사업자"라고 한다. 다만 플랫폼 운영자가 플랫폼 종사자의 노무를 직접 제공받아 사업을 영위하는 경우 플랫폼 운영자를 플랫폼 이용사업자로 본다(산재보험법 제91조의15 제4호).

2) 플랫폼 운영자의 플랫폼사업 신고

플랫폼 운영자는 산재보험법 제91조의15 제4호에 따른 플랫폼 이용사업자의 온라인 플랫폼 이용 개시일 또는 종료일이 속하는 달의 다음 달 15일까지 다음 각호에 해당하는 사항을 공단에 신고하여야 한다(보험료징수법 제48조의7).

1. 플랫폼 운영자의 성명과 주소(법인의 경우에는 법인의 명칭과 주된 사무소의 소재지)
2. 플랫폼 이용사업자가 해당 사업에 온라인 플랫폼을 이용하기 시작한 날 또는 종료한 날
3. 플랫폼 이용사업자의 성명과 주소(법인의 경우에는 법인의 명칭과 주된 사무소의 소재지)
4. 그 밖에 산업재해보상보험법 제91조의15 제2호에 따른 플랫폼 종사자(이하 "플랫폼 종사자"라 한다)의 보험관계에 관한 정보 등 고용노동부령으로 정하는 사항

플랫폼 운영자는 산재보험 온라인 플랫폼사업 신고를 할 때에 시행규칙 별지 제22호의20 서식의 산재보험 온라인 플랫폼사업 신고서와 함께 별지 제22호의21 서식의 산재보험 온라인 플랫폼 이용개시 신고서를 공단에 제출해야 한다. 별지 제22호의20 산재보험 온라인 플랫폼사업 신고서와 별지 제22호의21 산재보험 온라인 플랫폼 이용개시신고서는 다음과 같다(고용보험 노무제공 플랫폼사업 신고서와 동일).

■ **고용보험 및 산업재해상보험의 보험료징수 등에 관한 법률 시행규칙**
[별지 제22호의20서식] 〈개정 2024. 7. 1.〉

고용 · 산재보험토탈서비스(total.comwel.or.kr) 에서도 신고할 수 있습니다.

[　]고용보험　노무제공플랫폼사업
[　]산재보험 온라인 플랫폼사업　　**신고서**

※ 뒤쪽의 유의사항 및 작성방법을 읽고 작성하기 바라며, 색상이 어두운 난은 신고인이 작성하지 않습니다.　　(앞쪽)

접수번호		접수일		처리기간	5일
노무제공플랫폼(온라인 플랫폼) 등록번호					
대표자 (노무제공플랫폼사 업자 · 온라인 플랫폼 운영자)	성명		주민등록번호(외국인등록번호)		
	주소			(전화번호:　　　　　)	
노무제공 플랫폼(온라인 플랫폼)사업	상호 · 법인명		전화번호		
	소재지		휴대전화번호		
	우편물 수령지				
	전자우편주소		팩스번호		
	사업자등록번호		법인등록번호		
	고용보험(산재보험) 사업종류		노무제공플랫폼(온라인 플랫폼) 이용 사업장 수		
	노무제공자 직종 [　] 퀵서비스기사　　　[　] 음식배달기사　　　[　] 대리운전기사　　　[　] 화물차주				
주된 사업장	사업장관리번호		대규모기업 　　[　] 해당　　　　[　] 비해당		
	사업장명		전화번호		
	소재지				
고용보험 성립일			고용업종코드		
산재보험 성립일			산재업종코드		

「고용보험 및 산업재해상보험의 보험료징수 등에 관한 법률」 제48조의4제1항, 제48조의7제1항 및 같은 법 시행규칙 제16조의8제2항, 제42조의10제1항에 따라 위와 같이 신고합니다.

년　　　　월　　　　일

신고인(노무제공플랫폼사업자 · 온라인 플랫폼 운영자)　　　　　　　　　　(서명 또는 인)

근로복지공단 ○○지역본부(지사)장　　귀하

신고인 제출서류	없음	
담당직원 확인사항	1. 사업자등록증명(주민등록번호 뒷자리가 제외된 사업자등록증명을 말합니다) 2. 주민등록표 초본. 다만, 신고인이 직접 신고서를 제출하면서 신분증명서(주민등록증, 운전면허증, 여권을 말합니다)를 제시하는 경우에는 그 신분증명서의 확인으로 주민등록표 초본의 확인을 갈음합니다. 3. 법인 등기사항증명서(신고인이 법인인 경우만 해당합니다)	수수료 없음

■ **고용보험 및 산업재해보상보험의 보험료징수 등에 관한 법률 시행규칙**
[별지 제22호의21서식] 〈개정 2024. 7. 1.〉

고용·산재보험토탈서비스(total.comwel.or.kr)에서도 신고할 수 있습니다.

<table>
<tr><td colspan="2">[ ]고용보험　노무제공플랫폼
[ ]산재보험　온라인 플랫폼</td><td>이용 개시 신고서</td></tr>
</table>

※ 뒤쪽의 유의사항과 작성방법을 읽고 작성하기 바라며, [ ]에는 해당되는 곳에 "√" 표를 합니다.　　　(앞쪽)

접수번호		접수일		처리기간	1일

노무제공플랫폼(온라인 플랫폼) 등록번호	대표자 성명
노무제공플랫폼(온라인 플랫폼) 사업장명	전화번호

연번	신고사항(노무제공사업의 사업주, 플랫폼 이용 사업자에 관한 사항을 적습니다)	
1	이용 사업장명	사업자등록번호
	소재지	전화번호
	노무제공사업의 사업주(플랫폼 이용 사업자) 이름	노무제공사업의 사업주(플랫폼 이용 사업자) 주민등록번호
	노무제공플랫폼(온라인 플랫폼) 이용 개시일	
2	이용 사업장명	사업자등록번호
	소재지	전화번호
	노무제공사업의 사업주(플랫폼 이용 사업자) 이름	노무제공사업의 사업주(플랫폼 이용 사업자) 주민등록번호
	노무제공플랫폼(온라인 플랫폼) 이용 개시일	
3	이용 사업장명	사업자등록번호
	소재지	전화번호
	노무제공사업의 사업주(플랫폼 이용 사업자) 이름	노무제공사업의 사업주(플랫폼 이용 사업자) 주민등록번호
	노무제공플랫폼(온라인 플랫폼) 이용 개시일	
4	이용 사업장명	사업자등록번호
	소재지	전화번호
	노무제공사업의 사업주(플랫폼 이용 사업자) 이름	노무제공사업의 사업주(플랫폼 이용 사업자) 주민등록번호
	노무제공플랫폼(온라인 플랫폼) 이용 개시일	
5	이용 사업장명	사업자등록번호
	소재지	전화번호
	노무제공사업의 사업주(플랫폼 이용 사업자) 이름	노무제공사업의 사업주(플랫폼 이용 사업자) 주민등록번호
	노무제공플랫폼(온라인 플랫폼) 이용 개시일	

「고용보험 및 산업재해보상보험의 보험료징수 등에 관한 법률」 제48조의4제1항, 제48조의7제1항 및 같은 법 시행규칙 제16조의8제2항, 제42조의10제1항에 따라 위와 같이 신고합니다.

　　　　　　　　　　　　　　　　　　　　　　　　　　　　　년　　　　월　　　　일

신고인(노무제공플랫폼사업자·온라인 플랫폼 운영자)　　　　　　　(서명 또는 인)

근로복지공단 ○○지역본부(지사)장 귀하

신고인 제출서류	없음	수수료 없음
담당직원 확인사항	사업자등록증명(주민등록번호 뒷자리가 제외된 사업자등록증명을 말합니다)	

행정정보 공동이용 동의서

  본인은 이 건 업무처리와 관련하여 「전자정부법」 제36조제1항에 따른 행정정보의 공동이용을 통하여 담당 직원이 위의 담당직원 확인사항을 확인하는 것에 동의합니다. * 동의하지 않는 경우에는 신고인이 직접 사업자등록증 사본을 제출해야 합니다.

신고인(위임한 사람)   (서명 또는 인)

유의사항

1. 노무제공플랫폼(온라인 플랫폼) 이용 계약에 따른 노무제공플랫폼(온라인 플랫폼) 이용 개시 신고는 노무제공플랫폼사업자(온라인 플랫폼 운영자)가 별지 제22호의20서식에 따른 노무제공플랫폼(온라인 플랫폼)사업 신고서 제출 시 적은 노무제공자의 직종과 동일한 직종에 대해서만 할 수 있습니다[예: 노무제공플랫폼사업자(온라인 플랫폼 운영자)가 노무제공플랫폼(온라인 플랫폼)사업 신고 시 직종을 퀵서비스 기사로 신고한 경우, 대리운전기사에 대해서는 사업개시 신고서를 제출할 수 없습니다. 이 경우 별도의 노무제공플랫폼(온라인 플랫폼)사업 신고서를 제출하고 노무제공플랫폼(온라인 플랫폼) 이용 개시 신고서를 제출해야 합니다].
2. 위 노무제공플랫폼(온라인 플랫폼) 이용 개시 신고서는 노무제공플랫폼(온라인 플랫폼) 이용 계약에 따른 사업을 시작한 날이 속하는 달의 다음달 15일 이내에 제출해야 합니다.
3. 신고인은 노무제공플랫폼(온라인 플랫폼) 이용 계약이 종료된 경우 별지 제22호의22서식에 따른 노무제공플랫폼(온라인 플랫폼) 이용 종료 신고서를 노무제공플랫폼(온라인 플랫폼) 이용 계약 종료일이 속하는 달의 다음달 15일 이내에 제출해야 합니다.
4. 노무제공플랫폼(온라인 플랫폼) 이용 계약에 따른 사업개시 신고서는 노무제공플랫폼(온라인 플랫폼) 사업장을 관할하는 지역본부(지사)로 제출해야 합니다.

작성방법

1. "신고사항란"에는 노무제공사업의 사업주에 관한 사항을 적습니다.
2. "노무제공플랫폼(온라인 플랫폼) 등록번호"란에는 노무제공플랫폼(온라인 플랫폼)사업 신고에 따라 근로복지공단이 부여한 등록번호를 적습니다.
3. 이용 사업장의 "노무제공사업의 사업주(플랫폼 이용 사업자) 주민등록번호"는 사업자등록번호가 없는 경우에만 적습니다.
4. "노무제공플랫폼(온라인 플랫폼) 이용 개시일"은 노무제공플랫폼(온라인 플랫폼)사업자와 노무제공플랫폼(온라인 플랫폼) 이용 사업장이 노무제공플랫폼(온라인 플랫폼) 이용 계약에 따라 사업을 개시한 날을 적습니다.

처리절차

신고서 작성 ➡ 접수 및 확인 ➡ 신고서 처리 ➡ 처리결과 통지 ➡ 수 령

신고인   근로복지공단

3) 자료제공요청

플랫폼 운영자는 제1항에 따른 신고를 하기 위하여 필요한 경우 해당 플랫폼 이용 사업자와 플랫폼 종사자에게 필요한 자료 또는 정보의 제공을 요청할 수 있다. 이 경우 요청을 받은 플랫폼 이용 사업자와 플랫폼 종사자는 정당한 사유가 없으면 그 요청에 따라야 한다(법 제48조의7 제2항).

4) 월 보수액 신고의무

제48조의6 제8항 본문에도 불구하고 플랫폼 종사자의 월 보수액 등 신고는 대통령령으로 정하는 바에 따라 사업주가 아닌 플랫폼 운영자가 하여야 한다(법 제48조의7 제3항).

플랫폼 운영자가 플랫폼 종사자의 월 보수액 등을 신고하지 아니하거나 거짓신고를 하면 300만원 이하의 과태료가 부과된다(보험료징수법 제50조 제1항 제6호).

5) 산재보험료 납부의무 및 원천공제

제48조의6 제10항 및 제11항에도 불구하고 플랫폼 종사자 및 플랫폼 이용 사업자가 부담하는 산재보험료는 플랫폼 운영자가 원천공제하여 대통령령으로 정하는 바에 따라 납부하여야 한다. 다만, 대통령령으로 정하는 온라인 플랫폼을 통하여 노무를 제공하는 플랫폼 종사자의 산재보험료 원천공제·납부 등에 대해서는 대통령령으로 정하는 바에 따른다(법 제48조의7 제4항).

플랫폼 운영자는 제4항에 따라 산재보험료를 원천공제한 경우에는 해당 플랫폼 종사자와 플랫폼 이용 사업자에게 그 원천공제 내역을 알려야 한다(법 제48조의7 제5항).

플랫폼 운영자는 제4항에 따라 산재보험료를 납부하기 위하여 산재보험료 원천공제 및 납부를 위한 전용 계좌를 개설하여야 한다(법 제48조의7 제6항).

6) 공단의 자료제출요구 및 조사권한

공단 또는 건강보험공단은 보험료의 성실납부 등을 위하여 필요하다고 인정되는 경우에는 플랫폼 운영자 및 플랫폼 운영자였던 자에 대하여 다음 각 호의 구분에 따라 보고 또는 관계 서류의 제출을 요구하거나 조사 등을 할 수 있다(법 제48조의7 제7항).

1. 공단 또는 건강보험공단의 경우: 제4항의 업무와 관련된 보고 또는 관계 서류의 제출 요구

2. 공단의 경우: 소속 직원으로 하여금 해당 플랫폼 운영자의 사무소에 출
　입하여 관계인에 대한 질문과 관계 서류의 조사

플랫폼 운영자는 제3항에 따른 월 보수액 등 신고와 관련된 정보를 플랫폼 종사자의 해당 온라인 플랫폼을 통한 노무제공이 종료된 날부터 5년 동안 보관하여야 한다(법 제48조의7 제8항). 플랫폼 종사자의 월 보수액 등 신고와 관련된 정보를 보관하지 아니한 플랫폼 운영자에게는 300만원 이하의 과태료가 부과된다(보험료징수법 제50조 제1항 제8호). 공단은 플랫폼 운영자가 이 법에 따른 보험사무에 관한 의무를 이행하는 데 필요한 비용의 일부를 지원할 수 있다(법 제48조의7 제9항).

바. 중소기업사업주에 대한 산재보험 특례

1) 중소기업사업주와 가족 종사자의 산재보험가입

보험가입자로서 300명 미만의 근로자를 사용하는 사업주 또는 근로자를 사용하지 않는 사람을 "중소기업사업주"라 한다(산재보험법 시행령 제122조 제1항, 산재보험법령에서는 "중·소기업 사업주"라고 표시하고 있다). 중소기업사업주는 근로복지공단의 승인을 받아 자기 또는 유족을 보험급여를 받을 수 있는 사람으로 하여 산재보험에 가입할 수 있다(산재보험법 제124조 제3항).

2) 중소기업사업주에 대한 산재보험료 산정의 기초가 되는 월 보수액

산재보험법 제124조 제3항에 따른 중소기업사업주 등에 대한 산재보험료 산정의 기초가 되는 보수액은 고용노동부장관이 정하는 금액으로 하고, 산재보험료율은 그 사업이 적용받는 산재보험료율로 한다(보험료징수법 제49조 제1항). 중소기업사업주에 대한 산재보험료 및 보험급여 산정의 기초가 되는 보수액 및 평균임금은 다음과 같다(고용노동부고시 제2023-76호, 2023. 12. 27. 일부개정).

중·소기업 사업주에 대한 산재보험료 및 보험급여 산정의 기초가 되는 보수액 및 평균임금

[시행 2024. 1. 1.] [고용노동부고시 제2023-76호, 2023. 12. 27., 일부개정]

고용노동부(산재보상정책과), 044-202-8838, 8834

(단위: 원)

구분	보수액(월)	평균임금(1일)
1등급	2,405,840	78,880
2등급	2,889,600	94,740
3등급	3,373,370	110,600
4등급	3,857,140	126,460
5등급	4,340,910	142,320
6등급	4,824,680	158,180
7등급	5,308,450	174,040
8등급	2,792,220	189,900
9등급	6,275,990	205,760
10등급	6,759,750	221,620
11등급	7,243,520	237,490
12등급	7,727,290	253,354

3] 중소기업사업주와 가족종사자의 보험가입신청

중소기업사업주와 중소기업사업주의 배우자, 4촌이내의 친족(이하 "가족종사자"라 한다)은 보험료징수법 시행규칙 별지 제57호 서식의 중소기업사업주·가족종사자 산재보험가입신청서를 공단에 제출해야 한다.

■ **고용보험 및 산업재해보상보험의 보험료징수 등에 관한 법률 시행규칙**
 [별지 제57호서식] 〈개정 2023. 6. 30.〉

고용 · 산재보험 토탈서비스(total.comwel.or.kr)에서도 신청할 수 있습니다.

□ **중소기업 사업주** □ **가족종사자 산재보험 가입신청서**

근로자 사용 여부(해당 ☑)	근로자 사용 □	근로자 미사용 □

(앞쪽)

※ 뒤쪽의 유의사항과 작성방법을 읽고 작성하시기 바라며, [ ]에는 해당되는 곳에 "√" 표를 합니다.

접수번호	접수일		처리기간 7일
산재보험 사업장관리번호		중소기업 사업주 · 가족종사자 사업장관리번호	

사업장	상호(법인명)		
	소재지		
	우편물 수령지		
	전화번호	휴대전화	
	사업자등록번호	법인등록번호	
	근로자수	전자우편주소	
사업주	성명	주민등록번호	
	주소		
가족종사자	성명	주민등록번호	
	주소		
	사업주와의 관계	□배우자 □부모 · 자녀 □그 밖에 4촌 이내의 친족 ( )	휴대전화

보험가입 신청내용	기준보수액	등급(원)	
	업무 내용		
	근로시간	부터 까지	
	특정업무 종사여부	[ ] 분진작업을 수행하는 업무 [ ] 진동 공구를 사용하는 업무 [ ] 납 업무 [ ] 유기용제를 취급하는 업무	
	특정업무 종사경력	최초 종사연월	년 월
		종사한 기간의 합계	년 월
	근로자를 사용하지 않는 사업주 중 수요응답형 여객자동차운송사업자, 개인택시운송사업자 또는 퀵서비스업자	본인의 주거지에 업무용 자동차 등의 차고지 보유 여부	
		[ ] 예	[ ] 아니오

「고용보험 및 산업재해보상보험의 보험료징수 등에 관한 법률」 제49조제2항 및 같은 법 시행규칙 제43조의2제1항에 따라 위와 같이 산재보험 가입을 신청합니다.

년   월   일

신청인(보험가입자)   (서명 또는 인)
 [ ]보험사무대행기관   (서명 또는 인)

근로복지공단 ○○지역본부(지사)장 귀하

첨부서류	1. 건강진단서 1부(중소기업 사업주와 가족종사자가 분진·진동·납 및 유기용제 관련 업무 종사자인 경우에만 해당합니다) 2. 사실상 혼인관계 존재확인청구에 따른 판결문 또는 인우보증서 등 가족관계를 확인할 수 있는 서류(사실혼의 경우만 해당합니다)	수수료 없음
담당직원 확인사항	가족관계증명서(가족종사자의 경우만 해당합니다)	

※ 처리 사항(아래 사항은 신청인이 적지 않습니다)

보험관계 성립일		승인 여부	[ ]승인 [ ]불승인
건강진단 실시기간	년 월 일부터	년 월 일까지	

이때 중소기업사업주와 가족종사자가 분진·진동·납 및 유기용제 관련 업무(이하 "특정업무"라 한다) 종사자인 경우에는 건강진단서를, 중소기업사업주와 배우자가 사실혼 관계인 경우 사실상 혼인관계 존재확인청구에 따른 판결문 또는 인우보증서 등 가족관계를 확인할 수 있는 서류를 제출하여야 한다(보험료징수법 시행규칙 제43조의2 제1항).

산재보험가입을 신청한 중소기업사업주와 가족종사자가 특정업무 종사자인 경우 공단은 산업안전보건법 제135조 제1항에 따른 특수건강진단기관에서 특수건강진단을 받도록 하고 그 결과를 제출하도록 해야 하며, 진단 결과 그 사업주와 가족종사자의 건강 상태가 같은 법 제132조 제4항[29])에 따른 조치가 필요한 경우에는 승인하지 않을 수 있고, 승인 여부를 산재보험가입승인(불승인) 통지서로 알려야 한다(보험료징수법 시행규칙 제43조의2 제2항, 제3항). 특수건강에 지출되는 진료비는 공단이 부담한다.

산재보험에 가입하려는 중소기업사업주와 가족종사자는 가입승인을 신청할 때 법 제49조 제1항에 따라 고용노동부장관이 고시하는 월 단위 보수액의 등급 중 어느 하나의 등급을 선택하여 신고해야 한다(보험료징수법 시행규칙 제44조 제1항).

---

29) 산업안전보건법
제132조(건강진단에 관한 사업주의 의무)
④ 사업주는 제129조부터 제131조까지의 규정 또는 다른 법령에 따른 건강진단의 결과 근로자의 건강을 유지하기 위하여 필요하다고 인정할 때에는 작업장소 변경, 작업 전환, 근로시간 단축, 야간근로(오후 10시부터 다음 날 오전 6시까지 사이의 근로를 말한다)의 제한, 작업환경측정 또는 시설·설비의 설치·개선 등 고용노동부령으로 정하는 바에 따라 적절한 조치를 하여야 한다.

4) 중소기업사업주와 가족종사자가 납부하는 산재보험료의 산정

산재보험 가입승인을 받은 중소기업사업주와 가족종사자가 납부해야 하는 보험료는 신청인이 선택한 등급의 월 단위 보수액에 해당 사업의 산재보험료율을 곱하여 산정한다. 이 경우 다음 각 호에 해당하는 경우에는 그 달의 산재보험료는 일수에 비례하여 계산한 금액으로 한다(보험료징수법 시행규칙 제44조 제3항).

1. 월의 중간에 보험관계가 성립하는 경우
2. 월의 중간에 보험관계가 소멸하는 경우
3. 제2항에 따른 중소기업사업주와 가족종사자의 신고로 월 단위 보수액의 등급이 변경된 경우

공단은 사업의 산재보험료율이 인상되거나 인하되었을 때에는 중 소기업사업주와 가족종사자에 대한 산재보험료를 증액 또는 감액 조정하고, 증액되었을 때에는 건강보험공단이 징수한다(보험료징수법 시행규칙 제44조 제4항).

중소기업사업주와 가족종사자에 대한 보험료의 부과·징수 및 고지의 내용 및 절차는 근로자에 대한 보험료 부과징수에 관한 법 제16조의2 제1항, 제16조의7 제1항 및 제16조의8의 예에 따른다.

기타 중소기업사업주 등에 대한 보험관계의 성립 및 소멸에 관하여는 산재보험 임의가입에 관한 제5조 제4항(보험가입자)·제5항(보험계약 해지시 공단의 사전승인)·제7항(공단의 직권소멸), 제6조 제3항(보험의 의제가입), 제7조 제3호(보험관계의 성립일), 제10조(보험관계의 소멸일)를 준용한다.

사. 산재보험관리기구의 산재보험 특례

산재보험관리기구 제도란 노·사·정 합의를 통해 마련된 특례제도로서 보험가입자를 특정할 수 없는 하역 분야의 산재보험 사각지대 해소를 위해 근로자 공급사업자, 근로자공급사업자로부터 근로자를 공급받는 사업주·화주 등이 산재보험관리기구를 구성하여 근로복지공단의 승인을 받으면 산재보험 가입자로서의 지위를 부여받는 제도이다.

직업안정법 제33조에 따라 국내 근로자공급사업을 하는 자(이하 "근로자공급사업자"라 한다), 근로자공급사업자로부터 근로자를 공급받는 사업주·화주(貨主) 및 그 사업주·화주 단체, 그 밖에 근로자공급사업과 관련 있는 법인 또는 단체가 산재보

험의 가입자가 되는 기구(이하 "산재보험관리기구"라 한다)를 구성하려는 경우에는 공단의 승인을 받아야 한다(법 제49조의5 제1항).

현재 근로복지공단으로부터 승인을 받은 산재보험관리기구로는 가락시장 내 서울경기항운노조, 서울가락항운노조, 서울청과연합노조, 서울종합수산항운노조, 양재동 소재 화훼공판장 등이 있다.

산재보험관리기구는 공단에 승인을 신청한 날의 다음 날부터 제5조 제3항에 따른 보험가입자의 지위를 가지며, 산재보험의 보험관계가 성립한다(법 제49조의5 제2항).

산재보험관리기구의 산재보험관계는 다음 각 호의 어느 하나에 해당하는 경우에 소멸하며, 보험관계 소멸일은 다음 각 호의 구분과 같다(법 제49조의5 제3항).

1. 산재보험관리기구가 보험가입자로서의 지위를 해지하기 위하여 공단의 승인을 받은 경우: 공단의 승인을 받은 날의 다음 날
2. 공단이 산재보험관리기구가 실제로 운영되지 아니하는 등의 사유로 계속하여 산재보험의 보험관계를 유지할 수 없다고 인정하여 보험관계를 소멸시킨 경우: 소멸 사실을 결정하여 통지한 날의 다음 날

산재보험관리기구가 승인받은 사항을 변경한 경우에는 변경 사항을 공단에 신고하여야 한다(법 제49조의5 제4항). 산재보험관리기구가 납부하여야 하는 산재보험료는 산재보험관리기구를 구성하는 근로자공급사업자 등이 근로자에게 지급한 보수를 합산한 금액을 기초로 산정한다(법 제49조의5 제5항).

산재보험관리기구가 납부하여야 하는 산재보험료, 이 법에 따른 가산금·연체금·체납처분비 및 징수금은 산재보험관리기구를 구성하고 있는 근로자공급사업자 등이 연대하여 낼 의무를 진다(법 제49조의5 제6항).

공단은 산재보험관리기구를 보험사무대행기관으로 보아 대통령령으로 정하는 바에 따라 징수비용과 그 밖의 지원금을 교부할 수 있다.

2. 고용보험 적용의 특례

가. 예술인에 대한 고용보험 특례

1) 예술인의 고용보험 가입

근로자가 아니면서 예술인 복지법 제2조 제2호에 따른 예술인 등 대통령령으로 정하는 사람 중 예술인 복지법 제4조의4에 따른 문화예술용역 관련 계약을 체결하

고 다른 사람을 사용하지 아니하고 자신이 직접 노무를 제공하는 사람을 "예술인"이라 한다(고용보험법 제77조의2 제1항).

과거에는 예술인에 대해 고용보험이 적용되지 않았으나, 고용보험법이 2020. 6. 9. 개정되어 고용보험법 제77조의2(예술인인 피보험자에 대한 적용)가 신설되어 예술인에 대해서도 고용보험법이 적용되도록 변경되었다. 이에 따라 법 제48조의2에서 예술인의 고용보험 가입 및 보수액, 보험료율 등에 관하여 정하고 있다. 고용보험법 제77조의2에 따라 고용보험의 적용을 받는 예술인과 이들을 상대방으로 하여 문화예술용역 관련 계약을 체결한 사업의 사업주는 당연히 고용보험의 보험가입자가 된다(보험료징수법 제48조의2 제1항).

2) 예술인의 보수액

예술인의 보수액은 소득세법 제19조에 따른 사업소득 및 같은 법 제21조에 따른 기타소득에서 대통령령으로 정하는 금품[30]을 뺀 금액으로 한다(보험료징수법 제48조의2 제2항).

3) 예술인의 고용보험료율

고용보험료율에 관하여 정하고 있는 제14조에도 불구하고, 예술인과 이들을 상대방으로 하여 문화예술용역 관련 계약을 체결한 사업의 사업주에 대한 고용보험료율은 종사형태 등을 반영하여 고용보험법 제7조에 따른 고용보험위원회의 심의를 거쳐 대통령령으로 달리 정할 수 있다. 이 경우 보험가입자의 고용보험료 평균액의 일정비율에 해당하는 금액을 고려하여 대통령령으로 고용보험료의 상한을 정할 수 있다(보험료징수법 제48조의2 제3항).

4) 고용보험료 납부의무자

예술인을 상대방으로 하여 문화예술용역 관련 계약을 체결한 사업에 대해서는 고용보험법 제8조 제2항에 따라 고용보험법 제1장, 제2장, 제4장, 제5장의 2, 제5장의 3, 제6장, 제8장, 제9장의 예술인에 관한 규정이 적용된다.

고용보험법 제77조의2에 따라 고용보험의 적용을 받는 사업의 사업주는 예술인

---

30) 보험료징수법 시행령
제56조의 5(예술인고용보험특례)
① 법 제48조의2제2항에서 "대통령령으로 정하는 금품"이란 소득세법 제12조 제2호 또는 제5호에 해당하는 비과세소득 및 고용노동부장관이 정하여 고시하는 방법에 따라 산정한 필요경비를 말한다.

이 부담하여야 하는 고용보험료와 사업주가 부담하여야 하는 고용보험료를 납부하여야 한다. 이 경우 사업주는 예술인이 부담하여야 하는 고용보험료를 대통령령으로 정하는 바에 따라 그 예술인의 보수에서 원천공제하여 납부할 수 있다(법 제48조의2 제4항). 사업주는 예술인 부담 고용보험료에 해당하는 금액을 원천공제하였으면 공제계산서를 예술인에게 발급하여야 한다(보험료징수법 제48조의2 제5항).

고용보험법 제77조의2 제3항에 의하면 하나의 사업에 다수의 도급이 이루어져 원수급인이 다수인 경우, 하나의 사업이 여러 차례의 도급으로 이루어져 하수급인이 다수인 경우에는 하수급인이 사용하는 예술인에 대하여 발주자 또는 원수급인이 피보험자격에 관한 신고를 하여야 하는데, 발주자 또는 원수급인이 피보험자격의 취득을 신고한 예술인 부담분 고용보험료는 발주자 또는 원수급인이 납부하여야 한다(보험료징수법 제48조의2 제6항).

발주자 또는 원수급인은 해당 고용보험료를 부담하여야 하는 보험가입자로부터 고용보험료를 원천공제하여 납부하여야 한다. 이 경우 해당 사업주 등에게 원천공제내역을 알려야 한다(보험료징수법 제48조의2 제7항).

예술인에 대한 고용보험관계의 성립·소멸에 관하여는 공단의 보험관계직권소멸에 관한 제5조 제7항, 근로자를 고용하지 아니하게 되었을 때에 1년의 범위에서 보험가입된 것으로 의제하는 제6조 제3항, 보험관계 성립일에 관한 제7조 제1호, 보험관계 소멸일에 관한 제10조(제2호는 제외한다), 보험관계신고에 관한 제11조 제1항(제2호는 제외한다) 및 보험관계변경신고에 관한 제12조를 준용한다. 이 경우 "근로자"는 "근로자, 예술인 또는 노무제공자"로, "고용하지 아니하게 되었을 때"는 "고용하지 아니하게 되었거나 관련 계약이 종료되었을 때"로, "제5조 제1항"은 "제1항"으로 본다. 이에 따라 보험관계 성립신고, 보험관계 변경신고, 보수총액등의 신고를 하지 아니하거나 거짓신고를 하면 제50조에 따라 300만원 이하의 과태료가 부과된다(보험료징수법 제50조 제1항 제1호).

예술인에 대한 고용보험료의 산정·부과에 관하여는 제13조 제1항 제1호·제2항(단서는 제외)·제4항 제2호, 제15조 제1항, 제16조의2 제1항, 제16조의4, 제16조의6부터 제16조의8까지, 제16조의9(제1항 후단은 제외), 제16조의11, 제16조의12 및 제18조 제1항을 준용한다.

예술인에 대한 고용보험료의 지원, 경감, 과납액의 충당과 반환, 고용보험료와 연체금의 징수·독촉 등에 관하여는 제21조, 제21조의2, 제22조의2(개산보험료에 관한 사항은 제외한다), 제23조(제1항 제2호 중 개산보험료에 관한 사항 및 같은 항 제4호는 제외한다), 제25조(제16조의3, 제16조의6, 제16조의7, 제16조의9 및 제18조 제1항에 관한 사항으로 한정한다), 제26조의2, 제27조, 제27조의2, 제27조의3, 제28조, 제28조의2부터 제28조의7까지, 제29조, 제29조의2, 제29조의3, 제30조, 제38조 및 제39조를 준용한다. 이 경우 "근로자"는 "예술인"으로 본다.

예술인에 대한 고용보험료 및 이 법에 따른 그 밖의 징수금에 관한 서류의 송달, 자료제공의 요청, 보고, 조사 등에 관하여는 제32조 및 제40조부터 제45조까지(제43조 제2항은 제외)의 규정을 준용한다. 이 경우 "근로자"는 "예술인"으로 본다.

나. 노무제공자에 대한 고용보험 특례

1) 노무제공자의 의의

고용보험법 제77조의6은 근로자가 아니면서 자신이 아닌 다른 사업의 사업을 위하여 자신이 직접 노무를 제공하고 해당 사업주 또는 노무수령자로부터 일정한 대가를 지급받기로 하는 계약을 체결한 사람 중 고용보험법 시행령으로 정하는 직종에 종사하는 사람을 "노무제공자"라고 하고, 이들을 상대방으로 하여 노무제공계약을 체결한 사업에 대해서 고용보험을 적용한다.

고용보험법 시행령에서 정하는 노무제공자는 보험설계사, 우체국 보험모집인, 학습지 방문교사, 교육교구 방문강사, 택배원, 대출모집인, 신용카드회원모집인, 방과후 학교 강사, 건설기계 운전기사, 수출입컨테이너 또는 시멘트를 운송하는 화물차주 등 각종 화물을 운송하는 화물차주, 퀵서비스업자로부터 업무를 의뢰받아 배송업무를 하는 사람, 대리운전기사, 소프트웨어기술자, 관광통역안내사, 어린이통학버스 운전기사, 골프장 캐디 등이다.

고용보험법상의 노무제공자와 산재보험법상의 노무제공자를 비교하면 다음 표에서 보는 바와 같이 거의 일치한다.

다만 고용보험법 시행령 제104조의11 제1항 제11호는 '화물차주로서 수출입컨테이너 또는 시멘트 · 철강재 · 위험물질을 운송하는 사람, 자동차 · 곡물 등을 운송하는 사람' 등 운송하는 화물의 종류를 기준으로 고용보험가입대상을 규율하고 있는 한편, 산재보험법 시행령 제83조의5 제13호와 제14호는 운전하는 자동차의 종류를 기준으로 산재보험가입대상을 규율하고 있어 가입대상이 일치하지 않을 수 있다.

고용보험법 시행령 제104조의11	산재보험법 시행령 제83조의5
1. 보험을 모집하는 사람으로서 다음 각 목의 어느 하나에 해당하는 사람 　가. 보험업법 제84조 제1항에 따라 등록한 보험설계사 　나. 우체국예금·보험에 관한 법률에 따른 우체국보험의 모집을 전업으로 하는 사람	1. 보험을 모집하는 사람으로서 다음 각 목의 어느 하나에 해당하는 사람 　가. 보험업법 제83조제1항제1호에 따른 보험설계사 　나. 새마을금고법 및 신용협동조합법에 따른 공제의 모집을 전업으로 하는 사람 　다. 우체국예금·보험에 관한 법률에 따른 우체국보험의 모집을 전업으로 하는 사람
2. 통계법 제22조에 따라 통계청장이 고시하는 직업에 관한 표준분류(이하 "한국표준직업분류표"라 한다)의 세세분류에 따른 학습지 방문강사, 교육교구 방문강사 등 회원의 가정 등을 직접 방문하여 아동이나 학생 등을 가르치는 사람	3. 통계법 제22조에 따라 통계청장이 고시하는 직업에 관한 표준분류(이하 "한국표준직업분류표"라 한다)의 세세분류에 따른 학습지 방문강사, 교육교구 방문강사 등 회원의 가정 등을 직접 방문하여 아동이나 학생 등을 가르치는 사람
3. 한국표준직업분류표의 세분류에 따른 택배원인 사람으로서 택배사업[소화물을 집화(集貨)·수송 과정을 거쳐 배송하는 사업을 말한다. 이하 제11호 라목에서 같다]에서 집화 또는 배송 업무를 하는 사람	5. 한국표준직업분류표의 세분류에 따른 택배원으로서 다음 각 목의 어느 하나에 해당하는 사람 　가. 생활물류서비스산업발전법 제2조제6호가목에 따른 택배서비스종사자로서 집화 또는 배송(설치를 수반하는 배송을 포함한다. 업무를 하는 사람 　나. 가목 외의 택배사업(소화물을 집화·수송 과정을 거쳐 배송하는 사업을 말한다)에서 집화 또는 배송 업무를 하는 사람
4. 대부업 등의 등록 및 금융이용자 보호에 관한 법률 제3조 제1항 단서에 따른 대출모집인	7. 대부업 등의 등록 및 금융이용자 보호에 관한 법률 제3조 제1항 단서에 따른 대출모집인
5. 여신전문금융업법 제14조의2 제1항 제2호에 따른 신용카드회원모집인(전업만 해당)	8. 여신전문금융업법 제14조의2 제1항제2호에 따른 신용카드회원 모집인
6. 방문판매 등에 관한 법률 제2조제2호에 따른 방문판매원 또는 같은 조 제8호에 따른 후원방문판매원으로서 상시적으로 방문판매업무를 하는 사람. 다만, 자가 소비를 위한 방문판매원·후원방문판매원 및 제2호 또는 제7호에 동시에 해당하는 사람은 제외한다.	10. 「방문판매 등에 관한 법률」 제2조제2호에 따른 방문판매원 또는 같은 조 제8호에 따른 후원방문판매원으로서 방문판매업무를 하는 사람. 다만, 다음 각 목의 어느 하나에 해당하는 경우는 제외한다. 　가. 방문판매는 하지 않고 자가 소비만 하는 경우 　나. 제3호 또는 제11호에 해당하는 경우
7. 한국표준직업분류표의 세세분류에 따른 대여 제품 방문점검원	11. 한국표준직업분류표의 세세분류에 따른 대여 제품 방문점검원
8. 가전제품판매배송업무를 수행하고 가전제품의 설치, 시운전 등을 통해 작동상태를 확인하는 사람	12. 한국표준직업분류표의 세분류에 따른 가전제품 설치 및 수리원으로서 가전제품의 판매를 위한 배송 업무를 주로 수행하고 가전제품의 설치·시운전 등을 통해 작동상태를 확인하는 사람
9. 초·중등교육법에 따른 방과후학교의 과정을 담당하는 강사	16. 다음 각 목의 어느 하나에 해당하는 강사 　가. 초·중등교육법 제2조에 따른 학교에서

	운영하는 방과후학교의 과정을 담당하는 강사 나. 유아교육법 제2조제2호에 따른 유치원에서 운영하는 같은 조 제6호에 따른 방과후 과정을 담당하는 강사 다. 영유아보육법 제2조제3호에 따른 어린이집에서 운영하는 같은 법 제29조제4항에 따른 특별활동프로그램을 담당하는 강사
10. 건설기계관리법 제3조 제1항에 따라 등록된 건설기계를 직접 운전하는 사람	2. 건설기계관리법 제3조 제1항에 따라 등록된 건설기계를 직접 운전하는 사람
	13. 화물자동차 운수사업법 제2조 제1호에 따른 화물자동차 중 다음 자동차를 운전하는 사람 가. 특수용도형 화물자동차 중 살수차류 나. 특수용도형 화물자동차 중 굴절식 및 직진식 카고크레인류 다. 특수작업형 특수자동차 중 고소작업자동차류
	14. 화물자동차 운수사업법 제2조 제11호에 따른 화물차주로서 다음 각 목의 어느 하나에 해당하는 자동차를 운전하는 사람. 다만, 제5호, 제12호 또는 제13호에 해당하는 사람은 제외. 가. 자동차관리법 제3조 제1항 제3호에 따른 화물자동차 나. 자동차관리법 제3조 제1항 제4호에 따른 특수자동차 중 견인형 자동차 또는 특수작업형 사다리차(이사 등을 위하여 높은 건물에 필요한 물건을 올리기 위한 자동차를 말한다)
11. 화물자동차 운수사업법에 따른 화물차주로서 다음 각 목의 어느 하나에 해당하는 사람 가. 자동차관리법 제3조 제1항 제4호에 따른 특수자동차로 수출입 컨테이너 또는 시멘트를 운송하는 사람 나. 자동차관리법 제2조 제1호 본문에 따른 피견인자동차 또는 제3조에 따른 일반형 화물자동차로 화물자동차 운수사업법 시행령 제4조의7 제1항에 따른 안전운송원가가 적용되는 철강재를 운송하는 사람 다. 자동차관리법 제3조에 따른 일반형 화물자동차 또는 특수용도형 화물자동차로 물류정책기본법 제29조제1항에 따른 위험물질을 운송하는 사람 라. 택배사업에서 택배사업자나 화물자동차 운수사업법에 따른 운수사업자로부터 업무를 위탁받아 자동차관리법 제3조제1항제3호의 일반형 화물자동차 또는 특수용도형 화물자동차로 물류센터 간 화물 운송 업무를 하는 사람	

마. 자동차관리법 제3조제1항제3호의 일반형 화물자동차 또는 특수용도형 화물자동차로 같은 법에 따른 자동차를 운송하는 사람 바. 자동차관리법 제3조제1항제3호의 특수용도형 화물자동차로 밀가루 등 곡물 가루, 곡물 또는 사료를 운송하는 사람 사. 유통산업발전법에 따른 대규모점포나 준대규모점포를 운영하는 사업 또는 체인사업에서 그 사업주나 운수사업자와 노무제공계약을 체결하여 자동차관리법 제3조제1항제3호의 일반형 화물자동차 또는 특수용도형 화물자동차로 상품을 물류센터로 운송하거나 점포 또는 소비자에게 배송하는 업무를 하는 사람 아. 유통산업발전법에 따른 무점포판매업을 운영하는 사업에서 그 사업주나 운수사업자와 노무제공계약을 체결하여 자동차관리법 제3조제1항제3호의 일반형 화물자동차 또는 특수용도형 화물자동차로 상품을 물류센터로 운송하거나 소비자에게 배송하는 업무를 하는 사람 자. 한국표준산업분류표의 중분류에 따른 음식점 및 주점업을 운영하는 사업(여러 점포를 직영하는 사업 또는 가맹사업거래의 공정화에 관한 법률에 따른 가맹사업으로 한정)에서 그 사업주나 운수사업자와 노무제공계약을 체결하여 자동차관리법 제3조 제1항 제3호의 일반형 화물자동차 또는 특수용도형 화물자동차로 식자재나 식품 등을 물류센터로 운송하거나 점포로 배송하는 업무를 하는 사람 차. 한국표준산업분류표의 세분류에 따른 기관 구내식당업을 운영하는 사업에서 그 사업주나 운수사업자와 노무제공계약을 체결하여 자동차관리법 제3조 제1항 제3호의 일반형 화물자동차 또는 특수용도형 화물자동차로 식자재나 식품 등을 물류센터로 운송하거나 기관 구내식당으로 배송하는 업무를 하는 사람	
12. 한국표준직업분류표의 세분류에 따른 택배원으로서 퀵서비스업자(소화물을 집화·수송 과정을 거치지 않고 배송하는 사업을 말한다)로부터 업무를 의뢰받아 배송 업무를 하는 사람. 다만, 다음 각 목의 사람은 제외한다. 가. 제3호에 해당하는 사람 나. 자동차관리법 제3조 제1항 제3호의 화물자동차로 배송 업무를 하는 사람	6. 한국표준직업분류표의 세분류에 따른 택배원으로서 퀵서비스업의 사업주로부터 업무를 의뢰받아 배송 업무를 하는 사람. 다만, 제5호 또는 제14호에 해당하는 사람은 제외한다.
13. 대리운전업자(자동차 이용자의 요청에 따라 목적지까지 유상으로 그 자동차를 운전하도록 하는 사업의 사업주를 말한다)로부터 업무를 의뢰받아 대리	9. 다음 각 목의 어느 하나에 해당하는 사업자로부터 업무를 의뢰받아 자동차를 운전하는 사람 가. 대리운전업자(자동차 이용자의 요청에 따

운전 업무를 하는 사람	라 그 이용자와 동승하여 해당 자동차를 목적지까지 운전하는 사업의 사업주를 말한다) 나. 탁송업자(자동차 이용자의 요청에 따라 그 이용자와 동승하지 않고 해당 자동차를 목적지까지 운전하는 사업의 사업주를 말한다) 다. 대리주차업자(자동차 이용자의 요청에 따라 그 이용자를 대신하여 해당 자동차를 주차하는 사업의 사업주를 말한다)
14. 소프트웨어 진흥법에 따른 소프트웨어사업에서 노무를 제공하는 같은 법에 따른 소프트웨어기술자	15. 소프트웨어 진흥법 제2조 제3호에 따른 소프트웨어사업에서 노무를 제공하는 같은 조 제10호에 따른 소프트웨어기술자
15. 관광진흥법 제38조 제1항 단서에 따른 관광통역안내의 자격을 가진 사람으로서 외국인 관광객을 대상으로 관광안내를 하는 사람	17. 관광진흥법 제38조 제1항 단서에 따른 관광통역안내의 자격을 가진 사람으로서 외국인 관광객을 대상으로 관광안내를 하는 사람
16. 도로교통법에 따른 어린이통학버스를 운전하는 사람	18. 도로교통법 제2조 제23호에 따른 어린이통학버스를 운전하는 사람
17. 체육시설의 설치·이용에 관한 법률 제7조에 따라 직장체육시설로 설치된 골프장 또는 같은 법 제19조에 따라 체육시설업의 등록을 한 골프장에서 골프경기를 보조하는 골프장 캐디	4. 체육시설의 설치·이용에 관한 법률 제7조에 따라 직장체육시설로 설치된 골프장 또는 같은 법 제19조에 따라 체육시설업의 등록을 한 골프장에서 골프경기를 보조하는 골프장 캐디

2) 노무제공자에 대한 고용보험의 보험가입자

고용보험법 제77조의6에 따라 고용보험의 적용을 받는 노무제공자와 이들을 상대방으로 하여 노무제공계약을 체결한 사업의 사업주(이하 "노무제공사업의 사업주"라 한다)는 당연히 고용보험의 보험가입자가 된다(보험료징수법 제48조의3 제1항).

3) 고용보험료의 산정

공단이 매월 부과하는 노무제공자의 월별 보험료(고용보험료에 한정한다)는 월 보수액에 고용보험료율을 곱한 금액으로 한다(법 제48조의3 제2항).

노무제공자의 월 보수액은 사업주가 노무를 제공받은 월에 대하여 노무제공자에게 지급한 보수액을 기준으로 산정한다. 다만, 사업주 또는 노무제공플랫폼사업자가 월 보수액을 신고하지 않은 경우 그 월 보수액은 고용보험법 시행령에 따른 피보험자격취득신고, 시행령 제19조의7 제3항에 따른 노무제공계약체결신고와 이 조 7항에 따른 월 보수액신고 중 가장 최근에 신고된 해당 노무제공자의 월 보수액으로 한다(보험료징수법 시행령 제56조의6 제1항).

노무제공자의 보수액은 소득세법 제19조에 따른 사업소득 및 같은 법 제21조에 따른 기타소득에서 대통령령으로 정하는 금품을 뺀 금액으로 한다. 다만, 노무제공 특성에 따라 소득확인이 어렵다고 대통령령으로 정하는 직종의 고용보험료 산정기초가 되는 보수액은 고용노동부장관이 고시하는 금액으로 한다(보험료징수법 제48조의3 제3항).

제13조 및 제14조에도 불구하고 노무제공자와 노무제공사업의 사업주가 부담하여야 하는 고용보험료 및 고용보험료율은 종사형태 등을 반영하여 고용보험법 제7조에 따른 고용보험위원회의 심의를 거쳐 대통령령으로 달리 정할 수 있다.

이 경우 보험가입자의 고용보험료 평균액의 일정비율에 해당하는 금액을 고려하여 대통령령으로 고용보험료의 상한을 정할 수 있다(보험료징수법 제48조의3 제4항). 시행령은 이에 따라 노무제공자의 고용보험료율을 1천분의 16으로 정하고 있고, 예술인에 대한 고용보험료의 상한액은 보험료가 부과되는 연도의 전전년도 보험가입자의 고용보험료 평균액의 10배 이내에서 고용노동부장관이 고시하는 금액으로 정하고 있다(보험료징수법 시행령 제26조의5 제2항, 제3항). 고용노동부는 2024. 1. 1. 고용노동부고시 제2023-72호로 월별보험료의 상한액을 731,040원, 연간보험료의 상한액을 8,772,480원으로 정하고 있다.

4) 노무제공자 고용보험료의 신고·납부

사업주는 대통령령으로 정하는 바에 따라 노무제공자의 노무제공 내용, 월 보수액 등을 공단에 신고하여야 한다(보험료징수법 제48조의3 제5항). 노무제공사업의 사업주는 노무제공자가 부담하여야 하는 고용보험료와 사업주가 부담하여야 하는 고용보험료를 납부하여야 한다.

이 경우 노무제공사업의 사업주는 노무제공자가 부담하여야 하는 고용보험료를 대통령령으로 정하는 바에 따라 그 노무제공자의 보수에서 원천공제하여 납부할 수 있다(보험료징수법 제48조의3 제6항). 노무제공사업의 사업주는 제6항 후단에 따라 고용보험료에 해당하는 금액을 원천공제한 때에는 공제계산서를 노무제공자에게 발급하여야 한다(보험료징수법 제48조의3 제7항).

다. 노무제공플랫폼사업자에 대한 고용보험 특례

1) 노무제공플랫폼사업자의 의의

"플랫폼"이란 알고리즘 방식으로 거래를 조율하는 온라인마켓으로 플랫폼 기업은 온라인마켓에서의 거래를 조율하는 과정을 통해 이윤을 얻으며, 대표적으로 네이버·다음 등의 인터넷 포털 사이트와 배달의민족 등 배달대행 서비스 제공 애플

리케이션, 페이스북 등의 소셜 네트워크 서비스 등이 있다.31)

"노무제공플랫폼"이란 노무제공사업의 사업주가 노무제공자와 노무제공사업의 사업주에 관련된 자료 및 정보를 수집·관리하여 이를 전자정보 형태로 기록하고 처리하는 시스템으로, 그 기능 및 역할에 따라 '단순히 구인구직 정보를 소개하는 플랫폼'과 '일의 배정 등에 영향을 주는 플랫폼'으로 구분할 수 있다.32)(고용보험법 제77조의7 제1항).

고용보험법 제77조의7은 노무제공사업의 사업주가 노무제공플랫폼사업자와 노무제공플랫폼 이용에 대한 계약을 체결하는 경우, 노무제공플랫폼사업자에 대해 노무제공자에 대한 피보험자격 취득신고의무를 부과하고 있다.

2) 노무제공플랫폼사업자의 이용계약체결 신고의무

노무제공플랫폼사업자는 노무제공사업의 사업주와 같은 항에 따른 노무제공플랫폼 이용에 대한 계약(이하 "노무제공플랫폼이용계약"이라 한다)을 체결하는 경우 해당 이용 계약의 개시일 또는 종료일이 속하는 달의 다음 달 15일까지 다음 각 호에 해당하는 사항을 공단에 신고하여야 한다(보험료징수법 제48조의4 제1항).

1. 노무제공플랫폼사업자의 성명과 주소(법인의 경우에는 법인의 명칭과 주된 사무소의 소재지)
2. 노무제공사업의 사업주가 해당 사업에 고용보험법 제77조의7 제1항에 따른 노무제공플랫폼을 이용하기 시작한 날 또는 종료한 날
3. 노무제공사업의 사업주의 성명과 주소(법인의 경우에는 법인의 명칭과 주된 사무소의 소재지)
4. 그 밖에 고용노동부령으로 정하는 사항

노무제공플랫폼 사업자는 보험료징수법 제22호의20 서식 노무제공플랫폼사업신고서와 별지 제22호의21 서식의 노무제공플랫폼 이용개시신고서 또는 별지 제22호의22 서식의 노무제공플랫폼 이용 종료신고서를 공단에 제출하여야 한다. 노무제공플랫폼 사업신고서, 노무제공플랫폼 이용개시신고서, 노무제공플랫폼 이용종료신고서의 각 서식은 다음과 같다(산재보험 온라인플랫폼사업 신고서와 동일한 양식을 사용한다).

---

31) 「고용·노동브리프」 제104호(한국노동연구원, 2020. 11.) 1면 참조
32) 「플랫폼 종사자 보호 대책」(정부 관계부처 합동, 2020. 12.) 1면 참조

■ **고용보험 및 산업재해보상보험의 보험료징수 등에 관한 법률 시행규칙**
[별지 제22호의20서식] ⟨개정 2024. 7. 1.⟩

고용 · 산재보험토탈서비스(total.comwel.or.kr)에서도 신고할 수 있습니다.

[　]고용보험　노무제공플랫폼사업
[　]산재보험　온라인 플랫폼사업　　　신고서

※ 뒤쪽의 유의사항 및 작성방법을 읽고 작성하기 바라며, 색상이 어두운 난은 신고인이 작성하지 않습니다.　　(앞쪽)

접수번호		접수일		처리기간	5일
노무제공플랫폼(온라인 플랫폼) 등록번호					

대표자 (노무제공플랫폼사 업자 · 온라인 플랫폼 운영자)	성명		주민등록번호(외국인등록번호)	
	주소			(전화번호:　　　　　)

	상호 · 법인명		전화번호	
노무제공 플랫폼(온라인 플랫폼) 사업	소재지		휴대전화번호	
	우편물 수령지			
	전자우편주소		팩스번호	
	사업자등록번호		법인등록번호	
	고용보험(산재보험) 사업종류		노무제공플랫폼(온라인 플랫폼) 이용 사업장 수	
	노무제공자 직종 [　] 퀵서비스기사　　[　] 음식배달기사　　[　] 대리운전기사　　[　] 화물차주			

	사업장관리번호		대규모기업 [　] 해당　　　　[　] 비해당	
주된 사업장	사업장명		전화번호	
	소재지			

고용보험 성립일		고용업종코드	
산재보험 성립일		산재업종코드	

「고용보험 및 산업재해보상보험의 보험료징수 등에 관한 법률」 제48조의4제1항, 제48조의7제1항 및 같은 법 시행규칙 제16조의8제2항, 제42조의10제1항에 따라 위와 같이 신고합니다.

　　　　　　　　　　　　　　　　　　　　　　　　　　　　　　　　　년　　　　월　　　　일

　　　　　　신고인(노무제공플랫폼사업자 · 온라인 플랫폼 운영자)　　　　　　　(서명 또는 인)

근로복지공단 ○○지역본부(지사)장　　　귀하

신고인 제출서류	없음	
담당직원 확인사항	1. 사업자등록증명(주민등록번호 뒷자리가 제외된 사업자등록증명을 말합니다) 2. 주민등록표 초본. 다만, 신고인이 직접 신고서를 제출하면서 신분증명서(주민등 　록증, 운전면허증, 여권을 말합니다)를 제시하는 경우에는 그 신분증명서의 확인 　으로 주민등록표 초본의 확인을 갈음합니다. 3. 법인 등기사항증명서(신고인이 법인인 경우만 해당합니다)	수수료 없음

■ **고용보험 및 산업재해보상보험의 보험료징수 등에 관한 법률 시행규칙**
　[별지 제22호의21서식] 〈개정 2024. 7. 1.〉

고용ㆍ산재보험토탈서비스(total.comwel.or.kr)에서도 신고할 수 있습니다.

[　]고용보험　　**노무제공플랫폼**

[　]산재보험　　**온라인 플랫폼**　　**이용 개시 신고서**

※ 뒤쪽의 유의사항과 작성방법을 읽고 작성하기 바라며, [　]에는 해당되는 곳에 "√" 표를 합니다. 　　　　(앞쪽)

접수번호	접수일	처리기간	1일

노무제공플랫폼(온라인 플랫폼) 등록번호	대표자 성명
노무제공플랫폼(온라인 플랫폼) 사업장명	전화번호

연번	신고사항(노무제공사업의 사업주, 플랫폼 이용 사업자에 관한 사항을 적습니다)	
1	이용 사업장명	사업자등록번호
	소재지	전화번호
	노무제공사업의 사업주(플랫폼 이용 사업자) 이름	노무제공사업의 사업주(플랫폼 이용 사업자) 주민등록번호
	노무제공플랫폼(온라인 플랫폼) 이용 개시일	
2	이용 사업장명	사업자등록번호
	소재지	전화번호
	노무제공사업의 사업주(플랫폼 이용 사업자) 이름	노무제공사업의 사업주(플랫폼 이용 사업자) 주민등록번호
	노무제공플랫폼(온라인 플랫폼) 이용 개시일	
3	이용 사업장명	사업자등록번호
	소재지	전화번호
	노무제공사업의 사업주(플랫폼 이용 사업자) 이름	노무제공사업의 사업주(플랫폼 이용 사업자) 주민등록번호
	노무제공플랫폼(온라인 플랫폼) 이용 개시일	
4	이용 사업장명	사업자등록번호
	소재지	전화번호
	노무제공사업의 사업주(플랫폼 이용 사업자) 이름	노무제공사업의 사업주(플랫폼 이용 사업자) 주민등록번호
	노무제공플랫폼(온라인 플랫폼) 이용 개시일	
5	이용 사업장명	사업자등록번호
	소재지	전화번호
	노무제공사업의 사업주(플랫폼 이용 사업자) 이름	노무제공사업의 사업주(플랫폼 이용 사업자) 주민등록번호
	노무제공플랫폼(온라인 플랫폼) 이용 개시일	

「고용보험 및 산업재해보상보험의 보험료징수 등에 관한 법률」 제48조의4제1항, 제48조의7제1항 및 같은 법 시행규칙 제16조의8제2항, 제42조의10제1항에 따라 위와 같이 신고합니다.

년　　　월　　　일

신고인(노무제공플랫폼사업자ㆍ온라인 플랫폼 운영자)　　　　　　(서명 또는 인)

근로복지공단 ○○지역본부[지사]장 귀하

■ 고용보험 및 산업재해보상보험의 보험료징수 등에 관한 법률 시행규칙
   [별지 제22호의22서식] 〈개정 2024. 7. 1.〉

고용·산재보험토탈서비스(total.comwel.or.kr)에서도 신고할 수 있습니다.

[ ]고용보험 노무제공플랫폼
[ ]산재보험 온라인 플랫폼 **이용 종료 신고서**

※ 뒤쪽의 유의사항과 작성방법을 읽고 작성하기 바라며, [ ]에는 해당되는 곳에 "√" 표를 합니다.　　　　(앞쪽)

접수번호		접수일		처리기간　　1일	
노무제공플랫폼(온라인 플랫폼) 등록번호				대표자	
노무제공플랫폼(온라인 플랫폼) 사업장명				전화번호	

연번	신고사항	
1	이용개시번호	
	이용 사업장명	
	노무제공플랫폼(온라인 플랫폼) 이용 종료일	
2	이용개시번호	
	이용 사업장명	
	노무제공플랫폼(온라인 플랫폼) 이용 종료일	
3	이용개시번호	
	이용 사업장명	
	노무제공플랫폼(온라인 플랫폼) 이용 종료일	
4	이용개시번호	
	이용 사업장명	
	노무제공플랫폼(온라인 플랫폼) 이용 종료일	
5	이용개시번호	
	이용 사업장명	
	노무제공플랫폼(온라인 플랫폼) 이용 종료일	

「고용보험 및 산업재해보상보험의 보험료징수 등에 관한 법률」 제48조의4제1항, 제48조의7제1항 및 같은 법 시행규칙 제16조의8제2항, 제42조의10제1항에 따라 위와 같이 신고합니다.

년　　　　월　　　　일

신고인(노무제공플랫폼사업자·온라인 플랫폼 운영자)　　　　　　(서명 또는 인)

근로복지공단 ○○지역본부(지사)장 귀하

신고인 제출서류	없음	수수료 없음
담당직원 확인사항	사업자등록증명(주민등록번호 뒷자리가 제외된 사업자등록증명을 말합니다)	

공단은 노무제공플랫폼사업자와 노무제공사업의 사업주가 노무제공플랫폼이용계약을 체결하는 경우 노무제공플랫폼사업자에게 노무제공 횟수 및 그 대가 등 대통령령으로 정하는 자료 또는 정보의 제공을 요청할 수 있다. 이 경우 요청을 받은 노무제공플랫폼사업자는 특별한 사유가 없으면 그 요청에 따라야 한다(보험료징수법 제48조의4 제2항).

3) 노무제공플랫폼사업자의 고용보험료 납부의무

고용보험법 제77조의7 제1항에 따라 노무제공플랫폼사업자가 피보험자격의 취득 등을 신고한 경우 그 노무제공자 및 노무제공사업의 사업주가 부담하는 고용보험료 부담분은 노무제공플랫폼사업자가 원천공제하여 대통령령으로 정하는 바에 따라 납부하여야 한다(보험료징수법 제48조의4 제3항). 노무제공플랫폼사업자는 제3항에 따라 고용보험료를 원천공제한 경우에는 해당 노무제공자와 노무제공사업의 사업주에게 그 원천공제 내역을 알려야 한다(보험료징수법 제48조의4 제4항).

4) 공단의 서류제출요구 및 조사권한

공단 또는 건강보험공단은 제3항에 따른 노무제공플랫폼사업자의 원천공제에 관한 지도 등을 위하여 필요하다고 인정되는 경우에는 노무제공플랫폼사업자 및 노무제공플랫폼사업자였던 자에 대하여 다음 각 호의 구분에 따라 보고 또는 관계 서류의 제출을 요구하거나 조사 등을 할 수 있다. 이 경우 보고·관계 서류의 제출 요구 및 조사 등에 관하여는 제44조 및 제45조를 준용한다(보험료징수법 제48조의4 제5항).

  1. 공단 또는 건강보험공단의 경우: 제3항의 업무와 관련된 보고 또는 관계 서류의 제출 요구
  2. 공단의 경우: 소속 직원으로 하여금 해당 사업자의 사무소에 출입하여 관계인에 대한 질문과 관계 서류의 조사

5) 공단의 보험사무 비용지원

공단은 대통령령으로 정하는 바에 따라 노무제공플랫폼사업자가 이 법에 따른 보험사무에 관한 의무를 이행하는 데 필요한 비용의 일부를 지원할 수 있다(법 제48조의4 제7항). 이 때 노무제공플랫폼사업자가 공단으로부터 비용을 지원받기 위해서는 다음 요건을 충족하여야 한다(보험료징수법 시행령 제56조의7 제3항).

1. 법 제48조의3 제5항 및 이 영 제56조의6 제7항에 따라 노무제공자의 월 보수액을 기한 내에 신고한 경우
2. 법 제48조의4 제3항에 따라 노무제공자 및 노무제공사업의 사업주가 부담하는 고용보험료를 기한 내에 납부한 경우
3. 고용보험법 제77조의7 제1항에 따른 노무제공자에 대한 피보험자격의 취득 등을 기한 내에 신고한 경우

노무제공플랫폼사업자는 위 지원을 받기 위해 법 시행규칙 별지 제55호의 3 서식의 노무제공플랫폼사업자 보험사무이행지원금 지급신청서를 공단에 제출해야 한다(보험료징수법 시행규칙 제42조의3).

라. 자영업자에 대한 고용보험 특례

1) 자영업자의 고용보험가입

근로자를 사용하지 아니하거나 50명 미만의 근로자를 사용하는 사업주로서 대통령령으로 정하는 요건을 갖춘 자영업자(이하 "자영업자"라 한다)는 공단의 승인을 받아 자기를 이 법에 따른 근로자로 보아 고용보험에 가입할 수 있다(법 제49조의2 제1항).

보험에 가입한 자영업자가 50명 이상의 근로자를 사용하게 된 경우에도 본인이 피보험자격을 유지하려는 경우에는 계속하여 보험에 가입된 것으로 본다(법 제49조의2 제2항).

2) 자영업자의 고용보험료 산정의 기초가 되는 월 보수액

자영업자에 대한 고용보험료 산정의 기초가 되는 보수액은 자영업자의 소득, 보수수준 등을 고려하여 고용노동부장관이 정하여 고시한다(보험료징수법 제49조의2 제3항).

고용노동부고시 제2022-497호 <자영업자의 고용보험료 산정의 기초가 되는 보수액>에 따른 자영업자 기준보수는 다음과 같다.

(단위: 원)

구분	보수액(월)
1등급	1,820,000
2등급	2,080,000
3등급	2,340,000
4등급	2,600,000
5등급	2,860,000
6등급	3,120,000
7등급	3,380,000

3] 자영업자가 납부할 고용보험료의 산정

자영업자는 제1항에 따라 보험가입 승인을 신청하려는 경우에는 본인이 원하는 혜택수준을 고려하여 고용노동부장관이 고시한 보수액 중 어느 하나를 선택하여야 한다(보험료징수법 제49조의2 제4항). 자영업자는 선택한 보수액을 다음 보험연도에 변경하려는 경우에는 직전 연도의 12월 20일까지 제3항에 따라 고시된 보수액 중 어느 하나를 다시 선택하여 공단에 보수액의 변경을 신청할 수 있다(보험료징수법 제49조의2 제5항).

고용보험료 산정에 관한 제13조 제2항 및 제4항에도 불구하고 자영업자가 부담하여야 하는 고용안정 · 직업능력개발사업 및 실업급여에 대한 고용보험료는 보험료징수법 제49조의2 제4항 또는 제5항에 따라 선택한 보수액에 제7항에 따른 고용보험료율을 곱한 금액으로 한다. 이 경우 월의 중간에 보험관계가 성립하거나 소멸하는 경우에는 그 고용보험료는 일수에 비례하여 계산한다(보험료징수법 제49조의2 제6항).

자영업자에게 적용하는 고용보험료율은 보험수지의 동향과 경제상황 등을 고려하여 1000분의 30의 범위에서 고용안정 · 직업능력개발사업의 보험료율 및 실업급여의 보험료율로 구분하여 대통령령으로 정한다. 이 경우 고용보험료율의 결정 및 변경은 고용보험법 제7조에 따른 고용보험위원회의 심의를 거쳐야 한다(보험료징수법 제49조의2 제7항).

4) 자영업자에 대한 고용보험료의 부과·징수

자영업자에 대한 고용보험료는 근로복지공단이 매월 부과하고, 건강보험공단이 이를 징수한다(보험료징수법 제49조의2 제8항). 고용보험에 가입한 자영업자는 매월 부과된 보험료를 다음 달 10일까지 납부하여야 한다(보험료징수법 제49조의2 제9항). 고용보험에 가입한 자영업자가 자신에게 부과된 월(月)의 고용보험료를 계속하여 6개월간 납부하지 아니한 경우에는 마지막으로 납부한 고용보험료에 해당되는 피보험기간의 다음날에 보험관계가 소멸된다. 다만, 천재지변이나 그 밖에 부득이한 사유로 고용보험료를 낼 수 없었음을 증명하면 그러하지 아니하다(보험료징수법 제49조의2 제10항).

마. 국민기초생활보장법의 수급자에 대한 고용보험 특례

고용보험법 제113조의2에 따라 고용보험의 적용을 받는 사업에 참가하여 유급으로 근로하는 국민기초생활보장법 제2조 제2호에 따른 수급자는 이 법의 적용을 받는 근로자로 보고, 국민기초생활보장법 제2조 제4호에 따른 보장기관(같은 법 제15조 제2항에 따라 사업을 위탁하여 행하는 경우는 그 위탁받은 기관으로 한다)은 이 법의 적용을 받는 사업주로 본다(법 제49조의4 제1항). 이 때 보험가입자에 대한 고용보험료 산정의 기초가 되는 보수액은 같은 항에 따른 사업에 참가하고 받은 금전으로 한다(법 제49조의4 제2항).

제13조 제2항 및 제4항에도 불구하고 제1항에 따른 수급자가 국민기초생활 보장법 제8조 제2항에 따른 수급권자인 경우에는 해당 수급자의 고용보험료는 제2항에 따른 보수액에 제14조 제1항에 따른 고용안정·직업능력개발사업의 보험료율을 곱한 금액으로 한다(법 제49조의4 제3항).

찾아보기

저자약력

한양대학교 법과대학 졸업
한양대학교 대학원 노동법 석사
제46회 사법시험 합격
사법연수원 제36기 수료
법무법인 한승 변호사
법무법인 세종 변호사
한전KPS㈜ 변호사
현 법무법인 하민 변호사

국토교통부 고문변호사
인사혁신처 고문변호사
근로복지공단 자문변호사
서울시교육청 성희롱·성폭력 자문위원
국방전산정보원 성희롱고충심의위원회 위원

산업재해보상보험법과 고용산재보험료징수법

초판발행	2025년 1월 10일
지은이	이경은
펴낸이	안종만·안상준
편 집	이수연
기획/마케팅	김민규
표지디자인	BEN STORY
제 작	고철민·김원표
펴낸곳	(주) **박영시**
	서울특별시 금천구 가산디지털2로 53, 210호(가산동, 한라시그마밸리)
	등록 1959. 3. 11. 제300-1959-1호(倫)
전 화	02)733-6771
f a x	02)736-4818
e-mail	pys@pybook.co.kr
homepage	www.pybook.co.kr
ISBN	979-11-303-3779-1 93360

정 가   24,000원